21世纪本科金融学名家经典教科书系

国家级精品课程配套教材
“十二五”普通高等教育本科国家级规划教材

国际金融概论

（第五版）

An Introduction to International Finance

主　编　孟　昊　王爱俭
副主编　王学龙　何　燕　王小雪　郭　红

中国金融出版社

责任编辑：王效端　王　君
责任校对：潘　洁
责任印制：丁淮宾

图书在版编目（CIP）数据

国际金融概论/孟昊，王爱俭主编．—5 版．—北京：中国金融出版社，2020.1
（21 世纪本科金融学名家经典教科书系）
ISBN 978－7－5220－0226－2

Ⅰ．①国…　Ⅱ．①孟…②王…　Ⅲ．①国际金融—高等学校—教材　Ⅳ．①F831

中国版本图书馆 CIP 数据核字（2019）第 174319 号

国际金融概论（第五版）
Guoji Jinrong Gailun（Di－wu Ban）
出版
发行　中国金融出版社
社址　北京市丰台区益泽路 2 号
市场开发部　（010）63266347，63805472，63439533（传真）
网上书店　http：//www.chinafph.com
（010）63286832，63365686（传真）
读者服务部　（010）66070833，62568380
邮编　100071
经销　新华书店
印刷　北京市松源印刷有限公司
尺寸　185 毫米×260 毫米
印张　20
字数　442 千
版次　2002 年 3 月第 1 版　2005 年 9 月第 2 版　2011 年 7 月第 3 版
2015 年 6 月第 4 版　2020 年 1 月第 5 版
印次　2020 年 1 月第 1 次印刷
定价　45.00 元
ISBN 978－7－5220－0226－2
如出现印装错误本社负责调换　联系电话（010）63263947
编辑部邮箱：jiaocaiyibu@126.com

21 世纪高等学校金融学系列教材
编审委员会

汪　洋　江西财经大学　教授　博士生导师
沈沛龙　山西财经大学　教授　博士生导师
宋清华　中南财经政法大学　教授　博士生导师
张礼卿　中央财经大学　教授　博士生导师
张成思　中国人民大学　教授　博士生导师
张　杰　中国人民大学　教授　博士生导师
张桥云　西南财经大学　教授　博士生导师
张志元　山东财经大学　教授
陆　磊　国家外汇管理局　副局长
陈伟忠　同济大学　教授　博士生导师
郑振龙　厦门大学　教授　博士生导师
赵锡军　中国人民大学　教授　博士生导师
郝演苏　中央财经大学　教授　博士生导师
胡炳志　武汉大学　教授　博士生导师
胡金焱　山东大学　教授　博士生导师
查子安　金融时报社　总编辑
贺力平　北京师范大学　教授　博士生导师
殷孟波　西南财经大学　教授　博士生导师
彭建刚　湖南大学　教授　博士生导师
谢太峰　首都经济贸易大学　教授　博士生导师
赫国胜　辽宁大学　教授　博士生导师
裴　平　南京大学　教授　博士生导师
潘英丽（女）　上海交通大学　教授　博士生导师
潘淑娟（女）　安徽财经大学　教授
戴国强　上海财经大学　教授　博士生导师

主编简介

孟昊，经济学博士，天津财经大学金融学院教授。现任天津财经大学副校长，兼任天津市第十二届、第十三届青年联合会委员，教育部高等学校金融类专业教学指导委员会委员，中国高等教育学会高等财经教育分会常务理事，中国高等教育学会教学研究分会理事。

在专业领域，长期从事金融学理论研究与教学工作。近年来，主持或参与国家社会科学基金项目重大项目，国家自然科学基金面上项目，国家社会科学基金青年项目，天津市高等学校人文社会科学研究重大项目、一般项目，天津市科技发展战略研究计划项目，天津市哲学社会科学规划项目，天津市社科联应急项目等10余项；独立或参与编写专著教材近20本；科研成果获省部级以上各类奖项4项。

在管理工作领域，长期从事高等教育研究与管理实践工作。近年来，主持或参与教学改革项目14项，获奖5项。

王爱俭，天津财经大学金融学教授、博士生导师，金融学科带头人。曾任天津财经大学副校长，现任中国滨海金融协同创新中心主任。国家社会科学基金、国家自然科学基金同行评议专家，国家级精品课程“国际金融”负责人。天津市高等学校教学名师奖获得者，全国金融教育先进工作者，享受国务院特殊津贴。

多年来一直主要从事国际金融理论、实务的研究与教学工作，被公认为是全国金融研究领域的领军人物之一。在国际金融理论、金融创新和虚拟经济等方面取得了相当多的研究成果。近年来在《经济研究》《金融研究》《国际金融研究》《经济学动态》和《财贸经济》等国内外重要刊物发表论文60余篇，出版专著20余部，荣获国家和省部级奖项15项。其中，荣获天津市第十三届、第十四届社科优秀成果一等奖，2016年获天津市教委优秀决策咨询研究成果一等奖，其理论研究在全国国际金融理论、金融创新和虚拟经济等领域有重要影响。现正主持国家社科重大项目“美国逆全球化视域下我国跨境资本与宏观经济均衡研究”。

第五版前言

当代金融不仅涉及传统的货币供求、通货膨胀以及对经济发展的作用等宏观金融学问题，在开放经济条件下，越来越多的国际收支问题、汇率问题、内外协调问题等国际金融学热点摆在了政府、企业和个人的面前。

国际金融主要研究不同国家货币之间的静态和动态关系，研究国家之间、地区之间和经济体之间通过货币往来而产生的相互影响。因此，国际金融研究的是跨国的货币金融与经济协调问题。这门学科既具有很强的理论性，也具有较强的操作性。

一、国际金融学的发展

国际金融学成为一门独立学科是一个逐步发展的过程。国际金融学曾长期依附于国际贸易学，两次世界大战期间，货币制度经历了由金本位制度向纸币制度的转变，自由竞争体制也被日益严厉的通货管制所取代。为寻求对策，瑞典的卡塞尔、俄林，英国的凯恩斯、哈罗德，以及美国的马歇尔、金德尔伯格等人发表了一系列专题论文和论著，在汇率政策、利率与汇率关系等研究领域取得全面进展，为现代国际金融学说的创建做了充分的理论准备。第二次世界大战结束后，西方经济不断受到失业与国际收支逆差并存、通货膨胀与国际收支顺差并存的困扰，国际货币制度经历了由固定汇率到浮动汇率、由国际金汇兑本位到多元化货币储备的深刻变革，国际收支调节理论和汇率理论都有了很大发展，这一背景孕育了现代国际金融学说。20 世纪 70 年代以来，有关金融深化、金融创新及区域货币一体化的理论不断发展，为各国经济和世界经济发展作出了贡献。20 世纪 80 年代后，学术界开始出现了国际金融学方面的专著，大学开始设置国际金融学方面的课程，从此国际金融学成为了一门独立的学科。随着新开放经济宏观经济学的不断发展，国际金融学在自身的理论和实证方法上不断深入。20 世纪 90 年代以来，信息技术迅速发展，随着资本流动频繁化、金融体制混业经营、金融资产证券化等新趋势的出现，金融活动呈现全球化、虚拟化特征，金融风险也日益凸显。进入 21 世纪以来，金融风险防范与金融监管理论成为经济的热点。随着金融风险管理理论与实践的快速发展，特别是2008年的国际金融危机，使得国际金融的研究范围进一步扩大。

从国际金融学的研究对象来看，研究范畴主要有三点：一是国际金融学属于宏观经济范畴，但它不同于宏观经济学，它所研究的是一国对外的或国与国之间的金融关系，而不是个别经济主体或某个国家的对外金融关系。二是国际金融学属于国际经济理论的货币金融范畴，对货物、服务、资本或资产等国际交易是从价值运动的角度来加以研究的，这与以实际资源或实物变量为主要研究对象的国际贸易学形成对比。三是国际金融学研究的重点是开放经济中的货币金融问题，它不同于货币银行学，货币银行学关注的焦点是货币供求及国内价格问题，而国际金融学关注的焦点则是内外均衡的相互关系和外汇供求及相对价格——汇率问题；在产出、就业等其他宏观经济目标既定的条件下，货币银行学研究的是货币市场均衡问题，而国际金融学研究的是外汇市场与国际收支均衡问题。

二、国际金融学研究的新特点

新世纪经济和社会发展的一系列新变化，使国际金融学本身的内容也发生了很大变化，也给我国国际金融学科的建设和发展带来了新的挑战。当代国际金融的学科特点可以体现为以下三点：

第一，以宏观分析为主，但有二元分化的趋势。目前的国际金融学主要从开放经济的角度研究货币金融问题，但更多地侧重于从外部的宏观均衡来展开，即围绕着国际货币体系安排和国际金融市场机制阐述汇率和国际货币资金流动的问题。因此，对国际金融理论的介绍是与宏观经济学一脉相承的，在研究方法上以宏观定性分析为主。但是，近年来国际金融学的一系列发展大大充实了国际金融的微观分析内容，从国际金融市场中微观交易主体的行为入手进行研究成为了国际金融学的一大趋势。

第二，既有独立性，又与相关学科广泛交叉综合。独立性是指国际金融学有较为独立的学科体系。第二次世界大战后，形成了布雷顿森林体系，因而出现了以人为进行制度安排的方式来规定国际收支均衡的形式和调节机制等问题，使国际金融问题开始具有一定的独立性。20世纪70年代后，国际间资本流动量剧增，远远超过贸易量，且流动中具有自身独特的运动规律，对国际收支甚至国内经济产生了深刻影响，使得国际金融与国际贸易相脱离而独立。综合性是指国际金融学是一门具有交叉性质的学科。当代的国际金融学研究继承了视野不断拓展、内容不断丰富的历史发展特点，积极把各学科的最新研究成果吸收到国际金融学科体系当中，成为一门与数学、法学、计量经济学、统计学、工程学等学科高度交叉的新型学科。

第三，实践应用性与创新性并重。随着各国经济的开放和金融全球化进程的加快，以及国际金融领域不断爆发金融危机等，需要更多地从实践视角认识国际金融问题，特别是金融危机的防范、化解与全球扩散问题以及一国经济的内外均衡等问题。如何从不断爆发的金融危机中认识汇率稳定的可持续性，从危机预防的视角分析在国际资本流动条件下发展中国家的汇率制度安排问题成为国际金融领域研究的新焦点。

三、本书的特色

2008 年国际金融危机后的十年，是国际金融领域深刻变革的十年，也是金融理论和金融实践取得长足进展的十年，我们重编本书，仍力求突出以下特点：

（1）注重知识体系的系统性，使学生对该学科有一个全面的认识，强调基础理论、规则、惯例和方法的综合学习；（2）注重理论与实践的充分结合，通过专栏、计算示例以及补充阅读等形式，让学生逐渐熟悉理论的运用过程，从而加深对理论的认识；（3）在组织体系上强调简洁、清晰的结构和思路，便于学生总体把握。

四、第五版修订的主要内容

本次修订主要体现在以下几个方面：

第一，优化调整了章节内容与结构。如删减了原第四章中有关“我国利用外资的战略与管理”的内容；删除了原第八章“国际信贷实务”内容；调整了第七章“国际结算与贸易融资实务”，补充了“贸易融资”内容，并将原第八章“出口信贷”的内容整合进来；整合了原第十一章“国际金融机构在国际货币体系中的作用”和原第八章“政府贷款与国际金融机构贷款”的内容等。

第二，更新了大多数专栏案例和相关数据与内容。根据国际金融相关规定的变化，此次修订对书中涉及的相关数据和案例内容进行了全面更新，以期进一步提高本书的可读性、增强学习的趣味性，同时也拉近理论与现实的距离。

第三，更新了章节的知识结构图、学习目标、本章小结、主要概念、参考书目、思考题等内容；同时更新了教学用 PPT 的内容和模板，便于教师教学使用。

第四，补充了每章的短视频案例，作为学生扫码学习资源。

五、第五版修订的参编人员

本书集合了天津财经大学等高等院校的优秀师资力量，由众多一线教师共同策划编写完成。主要参编人员如下：主编——孟昊、王爱俭；副主编——王学龙、何燕、王小雪、郭红；参编人员（按姓氏笔画排序）——于学伟、王旭丹、王璟怡、刘玚、刘泽东、毕燕君、林文浩、邱兰、郭强、崔光华。全书由孟昊、王爱俭总纂、定稿。限于编者水平，如有疏漏、错误之处，恳请读者提出宝贵意见。

孟　昊　王爱俭

2019 年 9 月

目　录 Contents

第二篇 国际金融实务

第三篇　国际金融政策与理论

st

Master Series

Century

第一篇 国际金融基础

第一章
开放经济下的外汇与汇率

本章知识结构

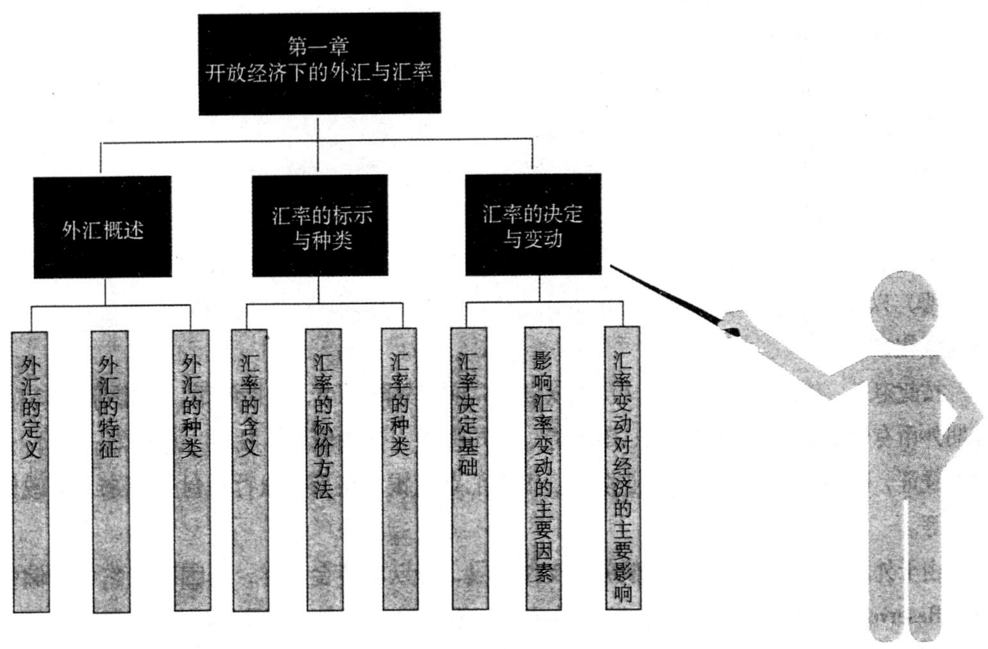

本章学习目标

- 了解外汇的定义和特征；
- 理解汇率的标示方法和种类；
- 掌握不同货币制度下汇率的决定基础；
- 掌握影响汇率变动的主要因素；
- 掌握汇率变动对一国经济的主要影响。

开放经济中的各个国家都不同程度地需要同其他国家进行货币经济往来。商品的贸易、资金的汇兑、资本的国际间转移，以及国与国之间债权债务的清算与支付，最终都要通过货币，并且要通过本国货币与外国货币之间的兑换来完成。汇率就是两国货币进行兑换的比率。如果说利率在西方金融经济理论中被称为货币的“价格”，那么汇率就是一国货币的“对外价格”。在开放的货币经济中，汇率是一个相当重要的经济变量，它的变动对经济领域有广泛的影响。

第一节　外汇概述

外汇（Foreign Exchange）是指以外国货币表示的并可用于国际结算的信用票据、支付凭证、有价证券以及外币现钞。作为一种对外支付手段，作为一种具有融通性质的债权，外汇是为适应国际商品流通和劳务交换的需要而发展起来的。

一、外汇的定义

外汇具有动态的（Dynamic）和静态的（Static）两种含义。动态的外汇是国际汇兑这一名词的简称；是指一种活动，或者说是一种行为，就是把一个国家的货币兑换成另外一个国家的货币，借以清偿国际间债权、债务关系的一种专门性的经营活动。静态的含义是指它是一种以外币表示的支付手段，用于国际之间的结算。国际货币基金组织曾对外汇作过明确的说明：“外汇是货币行政当局（中央银行、货币管理机构、外汇平准基金组织及财政部）以银行存款、国库券、长短期政府债券等形式所保有的在国际收支逆差时可以使用的债权。”

按此定义，外汇具体包括：(1) 可以自由兑换的外国货币，包括纸币、铸币等；(2) 长、短期外币有价证券，即政府公债、国库券、公司债券、金融债券、股票、息票等；(3) 外币支付凭证，即银行存款凭证、商业汇票、银行汇票、银行支票、银行支付委托书、邮政储蓄凭证等。

由于外汇是一种国际间清偿债务的支付手段，所以和黄金一样，各国都把它作为储备资产（Reserve Assets），在国际收支发生逆差时，凭以清偿债务。国际间发生的债权、债务问题，必须按约定的条件清偿。从国外进口货物，必须支付货款给国外商人；反之，向国外出口货物，必须向外国商人收取货款。由于不同国家的货币制度不同，一国货币不能在另一国流通使用，所以外汇就成为清偿国际间债权、债务的手段。进口商购买外国商品时，要用本国货币购买以外国货币表示的支付手段（外汇），以对外支付；出口商向国外出口货物，收取的往往是以外国货币表示的支付手段，必须换成本国货币，以在国内使用。

2008 年修订后的《中华人民共和国外汇管理条例》中关于外汇形态的表述为，本条例所称外汇，是指下列以外币表示的可以用做国际清偿的支付手段和资产：（一）外币现钞，包括纸币、铸币；（二）外币支付凭证或者支付工具，包括票据、银行存款凭证、银行卡等；

（三）外币有价证券，包括债券、股票等；（四）特别提款权；（五）其他外汇资产。

二、外汇的特征

由于外汇能用于清偿国际间的债权债务关系，因此，它同黄金一样是一国储备资产的重要组成部分。一个国家的储备资产充足与否，是衡量该国对外支付能力及其在世界经济中的实力和地位的重要标志。

外汇的实质就是对外国商品，包括技术和劳务的要求权。世界各国由于在自然环境等方面存在着巨大差异，所处的经济发展阶段也大不相同，因此，客观上在资源、劳动力、技术和产品上有着相互需求、相互依赖的关系。而在一个日趋开放的世界经济中，各国完全能够互通有无，取长补短，即将本国充裕的物资、劳务或在本国最先发展起来并居领先地位的先进技术输出到国外，再用换得的外汇进口本国所短缺而又为本国经济发展所急需的物资、技术或劳务，从而使国内的生产和消费在更高的水平上达到平衡。从这个意义上说，外汇是用本国的物资、技术、劳务换来的别国的物资、技术或劳务，它构成了能满足一国社会发展和经济发展多种需要的“战略资源”。外汇必须具备三个基本特征。

（一）外汇是以外币计值或表示的用于对外支付的金融资产

所谓资产，就是用货币表现的经济资源，或者说是具有货币价值的财产或权利。资产可以是实物性的，如土地、房产、机器、设备等；也可以是金融性的，如现金、信用票据、有价证券等；可以是有形的，如卡车、股票等；也可以是无形的，如商标权、专营权、版权、专有技术和专利权等。外汇属于金融资产，或表现为外币现金，或表现为外币支付凭证，或表现为外币有价证券。但是，任何以外币计值的实物资产和无形资产并不都构成外汇。外汇还必须能够用做对外支付，即它所代表的资金在转移时不会受到限制或阻碍。

（二）外汇必须具有充分的可兑换性

外汇的可兑换性是指能够自由地兑换成其他国家的货币或购买其他信用工具以进行多边支付的性能。由于各国（或地区）的货币制度不同，外汇管理制度各异，一个国家的货币一般不能在另一个国家里流通使用。为了清偿由于对外经济交易而产生的国际债权、债务关系，为了在国与国之间进行某种形式的单方面转移（如经济援助、无偿捐赠和侨民汇款）等，被各国普遍接受为外汇的货币必须是能够不受限制地按一定比例兑换成其他国家的货币或其他形式的支付手段，否则要实现在不同货币制度国家或地区间收付是不可能的。

当然，一国货币是否具有充分的可兑换性，这同该货币发行国的经济实力是密切相关的。说到底，它取决于该国进出口能力的大小及进出口贸易的自由程度。假如一国的出口商品（包括技术和劳务）具有较高的竞争力，进口也不受限制并颇具规模，那么，一般来说，该国货币就能自由地兑换成外国货币，外国货币也能自由地兑换成该国货币。这意味着该国居民能自由地通过商品交换或货币兑换取得对外国商品、劳务或技术的购买力。可见，外汇的可兑换性，从表面看似乎只是该国货币与别国货币的兑换问题，但实际上它所反映的却是国与国之间货物（包括劳务）的交换问题。

专栏 1－1

人民币以市场化方式走向国际化

人民币国际化是中国经济金融深化改革、对外开放的必然趋势，是水到渠成的结果。2008 年国际金融危机期间，国际社会对人民币的欢迎程度超过预期，部分国家主动要求和我国开展人民币互换。在国际金融市场对人民币需求增强和中国对外开放不断加深等背景下，人民银行顺势而为，沿着“逐步使人民币成为可兑换的货币”的长期目标，以实体经济为依托，进一步减少不必要的行政管制和政策限制，不断完善人民币跨境使用政策框架。2009 年 7 月，在上海和广东等地率先启动跨境贸易人民币结算试点，随后逐步扩大至全国。之后陆续推出人民币合格境外机构投资者（RQFII）、人民币合格境内机构投资者（RQDII）、沪港通、深港通、基金互认、债券通、沪伦通等创新制度安排，完善人民币国际化基础设施体系。随着中国经济和人民币国际地位不断提升，国际上建议将人民币纳入特别提款权（SDR）货币篮子的声音日益增强。2015 年适逢国际货币基金组织（IMF）五年一次的 SDR 审查，人民币加入 SDR 面临难得的历史性机遇。2015 年 11 月 30 日，IMF 执董会认定人民币为可自由使用货币，决定将人民币纳入 SDR 货币篮子，并于 2016 年 10 月 1 日正式生效。这是人民币国际化的重要里程碑，反映了国际社会对中国改革开放成就的高度认可。

据环球银行金融电信协会（SWIFT）统计，截至 2018 年 8 月末，人民币位列全球第 5 大国际支付货币，市场占有率为 2. 12%。据 IMF 2018 年第二季度公布的人民币储备信息，官方外汇储备货币构成（COFER）中报送国持有人民币储备规模为 1 933. 8 亿美元，已有超过 60 个境外央行或货币当局将人民币纳入官方外汇储备。

资料来源：易纲．在全面深化改革开放中开创金融事业新局面——纪念改革开放 40 周年暨中国人民银行成立 70 周年［EB/OL］．［2018－12－05］．中国人民银行官网，www. pbc. gov. cn.

（三）外汇必须具有可靠的物质偿付保证

一个国家的货币能普遍地被其他国家接受为外汇，这实际上反映了该国具有相当规模的生产能力和出口能力，或者该国丰富的自然资源正是其他国家所缺乏的，其货币的物质偿付便会因此而得到充分保证；反之，假如一国的经济规模较小而且是低效率的，自然资源是贫乏的，其出口产品在国际市场上又缺乏竞争力，那么，该国货币被其他国家接受为外汇的范围就会极其有限，因为后者不愿以其实际资源和物资来换取前者的缺乏充分物质偿付保证的一纸“价值符号”。

三、外汇的种类

外汇是国际经济交往中不可缺少的支付清算手段，对促进国际间经济、贸易、政治和文化交流具有重要作用。由于国际间对支付的币种要求不一，对支付手段和支付地点要求不一，因此，外汇必须要具有可以自由兑换（如美元可以兑换成港元、澳大利亚元、日元等）的特点。根据可否自由兑换来区分，外汇可以分为自由外汇与记账外汇。

（一）自由外汇

自由外汇通常必须是以外币表示的、不同形式的、可以在市场上流通和自由兑换的有价凭证。自由外汇无须经货币发行国外汇管理部门批准就可以在国际金融市场上自由转换为其他国家的货币，同时在国际交往中能作为支付手段广泛地使用和流通，如美元、英镑、瑞士法郎、欧元等一些主要西方国家的货币都是自由外汇。当今，在世界上能作为自由外汇使用的货币是不多的。

（二）记账外汇

记账外汇（或称双边外汇），即不经货币发行国批准，不能自由兑换成其他货币或对第三国进行支付的外汇。例如，过去我国对某些发展中国家和苏联的进出口贸易（有的国家还包括非贸易收付），为了节省自由外汇，双方签订双边支付协定，采用记账外汇办理清算。与这些国家的所有进出口货款，只在双方国家银行开立的专门账户记载，年度终了，发生的顺差或逆差，则按支付协定的规定处理，或者将差额转入下一年度贸易项下平衡，或者规定当差额超过商定的额度时用自由外汇或其他方式清偿。这种在双方银行账户上记载的外汇，不能转给第三方使用，也不能兑换成自由外汇，称为记账外汇。

第二节　汇率的标示与种类

汇率是货币具有的一种价格，所以又称为汇价、外汇行市、外汇牌价或外汇兑换率等。汇率种类多样，用途广泛。

一、汇率的含义

实现国际间的贸易及非贸易结算、了结国际间的债权债务关系，需要通过经常的大量的货币兑换即外汇买卖才能完成。买卖外汇需要有价格，汇率就是买卖外汇时的价格。外汇与汇率总是紧密联系在一起的，如果说外汇解决了两种货币兑换行为的工具问题，即质的问题，那么汇率就解决了两种货币兑换行为的比率问题，即量的问题。汇率解决了一个单位货币能换回多少个单位的另一种货币的问题。

外汇汇率（Foreign Exchange Rate）是一种货币用另一种货币表示出的价格，或者说是两种货币进行兑换的比价。

二、汇率的标价方法

外汇的价格不同于其他商品的价格，其他商品的价格只能用货币表示或标价，而不能反过来。外汇的价格却不然，外汇买卖的对象双方都是货币，都是表示商品价格或双方货币价格的材料。究竟是用这种货币来表示那种货币的价格，还是用那种货币来表示这种货币的价格，即究竟是用本币来表示外币的价格，还是用外币来表示本币的价格，这就是汇率的标示或标价方法所要解决的问题。

由于两种货币都可以作为计算对方货币价格的标准，因此，折算两个国家货币的比价，首先就要确定采用哪一国货币作为标准。于是，汇率有了两种标示或标价方法。

一种是直接标价法。在直接标价法下，外国货币的数额保持固定不变，本国货币的数额随着外国货币或本国货币币值的变化而变动。一定单位的外币折算成的本国货币比原来增多，说明外币汇率上涨或本币汇率下降，即外国货币币值上升或本国货币币值下降。反之，一定单位的外币折算成本国货币比原来减少，说明外币汇率下降或本币汇率上升，即外国货币贬值或本国货币升值。目前我国和世界上绝大多数国家都采用直接标价法。

直接标价法（Direct Quotation）是以一定单位的外国货币作为标准，折算成一定数量的本国货币，又被称为应付标价法。

另一种是间接标价法。在间接标价法下，本国货币的数额保持固定不变，外国货币的数额随着本国货币或外国货币币值的变化而变动。一定单位的本国货币折算成的外币数额比原来增多，说明本币汇率上涨或外币汇率下降，即本币升值或外币贬值。反之，一定单位的本国货币折算成的外币数额比原来减少，说明本币汇率下降或外币汇率上升，即本币贬值或外币升值。目前，只有英、美等几个少数国家采用间接标价法。

间接标价法（Indirect Quotation）是以一定单位的本国货币作为标准，折算成一定数量的外国货币。

能够采用间接标价法的国家，一般来说，都曾在国际政治及经济舞台上占有统治地位，其货币都曾长期是最主要的国际货币。英国在金本位制时期及第一次世界大战前后，在国际经济及金融领域一直占支配地位，伦敦一直是国际金融中心，英镑一直是最主要的国际货币，所以英国一直采用间接标价法。第二次世界大战以后，美元在国际支付和国际储备中逐渐取得统治地位，为了与国际外汇市场上对美元的标价一致，美国从1978年9月1日起，除了对英镑继续采用直接标价法外，对其他货币一律改用间接标价法来公布汇价。

需要指出的是，汇率的两种不同标价方法，只是形式上的不同，并没有实质的区别，是一个问题的两个方面，即两种标价方法同时寓于一个兑换等式之中。例如，2019年6月10日，100美元=693.22元人民币，在我国来看，就是直接标价法，而在美国来看就是间接标价法。不过，在不同的标价法下，汇率上涨或下跌的含义是正好相反的。因此，在引用某种汇率并说明其高低涨落时，必须明确是哪一外汇市场或采用哪种标价方法，以免混淆。

三、汇率的种类

汇率的种类是多种多样的，从不同的角度划分，可以有各种不同的类别。

（一）按确定汇率的方法划分——基本汇率和套算汇率

基本汇率（Basic Rate）是本国货币与关键货币对比制定出来的汇率。所谓关键货币（Key Currency）是指在国际贸易或国际收支中使用最多、在各国外汇储备中所占比重最大、自由兑换性最强、汇率行情最为稳定、事实上普遍为各国所接受的货币。一国在一定时期内采用哪种货币作为关键货币不是一成不变的。目前，各国一般都把美元当做关键货币。因此，本币与美元的汇率被视为基本汇率。基本汇率确定之后，再据以套算出本国货币与其他国家货币的比率。

套算汇率（Cross Rate）是根据基本汇率计算出来的本币与其地国家货币的汇率，或者说，两种货币间的汇率是通过各自与第三国货币的汇率间接计算出来的。套算汇率也称做交叉汇率，即已知三种货币中两种货币的汇率，从中算出第三种货币的汇率。

（二）按对外汇管理的宽严程度划分——官方汇率和市场汇率

官方汇率（Official Rate），又称法定汇率，是指由国家货币当局（如中央银行或国家外汇管理机构或国家财政部）所规定或公布的汇率。在外汇管理比较严格的国家，禁止外汇自由市场的存在，官方汇率就是外汇买卖的实际汇率，没有市场汇率。

市场汇率（Market Rate）是指在自由外汇市场上买卖外汇自发形成的汇率。外汇管理较松的国家，官方宣布的汇率往往只起中心汇率的作用，实际外汇交易的价格则是根据市场供求决定的。人们常把官方汇率称为名义汇率（Nominal Rate），而把市场汇率称为实际汇率（Real Rate）。

（三）按外汇资金的用途划分——贸易汇率和金融汇率

贸易汇率（Commercial Rate）是指用于进出口贸易及其从属费用方面的支付结算所使用的汇率。制定这种汇率的目的在于促进本国出口贸易发展和改善国际收支状况。

金融汇率（Financial Rate）是指用于国际资本流动、非贸易进出口收支方面的汇率。制定这种汇率，是为对短期资本的国际流动起到鼓励或限制作用。例如，为了鼓励出口，我国曾在1981—1984年，实行过贸易汇率与金融汇率，贸易汇率为1美元=2.79元人民币；金融汇率为1美元=1.53元人民币。

（四）按政府允许使用的汇率种类多少划分——单一汇率和复汇率

单一汇率（Single Rate）是指一国只规定一种本国货币与外国货币的兑换比率，各种外汇收支都须按照这个统一的汇率结算。在外汇管理较松的国家，官方往往只规定一种汇率。

复汇率（Multiple Rate），又称多重汇率或多种汇率，是指一国对本国货币与外国货币的兑换，根据不同性质的外汇收支或外汇交易同时规定两种或两种以上的不同汇率。如在某些外汇管理较严格的国家，常常对进口、出口及非贸易交易规定不同的汇率。前文提到的贸易汇率与金融汇率同时存在，就是复汇率。复汇率或多重汇率被视为汇兑限制。

（五）按银行买卖外汇的价格划分——买入汇率、卖出汇率、中间汇率和现钞汇率

买入汇率（Buying Rate），又称买入价，指银行向同业或客户买入外汇时所使用的汇率。在直接标价法下，外币折合本币数额较少的那个汇率是买入汇率；在间接标价法下，外币折合本币数额较多的那个汇率是买入汇率。

卖出汇率（Selling Rate），又称卖出价，指银行向同业或客户卖出外汇时所使用的汇率。在直接标价法下，外币折合本币数额较多的那个汇率是卖出汇率；在间接标价法下，外币折合本币数额较少的那个汇率是卖出汇率。

买入卖出都是从银行的角度来看的，二者间的差价是银行买卖外汇的收益。

中间汇率（Middle Rate）是银行外汇买入价和卖出价的平均数，即买价加卖价之和除以2。中间汇率一般不挂牌公布。套算汇率一般是用中间汇率计算得出的；报刊上关于汇率消息的报道也常用中间汇率。

现钞汇率（Bank Notes Rate）是银行收兑外币现钞时所使用的汇率。一般国家都规定，不允许外国货币在本国流通。银行收兑进来的外国现钞，除少部分用来满足外国人回国或本国人出国的兑换需要外，余下部分必须运送到各外币发行国或存入其发行国银行及有关外国银行才能使用或获取利息。这样就产生了外币现钞的保管、运送、保险等费用，这部分费用银行要在购买价格中予以扣除。所以，银行买入外币现钞的价格要低于现汇买入价格。但是，现钞卖出价与现汇卖出价相同。

专栏1-2

中国银行外汇买卖牌价（2019年3月14日）

货币名称	现汇买入价	现钞买入价	现汇卖出价	现钞卖出价	中国银行折算价
阿联酋迪拉姆		176.31		189.09	182.35
澳大利亚元	472.57	457.89	476.05	477.21	474.72
巴西里亚尔		168.89		184.73	175.72
加拿大元	502.56	486.69	506.26	507.49	503.99
瑞士法郎	665.89	645.34	670.57	672.77	667.77
丹麦克朗	101.42	98.29	102.24	102.52	101.73
欧元	757.33	733.8	762.91	764.61	759.24
英镑	886.42	858.88	892.95	895.12	890.58
港元	85.32	84.64	85.66	85.66	85.37
印尼卢比		0.0454		0.0486	0.047
印度卢比		9.064		10.2212	9.6384
日元	5.9959	5.8096	6.04	6.0433	6.0237
韩国元	0.59	0.5693	0.5948	0.6164	0.5923
澳门元	83.01	80.23	83.34	86.02	83.02
林吉特	164.72		166.21		163.99
挪威克朗	77.96	75.55	78.58	78.8	78.24
新西兰元	457.42	443.31	460.64	466.28	459.45
菲律宾比索	12.68	12.29	12.78	13.38	12.75
卢布	10.22	9.59	10.3	10.69	10.25
沙特里亚尔		173.98		183.03	178.59
瑞典克朗	71.84	69.62	72.42	72.62	72.1
新加坡元	493.73	478.49	497.19	498.68	495.19
泰国铢	21.1	20.44	21.26	21.92	21.2
土耳其里拉	122.37	116.37	123.35	139.18	122.65
新台币		20.96		22.6	21.69
美元	669.84	664.39	672.68	672.68	670.09
南非兰特	46.31	42.76	46.63	50.18	46.43

资料来源：中国银行官方网站，www.boc.cn。

（六）按外汇交易的交割期限划分——即期汇率和远期汇率

即期汇率（Spot Rate）又称现汇汇率，是指外汇买卖成交后，在两个营业日内办理交割时所使用的汇率。交割是指买卖双方履行交易契约，结清各自款项的行为。交割完毕，一笔外汇交易即告结束。

远期汇率（Forward Rate）是指在未来一定时期进行交割，而事先由买卖双方达成协议、签订合同时使用的汇率。到了约定交割日期，不论汇率如何变动，协议双方都必须按合同预定的远期汇率、币别、金额进行结算。

（七）按银行外汇汇兑方式划分——电汇汇率、信汇汇率和票汇汇率

电汇汇率（Telegraphic Transfer Rate，T/T Rate）是银行卖出外汇时，以电信方式通知其国外分行或代理行付款时所使用的汇率。由于以电汇方式付款速度快，银行可利用客户在途资金的时间较短，同时国际电信费用较高，所以电汇汇率较一般汇率高。各国公布的外汇牌价一般都是电汇汇率。

信汇汇率（Mail Transfer Rate，M/T Rate）是银行卖出外汇时开具付款委托书，以信函方式通知国外分行或代理行付款时所使用的汇率。由于信汇的邮寄时间较长，银行可利用客户在途资金的时间较长，在途期间银行可以占用客户的资金获取利息，因此信汇汇率较电汇汇率低。信汇汇率主要用于港澳地区，其他地区很少使用。

票汇汇率（Demand Draft Rate，D/D Rate）是银行卖出外汇时，开具以其在国外分行或代理行为付款人的汇票时使用的汇率。汇票开立后，交付给汇款人，由汇款人自带或邮寄给收款人，收款人拿到汇票后，即可以向付款银行提示或取款。由于用票汇方式解款，银行占用客户在途资金的时间较长，所以票汇汇率也比电汇汇率低。票汇有即期票汇汇率（On Demand Rate）和远期票汇汇率（On Forward Rate）之分，其汇率也不同，远期票汇汇率较即期票汇汇率低。

（八）按银行外汇业务往来的对象划分——同业汇率和商人汇率

同业汇率（Interbank Rate）是外汇银行与外汇银行同业之间买卖外汇的汇率。同业汇率的形成与变化由外汇市场供求关系决定，因此同业汇率就是外汇市场汇率。同业汇率以市场的银行电汇汇率为基础，买卖之间的差价很小。

商人汇率（Merchant Rate）是银行与商人即客户之间买卖外汇的汇率。商人汇率是根据同业汇率适当增大一些差价决定的，一般要高于银行同业汇率，因为银行要赚取一定的外汇买卖收益作为银行的经营收入。

（九）按国际汇率制度划分——固定汇率、浮动汇率和联合浮动汇率

固定汇率（Fixed Rate）是指两国货币的汇率只能在规定的幅度内波动。当实际汇率波动超出规定的幅度时，中央银行有义务进行干预，使汇率波幅维持在规定的上下限内。由于在这种制度下汇率一般不轻易变动，具有相对稳定性，故称为固定汇率。固定汇率制主要是布雷顿森林货币体系下实行的汇率制度。

浮动汇率（Floating Rate）指汇率根据外汇市场供求关系变化自发形成，中央银行不规

定汇率波动幅度的上下限，原则上也没有义务维持汇率的稳定，任凭汇率自由波动。目前世界上大多数国家都采用浮动汇率制，只不过多数都是有管理的浮动。

联合浮动汇率（Joint Floating Rate）是联合浮动成员国（欧洲联盟成员）货币之间的汇率，即对联合浮动成员国之间的货币实行固定汇率，相互间汇率波动不得超过规定的界限，各成员国中央银行有义务维持波动幅度并进行市场干预，而对非成员国的货币实行浮动汇率。

（十）按银行营业时间划分——开盘汇率和收盘汇率

开盘汇率（Opening Rate）又称开盘价，是外汇银行在一个营业日开始时第一笔交易使用的汇率。

收盘汇率（Closing Rate），又称收盘价，是外汇银行在一个营业日终了时最后一笔交易使用的汇率。

第三节　汇率的决定与变动

汇率是两国货币之间的比价。两国货币为什么具有这种可比性，为什么一定时期内一种单位货币只能换取一定数量的另一种货币，而不能换取更多或更少？这就是研究决定汇率的基础所要解决的问题。

一、汇率决定基础

各国货币之间具有可比性，在于它们都具有或代表一定的价值。从本质上说，货币所具有或代表的价值是决定汇率的基础。换言之，汇率的本质是两国货币所具有的或代表的价值相交换。不同时期，两种货币的兑换比率即汇率有差异，是不同时期两种单位货币代表的价值量不同所致。在不同的货币制度下，货币所具有或代表的价值量的测定不同，或者说价值量的具体表现形式不同，因此，决定汇率的基础也有所不同。

（一）金本位制度下决定汇率的基础

金本位货币制度下，决定汇率的基础是铸币平价。在第一次世界大战前后，西方许多国家普遍实行金本位货币制度，即以贵金属黄金作为货币材料，金币可以自由铸造、银行券可以自由兑换黄金、黄金可以自由输出或输入国境，是这一货币制度的典型特征。

金币或货币含有的黄金重量和成色叫做含金量，也称为金平价（Gold Par）。

两种货币的含金量对比称为铸币平价（Mint Par）。

在金本位制下，各国都规定每一单位金币所含有的黄金重量和成色。显然，在国际结算中，两种货币的比价要根据每一种货币的含金量来计算。铸币平价或两种货币含金量的比是决定两种货币兑换率的物质基础和标准。例如，在金本位制下，英国货币 1 英镑的重量为 123. 27447 格令，成色为 22 开金，即含金量为 113. 0016 格令（123. 27447 × 22/24 = 113. 0016 格令 = 7. 32338 克）纯金；美国货币 1 美元的重量为 25. 8 格令，成色为 90%，即含金量为 23. 22 格令

（25.8×90% =23.22 格令 =1.50463 克）纯金。根据含金量的对比，英镑与美元的铸币平价是4.8665（113.0016/23.22），这说明1英镑的含金量是1美元含金量的4.8665倍，因此，1英镑=4.8655美元。可见，英镑与美元的汇率是以它们的铸币平价为基础或标准计算出来的。

然而，由铸币平价决定出来的汇率只是基础汇率或法定汇率或名义汇率，还不是实际汇率。由于受外汇供求关系的影响，实际汇率有时要高于或低于铸币平价，实际汇率总是与基础汇率略有差异。

同时，实际汇率一定不会偏离铸币平价太远，或者说，金本位制下的汇率或由铸币平价决定的汇率是比较稳定的。这是因为，在金本位制下，进行国际支付或结算总有两种手段——外汇和黄金可供选择，加之黄金的价值是相对比较稳定的，因此，受供求关系影响的实际汇率就不会偏离铸币平价太远，总是在一定的界限或范围之内围绕铸币平价上下波动。这个界限或范围是由黄金输送点（Gold Transport Point）决定或左右的。如果由于汇率变动而对以外币结算方式进行交易的某一方不利，交易的这方就可以采用直接运送黄金的办法来结算，这样也就约束了汇率的波动幅度。然而，运送黄金是需要费用的，如运费、包装费、保险费及运送期间的利息等。假定在英国和美国之间运送价值1英镑黄金的费用为0.03美元，那么，铸币平价加上或减去黄金的运费（4.8665±0.03）就是英镑和美元两种货币的黄金输送点。铸币平价4.8665美元加黄金运送费0.03美元等于4.8965美元就是美国对英国的黄金输出点，如果1英镑的汇价高于4.8965美元，美国债务人就会认为购买外汇不合算，而宁愿在美国购买黄金运送到英国偿还其债务。铸币平价4.8665美元减去运送费0.03美元等于4.8365美元就是美国对英国的黄金输入点，如果1英镑的汇价低于4.8365美元，美国的债权人就不会出售英镑外汇，而宁愿在英国用英镑购买黄金运到美国。黄金输出点和黄金输入点统称为黄金输送点。汇价的波动，总是以黄金的输出点为上限，即铸币平价加上黄金运送费是汇价上涨的最高点；而总是以黄金输入点为下限，即铸币平价减去黄金运送费是汇价下跌的最低点。可见，黄金输送点限制了汇率的波动幅度，在金本位货币制度下汇率是比较稳定的。

（二）纸币制度下决定汇率的基础

纸币制度下决定汇率的基础是纸币实际代表或具有的价值量。纸币是价值符号，最初是金属货币的代表，代表金属货币执行流通手段的职能。在目前世界各国普遍实行的纸币本位货币制度下，纸币已经与贵金属或黄金脱钩，不再代表或代替金币流通。

纸币是国家发行强制通用的货币。那么，在纸币本位下，决定汇率的基础是什么呢？任何纸币，只有在它现实的作为价值的代表，发挥交易媒介功能，实现自己的购买力时，它的货币作用才能得以充分体现。正是不同货币都具有的这种现实的购买力，才奠定了不同货币之间可以比较、可以兑换的基础。在纸币流通条件下，汇率实质上是两国货币以各自代表的价值量为基础而形成的交换比例。而纸币价值量的具体表现就是在既定的世界市场价格水平上购买商品的能力，即纸币的购买力。因此，在纸币制度下或纸币本位下，纸币所代表的价值量或纸币的购买力是决定汇率的基础。

至于在纸币流通制度下，黄金为什么不能继续成为决定汇率的基础，从根本上说，是由于黄金已经退出流通领域，黄金的货币作用已经不复存在的缘故。黄金作为货币退出历史舞台是经济发展的客观要求，是商品生产高度发展的必然结果，因为黄金无论在数量上还是在价值上都满足不了随商品生产发展而日益增大的对它的需要。在各国国内，黄金的货币作用早已被纸币所彻底取代是十分明显的事实。既然黄金已经不能在一国国内发挥价值尺度、流通手段、支付手段等货币职能，又怎么能成为决定世界范围内货币兑换的基础呢？当然，不能否认，失去了货币作用的黄金，仍不失为具有国际通用性的高价值的贵重商品，在各国的国际储备中仍占有重要的地位，对稳定汇率仍具有重要的作用。但应当指出，高价值的贵重商品与货币商品毕竟不是一回事，稳定汇率与决定汇率也不同。可以用做稳定汇率的手段，不一定能成为决定汇率的基础。贵重商品、稳定汇率的手段可以多种多样，而货币商品、决定汇率的基础则要求专一。

二、影响汇率变动的主要因素

汇率既然作为货币的一种价格，它的不断波动就应该是极其自然的事。然而，究竟是哪些主要因素引起了一定时期内汇率的较大浮动或变动，则是人们需要认真研究的。引起汇率变动最直接的原因应该是外汇供求关系的变化。在自由兑换条件下，某种外汇供过于求，则这种外汇的价格就下跌，某种外汇供不应求，则这种外汇的价格就上升。然而，又是哪些因素引起了外汇供求关系的变化呢？这应从多方面作具体分析。①

（一）影响汇率变动的主要经济因素

综合分析影响一国汇率变动的经济因素，集中到一点，就是一国的经济实力或综合国力。如果一国国内产业结构合理、科学技术进步、产品质量过硬，经济增长强劲、财政收支良好、物价稳定等，即一国经济形势较好，实力较强，其商品在国际市场上竞争能力就强，出口增加，其货币汇率必然坚挺。相反，如果一国国内生产停滞或衰退，财政状况恶化，物价上涨、通货膨胀等，即一国的经济实力较弱，其商品在国际市场上竞争能力就弱，出口减少，其货币汇率必然疲软。

体现一国经济实力的因素是多方面的，需要进行具体及重点分析。

1. 国际收支。一国的国际收支状况会使一国的汇率发生变化。一国国际收支持续顺差，外汇收入相应增多，国际储备随之增长，就会引起对该国货币需求增长，在其他条件不变时，该国货币币值就会上升，外币汇率就会下降。反之，一国国际收支持续逆差，以致对外债务增加，或国际储备随之减少，就会导致该国对外汇需求的增加，使本国货币币值下跌，外币汇率上升。国际收支是影响汇率变动的重要经济因素，但需要指出的是，国际收支状况是否必然会直接导致汇率发生变动，还要看国际收支差额的性质。长期的巨额国际收支逆差，一般来说肯定会导致本国货币汇率下降，而暂时的、小规模的国际收支差额比较容易为国际资本流动等有关因素所抵消或调整，不一定会导致汇率发生变动。

① 下文中的外汇汇率都是以直接标价法为准进行分析的。

2. 通货膨胀。在纸币流通条件下，两国货币的兑换比率是根据各自所代表的实际价值量决定的。因此，一国货币价值的总水平是影响汇率变动的重要因素。在一国发生通货膨胀时，该国国内物价总水平趋于上涨，货币所代表的价值量减少，实际购买力降低，直接影响一国商品及劳务在世界市场上的竞争能力，从而引起出口的减少和进口的增加，使外汇供求关系发生变化导致汇率变动，即本国货币汇率下跌、外币汇率上涨。需要指出的是，在目前世界各国普遍实行纸币制度的条件下，分析汇率的变动因素，不仅要分析本国的通货膨胀率，还应考察其他国家的通货膨胀率。当然，分析时还应注意的是，一国货币的对内贬值转移到货币的对外贬值，要有一个相对较长的过程。

3. 资本流动。资本在不同国家间大量流动会使汇率发生重大变动。资本的大量流入，会增加对流入国货币的需求，使流入国的外汇供应增加，外汇供应的相对充足和对流入国本币需求的增长，会使本币币值上升，外币汇率下降；相反，一国资本大量流出，就会出现外汇短缺、对本币需求下降的情况，使本币币值下降、外币汇率上升。

（二） 影响汇率变动的主要政策因素

影响汇率变动的政策因素，是指一国政府为稳定本国经济及汇率而采取的一些经济政策，包括利率政策、汇率政策和外汇干预政策等。

1. 利率政策。利率政策是指一国采取的变动本国银行利率水平来对本国经济加以调整的经济政策。一些国家为使汇率朝着有利于本国经济发展的方向变动，往往利用政策加以调节，提高利率，在国内可以紧缩信贷、抑制通货膨胀，在国际上可以增强对外资的吸引力、改善国际收支，从而有利于汇率稳定与经济健康发展；降低利率会使一国国内信用宽松、易于导致本币贬值，会使国际资本流入减少、资本流出增加，致使外币汇率上升。利率政策是同一国中央银行的贴现政策、同该国鼓励或限制资本流动的政策联系在一起的，会对汇率起到调节作用。短期内，利率政策在汇率变动中的作用是很明显的。

2. 汇率政策。汇率政策是指一国政府通过公开宣布本国货币贬值或升值的办法，即通过明文规定来提高或降低本国货币对外国货币的兑换比率以使汇率发生变动，又称法定汇率变动。本币法定升值是一国调整基本汇率使其货币的对外价值提高；本币法定贬值是一国使其货币的对外价值降低。

3. 外汇干预政策。外汇干预政策是指一国政府或货币当局通过运用外汇平准基金介入外汇市场，直接进行外汇买卖来调节外汇供求，从而使汇率朝着有利于本国经济发展的方向变动。外汇平准基金是专门为稳定汇率而设立的一笔外汇资金。20 世纪 80 年代以来，西方主要工业国家为避免因汇率变动造成对国内经济的不利影响，更好地协调相互之间的经济政策，往往采取联合干预的措施，共同影响汇率的变动，以达到稳定外汇市场的目的。需要强调的是，这种干预政策不是靠行政的强制管制来实现的，而是靠介入外汇市场，通过外汇买卖活动这一经济行为来实现的。

（三） 影响汇率变动的其他因素

汇率变动除了受上述经济与政策方面的基本因素影响外，还会受到许多其他偶然因素影响。

1. 政治因素。国内大的或国际性的政治、军事等突发事件，对汇率变动有着不可忽视的影响作用。例如，国内的政局不稳、政权交替，国际政治局势的恶化或好转，地区性、局部的军事冲突的爆发、升级、缓和等都会对汇率变动产生重大影响。

2. 心理因素。人们对外汇市场信息的获取及听信程度、人们的市场预期心理及其采取的相应措施对汇率的变化有着重要的影响。如果人们普遍对某种货币的发展前景看好，该种货币在市场上就会被大量买进，造成该种货币汇率上升。反之，人们普遍预期某种货币发展前景不佳，就会纷纷抛售该种货币，这种货币的汇率就会下跌。

3. 投机因素。大的外汇投机活动，特别是跨国公司的外汇投机活动，有时会使汇率发生剧烈动荡。

4. 偶然因素。大的天灾如地震、洪涝等偶然因素，甚至只是一个谣传，有时也会直接引起汇率发生变动。

上述各种影响汇率变动因素的作用及其相互关系是错综复杂的，有时是多种因素同时起作用，有时是某种因素起主导作用，有时某些因素的作用会相互抵消，有时是一种因素的主要作用会被另一种因素迅速取代，等等。人们在对汇率实际变动进行分析的时候，必须注意对有关因素进行综合分析和具体考察，以期获得较为切实的结论。

专栏 1－3

中国银行 2019 年 3 月 14 日汇市观潮

当地时间 3 月 13 日，英国议会就是否“无协议脱欧”进行投票。投票结果显示，英国议会反对英国在任何情况下无协议脱欧。英镑兑美元汇率闻讯大涨，一度飙升至九个月高位。英国议会将于当地时间 3 月 14 日就是否推迟“脱欧”进行投票。英国工党领袖科尔宾表示，延迟脱欧已经不可避免。消息传出后，英镑兑美元一路飙升，最高触及 1. 3381，涨超 300 点，日内涨幅扩大至 2. 3%，创 2018 年 6 月中旬以来新高，同时也创下 2017 年 4 月以来的近两年最大单日涨幅。最近无论脱欧最后结果如何，似乎汇价都愿意在 1. 30 上方构筑交投区间，在日线图上似乎在形成上升的通道。因此每每传出不利消息情形下，汇价目前都能稳企 1. 30 多头分水岭之上，表明投资界似乎都愿意赌此次英国将会实现协议性脱欧局面。

货币：澳大利亚元/美元

澳大利亚元兑美元在周三欧市盘初继续维持颓势，跌至 0. 7050 一线。日内全球避险情绪在隔夜英国脱欧草案再遭否决的背景下再度升温，而日内亚洲股市全线大跌，也加重了恐慌情绪，令高风险高收益的货币澳大利亚元首当其冲；此外，日内澳大利亚经济数据再度逊色，商业信心水平降至新低，这也让澳大利亚联储年内可能降息的预期进一步升温，于是澳大利亚此前三日连续反弹势头遭遇扭转；澳大利亚后市支撑下看 0. 7030 一线，若失守下跌将会再次测试 0. 70 关键水位的支撑力度。若日内有好消息刺激，则反弹仍可以延续。有地位构筑多头的头寸暂时可以持有观察，严格控制止损在 0. 6980 之下。

资料来源：中国银行官方网站外汇市场分析，www. boc. cn。

三、汇率变动对经济的主要影响

受经济政策等多种因素影响的汇率，其变动从来就不是被动的，它反过来会对一国的经济、政策甚至整个世界经济产生重大影响。掌握汇率变动对经济的影响与掌握影响汇率变动的原因同样重要，它们都对保持一国汇率与经济稳定至关重要。

（一）汇率变动对国内经济的影响

1. 汇率变动影响国内商品价格。一国货币汇率变动，总是要间接地影响到一国货币的对内价值，影响到一国的通货膨胀程度。在货币发行量一定的情况下，本币价值上升会引起国内物价水平下降。因为本币升值，就会使以本币表示的进口商品在国内售价相对便宜，刺激进口增加，并带动用进口原料生产的本国产品价格下降。另外，由于本币升值，以外币表示的出口商品在国外市场价格升高，降低了出口商品的竞争力，促使一部分出口商品转内销，增加了国内市场供给量，也会引起国内物价水平的下降。在货币发行量一定的情况下，本币贬值会引起国内物价水平上升。因为本币贬值，一方面有利于本国商品出口，出口商品数量增加会使国内市场供应出现缺口，促使价格上涨。另一方面，进口商品用本币表示的价格因本币贬值而上升，促使进口的生产资料价格提高，导致以此为原料的国产商品价格上涨，同时，进口的消费资料也因本币贬值而价格上涨，进口商品数量减少，国内市场商品供应相对减少，引起国内物价总水平上涨。

当然，由于经济运行的复杂性，汇率变动对国内物价的影响及程度有时不是那么直接和明显，还要视商品的生产等许多条件而定。但是，汇率的变动总会引起国内物价的变动，而一国国内物价发生变化必然会不同程度地对国民经济各部门产生影响，发生作用。

2. 汇率变动影响国民收入和就业水平。在其他条件不变时，本币贬值，有利于出口而不利于进口，从而有利于本国第一产业、第二产业和第三产业的发展，促进国内就业岗位增多和国民收入增加；反之，由于本国货币升值，不利于出口而有利于进口，限制了本国经济的发展，必然减少国内就业量和国民收入。在经济进入相对过剩、国内就业压力日益加大的情况下，许多国家不时采用各种措施降低本国货币价值，以达到增加国民收入和充分就业的目的。

（二）汇率变动对一国对外经济的影响

汇率变动对一国的对外经济影响很大，集中表现在以下方面：

1. 汇率变动影响一国的贸易收支。汇率稳定，有利于进出口贸易的成本及利润的计算，有利于进出口贸易的安排；汇率变动频繁，会增加对外贸易的风险，影响对外贸易的正常进行。如果本币贬值，外币汇率上升，而国内物价尚未变动或变动不大，则外币对本国商品、劳务的购买力增强，一般会增加对本国商品的需求，从而可以扩大本国商品的出口规模。在这种情况下，本国出口商收入的外币折合成本币的数额会增加，出口商有可能降低价格出售，以加强竞争，扩大销路。所以，一般来说，本币对外贬值具有扩大本国商品出口的作用；同时，本币汇率下降，以本币表示的进口商品的价格将会提高，就会影响进口商品在本国的销售，从而起到抑制进口的作用。相反，本币汇率上涨，会起到抑制出口，刺激进口的作用。

2. 汇率变动影响一国的非贸易收支。一国货币升值或贬值，对该国国际收支经常项目中的旅游和其他劳务收支的状况也会产生一些影响。如果一国货币贬值，外国货币的购买力相对提高，该国的劳务商品价格相对降低，这对外国游客或客户无疑增加了吸引力，扩大了非贸易收入的来源。如果一国货币升值，外国货币购买力相对下降，该国的劳务商品价格相对提高，就会减少非贸易收入的来源；同时，由于本国货币购买力的相对提高，使外国劳务商品价格相对降低，还会刺激非贸易支出的增加。

3. 汇率变动影响一国的资本流动。以一国货币贬值为例，一般情况下，贬值会鼓励长期资本流入。因为一国货币贬值，使得同样的国外投资可购得比以前更多的生产资料和劳务，从而有利于吸引外商到该国进行投资和追加投资。不过，在既定利润率的条件下，币值下跌也使得外商汇回母国的利润减少，因而也可能出现不愿追加投资或抽回资本的情况。因此，一国货币贬值能否真正达到吸引外资的目的，还取决于外商在币值下跌前后获利大小的比较，以及贬值后是否造成经济状况恶化、货币发生危机的可能性等因素的影响。另一方面，贬值一般会导致短期资本外逃。短期资本逐利性强、流动性大，尤其是游资，极具投机性，因此，一旦贬值使金融资产的相对价值降低，短期资本就会抽逃。同时，贬值还会造成一种通货膨胀预期，影响实际利率水平，打“利息平价”关系，诱发投机性资本外逃。

4. 汇率变动影响一国的官方外汇储备。外汇储备是一国国际储备的重要组成部分，它对平衡一国国际收支、稳定汇率有重要的作用。汇率变动，不论是储备货币本身价值的变化，还是本国货币汇率的变化，都会对一国的外汇储备产生影响。增加或减少外汇储备所代表的实际价值，增强或削弱外汇储备的作用。

第一，储备货币的汇率变动影响一国外汇储备的实际价值。储备货币币值上升，会使该种储备货币的实际价值增加，储备货币汇率下降，会使该种货币的实际价值减少。此外，如果一国货币贬值，则有利于出口而抑制该国进口，导致贸易顺差，会增加该国外汇储备。由于该国存在贸易顺差，其货币有升值的趋势，就会吸引外资流入，又将导致资本项目的顺差，也会增加该国外汇储备。

第二，对于储备货币发行国而言，汇率变动影响其国际储备货币的地位与作用。一国选择储备货币总是要以储备货币汇率长期较为稳定为前提。如果某种储备货币其发行国国际收支长期恶化，货币不断贬值，汇率不断下跌，该储备货币的地位和作用就会不断削弱，甚至会失去其储备货币的地位。例如，第二次世界大战以后，英国的经济与金融由于受到战争的影响而衰落，英镑不断贬值，汇率下跌，在国际支付中的使用量急剧缩减，英镑的国际储备货币的地位也因此大大削弱。

5. 汇率变动影响一国的对外经济关系。从国际角度来看，汇率的变动是双向的，本国货币贬值，就意味着他国货币升值，因而会导致他国国际收支的恶化，经济增长缓慢，从而招致其他国家的不满、抵制甚至报复，掀起货币竞相贬值的风潮或加强贸易保护主义，其结果将会导致国际经贸关系的恶化。因此，一国货币要贬值前，还必须权衡贬值后可能带来的方方面面的影响，最后作出抉择。

（三）汇率变动对经济影响的制约条件

汇率变动会对一国的对外经济及国内经济产生重要的影响，但汇率变动对一国经济产生的影响程度和范围要受到该国政治、经济等条件的制约。这些条件主要表现在以下几方面：

1. 一国的对外开放程度。凡对外开放程度较高、本国经济发展对外依赖性较大、与国际金融市场联系密切、进出口贸易占国民生产总值比重较大的国家，汇率变动对其经济的影响就较大，反之，则较小。

2. 一国的出口商品结构。汇率变动对出口商品结构单一的国家影响较大，对出口商品结构多样化的国家影响较小。

3. 一国货币的可兑换性。如果一国的货币可自由兑换，在国际支付中使用较多，经常与其他货币发生兑换关系，汇率变动对其经济的影响就较大，否则影响就较小。

此外，由于各国对经济的干预手段和外汇管制等情况不同，汇率变动对各国经济产生的影响也不同。分析汇率变动对一国经济的影响应当注意分析一国的具体经济条件。

本章小结

1. 外汇是国际汇兑的简称，有动态和静态含义之分。外汇必须具备三个基本特征：国际性、自由兑换性、可偿付性。

2. 汇率是不同货币之间的兑换比率或比价。汇率有两种标价方法：直接标价法、间接标价法。

3. 货币所具有的或代表的价值量是决定汇率的基础，它在不同的货币制度下是不同的。

4. 影响汇率波动的主要因素有一国的国际收支状况、经济增长、通货膨胀、利率政策、中央银行对外汇市场的干预以及市场预期和投机因素、政治与突发因素等。

5. 汇率波动会对一国的国际收支、资本流动、外汇储备、国内物价、国民收入和就业、国内利率以及国际经济关系产生一定的影响。

本章主要概念

外汇　汇率　直接标价法　间接标价法　铸币平价　复汇率

黄金输送点　基本汇率　套算汇率　即期汇率　远期汇率

本章复习参考书

［1］杨长江，姜波克．国际金融学［M］．北京：高等教育出版社，2014.

［2］陈雨露．国际金融（第五版）［M］．北京：中国人民大学出版社，2015.

本章复习思考题

一、 填空题

1. 银行外汇买入汇率与卖出汇率的平均数称为________。

2. 按是否可以自由兑换，外汇可分为________和________。

3. 按银行买卖外汇的价格，汇率可分为________、________、________和________。

4. 外汇需具备三个基本特征：________、________和________。

5. 从汇率变动对进出口贸易的影响看，一国货币对外________不利于出口、有利于进口。

6. 直接标价法是以一定单位的________作为标准，折算成一定数量的________，又被称为应付标价法。

7. 在直接标价法下，外币折合本币数额较少的汇率是________。

8. 金本位货币制度的典型特征是，金币可以________、银行券可以________、黄金可以自由输出或输入国境。

9. 外汇干预政策是指一国政府或货币当局通过运用________介入外汇市场，直接进行外汇买卖来调节外汇供求，从而使汇率朝着有利于本国经济发展的方向变动。

10. 金本位下的汇率决定基础是________。

二、 判断题

1. 记账外汇可以对第三国进行支付。(　　)

2. 金本位制下的汇率是相对稳定的。(　　)

3. 银行买入外币现钞的汇率要高于买入外币现汇的汇率。(　　)

4. 一般而言，市场汇率属于名义汇率。(　　)

5. 按外汇交易的交割期限，汇率可分为市场汇率和远期汇率。(　　)

6. 按照业务往来对象不同，外汇汇率可以划分为同业汇率和商人汇率，通常同业汇率的买卖价差小于商人汇率的买卖价差。(　　)

7. 各国公布的外汇牌价一般都是电汇汇率。(　　)

8. 一国资本大量流出，就会出现外汇短缺，使本币币值下降、外汇汇率上升。(　　)

9. 一国实行提高利率政策可以吸引国外资金的流入，从而改善国际收支。(　　)

10. 一国货币升值，不利于减轻该国通货膨胀的压力。(　　)

三、 单项选择题

1. 以下不属于外汇的是（　　）。

A. 外国铸币　　　　B. 外币银行存款凭证

C. 特别提款权　　　　D. 普通提款权

2. 狭义的外汇主要是指（　　）。

A. 外国货币　　　　B. 以外币表示的资产

C. 储备货币　　D. 以储备货币表示的存款凭证

3. 在金币本位制度下，汇率波动的界限是（　　）。

A. 黄金输出点　　B. 黄金输入点　　C. 黄金输送点　　D. 铸币平价

4. 间接标价法以（　　）为基准单位。

A. 外国货币　　B. 本国货币　　C. 硬通货　　D. 关键货币

5. 铸币平价指（　　）。

A. 两国货币单位代表的含金量之比　　B. 两国货币单位含金量之比

C. 两国货币单位购买力之比　　D. 两国货币单位价值量之比

6. 下列汇率最高的是（　　）。

A. 电汇汇率　　B. 信汇汇率　　C. 票汇汇率　　D. 远期汇率

7. 即期汇率是指（　　）。

A. 由外汇市场供求关系决定的汇率　　B. 用电汇方式通知国外银行付款的汇率

C. 外汇银行买卖外汇汇票的汇率　　D. 外汇市场买卖现汇的汇率

8. 其他条件不变时，以下哪种情况会导致一国货币升值？（　　）

A. 通货膨胀　　B. 国际收支顺差

C. 收入减少　　D. 紧缩性货币政策

9. 若一国货币汇率高估，往往会出现（　　）。

A. 外汇供给增加，外汇需求减少，国际收支顺差

B. 外汇供给减少，外汇需求增加，国际收支逆差

C. 外汇供给增加，外汇需求减少，国际收支逆差

D. 外汇供给减少，外汇需求增加，国际收支顺差

10. 目前绝大多数国家采用的汇率标价法是（　　）

A. 直接标价法　　B. 间接标价法　　C. 美元标价法　　D. 欧元标价法

四、 多项选择题

1. 按国际汇率制度，汇率可分为（　　）。

A. 固定汇率　　B. 商人汇率　　C. 基本汇率　　D. 浮动汇率

E. 联合浮动汇率

2. 影响汇率变动的主要政策因素有（　　）。

A. 公布利率下调　　B. 本币高估　　C. 央行购买外汇　　D. 资本流动

3. 广义的外汇包括（　　）。

A. 外国货币　　B. 外币支付凭证　　C. 外币有价证券　　D. 其他外汇资金

E. 特别提款权

4. 在其他条件不变的情况下，一国货币汇率下跌，将（　　）。

A. 有利于该国的出口　　B. 有利于该国增加进口

C. 有利于该国增加旅游收入　　D. 有利于该国增加侨汇收入

E. 有利于该国减少进口

5. 一般而言，汇率不稳定对国际经济的影响表现为（　　）。

A. 阻碍国际贸易的正常发展　　B. 加剧国际金融市场的动荡

C. 促进国际储备货币的统一　　D. 增加投机机会

E. 促进国际金融业务的不断创新

五、 简答题

1. 何谓外汇？外汇的基本特征有哪些？

2. 举例说明汇率的两种标价方法分别是什么？

3. 开放经济条件下，一国汇率的变动对国内物价是否产生影响？

4. 简述一国汇率变动对其贸易收支的影响。

5. 简述一国汇率变动对资本输入计划的影响。

六、 论述题

1. 为什么说金本位制下汇率是比较稳定的？

2. 阐明影响汇率变动的主要经济因素。

3. 分析汇率变动对经济的主要影响。

4. 一国实行的哪些政策会影响汇率？为什么？

世界货币基金组织宣布人民币成为国际储备货币

资料来源：https：//v. youku. com/v _ show/id _ XMTc0NTExMjE3Mg = = . html？ spm = a2h0k. 11417342. soresults. dtitle.

关注“脱欧”公投后的人民币汇率：“脱欧”影响将长期存在

资料来源：https：//v. youku. com/v _ show/id _ XMTYyOTU2MTA0OA = = . html？ spm = a2h0k. 11417342. soresults. dtitle.

第二章
开放经济下的国际收支账户

本章知识结构

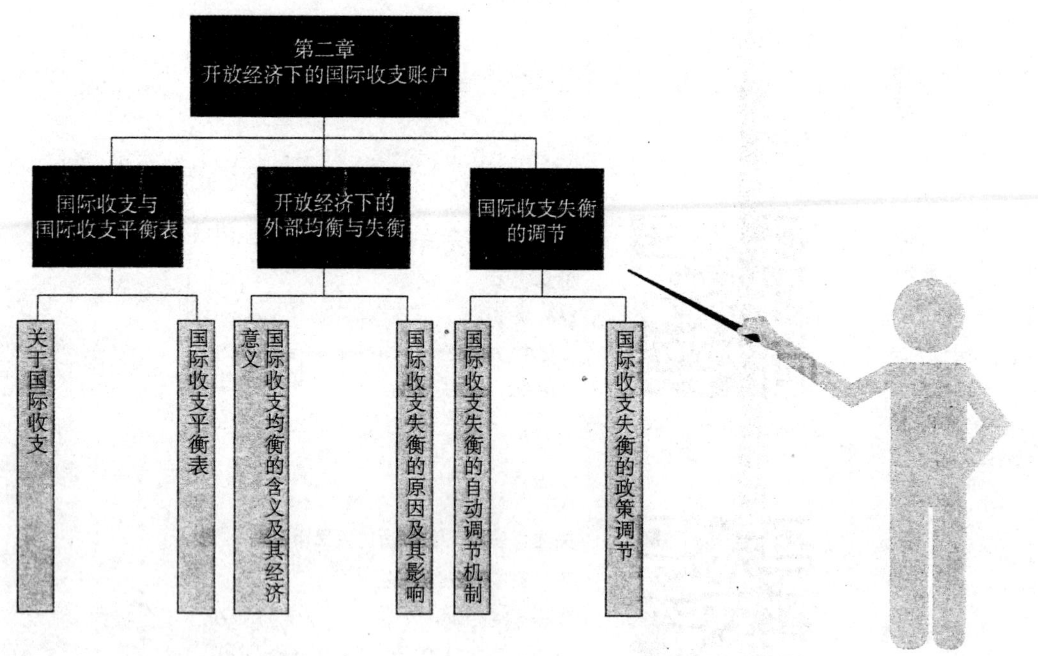

本章学习目标

- 理解国际收支的定义；
- 熟练掌握国际收支平衡表的概念和结构，以及对平衡表的基本分析；
- 理解国际收支的均衡与失衡，以及失衡的原因；
- 掌握国际收支失衡调节的方法、手段和路径。

国际收支是由一个国家对外政治、经济、文化等交往活动引起的，随着各国间国际交往内容的不断扩大，国际收支的含义也在不断丰富和发展。因此，如何正确理解国际收支的概念及其基本框架，如何正确把握国际收支分析的基本原则，如何正确运用改善一国国际收支状况的各种调节工具，是国际金融学的重要内容。本章重点阐述国际收支平衡表的项目构成与分析，以及国际收支平衡的判断及调节等问题。

第一节　国际收支与国际收支平衡表

本节从国际收支的概念出发，详细介绍了国际收支的起源、发展与特点。此外，对于国际收支平衡表的基本结构与编制方法，本节也给予了较完备的介绍。

一、关于国际收支

（一）国际收支的起源与发展

国际收支这一概念最早出现于17世纪初期，其产生是与当时的生产方式、经济发展水平密切相连的。在资本主义进行原始积累的时期，重商主义对于各国的政策形成产生了重要的影响。为了促进货币资本的积累，各国都极其重视对外贸易，国际收支也被简单地解释为一个国家的对外贸易差额，这个定义通行了很长一段时间。但随着经济的发展，各国之间经济交易的内容、范围不断扩大，原先的概念已不适用，特别是第一次世界大战之后，国际金本位制度崩溃，国际收支的范围有所扩大，国际收支的概念演变为一个国家一定时期的外汇收支总和。可见，这一定义的重要特色是将国际收支的统计范围建立在现金基础上，各国间的国际经济交易，只要涉及外汇收支，就属于国际收支的范畴。第二次世界大战之后，随着世界经济的进一步发展，国际经济关系更加紧密，国际经济往来以及政治、文化等往来更加频繁，国际经济交易的范围和方式都有了很大的变化，政府无偿援助、私人捐赠、企业之间的易货贸易、补偿贸易、记账贸易等新的贸易方式都不涉及外汇收支，建立在现金基础上的国际收支概念已不能适应国际经济形势的发展，国际收支的概念又有了新的改变，其重心由“收支”转向“交易”，形成了当今广泛采用的国际收支概念。在当今的世界经济中，国际收支是各国国民经济的重要组成部分，是各国经济领域的重要课题之一。一国的国际收支是否平衡，对该国的货币汇率和对外贸易政策的制定乃至整个国民经济都有极其重要的影响。

（二）国际收支的概念

2009年，由国际货币基金组织出版的第六版《国际收支和国际投资头寸手册》中，对于国际收支做了如下定义：国际收支是以统计报表的方式，系统总结特定时期内一国的经济主体与他国的经济主体之间的各项经济交易，它包括货物、服务和收益，对世界其他地区的金融债权和债务的交易以及单向转移。国际货币基金组织定义的国际收支概念可概括为某个时期内居民与非居民之间的交易汇总统计表。

国际收支所反映的国际经济交易是指发生在居民与非居民之间的经济交易，如果经济交易是在居民与居民之间发生的，则应该称为国内收支。因此，正确区分居民与非居民的概念对于国际收支的统计是非常重要的。值得注意的是，国际收支中居民与非居民的划分并不是以国籍为标准的，而是以交易者的经济利益中心所在地为标准。一个自然人，无论其国籍如何，只要他在所在国从事一年或一年以上的经济活动，就应该被认做是该国的居民。一个企业，只要它在一国注册成立并在该国长期从事经济活动，就是该国的居民。非营利性机构的划分同企业一样。政府机构（包括代表政府的个人，如使领馆工作人员、驻外军队的军人等），无论是在国内还是在国外，无论在国外年限有多长，都是原所在国的居民。至于国际机构，如联合国、世界银行和国际货币基金组织等，不是任何国家的居民。对于任何一个国家来讲，国际机构永远是非居民。

专栏2－1

国际收支和国际投资头寸手册

《国际收支和国际投资头寸手册》（*Balance of Payments and International Investment Position Manual*）是国际货币基金组织对制定和公布用于编写及时、有效和统一的国际收支统计数据的指导原则，目前通行的是国际货币基金组织 2009 年颁布的《国际收支和国际投资手册》第六版（BPM6），这一版本是继 1993 年的第五版首次探讨了国际投资头寸统计这一重要领域后，第一次将国际投资加入手册的名字中。

国际货币基金组织对统计方法的兴趣最早始于 1948 年 1 月出版的《国际收支手册》第一版。第一版《国际收支手册》的主要目的是奠定向国际货币基金组织定期提供具有国际标准的报告的基础。它是国际联盟有关国际收支统计指导方针编制工作的继续。1950 年公布《国际收支手册》第二版，丰富了国际收支手册体系中用以说明概念的材料；《国际收支手册》第三版于 1961 年面世，第三版不仅奠定了向国际货币基金组织提供报告的基础，而且还提供了一整套可供各国满足自身需要的国际收支原则。《国际收支手册》第四版于 1977 年发布，它对国际金融体系中的变化及国际交易方式的重要变化作出了反应。第五版于 1993 年 9 月问世，第五版对定义、术语和账户结构做了很多修改，包括：将经常账户中的资本转移和非生产资产移到新指定的资本账户、将资本账户重新命名为金融账户、将服务从初次收入中剥离。第六版中，第一次将国际投资加入到手册的名字中，这一版本的修订，体现了三个主题：全球化、资产负债表问题的日益细化和金融创新。

二、国际收支平衡表

（一）国际收支平衡表的概念

各国编制国际收支平衡表的主要目的是为了有利于全面了解本国的涉外经济关系，并以此进行经济分析，制定合理的对外经济政策。

（二）国际收支平衡表的结构

国际收支平衡表是指按照一定的编制原则和格式，对一个国家一定时期内的国际经济交易进行分类、汇总，以反映和说明该国国际收支状况的统计报表。

国际收支平衡表（Balance of Payment Statement）所包括的内容十分广泛，由于世界各国的编制要求不同，往往都根据其不同的需要和具体情况来自行编制，因此，各国国际收支平衡表的内容有很大差异，详简不一，但其主要结构还是基本一致的。国际货币基金组织编制的国际收支平衡表通常分为经常项目、资本和金融项目、净误差与遗漏项目三大类。

1. 经常项目（Current Account）。经常项目之下可以分为三个子项目：货物和服务、收入和经常转移。

经常项目是指本国与外国交往中经常发生的国际经济交易，反映一国与外国之间实际资源的转移情况，因此是一国国际收支平衡表中最基本、最重要的项目，对其他国际收支项目往往会起到影响与制约的作用。

（1）货物和服务。货物又称做商品贸易或有形贸易，一般包括以下几项内容：①一般商品。指居民向非居民出口或从非居民处进口的大多数可移动货物，除个别情况外，可移动货物的所有权发生了变更。②用于加工的货物。包括跨越边境运到国外加工的货物的出口以及随后的再进口。③货物修理。包括向非居民提供的或从非居民那里得到的船舶和飞机等运输工具上的货物修理活动。④非货币黄金。包括不作为货币当局储备资产（货币黄金）的所有黄金的进口与出口。非货币黄金等同于其他商品。

国际货币基金组织建议，所有货物的进出口一律按离岸价格（FOB）计算。在实际中，很多国家为了统计方便，对出口商品按离岸价格计算，对进口商品却按到岸价格（CIF）计算，这样会影响到国际收支平衡表的精确性，甚至还会引起国家之间的贸易争端。

服务又称做劳务贸易或无形贸易，主要包括以下内容：①运输。包括一国或地区的居民向另一国或地区的居民所提供的涉及客运、货运、备有机组人员的运输工具的租赁和其他辅助性服务。②旅游。旅游不只是一项具体的服务，而是旅游者消费的一整套服务，包括非居民旅游或因公、因私在另一国或地区停留不足一年的时间里从该国或地区所获得的货物和服务。学生和求医人员不论在外多长时间都被视为旅游者。③其他各类服务。包括运输和旅游项下没有包括的国际服务交易，如通信服务、保险服务、金融服务、专利使用和特许经营权使用等。

国际服务的生产和贸易不同于货物的生产和贸易。一经济体生产的货物运输到另一经济体的居民那里，其居民有可能并不知道货物的具体生产时间，而服务的生产在生产发生之前就同某一经济体的生产者与另一经济体的消费者或一组消费者事先作出的一项安排联系在一起，其生产过程中就涉及了居民与非居民双方。当然，在现今经济高速发展与融合的前提下，货物和服务的界限已变得相当模糊，货物项目中可能包含有服务的成分，而服务项目下也有出现货物的可能。

（2）初次收入。收入又称为“收益”，反映生产要素流动引起的生产要素报酬的收支。

国际间流动的生产要素有劳动与资本两项，因此，收入下设“雇员报酬”“投资收益”和“其他”三项内容。①雇员报酬。雇员报酬指以现金或实物形式支付给非居民工人（季节工人、边境工人、短期工作工人，使馆工作的当地工作人员）的工资、薪金和其他福利。②投资收益。投资收益包括居民因拥有国外金融资产而得到的收入，包括直接投资收入、间接投资收入和其他投资收入三部分。投资收益强调报酬的收支，因而有其特殊性，例如，在一笔债务还本付息时，本金的流动记入金融账户，而利息记入经常账户的投资收益。

（3）二次收入。二次收入主要记录居民与非居民之间的经常转移，包括现金和实物，为“无偿转移”或“单方面转移”，主要包括所有非资本的转移项目，即排除以下三项所有权转移的所有转移项目：①固定资产所有权转移；②同固定资产的收买或放弃相联系的或以其为条件的资金转移；③债权人不索取任何回报而取消的债务，因为这三项转移均属于资本转移。国际货币基金组织出版的《国际收支手册》第五版中，将转移划分为经常转移与资本转移，这种划分与国民账户体系中的处理方式和其他统计方式一致。

根据实施转移的主体不同，转移可分为政府转移（如无偿援助、战争赔款、政府向国际组织定期交纳的费用等）与私人转移（如侨汇、捐赠、继承、赡养费、资助性汇款、退休金等）。

2. 资本与金融项目（Capital and Financial Account）。资本与金融项目由资本项目与金融项目两部分构成。

资本项目。反映了资产在居民与非居民之间的转移。

（1）资本项目作为《国际收支手册》第五版新列示的内容，与原来第四版中资本项目的含义是完全不同的。主要包括以下两个方面内容：①资本转移。其内容已于介绍二次收入的内容中作为区分对象做了解释。②非生产、非金融资产的收买或放弃。主要包括不是由生产创造出来的有形资产（如土地和地下资产）与无形资产（专利、版权、商标、经销权等）的收买或放弃。对于无形资产，所涵盖交易其实也涉及了经常项目与资本项目两项。经常项目服务项下记录的是无形资产的运用所引起的收支，资本账户的资本转移项下记录的则是无形资产所有权的买卖所引起的收支。

金融项目。金融项目反映的是居民与非居民之间投资与借贷的增减变化。

（2）在第四版手册及其以前的版本中金融项目相当于资本项目，以前的分类方式是分成长期资本与短期资本，由于金融创新的不断涌现和资本流动的迅猛发展，长期资本与短期资本的区分越来越困难，所以自第五版开始，对金融账户有了越来越细致的区分。在第六版中金融项目主要有两大类，分别是非储备性质的金融账户和储备资产。

非储备性质的金融账户项目的划分主要分为直接投资、证券投资、金融衍生产品（储备除外）和其他资产。①直接投资。直接投资反映某一经济体的居民单位（直接投资者）对另一经济体的居民单位（直接投资企业）的永久性权益，它包括直接投资者和直接投资企业之间的所有交易。直接投资项下包括股本资本、用于再投资的收益和其他资本。②证券投资。证券投资指有关债务或股本证券的跨境交易和头寸，包括股本证券和债务证券的交易。股本证券交易包括股票、参股或其他类似文件。债务证券包括长期债券、无抵押品的公司债券、中期债券等；还包括可转让的货币市场债务工具，如短期国库券、商业票据、银行承兑汇票、可转让的大额存单等；另外，衍生金融工具也包括在内。③金融衍生产品（储备除外）和雇员认股权。金融衍生产品主要包括期权和远期型合约，雇员认股权作为一种报酬形式，是向公司雇员提供的一种购买公司股权的期权。④其他投资为剩余类别，包括没有列入直接投资、证券投资、金融衍生产品和雇员认股权以及储备资产的头寸和交易，包括其他股权、贷款、非人寿保险技术准备金、人寿保险和年金权益、养老金权益、启动标准化担保的准备金、贸易信贷和预付款、货币和存款等。

储备资产。储备资产货币由当局控制，并随时可供货币当局用来满足国际收支资金需求，用以干预汇兑市场影响货币汇率，以及用于其他相关目的的对外资产。涉及的项目包括货币化黄金、在国际货币基金组织的储备头寸、特别提款权、其他储备资产。值得注意的是，在《国际收支手册》第五版标准组成部分中，各工具被合并，并且在不同的地方使用不同的名称，第六版中将这些地方相统一。

3. 净误差与遗漏项目（Errors and Omissions）。国际收支平衡表由于编制原则采用复式记账法，其借方总额与贷方总额相抵之后的总净值应该为零。但实际上，一国国际收支平衡表会不可避免地出现数字金额借贷方不平衡的现象，一般认为这种金额差异是由于统计资料有误差遗漏而形成的。出现净误差与遗漏的原因主要有：

（1）编制国际收支平衡表的原始统计资料来自各个方面，在原始资料的形成过程中，不可避免地会出现某些当事人故意改变、伪造某些项目数字的做法，造成了原始资料的失实或不完全，如走私、资本外逃等。

（2）统计数字的重复计算和漏算，原始统计资料来自于四面八方，有的来自海关统计，有的来自银行报表，还有的来自官方主管机构的统计报表，这就难免发生统计口径不一致而造成的重复计算与漏算。

（3）有的统计数字本身就是估算的。

因此，为了使国际收支平衡表的借贷双方实现平衡，便人为地设立了“净误差与遗漏”项目。

表 2－1　2017 年中国国际收支平衡　　单位：亿美元

项　目	行次	差　额	贷　方	借　方
一、经常项目	1	1 649	27 089	−25 440
A. 货物和服务	2	2 107	24 229	−22 122
a. 货物	3	4 761	22 165	−17 403
b. 服务	4	−2 654	2 065	−4 719

续表

项　目	行次	差　额	贷　方	借　方
1. 加工服务	5	179	181	−2
2. 维护和维修服务	6	37	60	−23
3. 运输	7	−561	372	−933
4. 旅行	8	−2 251	326	−2 577
5. 建设	9	36	122	−86
6. 保险和养老金服务	10	−74	41	−115
7. 金融服务	11	18	34	−16
8. 知识产权使用费	12	−239	48	−287
9. 电信、计算机和信息服务	13	77	270	−193
10. 其他商务服务	14	161	586	−426
11. 个人、文化和娱乐服务	15	−20	8	−27
12. 别处未提及的政府服务	17	−18	17	−35
B. 初次收入	18	−344	2 573	−2 918
1. 雇员报酬	19	150	217	−67
2. 投资收益	20	−499	2 349	−2 848
3. 其他初次收入	21	5	7	−3
C. 二次收入	22	−114	286	−400
1. 个人转移	23	−25	70	−95
2. 其他二次收入	24	−89	216	−305
二、资本和金融项目	25	570	4 355	−3.785
A. 资本项目	26	−1	2	−3
B. 金融项目	27	571	4 353	−3 782
1. 非储备性质的金融账户	28	1 486	4 353	−2 867
1.1　直接投资	29	663	1 682	−1 019
1.2　证券投资	30	74	1 168	−1 094
1.3　金融衍生工具	31	5	15	−10
1.4　其他投资	32	744	1 513	−769
2. 储备资产	33	−915		
2.1　货币黄金	34	0		
2.2　特别提款权	35	−7		
2.3　在基金组织的储备头寸	36	22		
2.4　外汇储备	37	−930		
2.5　其他储备资产	38	0		
三、净误差与遗漏	39	−2 219	0	−2 219

资料来源：国家外汇管理局网站，略有删减。

（三） 国际收支平衡表的编制原则

国际收支平衡表是按照复式记账法进行记录编制的。其记账原理为：任何一笔交易都涉及借方和贷方两个方面，有借必有贷，借贷必相等。无论是实际资产还是金融资产，对外资产持有额的减少被记入贷方，对外资产持有额的增加被记入借方。通常来说，记入借方的项目包括：（1）反映进口实际资源的经常项目；（2）反映资产增加或负债减少的资本与金融项目。记入贷方的项目包括：（1）反映出口实际资源的经常项目；（2）反映资产减少或负债增加的资本与金融项目。

具体来看，有如下记账规则：（1）进口商品属于借方项目，出口商品属于贷方项目。（2）非居民为本国居民提供服务或从本国取得收入，属于借方项目；本国居民为非居民提供服务或从外国取得收入，属于贷方项目。（3）本国居民对非居民的单方向转移，属于借方项目；本国居民收到的国外的单方向转移，属于贷方项目。（4）本国居民获得外国资产属于借方项目，外国居民获得本国资产或对本国投资属于贷方项目。（5）本国居民偿还非居民债务属于借方项目，非居民偿还本国居民债务属于贷方项目。（6）官方储备增加属于借方项目，官方储备减少属于贷方项目。

我们通过举例来说明国际收支平衡表的记账方法。假设A国某年度一共发生了如下六笔国际经济交易：

1. A国某服装厂向英国某公司出口了100万美元的服装，从而导致该企业在海外银行存款的相应增加。出口行为伴随着资本流出所形成的海外资产的增加，意味着本国拥有的资源的减少，应记入贷方；资源流出行为意味着本国在外的资产的增加，应记入借方。分录可简单记录为：

借：在外国银行的存款　　100万美元
　贷：商品出口　　100万美元

2. A国居民到外国旅游，共花费10万美元，该笔花费从该居民的海外存款账户中扣除。这笔交易可记录为：

借：服务　　10万美元
　贷：在外国银行的存款　　10万美元

3. 某外商以价值2 000万美元的设备直接投资于A国，设立独资企业。这笔交易可记录为：

借：商品进口　　2 000万美元
　贷：外国对A国的直接投资　　2 000万美元

4. A国政府动用外汇储备40万美元对B国提供无偿慈善援助，另外还提供相当于60万美元的药品进行援助。这笔交易可记录为：

借：经常转移　　100万美元
　贷：官方储备　　40万美元
　　商品出口　　60万美元

5. A 国某企业在海外投资所得利润 200 万美元，其中 100 万美元用于当地的再投资，50 万美元用于购买当地的设备运回国内，50 万美元调回国内结售给政府换取本国货币。这笔交易可记录为：

借：商品进口 50 万美元

官方储备 50 万美元

对外长期投资 100 万美元

贷：海外投资利润收入 200 万美元

6. A 国居民动用其在海外的存款 50 万美元，用以购买外国某公司的债券。这笔交易可记录为：

借：证券投资 50 万美元

贷：在外国银行的存款 50 万美元

对以上交易数据进行统计记录后，A 国当年的国际收支平衡表如表 2-2 所示。

表 2-2　A 国某年度国际收支平衡表　单位：万美元

项目	借　方	贷　方
货物	2 000……（3）	100……（1）
	50……（5）	60……（4）
服务	10……（2）	
初次收入		200……（5）
二次收入	100……（4）	
经常项目合计	2 160	360
直接投资	100……（5）	2 000……（3）
证券投资	50……（6）	
其他投资	100……（1）	10……（2）
		50……（6）
官方储备	50……（5）	40……（4）
资本与金融项目合计	300	2 100
总　计	2 460	2 460

（四）国际收支平衡表差额

国际收支平衡表是根据复式记账原理编制的，一笔国际经济交易将会产生金额相同的一笔借方记录和一笔贷方记录，因此，借方总额与贷方总额最终必然相等。但就每一个具体项目而言，借方和贷方经常是不相等的，双方会存在一定的差额。从分析的角度来看，考察国际收支状况要特别注意四个差额：

1. 贸易收支差额。贸易收支差额等于货物出口减货物进口（按绝对额计算）或等于货物出口加上货物进口（按记账符号计算）。贸易收支差额反映了一国商品在国际市场上的竞争能力，并在一定程度上体现了该国的经济实力。

2. 经常项目差额。经常项目差额等于货物、劳务和收益差额加上经常转移差额，反映了实际资源在一国与他国之间的转让净额，或者说一国国外财富净额的变化。由于一国拥有多少实际资源可供支配使用对经济增长或发展十分重要，经常账户差额常常被用来表示一国国际收支目标。

3. 资本和金融账户差额。资本和金融账户差额等于该账户下直接投资、证券投资和其他投资交易及储备资产交易的差额。对于资本和金融账户的分析，要特别注意影响资本流量的各因素，如国内资产与国外资产的收益率和风险因素等。

4. 综合差额。综合差额等于经常项目与资本和金融账户中排除储备资产的交易的差额。它衡量了一国通过动用或获取储备来弥补的收支不平衡。综合差额为正，则储备资产增加；综合差额为负，则储备资产减少。另外，人们通常讲的国际收支盈余或赤字就是指综合差额的盈余或赤字。

值得注意的是，在以前的国际收支差额分析中，基本差额也是反映一国国际收支状况的差额。它是经常账户差额与长期资本差额之和。近年来各种新的金融交易与金融工具的出现，使得资本交易期限长短之间的区分非常模糊，一方面一些名义上被列为长期资本流动的资本交易具有短期的性质，另一方面一些被列为短期资本流动的交易具有长期的性质，因此，在新版本的《国际收支和国际投资手册》中删除了基本差额的概念。

（五）国际收支平衡表的分析方法

一个国家的国际收支平衡表记载着这个国家一定时期内对其他各国经济往来的综合情况，集中反映了这个国家对外经济关系的特点和作用以及国际金融活动的内容和范围。当今各国在经济和政治等各方面的联系越来越密切，一个国家不仅要了解自己，还要了解其他国家的政治经济实力和对外经济政策的动向，国际收支平衡表涵盖了大量的政治经济信息，是国与国之间互相了解的重要窗口。通过对世界各国的国际收支平衡表的分析与研究，可以充分了解各国经济实力和预测世界经济与贸易的发展趋势。

国际收支平衡表的分析方法主要有以下几种：

1. 静态分析法。静态分析法是指对某国在某一时期（一年、一季或一个月）的国际收支平衡表进行分析的方法。具体来讲就是计算和分析国际收支平衡表中的各个项目及其差额，分析各个差额形成的原因及其对国际收支总差额的影响，从而找出总差额形成的原因。当然，由于各个项目差额的产生原因是多方面的，在分析其差额的形成原因时，只利用单一资料不能全面地掌握和认识实际情况，还应该结合其他有关资料，进行综合分析。

2. 动态分析法。动态分析是指分析某国若干连续时期的国际收支平衡表。一国一定时期的国际收支状况，是过去一定时期该国经济结构状态、经济发展进程及经济政策导向的综合结果，而经济结构、经济发展以及经济政策并不是一成不变的，它随着时间的变化、环境的变化而不断变化，因此，一国的国际收支也处于一个连续不断的运动过程之中，无论对顺差还是逆差，都不能仅仅从静止的角度来考察，还必须考察其发展变化的情况。

3. 比较分析法。比较分析中的纵向比较是指对一国若干连续时期的国际收支平衡表进行比较分析。这一点可以结合前面所说的动态分析考虑。比较分析中的横向比较是指对不同国家在相同时期的国际收支平衡表进行比较分析。随着国际间政治、经济和军事关系的变化，一国与其他有关国家的国际收支会相应发生变化，因此，必须对相关国家的国际收支平衡表进行横向的比较分析。当然，由于每个国家的国际收支平衡表的项目设置与编制方法都不尽相同，可能在统计口径上横向比较会出现偏差，对于这一问题，可以利用国际货币基金组织公布的有关国际收支统计资料。由于国际货币基金组织公布的有关资料均是经过重新整理后编制的，在统计口径上达到一致，因此国与国之间的数据具有可比性。

第二节　开放经济下的外部均衡与失衡

本节首先论述了国际收支均衡的含义并分析了其均衡的经济意义，继而又介绍了国际收支失衡的概念、原因与影响，最后着重介绍了国际收支失衡的调节机制。

一、国际收支均衡的含义及其经济意义

国际收支均衡从概念上可以分为静态均衡与动态均衡两种。静态均衡是指一国在某一时点上国际收支既不存在逆差也不存在顺差，更倾向于会计意义上的平衡。其基本特点是，以年度为周期，平衡是收支数额的对比平衡，是国际收支交易的总平衡。动态均衡是指以经济实际运行可能实现的计划期为平衡周期，保持期内国际收支平衡，使一国一定时期的国际收支在数量及结构方面均能促进该国经济与社会正常和健康的发展；促进该国货币均衡汇率水平的实现和稳定，使该国储备接近、达到或维持充足与最佳水平。动态均衡的特点为以经济波动和经济增长的需要为基础，确定若干年为平衡期，不仅以国际收支总额均衡为目标，而且也考虑国际收支的结构，以及其对国内经济的影响。

国际收支均衡的重要性在于揭示了国际收支对于经济与社会发展的积极意义。国际收支的均衡与经济发展、汇率变动、国际储备的多寡有着密不可分的联系，越来越成为影响一国经济不可或缺的要素。第二次世界大战之后，随着各国经济相互依存的进一步扩大和深入，没有一个国家的经济和社会发展能够脱离对外贸易和资本输出输入，而一国的国际收支状况又取决于各国的开放和发展状况，从而各国经济的开放发展与国际收支相互形成了不可忽视

的影响。

二、国际收支失衡

在实践中对于国际收支均衡与失衡的讨论是与国际收支平衡表结合在一起的。首先要明确，国际收支的均衡与国际收支平衡表的均衡是两个不同的概念。国际收支平衡表是按照复式记账原理编制的，从理论上说，其贷方总额与借方总额必然相等；从编制方法上说，由于设置了净误差与遗漏项目，即使贷方总额与借方总额不相等，也会人为将其差额补平。因此可以认为，国际收支平衡表永远是平衡的。然而，这种平衡仅仅是形式上的平衡，一国国际收支平衡表的均衡并不意味着该国国际收支的均衡，而且在大多数情况下，一国的国际收支往往是不平衡的。

要讨论一国国际收支的失衡，首先要区分两种不同性质的交易：

自主性交易是指经济主体或居民个人如金融机构、进出口商、国际投资者等出于某种自主性目的如追求利润、减少风险、资产保值、逃税避税、逃避管制或投机等而进行的交易活动，如商品和劳务交易、技术交流、收益转移、无偿转让、各种形式的对外直接投资、证券投资等。

1. 自主性交易（Autonomous Transactions）。商品、劳务的交易是因为国际间商品价格、成本不同和劳务技术的差异而发生的；单方面转移是私人基于个人关系或政府基于政治、军事等方面的考虑而进行的；资本流动是因为国内外投资预期收益率不同而发生的。从动机上看，这些交易完全没有考虑到一国国际收支是否会因此发生失衡，因此称为自主性交易。自主性交易体现的是经济主体或居民个人意志，不代表哪一个国家或政府的意志，因而具有事前性、自发性和分散性的特点，因而也称为“事前交易”（Ex - ante Transaction）。

补偿性交易又称调节性交易（Accommodating Transactions）、事后交易（Ex-post Transaction），是指中央银行或货币当局出于调节国际收支差额、维护国际收支平衡、维持货币汇率稳定的目的而进行的各种交易，包括国际资金融通、资本吸收引进、国际储备变动等。

2. 补偿性交易（Compensatory Transactions）。补偿性交易是在自主性交易出现差额时，为了弥补或调节这种差额，由政府出面进行的交易活动，体现了一国政府的意志，具有事后性、集中性和被动性等特点。

一国的国际收支是否均衡，从对外经济往来的角度，关键是看自主性交易所产生的借贷金额是否相等。在国际收支平衡表下，观察自主性交易项下的借贷双方，不难发现不是借方大于贷方就是贷方大于借方，二者相等的情况很少见。为弥补自主性交易的差额，政府或货币当局进行了补偿性交易，如果补偿性交易项下出现借方余额，意味着自主性交易存在贷方余额，就可以说国际收支处于盈余；如果补偿性交易项下出现贷方余额，意味着自主性交易存在借方余额，就可认为国际收支出现赤字；而无论盈余还是赤字，都是国际收支失衡的表现。而从国际收支结构的角度，还要分析经常项目和资本项目各自项下的赤字情况，根据国际货币基金组织总裁拉托在 2005 年提出的概念（Rodrigo de Rato，2005）①，国际收支失衡是指“一国拥有大量贸易赤字，与该贸易赤字相对应的贸易盈余则集中在其他一些国家”。也就是说，即使一国的自主性交易相对是平衡的，但如果经常项目和资本项目有一项是盈余巨大，一项是赤字巨大，也都是失衡的表现，因为这种结构性的失衡，一旦形成长期机制，就会对经济体产生负面影响，引发国际收支危机。

 专栏2－2

美国的经常账户赤字

国际货币基金组织（IMF）在其发布的《2018外部风险报告》中指出，2017年美国依然是全球经常项目失衡的最大驱动力，美国政府转向大规模赤字支出将使其贸易逆差进一步上升。IMF首席经济学家莫里斯·奥布斯特费尔德在新闻发布会上表示，IMF敦促通过合作来解决全球贸易失衡问题，并警告全球各经济体外部失衡持续可能加剧贸易紧张局势和导致金融环境更快收紧，对全球经济构成威胁。

IMF自2012年开始每年发布《外部风险报告》，对全球29个主要经济体和欧元区整体的外部失衡情况及汇率进行分析评估。报告认为，国际金融危机后，全球经常账户的顺差和逆差有所收窄，但过度失衡的状况在过去5年中基本没有改变，而且越来越多地集中在美国等发达经济体。此种状况会助长保护主义情绪，而保护主义政策升级又将损害美国和全球经济增长。正如债台高筑的家庭可能无法获得贷款一样，那些经常账户逆差过高、从国外借款过多的经济体很可能会受到资本流动突然停滞的影响，这不仅会破坏各国自身的稳定，还会在全球范围内造成影响。

《2018外部风险报告》进一步指出，2017年美国贸易经常项目赤字为4 660亿美元，占全球经常项目赤字的43%，2016年占比为39%，这意味着美国对外贸易进口远大于出口。IMF研究部副主任吉安·马瑞亚·米莱西—费雷蒂对本报记者表示，未来随着美国实施减税政策、公共部门支出增大，以及美国经济的内需较快增长，美国进口将加速增长，经常账户逆差将进一步上升，全球失衡将进一步扩大，可能加剧贸易摩擦。

耶鲁大学高级研究员、摩根士丹利亚洲区前主席史蒂芬·罗奇也持有类似观点。他告诉本报记者，美国对全球102个国家的商品贸易存在逆差，这反映了美国国内储蓄的严重不足。而随着税改以及联邦赤字的扩大，美国国内储蓄和贸易赤字的压力只会加剧。在这种背景下，保护主义政策将对美国已经十分严峻的外部融资需求构成严重威胁。

资料来源：人民日报．国际货币基金组织报告：美国巨额赤字加剧全球失衡［EB/OL］．［2018－07－30］．http：//paper. people. com. cn/html/2018－07/30/nw. D//0000 venmrd_ 2018－0730_ 4－21. htm.

---

① Rodrigo De Rato，Correcting Global Imbalances：Avoiding the Blame Game，Remarks at Foreign Policy Associati on meeting. 2005 Feb.

三、国际收支失衡的原因及其影响

（一）国际收支失衡的原因

一国的国际收支失衡的原因可能有很多，概括起来主要有以下几种：

1. 周期性失衡（Cyclical Disequilibrium）。一国经济会呈现衰退、萧条、复苏和繁荣的周期性变化，在周期的各个阶段，经济条件的改变会产生国际收支的不平衡。如当一国经济处于衰退期时，社会总需求下降，进口需求也相应下降，国际收支可能会产生顺差；一国经济处于扩张和繁荣期时，国内投资与消费需求旺盛，对进口的需求也相应增加，国际收支便可能出现逆差。

周期性失衡是指由于一国经济周期性波动引起该国国民收入、价格水平、生产和就业发生变化而导致的国际收支失衡。

2. 货币性失衡（Monetary Disequilibrium）。例如，一国发生通货膨胀，其出口商品成本必然上升，使用外国货币计价的本国出口商品的价格就会上升，从而削弱本国商品在国际市场上的竞争能力，起到抑制出口的作用。同时，由于国内商品物价普遍上升，相比较而言，进口商品就显得便宜，从而刺激外国商品的进口，导致出现贸易收支的逆差。在这种情况下，国内货物成本与一般物价上升的原因被认为是货币供应量的过分增加，因此，称之为货币性失衡。货币性失衡可以是短期的，也可以是中长期的。

货币性失衡是指在一定汇率下国内货币成本与一般物价变化而引起进出口货物价格变化，从而导致的国际收支失衡。

3. 结构性失衡（Structural Disequilibrium）。结构性失衡通常反映在贸易项目或经常项目上。结构性失衡有两层含义：第一层含义是指因经济和产业结构变动的滞后和困难所引起的国际收支失衡。例如，一国的国际贸易在一定的生产条件和消费需求下处于均衡状态，当国际市场发生变化，新产品不断淘汰老产品，如果该国的生产结构不能及时根据形势加以调整，那么，其原有的贸易平衡就会遭到破坏，贸易逆差就会出现。另一层含义是指一国的产业结构比较单一，或其生产的产品出口需求的收入弹性低，或出口需求的价格弹性高而进口需求的价格弹性低所引起的国际收支失衡。这类结构性不平衡在发展中国家表现得尤为突出。结构性失衡具有长期的性质。

结构性失衡是指国内经济、产业结构不能适应世界市场的变化而发生的国际收支失衡。

4. 收入性失衡（Income Disequilibrium）。国民收入变动的原因很多，一种是前面所述的经济周期波动所致，另外一种则是由经济增长率的变化而产生的。一般来说，国民收入大幅增加，全社会消费水平就会提高，社会总需求也会扩大，在开放型经济下，社会总需求的扩大，通常不一定会表现为价格上涨，而表现为增加进口，从而

收入性失衡是指由于各种经济条件的变化引起国民收入的较大变动所致的国际收支不平衡。

导致国际收支出现逆差；当经济增长率较低时，国民收入减少，国际收支出现顺差。

5. 临时性失衡（Accidental Disequilibrium）。临时性失衡一般程度较轻，持续时间不长，带有可逆性，因此，可以认为是一种正常现象。在浮动汇率制度下，这种性质的国际收支失衡有时不需政策调节，市场汇率的波动就能将其纠正。在固定汇率制度下，一般也不需要采取政策措施，只要动用官方储备就可以了。

临时性失衡是指短期的、由非确定或偶然因素引起的国际收支失衡。

（二）国际收支失衡的影响

如前所述，一国国际收支的失衡表现为收支顺差与收支逆差两种情况。一般来讲，国际收支失衡，不仅直接影响到一国汇率的上下波动，而且经过一定时期后，会逐渐影响到国内的经济增长、通货膨胀，甚至还影响到就业问题。因此，国际收支的失衡既可以破坏外部均衡，也迟早会破坏内部均衡。

1. 逆差对于经济的影响。如果一国长期存在着严重的国际收支逆差，会对该国经济发展产生如下影响：（1）会引起该国货币贬值，如果存在严重逆差，会引起该国货币的急剧贬值，对经济发展形成强烈冲击；（2）如果一国实行固定汇率制，或该国政府不愿接受本币剧烈贬值以及由此带来的贸易条件恶化，就必然在国际收支逆差时动用外汇储备干预外汇市场，从而使得该国的储备资产减少；（3）储备资产的减少同国内货币供应量存在着密切联系，外汇储备的减少会导致国内银根紧缩和利率上升，从而对收入和就业产生负面影响。

2. 顺差对于经济的影响。一国出现的国际收支顺差的消极作用往往不像国际收支逆差那样明显，甚至有的时候国际收支顺差会成为政府追逐的经济目标之一。但是，如果国际收支顺差长期存在且数额巨大，也同样会给一国经济带来消极影响：（1）国际收支顺差会给本币造成升值压力，一旦本币升值，在一国对外贸易中就易产生由汇率引起的鼓励进口和抑制出口的局面，从长远来看会削弱国内经济实力、加重国内的失业问题；（2）持续的顺差会导致该国外汇储备的增加，外汇储备的增加会导致中央银行投放的基础货币增加，造成本国货币供应增长的局面，会加剧该国的通货膨胀；（3）从开放经济的角度来看，一国的国际收支顺差意味着他国的国际收支逆差，因此长期的顺差将极有可能导致国际间的经济摩擦；（4）国际收支顺差的原因如果主要是贸易收支顺差，则意味着国内可供使用的资源减少，不利于本国经济的可持续发展。

第三节　国际收支失衡的调节

一国的国际收支无论是持续性顺差还是持续性逆差，一般都会对该国的经济带来不良影响。因此，无论是逆差还是顺差，都应该采取相应的调节措施，使国际收支趋于平衡。

一、国际收支失衡的自动调节机制

> *国际收支失衡的自动调节是指由国际收支失衡引起的国内经济变量变动对国际收支产生反作用，从而使国际收支达到平衡的过程。*

当然，国际收支的自动调节机制有其自身严格的作用背景，即只有在纯粹的自由经济中才能产生自动调节的效果，才能使国际收支自发地由失衡走向平衡。政府的某些宏观经济政策往往会干扰自动调节过程，使其作用减弱，甚至根本不能发生作用。

18 世纪中叶，英国哲学家与经济学家大卫·休谟提出了著名的“价格—铸币流动机制”，详细阐述了国际金本位制下国际收支的自动调节机制，认为在国际间普遍实行金本位制的条件下，一个国家的国际收支可以通过物价的涨落和现金（即黄金）的输出输入自动恢复平衡。

在纸币流通条件下，虽然黄金流动对于国际收支平衡发挥的作用已经不复存在，但国际收支的自动调节机制仍然通过价格、利率、汇率、收入等经济变量发挥作用。

1. 价格机制。当一国的国际收支出现顺差时，国内货币市场货币供给增多，容易引起国内信用膨胀，利率下降，投资与消费相应上升，国内需求量增加，对货币形成一种膨胀式压力，使本国物价与出口商品价格随之上升，从而减弱了本国出口商品的国际竞争能力，出口减少，进口增加，国际收支顺差逐步减少直至平衡。

2. 利率机制。当一国国际收支发生逆差时，该国货币市场货币存量减少，银根趋紧，利率上升。利率的上升表明本国金融资产收益率的上升，从而对本国金融资产的需求相对上升，对外国金融资产的需求随之下降。这些均导致本国资本停止外流，同时外国资本流入本国以谋求较高利润。因此，国际收支逆差由于金融项目的日趋好转从而走向平衡，国际收支逆差得以调整。当一国国际收支发生顺差时，该国货币市场货币存量增加，银根松动，利率水平逐渐下降。利率水平的下降导致资本外流增加，从而使得顺差逐渐减少，国际收支趋于平衡。

3. 汇率机制。当一国国际收支出现顺差时，本国货币市场上外汇供给大于外汇需求，供求关系的改变导致本币升值，本国出口商品的以外币表示的国际市场价格上涨，进口商品价格下降，因此，出口减少，进口增加，贸易顺差改善，国际收支趋向平衡。当一国国际收支出现逆差时，本国货币市场上外汇供给大于外汇需求，本币贬值，出口商品的外币表示价格下降，进口商品价格上升，出口增加，进口减少，贸易逆差得到改善，国际收支状况趋向平衡。

4. 收入机制。收入机制是指国际收支逆差时，国民收入水平会下降。国民收入下降会引起社会总需求的下降，进口需求下降，贸易收支得到改善。另外，国民收入的下降不仅能改善贸易收支，也会使对外劳务和金融资产的需求都不同程度的下降，改善经常项目收入和资本与金融账户收支，从而使国际收支状况得到改善。

二、国际收支失衡的政策调节

国际收支状况对于一国的经济发展具有极其重要的意义，因此，对于国际收支的失衡，各国政府及货币当局必然会采取一定的措施加以调节，以使国际收支朝着利于本国经济稳定发展的方向发展。如前所述，国际收支的失衡有逆差与顺差两种，各国对于国际收支的调节必然也会有两个方面。虽然一般来讲，提到国际收支的调节多指对于国际收支逆差的调节，但是第二次世界大战后的经济特点决定了对于国际收支顺差的调节也是国际收支调节的重要方面。

一国对于国际收支失衡的经济政策调节主要分为财政政策调节、货币政策调节、信用政策调节、外贸政策调节等方面。

1. 财政政策调节。财政政策的调节手段主要有支出政策与税收政策两种。当一国发生国际收支逆差时，政府可以采取紧缩性的财政政策，具体表现为政府减少公共开支，提高税收，使得投资与消费减少，减少社会总需求，从而改善了贸易收支与国际收支。当一国发生国际收支顺差时，政府可以采取扩张性的财政政策，即增加公共开支，减少税收，来刺激消费与投资的增加、增加社会总需求，改善贸易收支与国际收支。

2. 货币政策调节。货币政策的调节手段主要有以下几种：（1）贴现政策。一国中央银行通过提高或降低贴现率的办法，扩大或缩小货币投放与信贷规模，吸引或排斥国际短期资本的流出流入，从而达到调节国际收支的目的。（2）存款准备金比率政策。通过提高或降低准备金比率，缩小或扩大商业银行贷放资金的规模大小，从而影响国内总需求和国际收支。（3）建立外汇平准基金。外汇平准基金是指由中央银行拨出一定数额的外汇储备作为基金，并由中央银行掌握运用，在外汇市场上进行干预活动。当国际收支发生短期性失衡时，中央银行可以运用平准基金在外汇市场买卖外汇以调节外汇供求，影响汇率变化，达到促进出口、增加外汇收入的作用，从而改善国际收支不平衡状况。（4）汇率政策。通过提高或降低本国对外国货币的汇率来消除国际收支的不平衡。当一国发生国际收支逆差时，可以利用使本国货币贬值来增加本国商品在国际市场上的价格竞争能力，扩大出口，同时进口减少，国际收支逐步趋向平衡。当发生国际收支顺差时，可采用相反的调节方法。

3. 信用政策调节。当一国国际收支出现顺差或逆差时，利用国际信贷方式加以调节也是各国常常采用的一项措施。例如当逆差发生时，一国政府可以向国际金融市场借款，虽然利率较高，但由于这种方式限制较少，使用方便，目前已成为逆差国家弥补逆差的常用措施。如果发生顺差现象，则可以向国际金融市场贷放资金，以缩减顺差额，使国际收支得到调节。

4. 外贸政策调节。为改善国际收支状况，许多国家都采用一些保护性的外贸政策，例如以进口许可证制、进口配额制来限制进口，或为出口商提供直接补贴或间接补贴来鼓励出口。

本章小结

1. 狭义的国际收支只限定于外汇收支，第二次世界大战后，国际收支包括的内容日趋扩展，逐渐衍生出国际收支的广义概念，即一个国家或地区和世界上其他国家或地区之间由于贸易、非贸易和资本往来而引起的国际间资金移动，从而发生的一种国际间资金收支行为。

2. 世界各国对于其本国的国际收支平衡表均有不同的编制原则，但总体来说，国际收支平衡表的主要结构包括以下三项：经常项目，资本与金融项目，净误差与遗漏。

3. 国际收支平衡表在编制过程中按照复式记账法编制，有借必有贷，借贷必相等，因此，从理论上说，国际收支平衡表肯定是平衡的。

4. 国际收支的失衡是指自主性交易的失衡。其失衡原因主要有周期性失衡、货币性失衡、结构性失衡、收入性失衡及临时性失衡。

5. 国际收支失衡的调节除经济自身通过价格机制、利率机制、汇率机制自动调节之外，还包括各国货币当局通过财政政策、货币政策、信用政策、外贸政策的政策调节。

本章主要概念

国际收支　　国际收支平衡表　　自主性交易　　补偿性交易　　周期性失衡
货币性失衡　　结构性失衡　　收入性失衡　　临时性失衡

本章复习参考书

［1］姜波克．国际金融新编（第六版）［M］．上海：复旦大学出版社，2012.

［2］杜金富．国际收支统计［M］．北京：中国金融出版社，2011.

［3］［美］凯夫斯（Gaves，R. E）等．国际贸易与国际收支（第十版）［M］．余淼杰，译．北京：北京大学出版社，2008.

本章复习思考题

一、 填空题

1. 国际收支的概念中居民与非居民的划分标准是________。
2. 国际收支平衡表中的经常项目是由________、________、________三个子项目构成的。
3. 国际收支平衡表的编制原则是________。

4. 国际金本位制度下，一国国际收支失衡的自动调节机制是指大卫·休谟的________机制。

二、简答题

1. 简述国际收支平衡表分析中的主要差额。

2. 简述一国国际收支失衡的判别标准。

3. 论述国际收支的失衡原因。

4. 论述一国国际收支失衡的政策调节措施。

三、案例题

1. 国际收支平衡表的编制。

已知B国2019年共发生如下5笔国际经济交易，试编制该国当年国际收支平衡表。

（1）B国某企业从D国某公司进口了50万美元的生产原料，从而导致该企业在海外银行存款的相应减少。

（2）C国居民到B国旅游，共花费1万美元。

（3）B国某企业以价值500万美元的设备直接投资于A国，设立独资企业。

（4）B国政府动用外汇储备200万美元对F国提供无偿慈善援助，另外还提供相当于100万美元的药品进行援助。

（5）B国某企业在海外投资所得利润200万美元，其中100万美元用于当地的再投资，50万美元用于购买当地的设备运回国内，50万美元调回国内结售给政府换取本国货币。

2. 国际收支平衡表分析。

××××年第二季度中国国际收支平衡表　单位：亿元人民币

项　目	行次	差　额	贷　方	借　方
一、经常项目	1	4 523	43 262	38 739
A. 货物和服务	2	4 880	38 860	33 980
a. 货物	3	6 706	35 337	28 631
b. 服务	4	−1 826	3 523	5 349
B. 初次收入	18	138	3 780	3 642
C. 二次收入	21	−495	622	1 117
二、资本和金融项目	24	−998	38 277	39 275
A. 资本项目	25	−37	38	75
B. 金融项目	26	−961	38 239	39 200
1. 直接投资	27	2 421	5 577	3 155
2. 证券投资	30	896	1 614	717
3. 其他投资	41	−4 279	31 049	35 328
三、储备资产	64	−1 380	21	1 401
四、净误差与遗漏	70	−2 144	0	2 144

资料来源：国家外汇管理局网站。

请根据上表回答下列问题：

（1）我国该年第二季度国际收支平衡表中的经常项目是顺差还是逆差？具体数额为多少？

（2）我国该年第二季度储备资产是增加还是减少？具体数额为多少？

（3）我国该年第二季度国际收支平衡表中净误差与遗漏一项的数字说明了哪些问题？

潘功胜：我国国际收支会呈现自主平衡状态，发挥人民币的调节作用

资料来源：https：//v. youku. com/v _ show/id _ XNDA5MTk5OTYyNA = = . html? spm = a2h0k. 11417342. soresults. dtitle.

外汇局：中美贸易摩擦对我国国际收支影响总体可控

资料来源：https：//v. youku. com/v _ show/id _ XMzU1MTI5MTIyMA = = . html? spm = a2h0k. 11417342. soresults. dtitle.

第三章
开放经济下的国际金融活动

本章知识结构

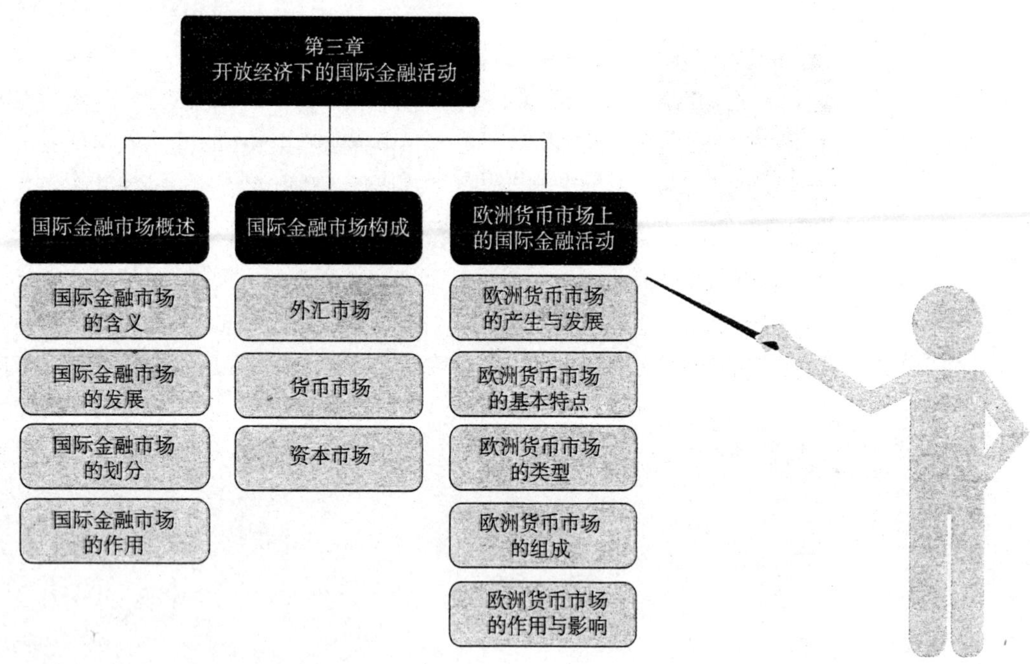

本章学习目标

- 了解国际金融市场基本内涵与发展状况；
- 理解国际金融市场的划分与重要作用；
- 熟练掌握国际金融市场的构成；
- 掌握欧洲货币市场的类型、作用与影响。

在开放市场条件下，一国与其他国家之间发生着频繁的国际金融活动，这些活动都是在国际金融市场上进行的。随着世界经济的发展，国内金融市场对外延伸，形成国际金融市场，进而随着金融管制的放松和金融衍生工具的发展，国际金融市场上的活动愈加活跃，在促进世界经济增长的同时，也加大了金融风险。本章主要介绍国际金融市场的发展，国际金融市场的构成以及欧洲货币市场等相关问题。

第一节　国际金融市场概述

金融市场是现代经济系统的重要组成部分，引导资金流向，沟通资金由盈余部门转移到短缺部门。国际金融市场将这种资金的流动从国内扩大到国家之间。

一、国际金融市场的含义

在世界经济具有现代化发展水平的今天，国际金融市场是指具有现代化通信设备，具有全球性广泛联系的，进行国际金融交易的场所。

所谓国际金融市场是指国家之间进行资金融通的场所。

最初的国际金融市场有狭义与广义之分。狭义的国际金融市场是指具体从事各种国际金融业务的场所，或者说是指进行传统国际资金借贷和融通的场所。狭义的国际金融市场的业务活动包括长短期资金借贷、外汇与黄金的买卖等，这些业务活动分别形成了货币市场、资本市场、外汇市场、黄金市场，以及传统的期货市场。这几类国际金融市场相互连接，相互作用，交易主要发生在本国居民和外国居民之间。广义的国际金融市场是由国际性的资金借贷、结算、汇兑以及有价证券、黄金和外汇的买卖活动所组成的市场，除了包括狭义各种市场之外，还包括新兴国际金融市场，即包括离岸金融市场在内的全球一体化国际金融业务交易市场，交易活动包括居民与非居民之间或非居民与非居民之间。随着国际金融市场全球化、自由化的发展，许多大规模的国际金融市场上，传统和现代国际金融业务交织混合，传统国际金融市场和新兴国际金融市场的界限已经逐渐模糊。

二、国际金融市场的发展

国际金融市场是随着生产力的发展而发展起来的，因此它最早出现在发达国家。传统的国际金融市场首先从发展地区性金融市场开始。地区性金融市场能够集中大量金融资本和其他生产要素，从而有力推动该市场及周边地区的经济发展。它所辐射的内容只在一个区域之内，从该区域内吸收集中资金，再将其大部分用到该区域内。随着商品经济的发展和金融业务的扩大，资金流动扩展到更广范围，形成真正的国际金融市场。

第一次世界大战以后，伦敦成为世界上最主要的国际金融市场。当时的英国是世界上最强大的工业国家，同世界各国有着广泛的贸易联系。英国的银行制度发展得最早、最健全，英镑币值相对稳定，所以在伦敦最早形成国际金融市场。第二次世界大战以后，由于历史传统和银行业务关系，伦敦国际金融市场仍然发挥着重要作用，但其国际金融中心的地位有所削弱。

美国的经济实力在第二次世界大战中迅速膨胀，第二次世界大战后的初期，美国的经济实力占有压倒优势：工业生产总值约占资本主义世界的1/2，出口贸易约占1/3，黄金储备约占2/3，资本输出总额约占1/3，成为资本主义世界的经济霸主。布雷顿森林体系的建立，确立了美元作为世界货币的中心地位，使美元成为最重要的国际结算货币和国际储备货币。大量的国际借贷与资本筹措都集中在纽约，纽约也因此成为世界上最大的国际金融市场。随着经济的发展，随着国际贸易的开展，国家之间的货币交换、资金融通、支付结算日益频繁，逐步形成了外汇市场。此后，国际投资与借贷的发展，形成了国际资金借贷市场和直接投资市场。但资金的借贷与交易仍然限制在本国货币，即使有非居民的参与，也是居民与非居民之间对当地货币的交易活动，这些活动仍然受到所在国政府的法令法规的管辖。

20世纪60年代以后，欧洲货币市场迅速发展。随着发达资本主义国家经济的飞速发展，国际贸易、国际金融活动的急剧增加，越来越多的国际金融业务活动希望摆脱国家的法律法规限制，于是产生了境外金融交易，即外国的借款人和外国的贷款人之间的金融交易日益频繁。这种境外交易最初是美国境内的美元流向欧洲，形成不受美国金融法规管辖的境外美元，也称欧洲美元，从事欧洲美元交易的市场被称为欧洲美元市场，或称欧洲货币市场。欧洲货币市场与传统国际金融市场截然不同，在这个市场上交易的主体是非居民，包括外国公司、外国政府以及外国居民。其业务范围不断扩大，交易的货币主要为金融市场所在国货币以外的货币，分布地区也逐渐扩大至亚洲、北美洲和拉丁美洲。除伦敦以外，还形成了许多著名的国际金融中心。这些著名的国际金融中心的大部分交易活动是在市场所在国的非居民之间进行的，交易涉及所有可自由兑换的货币，业务活动也不受任何国家金融体系规章制度的管辖，这种国际金融中心也称为离岸金融中心。第二次世界大战后新兴的离岸金融市场是具有现代意义的国际金融市场。二战后新兴的离岸金融市场的出现，使国际金融市场的发展进入了一个崭新的阶段。20世纪70年代至80年代，随着信息技术在国际金融领域的广泛使用，国际金融市场逐渐连成一体，国内金融市场与国际金融市场逐步相融，传统国际金融市场与新型国际金融市场也难以完全区分。

进入21世纪后的十多年时间，国际金融市场的表现与发展进一步具有经济与政治、金融与贸易、投资与投机交错和复杂性扩大的特点与趋势，主要发达经济体虽继续主导国际金融市场，但新兴市场经济体在国际金融市场的份额逐步上升，主要国际金融市场成交量不断增长。2008年金融危机波及全球，此后至2012年期间国际金融市场出现了较为频繁的波动，且破坏性日益扩大，主要发达国家经济增长疲软，加剧了金融市场的动荡。特别是欧洲主权债务危机恶化，扩大了银行业的风险敞口，美国主权信用评级下调，提升了投资者的避险情绪。国际资本纷纷涌向安全资产，黄金、美国国债以及避险货币价格飙升，新兴市场和欧洲货币由升转贬。2013年，在欧债危机风险趋缓、美国避开财政悬崖、美联储实施量化宽松货币政策、日本央行推出“量质双宽松”的激进货币政策的刺激下，全球主要股市大幅上涨，全球金融市场出现重大调整。

2014 年全球经济复苏动能开始有所增强，发达经济体宏观经济政策调整的节奏和力度成为影响全球经济增长的重要不确定因素，通货膨胀仍将是新兴市场经济体货币政策关注的重点，国际金融市场伴随着欧债危机和美国财政僵局等风险因素进一步消退，运行将较为平稳。自全球经济在 2015 年实现同步复苏以来，2019 年已经是进入复苏的第 4 个年头。随着主要经济体劳动力市场改善，物价水平稳步回升，货币政策也逐渐走向正常化，为国际金融市场的稳定发展提供了良好的基本面。然而，在美国经济增速下行压力增大、英国脱欧、欧洲难民危机、德国大选、意大利赤字问题等多种政治经济因素的影响下，整体国际金融市场发展放缓，但由于仍处于经济扩张周期，中短期内不会出现经济衰退，不排除国际金融市场进一步出现剧烈动荡的可能，各主要国家应对下一轮经济衰退的政策空间受到限制，贸易摩擦和逆全球化趋势还会带来较大负面影响。此外，与之前长达数年的全球经济同步增长不同，2019 年各国的经济增长步调将出现落差。全球金融市场正在经历根本性的结构变革，国际资本流动不断增长，金融机构之间渗透不断加深，金融监管的功能和方法不断创新，世界范围内的金融自由化导致全球化和非中介化，各国金融体系已经变成了全球金融体系的一部分。

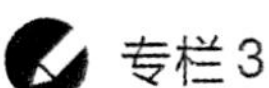

专栏 3－1

全球经济进入分化与博弈新阶段

2018 年是国际金融危机 10 周年。10 年前，金融危机发端于美国，席卷到全球，给各国带来了巨大冲击。10 年后，全球经济依然脆弱，不仅危机的深层次影响尚未消除，保护主义又卷土重来，给全球经济带来新的压力。一方面，世界经济没有延续 2017 年的快速增长态势，由美欧同步复苏转向区域明显分化，主要经济体增速接近触顶，部分新兴市场国家出现金融动荡。另一方面，美国针对光伏、钢铝、汽车等产品在全球发起多轮贸易争端，世界范围内逆全球化兴起、民粹主义抬头、地缘政治冲突不断，对经济运行形成很大干扰。在此背景下，2018 年全球经济出现了新特征，呈现出明显的“分化”与“博弈”。

一是分化。自 2018 年 4 月以来，在全球贸易摩擦、美联储收紧货币政策、美元升值、全球美元流动性趋紧等因素影响下，全球经济扩张的均衡性开始下降。从经济增长方面来看，发达国家中美国经济“一枝独秀”，欧洲经济陷入疲软，新兴经济体中亚洲保持较高增长，其他地区增速放缓；从金融市场表现来看，发达国家总体稳定，波动率虽有所上升但仍低于历史水平，新兴经济体则出现货币贬值、资本外流、股市下滑、偿债压力上升等风险，阿根廷、俄罗斯、土耳其等国货币危机引起全球关注。

二是博弈。全球化与逆全球化的博弈更加白热化。美国政府奉行单边主义和“零和博弈”思维，在全球范围内掀起频繁“退群”、加征关税、重谈双边协定等行动，以“破”促“立”，引发国际关系的失衡和贸易摩擦犹存，而七国集团首脑会议（G7）、二十国集团（G20）、世界贸易组织（WTO）、亚洲太平洋经济合作组织（APEC）等国际合作平台无法对美国保护主义形成有效制约，全球多边协调机制受到严重冲击。与此同时，各国内外部政治力量的博弈加剧，引发经济社会矛盾，俄罗斯、伊朗受到美国制裁，英国脱欧波折、意大利预算困局、法国“黄背心”运动、卡塔尔退出石油输出国组织（OPEC）等事件频繁爆出，增加了全球经济金融运行的不确定性。

展望未来，全球经济可能在 2019 年小幅回落。经济增长的上行动力依然存在。全球制造业仍在扩张，就业状况持续改善，通胀率温和上升，有利于企业扩大生产和提高薪资水平，推动投资消费增长。与此同时，经济下行风险日益加大。全球外国直接投资流量连续 3 年下滑，全球贸易增速明显下降，过去长期以来担当经济增长重要推动力的贸易恐将成为经济发展的拖累。初步预计 2019 年全球 GDP 增速为 3.1%，较 2018 年回落 0.1 个百分点。

资料来源：陈四清．全球经济进入分化与博弈新阶段——2018 年全球经济金融回顾与展望[J]．国际金融研究，2019，381（01）：5－6.

三、国际金融市场的划分

国际金融市场可以按照不同的分类方法来划分。

（一）按性质不同划分

按性质不同，可以将国际金融市场划分成传统国际金融市场和新兴离岸金融市场。

传统国际金融市场从事市场所在国货币的国际信贷和国际债券业务，交易主要发生在市场所在国的居民与非居民之间，并受市场所在国政府的金融法律法规管辖。

新兴离岸金融市场的交易涉及所有可自由兑换的货币，大部分交易活动是在市场所在国的非居民之间进行的，业务活动也不受任何国家金融体系规章制度的管辖。

（二）按照功能不同划分

按照功能的不同，国际金融市场可以划分为外汇市场、货币市场、资本市场和黄金市场。

外汇市场是由各类外汇供给者和需求者组成的，进行外汇买卖、外汇资金调拨、外汇资金清算等活动的场所。外汇交易的参加者有中央银行、进出口公司、经营外汇业务的各种机构和投机者等。

货币市场是指资金借贷期限在 1 年以内（含 1 年）的交易市场，或称短期资金市场。货币市场的参与者众多，商业银行是该市场的重要参加者，此外还有政府、证券交易商以及大的金融和非金融机构。

资本市场是指资金借贷期限在 1 年以上的中长期信贷或证券发行市场，或称长期资金市场。它是国际间资本流动的重要途径，也是在国际上融通长期资本的必要场所。

黄金市场是指专门从事黄金买卖交易的市场。20 世纪初期，金本位制度在各国广泛流行，黄金市场逐步发展，逐步在金融领域取得重要地位。两次世界大战期间，随着纸币作用的加强，黄金市场在金融市场中的地位有所削弱。布雷顿森林体系时期，黄金市场与金融市场的联系建立在黄金与美元固定兑换比例的基础上。20 世纪 70 年代中期的黄金非货币化之后，黄金主要以商品形式出现，黄金市场的性质从以金融市场为主转变为以商品市场为主，黄金交易从现货交易转变为期货交易，并且逐步融入全球一体化大市场中。

（三） 按照融资渠道不同划分

按照融资渠道的不同，国际金融市场又可以划分成国际信贷市场和国际证券市场。

国际信贷市场主要从事资金借贷业务，按照借贷期限长短，又可以分为短期信贷市场和长期信贷市场。

短期信贷市场是从事 1 年期以下借贷业务的市场。在短期信贷市场上汇集着大量的商业银行，汇集着大量的银行资金。存款增长大于贷款增长的银行可以提供资金，而存款增长小于贷款增长的银行可以借入资金。短期信贷市场业务以银行同业间拆放为主。长期信贷市场主要从事 1 年以上的中长期信贷业务，通常为 1 ~ 10 年，最长可达 30 年。中长期信贷的借款人主要有银行、公司企业、政府机构和国际机构等。中长期贷款由于期限长、风险大，往往不能由一家银行独立承担。现在中长期贷款往往由一组银行形成银团，集体提供银团贷款，或称辛迪加贷款（Syndicated Loan）。辛迪加贷款的形式既扩大了资金来源，又分散了贷款风险，已经被广泛采用。

国际证券市场是股票、公司债券和政府债券等有价证券发行和交易的市场，是长期资本投资人和需求者之间的有效中介，是金融市场的重要组成部分。

证券市场包括国际股票市场和国际债券市场，这两个市场又可以分别分成新证券的发行市场和已发行证券的交易市场。新证券的发行市场又称为一级市场或初级市场，已发行证券的交易市场又称为二级市场。股票是股东在股份公司中拥有股权的凭证。股票的种类很多，在不同国家发行应符合发行所在地国家的法律规定。

四、国际金融市场的作用

1. 提供国际投融资渠道。国际金融市场创造了金融资产的流动性。现代金融市场正发展成为功能齐全、法规完善的资金融通场所，资金需求者可以很方便地通过直接或间接的融资方式获取资金，而资金供应者也可以通过金融市场为资金找到满意的投资渠道。另一方面，金融市场上多样化的金融工具为供应者的资金寻求合适的投资手段找到了出路。金融市场根据不同的期限、收益和风险要求，提供了多种多样的供投资者选择的金融工具，资金供应者可以依据自己的收益、风险偏好和流动性要求选择其满意的投资工具，实现资金效益的最大化。国际金融市场上的资金在多种多样的金融工具中不断选择，不断换手，加速了资金国际流通。

2. 调剂各国资金余缺。国际金融市场在世界范围内调拨资金调剂余缺，引导分散在各国的小额资金汇集成为可以投入生产项目的大笔资金，把闲置资本转化为盈利资本，把储蓄有余的国家的资金调拨到资金短缺的国家。这种资金的流动促进了资本的国际化，使资本流向收益较高的国家。资本追逐利润的流动，恰恰是从资本相对丰裕的地区流向资本相对稀缺的地区，从而使资本资源在世界范围内进行更加有效的配置，更加有效的利用。

3. 调节国际收支。国际金融市场在调节国际收支方面的作用十分明显。有国际收支顺差的国家将其外汇资金盈余投放到国际金融市场上，而有国际收支逆差的国家则利用国际金融市场贷款的资金来弥补国际收支逆差。比如，中东产油国曾经将很大一笔石油出口收入存到欧洲货币市场，形成石油美元。这笔石油美元又以国际信贷的方式，贷给了因石油涨价造成国际收支逆差的国家。国际金融市场在沟通石油美元的再循环、缓解各国国际收支严重失衡方面起了决定性的作用。

4. 促进世界经济发展。国际金融市场促进世界经济发展的作用主要表现在以下几个方面：第一，为国际贸易的发展融通资金。第二次世界大战后，世界贸易年平均增长率高于世界国民生产总值年平均增长率，国际贸易的迅速增长在促进世界经济增长的过程中起着十分重要的作用。各国经常利用国际金融市场为其外贸活动进行资金融通，因此国际金融市场在促进世界贸易和世界经济发展方面有着不可低估的贡献。第二，国际金融市场为资本短缺的国家利用外资扩大生产提供了便利。国际金融市场通过汇集资金、提供贷款和进行证券交易，把大量闲置的货币资本转化为现实的职能资本。各国利用国际金融市场筹集资金，扩大了本国的社会资本总额，从而可以增加投资和扩大生产规模。

5. 促进了经济全球化的发展。第二次世界大战后，跨国公司与跨国银行迅速发展，国际金融市场为跨国公司和跨国银行的发展提供了服务。国际金融市场是跨国垄断组织获取外部资金的最重要来源地，为其进行资金调拨提供了便利；同时国际金融市场也是跨国公司投放闲置资金、获取利润的场所。跨国公司为国际金融市场提供了大量的资金来源和大量的交易业务，又反过来推动了国际金融市场的进一步发展。跨国公司的分支机构遍布世界，通过与国际金融市场的互动，进一步促进了经济全球化的发展。

6. 增大金融风险，为投机活动提供了场所。国际金融市场的发展，将世界经济连成一体，国际资本流动速度增快，流量增加。目前国际金融市场遍布各个时区，可以 24 小时接轨营业。外汇、信贷和利率管制逐渐放松的趋势，使国际金融市场上越来越多的金融业务脱离了诸如国际贸易、国际结算等方面的实际业务，约有 95% 是独立的资金运动。国际金融市场的发展加大了金融风险，大量游资在国家之间流动造成有关国家外汇市场的不稳定，为投机活动提供了便利。国际金融市场将世界各国联系得更加紧密，在出现通货膨胀和金融危机时，将使危机在世界传播得更快，危害更大。

第二节　国际金融市场构成

按照功能的不同，国际金融市场可以划分为外汇市场、货币市场、资本市场和黄金市场。由于黄金非货币化趋势存在，黄金市场已经不再属于国际金融市场的主体。因此，本节主要介绍其余三类市场。

一、外汇市场

（一） 外汇市场的含义与特征

在外汇市场上，外汇买卖有两种类型：一类是本币与外币之间的买卖，即需要外汇者用本币购买外汇，或持有外汇者卖出外汇换取本币；另一类是不同币种的外汇之间的买卖。例如，在纽约外汇市场上，美元与各种外汇之间的交易属于前一类型，欧元与日元的兑换属于后一类型。

外汇市场（Foreign Exchange Market）是由各类外汇供给者和需求者组成的，进行外汇买卖、外汇资金调拨、外汇资金清算等活动的场所或网络。

外汇市场是世界上流动性最强的市场，外汇市场与其他市场相比，交易额是最大的。国际清算银行（BIS）调查显示，全球外汇市场交易量呈现显著快速增长态势，国际清算银行（BIS）每三年一度的中央银行调查报告数据显示，全球外汇市场的日均交易量从1995年的1.2万亿元增长到了2016年的5.1万亿元。美元仍是全球交易最为活跃的货币，其成交量占据全球近90%的规模，欧元作为第二大最常交易的货币，其交易份额由2010年的39%下降至2017年的31.3%，降幅最大；日元比重快速上升，英镑比重持续10年下滑。根据国际清算银行（BIS）2016年统计数据，各种货币占比为日元（21.6%）、英镑（12.8%）、澳大利亚元（6.9%）、加拿大元（5.1%）、瑞士法郎（4.8%）、人民币（4.0%）、墨西哥比索（2.2%）、瑞典克朗（2.2%）、新西兰元（2.1%）、新加坡元（1.8%）、港元（1.7%）。

同时，外汇市场又是一个全球一体化市场，体现在三个方面：首先，外汇市场分布呈全球化格局，以全球最主要的外汇市场为例，美洲有纽约、多伦多，欧洲有伦敦、巴黎、法兰克福、苏黎世、米兰、布鲁塞尔、阿姆斯特丹，亚洲有东京、香港、新加坡等。其次，外汇市场交易机制高度一体化，全球市场连成一体，各市场在交易规则、方式上趋同，具有较大的同质性。各市场在交易价格上相互影响，如西欧外汇市场每日的开盘价格都参照香港和新加坡外汇市场的价格来确定，一个市场发生动荡，往往会影响到其他市场，引起连锁反应，市场汇率表现为价格均等化。最后，从全球范围看，外汇市场是一个24小时全天候运行的昼夜市场。每天的交易，澳大利亚的惠灵顿、悉尼最先开盘，接着是亚洲的东京、香港、新加坡，然后是欧洲的法兰克福、苏黎世、巴黎和伦敦，到欧洲时间下午2点，美洲大陆的纽约开盘，当纽约收市时，惠灵顿又开始了新一天的交易。在欧洲时间的下午，此时伦敦和纽约两大市场均在营业，是大额交易的最佳时间，大的外汇交易商及各国的中央银行一般都选择这一时段进行交易。

（二）外汇市场的种类

1. 根据有无固定场所，分为有形市场（Visible Market）与无形市场（Invisible Market）。有形市场指有具体交易场所的市场。外汇市场的出现与证券市场相关。外汇市场产生之初，多在证券交易所交易大厅的一角设立外汇交易场所，称外汇交易所。外汇买卖各方在每个营业日的约定时间集中在此从事外汇交易。早期的外汇市场以有形市场为主，因该类市场最早出现在欧洲大陆，故又称“大陆式市场”。

无形市场指没有固定交易场所，所有外汇买卖均通过连接于市场参与者之间的电话、电传、电报及其他通信工具进行的抽象交易网络。目前，无形市场是外汇市场的主要组织形式，因其最早产生于英国、美国，故又称“英美式市场”。与有形市场相比，无形市场具有以下优势：(1) 市场运作成本低。有形市场的建立与运作，依赖于相应的投入与费用支出，如交易场地的购置费（租金）、设备的购置费、员工的薪金等；无形市场则无须此类投入。(2) 市场交易效率高。无形市场中的交易双方不必直接见面，仅凭交易网络便可达成交易，从而使外汇买卖的时效性大大增强。(3) 有利于市场一体化。在无形市场，外汇交易不受空间限制，通过网络将各区域的外汇买卖连成一体，有助于市场的统一。

2. 根据外汇交易主体的不同，分为银行间市场（Inter – bank Market）和客户市场（Customer Market）。银行间市场，也称"同业市场"，是由外汇银行之间相互买卖外汇而形成的市场。银行间市场是现今外汇市场的主体，其交易量占整个外汇市场交易量的90%以上，又称"外汇批发市场"。客户市场，指外汇银行与一般顾客（进出口商、个人等）进行交易的市场。客户市场的交易量占外汇市场交易总量的比重不足10%，又称"外汇零售市场"。

此外，外汇市场还有广义与狭义之分。广义外汇市场包括银行间市场与客户市场，狭义外汇市场则仅指银行间市场。

（三）外汇市场的结构

1. 外汇市场的参与者。外汇市场的参与者，包括外汇银行、外汇经纪人、中央银行和顾客四部分。

外汇银行也称外汇指定银行（Appointed or Authorized Bank），是由中央银行指定或授权经营外汇业务的银行。它包括专营外汇业务的本国专业银行，兼营外汇业务的本国商业银行和其他金融机构，以及外国银行设在本国的分支机构或其他金融机构。作为国际外汇市场的主要参与者，外汇银行一方面代顾客买卖外汇和安排外汇交易，以满足客户保值或套利的需要，并从中收取服务费或手续费；另一方面以自己的账户直接进行外汇交易，通过头寸调度保值或获利。

外汇经纪人（Foreign Exchange Broker），即中介与外汇银行之间，或外汇银行与顾客之间，为买卖双方接洽业务并收取佣金的汇兑商。他们利用各种通信工具与各外汇银行、进出口商、跨国公司保持联系，掌握外汇市场的供求信息，媒介外汇买卖双方成交。因此，外汇经纪人对外汇市场的主要贡献是起联络作用。最初，外汇经纪人并不为自己的账户做交易，而只为客户提供代理买卖。国际贸易和金融的快速发展促使外汇业务迅速扩张，也为外汇经纪人扩大业务范围和规模提供了机会。目前，部分信用较高、资金较雄厚的外汇经纪人除了代客买卖外汇外，也从事自营外汇交易。经纪人要处理当事人提出的合理要求，提供快捷和可靠的服务，必须拥有先进的设备和熟练的技术人员。

中央银行作为管理一国货币流通和监控一国金融体系的官方机构，在外汇市场上除了充当市场监管者的角色外，还必须经常介入外汇交易市场，维持本币的稳定，保证国内货币政策的妥善实施。无论是外汇银行，还是一般客户，出于实际需求或趋利行为，不可避免地造成一国货币汇率的波动，中央银行有责任缓和本币汇率的波动程度，以免对进出口贸易和国际收支乃至整个经济发展造成不利影响。从20世纪30年代开始，美、英等金融市场发达的国家就设立了"外汇平准账户"，此后各国纷纷仿效设立类似的外汇账户来干预市场。随着国际经济和金融合作的加强，一国中央银行在外汇市场的职责已不仅限于维持本币的稳定性，有时还要参与某一地区或某一经济联合体内的市场干预，称之为联合干预。当然，随着各国金融市场的不断开放，中央银行将承担更大的压力。事实上，不论一国的外汇储备如何雄厚，也难以抵挡国际投机资本的冲击。所以很多国家特别是发展中国家维持本币汇率稳定，更多的是借助监管，而直接参与市场交易的方式只能作为辅助手段。例如，日本中央银行要求外汇经纪人向其报告已完成的每一笔交易的情况，对外汇活动实行严格的监督。

外汇市场的顾客包括进出口商、国际投资者、旅游者、保值性的外汇买卖者和投机性的外汇买卖者。这类参与主体进行交易的主要目的是：（1）满足进出口收付款项的需要；（2）清算对外投资产生的外币债权债务；（3）证券买卖及红利和股息的收回；（4）避免汇率风险或其他风险；（5）利用各金融中心的价格不平衡获取利润；（6）捐赠。从交易目的不难发现，顾客是外汇市场的最初供应者和最终需求者，他们参与市场的内容和项目几乎涵盖了国际收支经常账户和资本金融账户的全部。

2. 外汇交易的层次。一般地，外汇交易可以分为三个层次，即外汇银行与顾客之间的交易、外汇银行之间的交易和外汇银行与中央银行之间的交易。

银行与顾客之间的外汇交易往往是出于国际结算中收付货款的需要，故主要是本币与外币之间的兑换。在与顾客的外汇交易中，银行一方面从顾客手中买入外汇，另一方面又将外汇卖给顾客，实际上是在外汇的最初供给者与最终需求者之间起中介作用，赚取外汇的买卖差价。

银行间外汇交易往往源于银行在为顾客提供外汇买卖中介服务时，经常出现营业日内外汇买入额与卖出额不平衡的情况。如果某一币种的购入额多于售出额，则银行该币种外汇头寸出现多头（Long Position）或超买（Overbought）；如果某一币种购入额低于出售额，则银行该币种外汇头寸出现空头（Short Position）或超卖（Oversold）。多头和空头统称“敞口头寸”（Open Position）。为了规避汇率变动的风险，银行必须遵循买卖平衡的原则，主动参与银行间市场的交易以轧平各币种的头寸，将多头抛出，空头补进。这种头寸抛补业务又称外汇头寸调整交易。银行进行外汇交易，也可出于投机获利的目的。银行同业间交易汇集了外汇市场的供求流量，由此决定着汇率的高低。在外汇市场上，实力雄厚的大银行凭借其先进的电信设备、高素质的外汇交易员及广泛的代理行关系处于“造市者”地位。这些银行对某种货币的买卖报价可以直接影响该种货币的汇率。

外汇银行与中央银行之间的交易源于中央银行对外汇市场的干预。当某种外币汇率上涨高于期望值时，中央银行就会向外汇银行出售该种货币，促使汇率下跌；反之，当某种外币汇率下跌低于期望值时，中央银行就会从外汇银行处购入该种外币，使其汇率上升。

二、货币市场

（一）货币市场的概念及条件

货币市场的参与者众多，商业银行是该市场的重要参加者，此外还有政府、证券交易商以及大的金融机构和非金融机构。

> 货币市场是指资金借贷期限在1年以内（含1年）的交易市场，或称短期资金市场。货币市场是国际金融市场的重要组成部分。

一个理想的货币市场应该具备以下三个条件：第一，必须有一个完善的中央银行体系，中央银行有能力并且愿意充当最终贷款人。当发生金融危机，商业银行可能无力或者不愿意提供贷款时，中央银行可以提供必要的贷款，以帮助市场保持稳定。第二，在货币市场上，需要有种类繁多的短期金融工具，交易活跃。所谓种类繁多是指市场上提供有足够数量的不同期限、不同收益、不同风险、不同流动特征的短期金融工具，以满足不同投资人的多种多样的随时变化的需要。所谓交易活跃是指有足够多的经纪人、中间商和其他功能相当的金融机构作为市场组织者来有效地调动起大规模的、换手率很高的货币市场交易。第三，有关货币市场的法律法规需要健全和完善。参加货币市场交易活动的机构与个人要能够遵守相关法律法规，或按照市场惯例自我约束。要有专门机构对各类机构，特别是对金融机构的交易活动进行严格的监督审查。总之，按照市场规律运转的市场才是理想的货币市场。

（二）货币市场的分类

货币市场可以进一步划分为短期信贷市场、短期证券市场和贴现市场。

短期信贷市场以银行同业拆放市场占主导地位，除此之外银行还通过短期信贷市场向企业提供贷款。银行同业拆放市场是指金融同业之间（包括银行和经营信用业务的非银行金融机构之间）进行相互借贷的场所。银行同业拆放市场的交易物是各金融机构的多余头寸，由资金多余的金融机构拆放给资金不足的金融机构。银行也通过短期信贷市场向企业提供贷款。企业发生临时性资金周转困难时，银行通过短期信贷市场可以向其提供1年以内的短期贷款。贷款利率以市场利率为基础，同时视企业信誉情况附加一定利息。

短期证券市场是进行短期票据交易的市场。交易票据种类繁多，大致可以分为两大类：一类是与银行有关的市场信用工具，如定期存单、银行承兑汇票等；另一类是非银行的市场信用工具，即由非银行金融机构发行的票据，如国库券、商业票据等。

短期证券市场交易的短期票据中，国库券、商业票据、银行承兑汇票和定期存单是最常见的。(1) 国库券是国家政府为了满足财政需要而发行的短期政府债券。在美国，国库券的发行是为满足季节性财政需要。国库券在美国证券市场上信誉最好，流动性最强，交易量最大，对于美国人和美国以外的政府、金融机构和个人都有很大的吸引力。(2) 商业票据是一些大工商企业和银行控股公司为筹措短期资金，凭信用发行的、有固定到期日的短期信贷票据。(3) 银行承兑汇票主要是出口商签发的，它是经银行背书承兑，保证到期付款的汇票。这种汇票的期限一般为30~180天，以90天为最多，面值无限制。(4) 定期存单是商业银行和金融公司为吸收大额定期存款而发给存款者的存款单。这种存款单不记名，可以在金融市场上自由出售。因此，投资于存款单既可以获得定期存款利息，又可以随时将其转让变现，很受投资者欢迎。定期存款单的期限一般在1~12个月，其中以3~6个月为最多。

贴现市场是经营贴现业务的短期资金市场。贴现是银行购买未到期票据并扣取自贴现日起至票据到期日止的利息的业务。客户可以持未到期票据到银行或金融机构按照一定折扣比例换取现金。银行或金融机构在到期日凭票向出票人或者承兑人兑取现款，也可以在票据未到期前将该票据向中央银行按照一定折扣比率进行再贴现。贴现业务是与短期票据交易业务联系在一起的。

三、资本市场

（一）资本市场概述

广义的资本市场由国际间银行中长期资本借贷市场和证券发行与交易市场组成。狭义的资本市场主要指证券市场。国际证券市场根据证券的种类不同，可以分为国际股票市场和国际债券市场。根据证券发行与交易的性质不同，可以分为一级市场和二级市场。

资本市场是长期资本融通的场所，通常将1年以上的中长期资本借贷或证券发行与交易的市场称为资本市场。国际资本市场是国际金融市场的重要组成部分，是国际资本流动的重要途径。

一级市场是新证券，如新股票或新债券发行的市场。一般发行人要先对股票或债券的发行进行策划，由中介机构进行承销，由投资人进行认购。一级市场可以使资本迅速、有效地从资本剩余单位转移到资本不足单位。二级市场是对已经在国际金融市场上发行的股票或债券，在国际性交易所或有关交易系统进行上市交易的场所。二级市场的存在为已发行的证券提供充分流动的交易市场。证券交易原本主要在交易所内进行，但是现在场外交易也十分盛行。场外交易是指证券投资机构之间不通过股票交易所，而以电话、电传等方式相互进行的股票交易，它给交易者提供了更便利的交易方式，可以根据客户的需求，量体裁衣提供特殊服务。

资本市场有很多功能，最重要的功能是它提供了一种机制，使资本能够迅速有效地从资本盈余单位转移到资本不足单位。这也是一级市场所承担的功能。只有一级市场才能通过向新的投资人发行新的证券，或向原有的投资人增发新的证券，为公司提供新的资金来源。资本市场的另一个功能是为已发行的证券提供充分的流动性，即提供有效的二级市场，证券具有高度的流动性，才能使股票或债券持有者可以随时卖出手中的证券。高效的二级市场的存在，可以保证发行人迅速地连续地从社会上筹集资金，满足其不断扩张资本的需要。因此，二级市场的存在是为了保证一级市场更有效地运行，没有一个高效率的二级市场，一级市场便不能存在，便失去了活力。

（二）国际证券市场

国际证券市场由国际股权市场和国际债券市场组成。

国际股权市场又称国际股票市场，指在国际范围内发行并交易股权的市场。

在国际上发行股票要比在国内发行股票复杂得多。股票发行涉及的当事人有五个方面：发行人（包括政府、银行、公司企业等）、证券监管机构（政府或政府授权机构）、公证机构（包括会计师事务所、审计师事务所、律师事务所和信誉评级机构等)、承销机构(投资银行和相关证券商)、投资人。股票的发行要考虑发行所在国的法律法规、发行量、发行对象、范围和方式等。股票交易市场是证券市场最活跃的部分,它由证券交易所、证券自动报价系统、证券经纪人、证券自营商、投资人和证券监管机构组成,交易所是二级市场的中心。电子化和信息化的发展使二级市场交易更活跃、更有效。

国际债券市场包括外国债券市场和欧洲债券市场。

(1)外国债券是指筹资者在国外发行的,以当地货币为面值的债券。外国债券是传统意义上的国际债券。伦敦曾经是最大的外国债券市场,目前美国、日本、德国、瑞士等国是外国债券的主要发行地。主要外国债券有:外国人在美国发行的以美元为面值的外国债券,称为“扬基债券”;在日本发行的以日元为面值的外国债券,称为“武士债券”;在英国发行的以英镑为面值的外国债券,称为“猛犬债券”;在中国发行的以人民币为面值的外国债券,称为“熊猫债券”等。新债券的发行一般要先通过公认的评级机构给予评级。比较有影响的评级机构有标准普尔公司(Standard and Poor's)和穆迪投资服务公司(Moody's Investors Service),这是两家国际声誉很高的资产评级公司,它们的评级结果将对公司能否发行股票和债券产生影响。(2)欧洲债券市场是欧洲债券发行和交易的市场。欧洲债券是指发行人在本国之外的市场上发行的、以发行所在地国家之外的货币为面值的债券,如美国人在法国发行的以英镑为面值的债券。欧洲债券是在国际资本市场上融资的一个重要途径。

(三)国际中长期信贷市场

国际中长期信贷市场是国际资本市场的另一个重要组成部分,它是银行为企业等长期资本需求者提供1年以上中长期贷款的场所。

国际中长期信贷有如下特点:第一,国际中长期信贷在贷款资金用途上较自由,主要包括向跨国公司和外国工商企业提供用于弥补资金周转不灵或办理固定资产更新、扩建和新建的中长期贷款。第二,国际中长期贷款的资金供应较充裕,借贷方便,贷款数额能够满足借款人的需要。第三,国际中长期贷款的条件严格,利率较高。

第三节 欧洲货币市场上的国际金融活动

欧洲货币市场也称离岸金融市场,是指在一国国境以外进行该国货币的存款、放款、投资、债券发行和买卖业务的市场。

第二次世界大战后,科学技术革命的发展大大促进了全球的生产国际化和资本国际化,原有传统的国际金融市场已不能适应这种国际化的趋势。在20世纪50年代末60年代初,出现了一个资金规模巨大、不受各国金融法律法规管制的新型的国际金融市场,这个市场被称为欧洲货币市场。欧洲货币市场的发展大大促进了世界贸易、金融和经济的发展。

一、欧洲货币市场的产生：欧洲美元市场

欧洲货币市场最早出现的是欧洲美元。早在20世纪50年代初期，美国冻结了我国存在美国的资金，苏联政府为了避免遭受同样的损失，便把其持有的在美国的美元存款调至美国境外的银行，多数存在伦敦，形成欧洲美元最早的组成部分。1957年英镑发生危机，英国政府为维持英镑的稳定，严格限制本国商业银行向英镑区以外的国家提供英镑贷款，伦敦的商业银行为开展信贷业务和解决贸易商的资金需求，便把它们吸收的美元存款贷放出去。这样，一个美国境外的美元借贷市场就在伦敦出现，这一市场即欧洲美元市场。

二、欧洲货币市场的迅猛发展及主要原因

欧洲货币市场起源于20世纪50年代，市场上最初只有欧洲美元。20世纪70年代以来，欧洲货币市场迅猛发展，货币种类和市场地域范围迅速扩大。其发展历程及主要原因有：

1. 美国国际收支逆差不断扩大。自1950年起，美国国际收支经常项目就开始出现逆差。1958年以后，国际收支逆差进一步扩大，到1971年8月，面对不断恶化的国际收支和美元危机的威胁，美国被迫宣布停止履行美元兑换黄金的义务。这样就在美国境外，主要是西欧各国的银行里积存了大量的美元，从而为欧洲美元市场提供了大量的资金，促进了欧洲美元信贷的投放，而信用膨胀反过来又刺激欧洲美元市场的交易活动不断扩大。

2. 美国金融政策的限制。首先，根据美国联邦储备银行的Q条例，美国商业银行的存款利率最高不得超过限定的利率，而国外的欧洲美元则不受此限制，导致美国国内资金纷纷流向欧洲。其次，根据M条例，美国商业银行要向联邦储备银行上交一定比例的存款准备金，而国外的欧洲美元则不须交纳存款准备金。此外，为限制资本外流，美国政府还于1963年采取对购买外国证券的美国居民征收利息平衡税的措施，使得跨国公司不得不转向欧洲美元市场融通资金，从而大大促进了欧洲美元市场的发展。

3. 生产和资本的国际化加快了跨国公司的发展，而跨国公司贸易和生产活动遍布世界，需要日益增多的短期资金融通，也需要在母公司与子公司之间及子公司与子公司之间调拨资金，或通过金融机构获得中长期资本以更新设备和技术。跨国公司既为欧洲货币市场提供了资金来源，又给欧洲货币市场创造了繁多的业务机会。因此，欧洲货币市场正是伴随跨国公司的巨大发展而迅速发展起来的。

4. 20世纪70年代，石油价格大幅度上涨。1973年和1979年两次石油涨价，引发了1973—1975年和1979—1982年两次世界性经济危机。石油输出国的国际收支顺差成倍增长，而非石油输出国则出现了巨额的国际收支逆差。大量的石油美元流向欧洲货币市场，通过欧洲货币市场便捷的借贷渠道，为各国政府解决国际收支不平衡提供了充足的资金资源。

5. 20世纪60年代以来，美元的霸权地位日益衰落，美元危机频繁爆发，各国企业及投机商纷纷抛售美元，抢购其他硬货币，而西欧国家为抑制通货膨胀，采取了一些限制境外居

民以当地国家货币存款的措施，这些资金便转存到该货币发行国以外的地区。这就形成了欧洲英镑、欧洲法国法郎、欧洲荷兰盾、欧洲瑞士法郎等其他欧洲货币，欧洲美元市场也相应地逐渐扩大到欧洲货币市场。欧洲货币市场形成后的范围不断扩大，很快扩展到亚洲、北美洲和拉丁美洲。

6. 时至今日，欧洲货币市场已遍布世界各地，从伦敦、巴黎、法兰克福、苏黎世、卢森堡等欧洲地区扩展到新加坡、巴拿马、巴哈马、开曼群岛等地。20 世纪 80 年代以来，又在纽约、东京等地出现新的离岸金融中心。欧洲货币市场由于不受任何国家国内金融法规的制约，因而存款利率高、贷款成本低，从而吸引了大量的存款者和借款者。随着世界各国先后放松外汇管制，逐步实行货币的自由兑换，借款者可以更加自由地选择币种，更加方便地调拨资金，为欧洲货币市场营运提供了宽松的环境和有利的条件。利用欧洲货币市场降低融资成本、分散经营风险、规避管制，对经济发展有一定的推动作用，在为国际贸易提供成本低、速度快的融资的同时，推动金融国际化和经济国际化是欧洲货币市场发展的主要动因。

三、欧洲货币市场的基本特点

欧洲货币市场是一个有很大吸引力的市场，这个市场与各国国内金融市场以及传统的国际金融市场有很大的不同，关键在于这是一个完全自由的国际金融市场，主要有如下特点：

1. 欧洲货币市场经营非常自由。由于欧洲货币市场是一个不受任何国家政府管制和税收限制的市场，所以经营非常自由。例如借款条件灵活，借款不限制用途等。因此这个市场不仅符合跨国公司和进出口商的需要，而且也符合许多西方国家和发展中国家的需要。

2. 欧洲货币市场货币种类多样。欧洲货币市场的资金来自世界各地，数额极其庞大，各种主要可兑换货币应有尽有，故能满足各种不同类型的国家及银行、企业对于不同期限与不同用途资金的需要。

3. 欧洲货币市场资金调度灵活，手续简便，有较强的竞争力。欧洲货币市场资金周转极快，调度十分灵便，因为这些资金不受任何管辖。这个市场与西方国家的国内金融市场及传统的国际金融市场相比，有很强的竞争力。

4. 欧洲货币市场有独特的利率体系。欧洲货币市场存款利率相对较高，放款利率相对较低，存放款利率的差额很小，这是因为它不受法定准备金和存款利率最高额限制。因此，欧洲货币市场对存款人和借款人都更具吸引力。

5. 欧洲货币市场是一个批发市场。欧洲货币市场的经营以银行间交易为主，银行同业间的资金拆借占欧洲货币市场业务总量的很大比重；由于大部分借款人和存款人都是一些大客户，所以每笔交易数额很大，一般少则数万美元，多则可达到数亿甚至数十亿美元。

四、欧洲货币市场的类型

欧洲货币市场是指在货币发行国以外，从事该国货币借贷或买卖业务的市场。如前所述，欧洲货币市场即离岸金融市场，离岸金融市场的分类情况如下。

（一）按其业务职能特点划分

1. 一体型。一体型离岸金融市场是指境内金融市场业务与境外市场业务融为一体。市场的参与者既可以是居民也可以是非居民，经营的业务既可以是离岸业务也可以是传统的国际金融市场业务，或称在岸业务。伦敦和香港金融中心即属于此种类型。

2. 分离型。分离型离岸金融市场是指境内金融市场业务和境外业务严格分离。对外资银行和金融机构与本国居民之间的金融业务活动加以限制，只准许非居民参与离岸金融业务，其目的在于防止离岸金融交易活动影响或冲击本国货币政策的实施。美国纽约离岸金融市场设立的“国际银行设施”（International Banking Facilities，IBF）、日本东京离岸市场和新加坡都属此类。

3. 簿记型。簿记型离岸金融市场几乎没有实际的离岸业务交易，只进行借贷投资等业务的记账、转账或注册等事务手续，其目的是逃避税收和金融管制。中美洲的一些离岸金融中心，如开曼、巴拿马、巴哈马和百慕大等即属此类。

（二）按其资金来源与运用覆盖范围划分

1. 国际型。国际型离岸金融中心是世界性的，为全世界客户提供全方位的金融中介服务，功能多样化，在利率、汇率、资金等多方面处于领导地位。其资金来源和运用范围均覆盖世界广泛的国家和地区，属于主导中心。例如纽约、东京金融中心。

2. 区域型。区域型离岸金融中心服务于区域层面，通过接纳国外金融机构设点，目的是向其中心国家和地区进一步靠拢。其资金来源或资金运用有一方注重世界范围，另一方偏重境内或区域范围，属于集资中心或代收中心。主要代表有新加坡、中国香港、卢森堡、巴林。

3. 岛国型。岛国型离岸金融中心主要能提供避税服务，可在税收、法律管制及开展业务范围上采取一系列吸引金融机构的优惠措施。其资金来源与运用均来自世界范围，属于簿记中心。如巴哈马群岛、开曼群岛等。

五、欧洲货币市场的组成

欧洲货币市场按其业务类别可分为欧洲短期信贷市场、欧洲中长期信贷市场和欧洲债券市场。

（一）欧洲短期信贷市场

欧洲短期信贷市场形成最早，规模最大，欧洲中长期信贷市场和欧洲债券市场都是在短期信贷市场发展的基础上衍生形成的。这个市场最主要有以下几个特点：第一，借贷期限短。欧洲短期信贷市场的交易大部分是按日计算的短期放款，一般为7天、30天、90天、180天，最多不超过1年。3个月期以内的借贷业务较多，3个月期至1年期的交易较少。其中隔夜交易比例相当大，虽然期限很短，但对维持银行资金周转与国际金融市场正常运行有十分重要的意义。第二，借款数额较大。欧洲货币市场上每一笔交易额都很大，一般以25万英镑为起点，多者高达数百万英镑。所以欧洲短期信贷市场的参与者主要是国际金融机构、跨国公司以及政府机构。第三，欧洲货币市场的伦敦银行同业拆放利率（London Inter Bank Offered Rate，LIBOR）是国际信贷市场的基础利率，许多国际借贷业务都以LIBOR附加一定点数来确定利率水平。第四，欧洲货币市场上的存贷利差比较小。其存款利率一般略高于国内市场，贷款利率一般略低于国内市场，一般为0.25%～0.5%。存贷款利差小的主要原因之一是经营境外货币的银行免交存款准备金。第五，借贷条件灵活，选择性强。短期资金借贷的期限、货币种类、金额、交割地点以及利率均由借贷双方协商确定。第六，发生在银行同业之间的拆借一般是建立在信任的基础上，无须提供抵押品。

（二）欧洲中长期信贷市场

欧洲中长期信贷市场主要从事借贷期限1年以上的业务活动。国际银团贷款，或称辛迪加贷款，是欧洲货币市场上中长期信贷的典型形式。

辛迪加贷款是由一家银行牵头，由几家甚至几十家银行组成银行集团，共同筹措并联合提供金额较大、期限较长的贷款。

1. 辛迪加贷款的形式。辛迪加贷款有两种形式，一种是直接银团贷款，即参加银团的各成员行直接向借款人提供贷款，贷款的具体工作由各贷款银行在贷款协议中指定的代理银行统一管理；另一种是间接银团贷款。间接银团贷款的银团由三部分构成，分别是牵头银行、代理银行和参与银行。牵头银行负责与借款人谈判，项目确立之后，由牵头银行将参加贷款份额分别转售给其他参与银行；这些参与银行负责提供一定比例的贷款；代理银行负责具体事务性工作，包括负责监督管理贷款项目的实施等。

2. 辛迪加贷款的特点。辛迪加贷款具有很多优点：第一，由于参加辛迪加贷款的银行很多，每个参加行只需对某个项目提供贷款总额的一个百分比，如果该项目在运转过程中出现问题，每个银行个体只承担部分风险，有利于风险的分散，同时数家银行共同承担某一个项目，也减少了同业之间的竞争，达到参加银行共同分散风险、共同获取利润的目的。第二，对于借款者来说，借款项目通常需要资金量大、期限长，这是某一家银行难以承担或不愿意承担的项目。辛迪加贷款的形式使贷款金额分割给不同的银行来承担，或者说不同的银行提供不同时期的贷款额度，大大便利了借款人的筹资。第三，借款者只需委托牵头银行即可得到大笔借款，在整个贷款期间也只需同代理银行打交道，十分便利。第四，辛迪加贷款可以承担贷款数额巨大、期限很长的项目，一般贷款期为5～10年，或10年以上，但要求贷款资金专款专用。

3. 辛迪加贷款的利息和费用。辛迪加贷款的成本由利息和费用两部分构成。利率是以伦敦银行同业拆放利率（LIBOR）为基础，再加上一个附加利率构成。一般而言，附加利率比较稳定，而LIBOR经常波动。由于伦敦各主要银行都提供出自己的LIBOR，因此用哪种LIBOR作为辛迪加贷款利率要由借贷双方研究而定。通常确定方法有以下几种：第一，寻求各主要银行报价中的最优价格；第二，选择几家参考银行的报价，折算出平均利率；第三，将贷款银行与主要银行的平均利率作为贷款利率；第四，由贷款银行单独确定。国际中长期贷款利率一般采用可调整利率结构，即利率在一定时期保持不变，但每隔3～6个月就要按照市场利率进行调整，实际是按期调整的浮动利率。附加利率要根据借款人的信誉状况、贷款风险程度、贷款期限、市场资金供求、金额大小等具体情况来确定，一般为1%左右。

辛迪加贷款的费用大体分为三个部分，分别为管理费、代理费和承担费。管理费是借款人支付给辛迪加贷款牵头银行的佣金，是对牵头银行成功组织辛迪加贷款所支付的报酬。管理费一般按贷款总额的一定百分比一次或分次支付，费率一般为总额的0.5%～2.5%。代理费是支付给代理行的费用。通常情况下，辛迪加贷款有一家代理银行，负责贷款期间与借款人之间的各项具体事务，如邮政、通信等，具体业务费用实报实销。除此之外还要另外向代理行支付代理费，作为对代理银行提供服务的酬金。一般代理费按照事先商定的金额支付。承担费是借款人未能按期使用银团或贷款银行已经按贷款合约准备好的资金，给贷款银行造成影响而支付的赔偿性费用，一般费率为贷款总额的0.25%～0.75%。这是为了促使借款人积极有效地利用贷款，也不妨碍贷款银行有效地运筹资金。

（三）欧洲债券市场

如前节所述，欧洲债券市场是指从事由国际辛迪加承保的、在面额货币发行国家以外发行和交易国际债券的市场。欧洲债券有以下特点：第一，欧洲债券是在国际资本市场上融资的一个重要途径。欧洲债券的发行人、发行地点和货币单位分别属于不同国家。第二，欧洲债券实际上是一种无国籍债券，它的发行人通常是政府机构、大公司和国际性金融机构。欧洲债券的发行不受任何政府的管辖，是一种完全自由的债券。欧洲债券可以同时在几个国家发行，多数国家对发行期限和数量没有限制，也不需要发行前的注册和信息披露手续。欧洲债券的出售通常是通过国际辛迪加承包后再进行分售。第三，欧洲债券市场具有容量大、发行灵活、发行成本低、品种多、流动性高、利息不纳税等优点。

专栏3-2

外国债券与欧洲债券的区别

外国债券是指外国借款人在某国发行的，以该国货币标示面值的债券。例如，中国政府在日本东京发行的日元债券、日本公司在纽约发行的美元债券就属于外国债券。由于各国对居民和非居民发行债券的法律要求不同，如不同的税收规定、发行时间和数量、信息披露、注册要求等，从而造成外国债券与当地国内债券的差异。外国债券只在一国市场上发行并受该国证券法规制约。例如，扬基债券是非美国主体在美国市场上发行的债券，武士债券是非日本主体在日本市场上发行的债券，同样，还有英国的猛犬债券、中国的熊猫债券、西班牙的斗牛士债券、荷兰的伦勃朗债券，都是非本国主体在该国发行的债券。

外国债券的发行方式目前分为公募发行和私募发行两种。公募发行是公开向社会各界人士发行，要求发行者有很高的资信级别，并有严格的信息披露规定，二级市场交易活跃。私募发行是向特定范围内的公众发行（如专业投资机构），对发行人的资信及信息披露要求低，市场流动性较低，但债券收益率要求高。

欧洲债券指借款人在本国以外市场发行的，以第三国的货币为面值的国际债券。欧洲债券并不是指在欧洲发行的债券，它并非局限于地理概念上的欧洲范围。例如，法国一家机构在英国债券市场上发行的以美元为面值的债券即是欧洲债券。欧洲债券的发行人、发行地以及面值货币分别属于三个不同的国家。欧洲债券不受任何国家资本市场的限制，免扣缴税，其面额可以发行者当地的通货或其他通货为计算单位。对多国公司集团及第三世界政府而言，欧洲债券是它们筹措资金的重要渠道。

欧洲债券的分类更为丰富。传统的欧洲债券可分为固定利率债券、浮动利率债券、可转换债券、附认购权证债券等。欧洲债券亦可以不记名的方式发行，但若借款人不被准许发行时，可与经办发行的银行协商，由后者发行不记名存券收据。

除发行市场不同外，外国债券与欧洲债券还有如下区别：（1）外国债券一般由市场所在地国家的金融机构为主承销商组成承销辛迪加承销，而欧洲债券则由来自多个国家的金融机构组成的国际性承销辛迪加承销。（2）外国债券受市场所在地国家证券主管机构的监管，公募发行管理比较严格，需要向证券主管机构注册登记，发行后可申请在证券交易所上市；私募发行无须注册登记，但不能上市挂牌交易。欧洲债券发行时不必向债券面值货币国或发行市场所在地的证券主管机构登记，不受任何一国的管制，通常采用公募发行方式，发行后可申请在某一证券交易所上市。（3）外国债券的发行和交易必须受当地市场有关金融法律法规的管制和约束；而欧洲债券不受面值货币国或发行市场所在地法律的限制。因此，债券发行协议中必须注明一旦发生纠纷应依据的法律标准。（4）外国债券的发行人和投资者必须根据市场所在地的法规交纳税金；而欧洲债券采取不记名债券形式，投资者的利息收入是免税的。（5）外国债券付息方式一般与当地国内债券相同，如扬基债券一般每半年付息一次；而欧洲债券通常都是每年付息一次。

六、欧洲货币市场的作用和影响

欧洲货币市场形成以后，对世界经济发展的影响是两方面的。

（一）欧洲货币市场的积极作用

欧洲货币市场形成以后，对世界经济发展起到极大的推动作用。首先，欧洲货币市场作为第二次世界大战后最大的国际资金市场，对发达国家和发展中国家的经济发展作出了巨大的贡献，很多国家正是依靠欧洲货币市场的资金，解决了国内生产建设资金短缺的难题，使经济得到迅速发展。其次，欧洲货币市场为国际收支逆差国提供了资金融通的便利，缓和了世界性的国际收支危机。由于世界性石油危机、国内的经济危机及产业结构等原因，有些国家常常出现国际收支逆差，而欧洲货币市场雄厚的资金，可以在一定程度上满足各国为弥补国际收支赤字所需要的资金，从而缓和了世界性的国际收支危机。最后，欧洲货币市场的产生和发展打破了各金融中心之间相互独立的状态，形成了国际金融市场全球一体化，这种一体化有利于降低国际间资金流动的成本，有利于国际贸易的发展。

（二）欧洲货币市场的消极影响

欧洲货币市场对世界经济发展除了有推动作用之外，还有一定的消极影响。第一，削弱了各国货币政策的效力。欧洲货币市场的活动往往会使一些国家的金融政策不能收到预期的效果。如一国国内出现通货膨胀时，该国采取紧缩的货币政策以抑制投资和消费，但国内银行和企业却能从欧洲货币市场获得信贷，从而使国内紧缩政策的威力减弱。第二，影响国际金融市场的稳定。欧洲货币市场资金流动不受管制的特性，为投机活动提供了方便，加大了汇率的波动幅度，从而加剧了国际金融市场的动荡。第三，加大了国际金融市场的信贷风险。欧洲货币市场的资金来源中，短期资金和同业拆借资金占有相当大的比重，而欧洲货币市场中的很多贷款是中长期的，这种短借长贷的运作方式加大了国际金融市场的信贷风险。

专栏 3－3

粤港澳大湾区金融发展规划，建设国际金融枢纽

2019 年 2 月 18 日，中共中央、国务院印发《粤港澳大湾区发展规划纲要》（以下简称《纲要》）。该规划纲要是指导粤港澳大湾区当前和今后一个时期合作发展的纲领性文件。规划纲要近期至 2022 年，远期展望到 2035 年。

粤港澳大湾区包括香港特别行政区、澳门特别行政区和广东省广州市、深圳市、珠海市、佛山市、惠州市、东莞市、中山市、江门市、肇庆市，总面积 5. 6 万平方公里，2017 年末总人口约 7 000万人，是我国开放程度最高、经济活力最强的区域之一，在国家发展大局中具有重要战略地位。

《纲要》对粤港澳大湾区的金融发展规划涉及三个方面：建设国际金融枢纽、大量发展特色金融产业、有序推进金融市场互联互通。从推动金融发展层面而言，《纲要》强化了香港国际金融中心地位。香港在金融方面有先发优势，拥有香港证券交易所、汇丰银行、渣打银行等金融机构，国际金融中心地位无可替代。澳门的银行业和保险业也很发达，体系制度完备，资金实力雄厚。深圳是中国的高科技创新中心，经济开放。而作为区域经济中心的广州，拥有众多的银行中心、券商总部、创投基金总部，还有政府大力支持的完善科技金融体系。未来内地和港澳可互补长短，从而带动区域经济发展。大湾区是“一国两制三税区”的多元制度格局，制度优势是其发展的最大红利。香港拥有国际领先的金融服务环境，实行自由经济政策，税收便利，港元与美元挂钩，金融市场与国际接轨。同时，作为全球金融中心，香港集聚了丰富的风险投资高端人才、资金规模、管理经验。根据《纲要》，要发挥香港在金融领域的引领带动作用，巩固和提升香港国际金融中心地位，打造服务“一带一路”建设的投融资平台。支持广州完善现代金融服务体系，支持深圳依规发展以深圳证券交易所为核心的资本市场。支持澳门打造中国一葡语国家金融服务平台，建立出口信用保险制度，建设成为葡语国家人民币清算中心，发挥中葡基金总部落户澳门的优势，承接中国与葡语国家金融合作服务。

大湾区内资本可自由流通。从深层次来看，大湾区重在推动金融与实体、科技相结合。大湾区发展动力源自科技创新，科技创新离不开金融。在推进金融市场互联互通时，《纲要》特别说到了人民币的相关内容，提出要逐步扩大大湾区内人民币跨境使用规模和范围。大湾区内的银行机构可按照相关规定开展跨境人民币拆借、人民币即远期外汇交易业务以及与人民币相关衍生品业务、理财产品交叉代理销售业务。大湾区内的企业可按规定跨境发行人民币债券，这有利于内地企业到港澳发债券、融资，真正实现大湾区内资本向下的自由流通。在国际金融中心发债券、融资意味着可向全球资金方募集，且相关的手续、流程更便捷，融资成本更低，流通更方便。

《纲要》带来的推进金融市场互联互通，既关乎机构也关乎投资者，目前港澳地区已基本实现银联卡受理“全覆盖”，两地合计发行近1900万张银联卡。港澳地区近4万台POS机终端支持银联手机闪付。2017年7月，中国人民银行与香港金融管理局发布公告，批准香港与内地“债券通”上线。2018年2月，“债券通”一级市场信息平台上线仪式在香港举行，“债券通”发挥的作用明显。香港与内地居民和机构进行跨境投资的空间不断扩大，两地居民投资对方金融产品的渠道增多，内地与香港、澳门保险机构开展跨境人民币再保险业务获得政策支持。据麦肯锡咨询公司的研究预测，到2025年“珠三角＋香港”的整体银行盈利可达1.4万亿港元，超过东京及纽约成为全球最高的地区，大湾区金融发展潜力巨大。

本章小结

1. 国际金融市场随着世界经济的发展而发展，从国内金融市场发展到传统国际金融市场，又进一步发展成为离岸金融市场。国际金融市场的发展促进了世界经济的发展。

2. 国际金融市场按性质不同划分为传统国际金融市场和新兴离岸金融市场；按照功能不同划分为外汇市场、货币市场、资本市场和黄金市场；按照融资渠道不同划分成国际信贷市场和国际证券市场。

3. 欧洲货币市场发展十分迅速，这个市场上的金融活动不受任何国家的法律管辖。在为经济活动提供便利的同时，加大了金融风险。按其业务职能特点划分，欧洲货币市场分为一体型、分离型、簿记型。

4. 外汇市场是进行外汇买卖的场所或网络，根据其有无固定场所分为有形市场和无形市场。外汇市场具有全球一体化和全天候运行的特征。

5. 国际金融市场的作用体现在提供国际投融资渠道，调剂各国资金余缺，调节国际收支，促进世界经济发展，促进经济全球化的发展，但一定程度上也增大了金融风险，为投机提供了场所。

本章主要概念

国际金融市场　　外汇市场　　货币市场　　资本市场　　欧洲货币市场

本章复习参考书

［1］姜波克．国际金融新编［M］．上海：复旦大学出版社，2018.

［2］陈雨露．国际金融［M］．北京：中国人民大学出版社，2015.

本章复习思考题

一、 填空题

1. 按性质不同，可以将国际金融市场划分成________和________。按照功能的不同，国际金融市场可以划分为________、________、________和________。

2. 国际证券市场由________和________组成。

3. 离岸金融市场按其业务职能特点可划分为________、________和________。

4. 外汇市场的参与者主要有________、________、________、________。

二、 判断分析题

1. 欧洲货币市场专指在欧洲地区的国际金融市场。(　　)

2. 欧洲货币市场上的存贷利差比一般货币市场利差大。(　　)

3. 为了规避汇率变动的风险，银行必须遵循“买卖平衡”的原则，主动参与银行间市场的交易以轧平各币种的头寸，将多头抛出，空头补进。(　　)

4. 新证券的发行市场又称为一级市场或初级市场，已发行证券的交易市场又称为二级市场。(　　)

三、 不定项选择题

1. 国际金融市场的作用主要有（　　）。

A. 提供国际投融资渠道　　B. 调节各国国际收支

C. 促进经济全球化　　D. 调剂各国资金余缺

2. 国际金融中心的形成条件有（　　）。

A. 强大繁荣的经济基础　　B. 安定和平的政治环境政策环境

C. 高效健全的金融制度　　D. 分布集中的金融机构

3. 一个理想的货币市场应该具备以下条件（　　）。

A. 完善的中央银行体系　　B. 种类繁多的金融工具

C. 自由国际金融市场　　D. 健全完善的法律、法规

4. 国际债券是在国际证券市场上筹资，发行对象为众多国家的投资者，主要包括（　　）。

A. 外国债券　　B. 欧洲债券　　C. 武士债券　　D. 扬基债券

5. 典型的一体型离岸金融市场主要有（　　）。

A. 伦敦　　B. 巴拿马　　C. 香港　　D. 东京

四、 简答题

1. 广义国际金融市场的内涵是什么？

2. 国际金融市场的主要作用有哪些？

3. 简述离岸国际金融市场的类型与代表。

4. 简述外汇市场交易的主要层次。
5. 试述辛迪加贷款的主要优点。
6. 试分析人民币国际化进程中的离岸金融市场发展的作用与风险。

十大国际金融中心”上海首进前五

资料来源：东方卫视《东方新闻栏目》。

构筑粤港澳大湾区　大湾区金融发展蕴藏巨大潜力

资料来源：中央电视台中文国际频道《中国新闻》栏目。

第四章
开放经济下的国际资本流动

本章知识结构

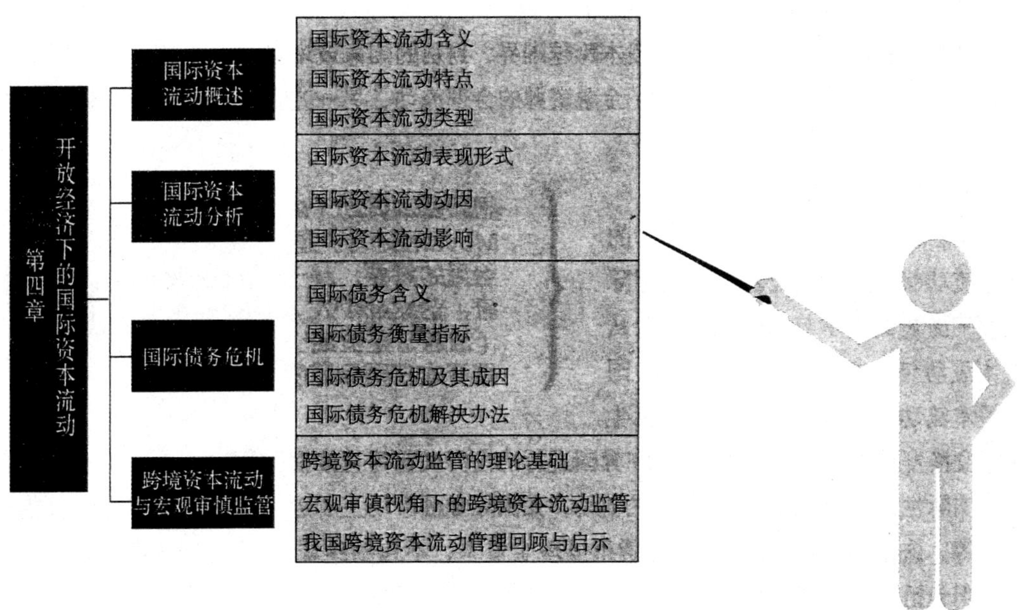

本章学习目标

- 了解国际资本流动的基本内涵与特点；
- 理解国际资本流动与国际债务危机的作用机制；
- 熟练掌握国际资本流动驱动因素与正负影响；
- 掌握我国跨境资本流动监管的主要思路与方式。

国际资本流动是与金融自由化的进程密切相关的。金融自由化始于 20 世纪 70 年代，在 20 世纪 90 年代以后出现加速的趋势。与国际资本流动相关的金融自由化主要表现在放松对资本项目下货币兑换的限制、对外国资本直接投资和证券投资的限制、对外国金融机构经营国内金融业务的限制等。进入 21 世纪后，发达国家放松或者取消了对国际资本流动的限制，部分发展中国家也实行了资本项目的货币可兑换，放松或取消了对外国居民到本国进行直接投资和证券投资的限制。这样，国际资本的流动急剧增加，资本流动的规模及参与国家的数量都达到了前所未有的程度，它极大地促进了世界经济的发展以及全球化的进程。与此同时，大量的国际资本流动也蕴藏着巨大的风险，甚至给很多国家带来危机，这反过来又会成为世界经济发展的制约因素。本章主要介绍国际资本流动的现状及特点、国际资本流动的种类、国际资本流动的影响及国际资本流动与国际债务危机等内容。

第一节　国际资本流动的特点及主要分类

资本在国际间的转移过程，即资本跨越国界，到别的国家或地区进行生产方面或金融方面的投资或投机活动，一方面促进了金融资源的合理流动，另一方面也滋生了许多不稳定的因素。

一、国际资本流动的含义

国际资本流动（International Capital Movements）是指资本基于经济或政治目的的需要，从一个国家或地区（政府、企业或个人）向另一个国家或地区（政府、企业或个人）的流出和流入，即资本在国际范围内的转移。

一个国家或地区在一定时期内的资本流动状况，集中反映在该国国际收支平衡表的资本与金融账户上。从资本流动与生产、交换的关系看，国际资本流动，一方面包含着与实际生产、交换发生直接联系的流动，如在异国进行的投资兴业等直接投资活动；另一方面也包含着与实际生产、交换没有直接联系的流动，如国际金融市场上所进行的证券买卖及资金借贷活动等。这里所讲的资本一般是指货币或现金资本，不包括纯属贸易往来的商品或实物资本，但包括与投资活动相联系的商品资本和生产资本，如以设备技术进行直接投资等。

二、国际资本流动的特点

伴随着世界经济的区域化、一体化发展，国际资本流动的规模更趋扩大。发达国家不仅是国际资本的最大提供者，同时也是最大需求者。发展中国家出于发展各自国内经济的需要，纷纷放松资本管制，为资本的大规模输出、输入创造了条件。

次贷危机以来，国际资本流动呈现出以下新的特点，主要表现在：

1. 全球国际资本流动活跃度未恢复到危机前水平。根据麦肯锡有关数据统计，2007 年次贷危机之前全球国际资本流动规模达到年资本流动总规模 12.4 万亿美元，为历史顶点。

2009 年全球资本流动迅速达到谷底，仅为 2 万亿美元，此后 2010 年尽管迅速反弹至 6.4 万亿美元，但后续的欧债危机及英国脱欧等负面影响使得全球国际资本流动规模缓慢下降，2016 年仅 4.3 万亿美元，为 2007 年高点的 1/3。

2. 债务性质国际资本流动大幅波动。一般来说，国际资本流动主要包括直接投资、权益类证券投资、债券类证券投资和其他投资（以银行借贷和商业信贷等债权债务资本流动为主）。21 世纪初直至 2007 年次贷危机爆发，债务性国际资本流动占总规模比重大约为 64%，但在金融危机后这一比重迅速下降至 31%，而这也就成为了金融危机后全球国际资本流动规模远远小于危机前的重要原因之一。

3. 欧洲商业银行风险容忍度降低是导致国际资本回流的主要原因。受次贷危机和欧债危机双重影响，2007 年后以欧洲商业银行为主导的全球银行体系开始大量收回国际银行信贷，形成资本回流。根据 BIS 数据统计，欧洲商业银行对外信贷余额由 2007 年的 23.4 万亿美元下降至 2016 年的 13.9 万亿美元，而日本与美国的国际信贷余额变化并不显著，甚至有所上升，但上升幅度不大。因此，欧洲商业银行债务性资本回流是国际资本流动规模下降的原因之一。

4. 新兴经济体增加持有国外资产的规模逐步上升。近年来，新兴经济体国际收支由顺差向逆差转变，主要原因是居民部门购买和持有国外资产规模上升。以中国为例，2015 年国际收支逆差缺口达到 4 856 亿美元，其中对外资产持有规模为 3 920 亿美元，占比超过 80%，而 2016 年非储备性质金融账户逆差缺口为 4 170 亿美元，并且这一缺口存在逐步增大趋势。

三、国际资本流动的类型

在实际中，资本流动常常有不同的表现类型。从不同的角度来看，国际资本流动通常可以划分为以下几种。

（一）按资本流动的期限或投资者的目的划分

按资本流动的期限或投资者的目的划分，国际资本流动可划分为长期资本流动与短期资本流动。

长期资本流动主要是指使用期限在1年以上或者未规定使用期限的资本流动。它主要包括直接投资、证券投资以及银行信贷等形式。

长期资本与短期资本的划分，通常有两种方法：一是按照期限的长短划分。通常把借贷期限在 1 年以内的称为短期资本，1 年以上的则称为长期资本。国际货币基金组织在很长时间均按期限来划分长短期资本，直到 1995 年国际货币基金组织《国际收支手册》第五版出版。二是依据投资者的目的来划分。美国著名经济学家金德尔伯格主张这种划分。早在 20 世纪 30 年代，金德尔伯格就对国际短期资本流动做了研究。他认为，国际短期资本流动是这样一种国际间流动的资本，它的投资者的意图是在短期内改变或扭转资本移动的方向。有时，有的投资者对于究竟应该在国外投资多久并不清楚，他们必须根据将来的情况才能决定是否要改变或扭转资本移动的方向。金德尔伯格认为，这种资本流动也属于短期资本。

由于短期资本中的现金和活期存款属于狭义货币范畴，而定期存款、商业票据和国库券等属于近似货币，因此短期资本流动既受各国货币政策的直接影响，也反过来影响各国货币政策、措施的执行。有时还会冲击一国的金融市场，导致金融危机。

短期资本是指使用期限在1年或1年以内的资本流动。它的形式多种多样，十分复杂。除了包括现金和银行活期存款外，均以货币市场各种证券和票据等信用工具的形式进行流通。

（二）按资本的流动方向划分

按资本的流动方向划分，国际资本流动可分为资本流入与资本流出。

资本流入是指资本从国外流入国内。它意味着本国对外国的负债增加（外国在本国的资产增加），或本国在外国的资产减少。

外国资本流入除外国直接投资外，还包括证券投资、银行贷款等。后两种具备外国直接投资所不具备的优点。第一，贷款对债务人来讲，在资金使用上具有一定的自主性，比较灵活。因此与外国直接投资相比，国际银行贷款更可以用于主动调整国家产业结构，把资金投向国家急需发展的基础产业。第二，有利于区域投资政策的贯彻和实施。由于资本的趋利性，直接投资更容易被发达地区相对优越的投资环境所吸引，很少进入不发达地区，从而拉大了发展中国家地区差异。通过贷款，债务人可以较自主地将所筹资金投向不发达地区的开发项目中。证券投资的流入有利于发展中国家长期资金的筹集和资本市场的发展。然而，包括外国银行贷款和外国证券投资在内的资本流入，是一把“双刃剑”，它既能促进发展中国家经济发展，也可能给发展中国家的经济发展带来毁灭性的打击。进入20世纪80年代以来，发展中国家经历了多次比较大的金融危机，无论是墨西哥债务危机还是东南亚金融危机，在危机前夕，危机国家都经历了大规模的资本流入。

资本流出是指资本从国内流到国外。它意味着本国在国外资产的增加（外国对本国负债的增加），或本国对外国负债的减少。资本流出的资金供应者主要出于本国资本过剩、追求最大利润、分散投资风险以及逃避各种管制等因素的考虑。资本流入与资本流出，是不同当事人站在不同的角度观察相同的一个事物而已。对于相对的两个国家而言，一方的资本输入就表现为另一方的资本输出。

（三）按具体表现类型划分

按具体表现类型划分，国际资本流动可划分为直接投资、证券投资和其他投资。

直接投资主要有三种类型：（1）创办新企业，如在国外设立子公司、附属机构，或与东道国设立合资企业。（2）收购国外企业的股权达到一定比例以上。有的国家规定，拥有外国企业股权达到10%以上就属于直接投资。（3）利润再投资。投资者在国外企业投资所获利润并不汇回国内，而是用做对该企业进行再投资。这种投资并不引起一国资本的实际流入和流出。

直接投资是指一国企业或个人对另一国企业等机构进行的投资，直接投资可以取得对方或东道国厂矿、企业的全部或部分管理或控制权。

证券投资与直接投资的区别在于证券投资者对于投资对象企业并无实际控制和管理权，只能收取债权的利息和股票的红利，而直接投资则有足够的股权来管理经营投资对象企业，并承担企业的经营风险和享受企业的经营利润。此外，有些证券投资者购买证券的目的并不在于收取利息和红利，而是企图从有价证券的买卖差价中获得利润。

证券投资也称间接投资，是指在国际证券市场购买中长期债券或在股票市场购买外国企业股票的投资。

其他投资主要是指国际贷款。它通常表现为政府贷款、国际金融机构贷款、国际银行贷款和出口信贷等。政府贷款是政府间的贷款，有援助性质。一般是发达国家向发展中国家贷款，而且大多数是双边贷款，也有的是政府机构与民间机构共同提供的混合贷款；国际金融机构贷款，一般利率优惠，期限也相对较长，但有一定的条件。国际银行贷款不限定用途，而且贷款资金的数额也不受限制。但国际银行贷款的成本较高，因为国际银行贷款除了按国际金融市场利率向借款人收取利息外，还要求借款人承担有关的杂项费用；出口信贷是与国际贸易直接相关的中长期信贷，它是商业银行对本国出口商或外国进口商及进口商银行提供的贷款，其目的是为了扩大本国出口。

第二节　国际资本流动的形式、动因及影响

国际资本流动的形式多样，有官方援助性质的也有以商业盈利为目的的。影响其流动的主要因素是风险和收益的差异。国际资本无论采用何种形式进行流动，都将孕育着巨大的商机，这对各国经济的发展将发挥巨大的推动作用，但同时国际资本流动又蕴藏着巨大的风险，潜伏着巨大的危害。

一、国际资本流动的表现形式

国际资本的大规模流动是在第二次世界大战结束后缓慢发展起来的。国际资本流动，最初表现为美国官方以赠款或借款形式的对外资本输出。第二次世界大战初期，之所以采用此种方式进行资本流动，主要源于当时各国均实行固定汇率制，都进行着严格的资本管制。此外，当时的世界格局表现出较为激烈的东、西方对抗，美国政府出于自身的战略需要，便借助赠款或借款的形式，来帮助其盟国发展经济。后来，伴随着欧洲货币市场的建立及发展，20 世纪 60 年代，国际资本主要是在发达国家之间进行流动。20 世纪 70 年代至 80 年代以来，伴随着布雷顿森林体系下固定汇率制度的崩溃，各国金融管制的逐步放松和取消，以及发展中国家经济的不断恢复与发展，国际资本流动获得了长足的进展，并不断脱离原有的运动轨迹，在发达国家与发展中国家之间频繁进行着往返流动，这对世界经济的发展发挥了重要的推动作用。具体表现在，20 世纪 80 年代以来，国际资本自发达国家迅速流向发展中国家；伴随着 20 世纪 80 年代末国际债务危机的出现以及 20 世纪 90 年代发展中国家金融危机的爆

发，国际资本又自发展中国家缓慢地回流到发达国家；20 世纪 90 年代后期，伴随着发展中国家金融危机的相继化解，国际资本又重新回流到发展中国家，并在 2008 年国际金融危机前达到顶峰。次贷危机爆发后，国际资本流动的活跃度显著降低，债务性质的国际资本流动大起大落。欧洲商业银行大举撤资，中国和俄罗斯等新兴经济体出现国际资本的大规模净流出。从全球外国直接投资（FDI）流动趋势上能够发现，全球 FDI 规模近年来迅速下降：2017 年全球 FDI 下降 23%，其中，跨国并购下降 29%，主要原因是超大型并购及企业重组比 2016 年减少。发达国家跨国公司对外投资小幅下降了 3%，约为 1 万亿美元，占全球对外投资总额的 71%。欧洲对外投资下降了 21%，降至 4 180 亿美元。美国 FDI 流入量下降了 40%，降至 2 750 亿美元，但仍居全球首位。且值得注意的是，过去十年中，尽管许多国家取消或放宽了对外资的股权限制，但在外资准入方面，审查程序实质上是增加的。

二、国际资本流动的动因

国际资本流动大起大落的主要驱动因素表现在：

1. 各国金融管制的放松。20 世纪 70 年代以来，各国兴起了放松金融管制的浪潮，国内市场逐步放开，原有的对外资进入国内市场的限制逐步减少或者取消。到 20 世纪 90 年代中期，发达国家基本上取消了对资本流动的汇兑限制。另外，除了某些国家在不同程度上保留了对与国际贸易无关的外国银行信贷、对外国在某些行业的投资、对外国买卖房地产和证券某些方面的限制外，发达国家已经放松或取消了对国际资本流动的限制。与此同时，各国纷纷采取措施鼓励与吸引外资，并允许本国居民到国外投资或进行资产保值，这极大地促进了资本在国际市场上的快速流动。

2. 巨额金融资产的积累。巨额金融资产的不断积累，为资本在国际间的充分流动创造了前提。首先，第二次世界大战以来，伴随着世界经济的快速发展，能源供应略显不足，已经先后多次爆发了能源危机，特别是石油危机。这在束缚世界经济发展的同时，也为少数产油国积累了大量的石油美元。其次，美国利用其在战后获得的美元特殊优势，不断增发货币，以掠夺世界各国的资源，进而造成大量的美元充斥国际市场。最后，伴随着金融管制的放松，金融机构派生出了大量的金融资产。所有这些，都使得资本在国际间进行大规模流动成为可能。

3. 国际资本市场存在的收益率差异。资本是趋利的，资本的运营是在保持资本安全性与流动性的基础上强调利润最大化。国际金融市场上，各国利率水平出于各自国内政策目标、货币供求状况、平均利润率水平、政府是否管制等各种因素的影响而存在着一定的差距。此外，离岸国际金融市场与国内金融市场资本运营成本也存在着一定程度的不同。这成为资本在国际间不断流动的巨大诱因。

4. 国际资本规避风险的需要。国际金融市场存在着各种各样的风险，如信用风险、利率风险、市场风险、操作风险、法律风险、国家风险等，所有这些都会增加金融资本运作的不稳定性。出于规避风险的考虑，国际资本会在不同国家之间频繁流动，不断地买入和卖出，以实现套期保值和规避风险的目的。

5. 全球经济政策不确定性的提升。近年来，主要经济体之间的宏观经济政策无论是在制定还是实施过程中都存在着巨大的不确定性，这就使得市场参与者无法合理有效地评估当前全球经济的稳定程度，在风险厌恶偏好引导下必然会逐步缩减对外投资，呈现国际资本回流的情况。这一冲击又会进一步形成各国资产价格下跌、汇率贬值的循环反馈效应，引起资本进一步外流，最终积累系统性风险。

三、国际资本流动的影响

（一）国际资本流动的积极影响

1. 增加社会福利。与商品贸易不同的是，资本交易只有一种产品：货币。在各国国内资本收益率不一致的情况下，如果允许资本项目开放，收益率的差异就会导致资本流动。国外研究表明，通过国际资本的流动，将出现资本边际效率全球均等化，资本输出国与输入国均得到了利益，社会总福利增加。发展中国家多为资本流入国，资本流入在发展中国家经济增长中起着重要的作用，这早已被发展经济学家所论证并被实践所证明。

资本在经济增长中处于核心地位，钱纳里和斯特劳特（1966）在其经典著作《外援与经济发展》中认为，一国实现经济增长的基本要素包括：（1）技术供给和管理能力，这也是内生增长模型所强调的技术创新，技术创新会使得同样的要素获得更多、更好的产出；（2）国内储蓄供给；（3）进口商品和服务供给，这是外汇约束，不能获得足够的外汇，一国就不能进口经济增长所需要的机器设备和技术。因此，当一个经济体面临技术创新、国内储蓄和进口商品和服务供给不足时，经济增长率就会降低。而当国际资本流入一国时，会带来三方面收益：首先，国际资本流动中有一部分是外商直接投资，外商直接投资对东道国会产生技术溢出效应，这会放松技术约束；其次，国际资本流动中的很大部分会直接转化为当地投资，从而放松了储蓄约束；最后，国际资本流动通常以实物形态投资或是以国际现汇输入方式进行投资，从而弥补了外汇缺口。

E. Borenszteina，J. De Gregorio，J－W. Lee（1998）分析了外商直接投资对经济增长的作用，分析了经济合作与发展组织（OECD）国家（主要是发达国家）对发展中国家（利用69个发展中国家的数据）的FDI与东道国经济增长的关系，发现FDI通过推动技术转移促进了当地经济增长，其中FDI的增长效应在一定程度上与当地的人力资源存量有关。

2. 分散风险。随着国际资本流动的加剧，特别是流动中各种风险因素的增多，近年来资本项目开放的研究重点转向国际金融市场的风险承担和风险分散。托宾—马柯维茨（Tobin－Markowitz）模型认为，如果承担某种风险的价格在国家间是不同的，那么利用包含这些风险的国际金融资产进行贸易的话，各国将会获利，即都会减少风险。

3. 减少管制成本。在国际资本市场一体化的情况下，资本管制的效力越来越弱，因而实施资本管制的成本也越来越高。资本管制的成本有两种，一是费用成本，二是管制带来的弊病。管制所带来的弊病主要有两方面。第一，管制带来“寻租”行为。安妮·克鲁格在其《寻租社会的政治经济学》一书中曾提出一个竞争性寻租模型。该模型指出，对经济活动的政府管制产生各种形式的租金，而人们常常为这些租金进行竞争，浪费了大量的资源，从而导致经济效率低下、福利损失。以资本管制为例，资本管制为资本项目交易的许可证制创造了一个隐含的市场价值。这种许可证是由负责资本管制的机关根据一系列规则分配给企业和机构的，这就常常使一些人通过行贿等方式来获取许可证的隐含租金，因而导致政治腐败。第二，管制导致资本外逃增加。进入20世纪80年代以来，有些国家出现经济美元化，从而会使国内货币体系和税基萎缩。发展中国家资本外逃的数量逐年增加，而且许多发展中国家居民持有的国外资产，无论是以官方汇率还是以黑市汇率计算均已超过其国内金融体系的规模。在资本外逃使一国投资规模缩减的情况下，许多国家又被迫借外债，从而加重了外债负担，经济处于恶性循环中。而实行资本项目的开放有利于降低上述资本管制的成本，提高经济效率。

（二）国际资本流动蕴藏的风险

1. 对经济主权的冲击。一国的经济主权主要表现在发钞、征税及各种经济政策的制定与调整上。资本自由流动后，这三方面都受到很大冲击。

一是货币替代会对一国货币发行、货币政策实施产生影响。货币替代是经济实体在一定的利率、汇率、税率等差异的情况下，因追求资本安全和利益最大化而采取的一种由外币代替本币职能的现象。

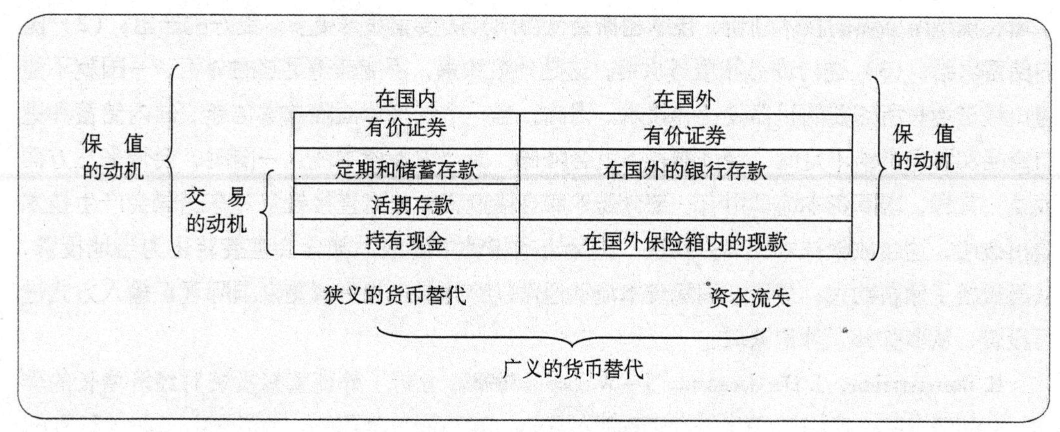

图4-1 货币替代含义

货币替代对发展中国家的重要性不同于发达国家。发达国家由于其资本市场一体化，货币替代主要是私营经济主体有价证券多样化和进出口商争取降低国际贸易交易成本的结果。而多数发展中国家金融市场不发达以及经济和政治的不稳定，货币替代则是国内经济主体躲避本国货币所造成的。货币替代的过程通常是外币替代本币作为价值贮藏开始的。随着高通货膨胀的继续，一些价格，特别是一些不动产及金额巨大的商品价格开始以外币标价。不久，一些交易开始用外币履行，特别是大宗买卖。货币替代现象在20世纪90年代以前主要盛行于拉美国家，20世纪90年代以后，不仅拉美国家的货币替代达到了相当的规模和深度，而且在前苏联和东欧国家，货币替代也十分严重，以至于现在很多国家都出现了美元化。狭义的货币替代是指外币存量以现金、活期存款、定期存款和有价证券的形式存在，分别在价值贮藏、价值计算和转移支付方面替代本国货币的职能。广义的货币替代还包括留在国外的外逃资本。

由于外国货币不仅作为保值手段，而且还被作为计价手段和支付手段，大面积地排斥处于劣势的本国货币，因而很多国家出现了与格雷欣法则相反的现象：良币驱逐劣币。政府为使国人增加对本币的需求，大都提高本币的存款利率，这在短期内会奏效。然而如果导致通货膨胀的因素不解决的话，这种局面不会维持很久。一些拉美国家，如玻利维亚、墨西哥及秘鲁曾采取强制政策，把外币存款变成本币存款，然而却刺激了资本外逃，并把美元转到地下。货币替代改变了货币存量的构成，从而国内的货币需求结构也发生相应的变化。而且，货币替代是一个流动性极强的动态过程，这使得国内的宏观需求管理极为困难。

二是税收问题。过去税收的依据主要是领土原则，即在管辖地域内对收入和经济活动有征税权力。而在资本项目开放后，这一原则失去了效力。如果一国税率过高，该国居民就会利用国际资本的自由流动来逃避一国的赋税。因此，资本项目自由化日益制约政府在控制税制和税率方面的选择。

三是资本流动使以封闭经济为依据的传统货币政策失灵。在封闭经济中，当一国经济出现过热、通货膨胀时，可采取紧缩的货币政策，如提高利率以抑制总需求。然而，在当今，由于国际资本流动的存在，提高利率会诱使国外资金流入，反而会进一步刺激投资。反之，当国内经济出现衰退时，一国低利率不仅不能刺激投资和消费，反而会造成资本外流，国内投资规模很难扩大。

2. 对国内金融市场的冲击。一是资本大量流入导致商业银行的资产负债规模加大，银行的不良贷款增加。国际清算银行认为，亚洲银行脆弱的核心原因在于银行和其他信贷的过度扩张引发了不稳定的资产价格周期。发展中国家的外国资本主要通过银行流入到国内，因而国内银行对外负债的增加会导致银行国内资产负债表的扩大。如果国家对银行管理和监控不善，资本流入就会加大银行信贷扩张的机会，不良贷款的比例就会增加。泰国、印度尼西亚、韩国 20 世纪 90 年代在经历了大规模的资本流入后，国内信贷持续增长。

二是资本流动易导致银行危机和货币危机的出现。在金融机构把投资者不流动的资产转变为流动性的资产后，国内外经济、金融的不利因素都会导致对金融机构的挤兑。挤兑导致大量资本流出，在缺少足够国际储备的情况下，将造成货币贬值；反过来，预期货币贬值会加重对金融机构的挤兑，从而加重金融机构的脆弱性。可以说，金融机构创造的流动性越多，挤兑的临界点就越低，轻微的国内投资收益率下降或国外利率的提高都会导致银行危机和货币危机的发生。

三是导致证券市场出现波动。国际投资者的出现可能会给资本市场定价的效率带来一些冲击。信息的效率会使资本市场发挥配置资本的作用。因为证券的价格反映了所有可利用的信息，错误的标价可能导致资本错误地分配到生产效率相对较差的企业和行业。外国投资者的决策会受到其他市场的影响（如工业化国家的低收益），不会总是反映流入国国内市场的根本经济因素。因此股票价格会因为外国投资者的出现而发生扭曲，进而波动，特别是在那些外国投资者占了大部分交易量的市场。

3. 汇率超调导致国际收支危机。根据多恩布什的汇率超调理论，商品市场与资产市场的调整速度不同，商品市场的价格水平具有黏性特点。在短期内，实际汇率不能满足购买力平价的要求，会发生过度调整的现象。这会给金融市场和实际经济的发展带来很大的冲击。从大部分发展中国家的经验看，开放资本项目后，资本的大量流入，导致了不同程度的本币升值。货币升值降低了本国商品的竞争力，出口减少，经常项目急剧恶化，货币汇率面临很大压力。这时，如果外国投资者大幅度减少资本流入或开始撤资，本国汇率又会急剧下跌。同时由于经常项目的恶化及外资流入的减少，有外债的国家的到期还本付息就会出现困难，从而引发一场货币危机。

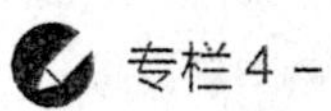

专栏4－1

震荡行情中中国资本流动冲击风险可控

2018年，中美贸易纷争骤然升温。第一至第三季度，中国经常项目分别为逆差341亿、顺差58亿和160亿美元，前三季度合计逆差128亿美元，这引发了市场担忧。然而，该逆差出现在人民币强势的第一季度，第二、第三季度人民币弱势时皆为顺差。现在炒作这个问题，反映了贬值压力下的市场情绪化解读。而且，第一季度，中国经常项目逆差与GDP之比为－1.1%，前三季度合计仅为－0.1%，仍属基本平衡。同期，国际收支口径的货物贸易顺差同比下降23%，贡献了经常项目差额降幅的68%。而据中国海关统计，2018年前11个月，中国外贸总顺差同比下降18%，对美顺差却增长17%，表明双边贸易争端没有拖累中国经常项目收支平衡反而形成支撑。

当前主流观点认为2019年中国经常项目有可能逆差：一是2018年关税措施下的“抢出口”行为，透支了中国对美出口潜力；二是如果中美两国元首会晤达成的共识不能兑现，美方将继续对中国进口商品加税；三是世界（包括美国）经济增长放缓叠加全球贸易局势紧张，将削弱对中国产品的外部需求；四是为对冲外需疲软，中国政府将采取扩大内需的措施，加上降低进口关税的影响，这将扩大中国进口。但是，决定经常项目收支平衡的是储蓄投资缺口而非贸易摩擦。在中国经济由高速增长转为高质量发展的背景下，中国政府不会采取大水漫灌的强刺激政策，这意味着国内投资扩张空间有限。因为近年来债务负担上升较快，住户部门加杠杆有可能放缓，因此，消费仍将是经济增长的重要拉动力量却不宜期望过高。加之国际油价及大宗商品价格下跌，预计2019年中国投资率会略有上升而消费率稳中趋降，经常项目有可能重新顺差。上次年度经常项目逆差发生在1993年，当年国内出现经济过热。

直接投资有望保持稳定的净流入。一方面，中国按照准入前国民待遇加负面清单管理原则扩大市场准入，将鼓励外商直接投资流入，但世界经济不景气、国际金融动荡加剧可能抑制全球外商直接投资的活跃度。如果中美贸易摩擦升级，将进一步压低外商来华投资的意愿。另一方面，中国对外直接投资将继续保持平稳增长，甚至为规避贸易壁垒，国内企业也将加速对外投资布局。然而，美欧加强对外国投资的安全审查，将抑制中国企业“走出去”。2015年和2016年，中国直接投资项下顺差骤降乃至逆差，主要是因为对外投资异常增长，而现在仍然严控房地产、酒店、影城、娱乐业和体育俱乐部的海外投资。如果经常项目重新顺差、直接投资净流入规模稳定，则中国基础国际收支顺差规模有望增加，这有助于抵御跨境资本流动冲击。

短期资本流动震荡加剧且总体偏流出方向。2019 年影响中国对外经济运行的诸多因素，其演进方向和影响均不确定。例如，受财政刺激作用减弱，加息、缩表、升值造成的金融条件紧缩，以及贸易局势紧张影响，美国乃至全球经济增长有可能减速，这有助于缓解因为经济周期差异造成的中国资本外流压力，却可能影响中国外贸出口。再如，由于经济增长放缓或金融条件过紧，有可能触发全球风险资产价格调整，这有助于吸引外资配置人民币资产，但也可能因为避险情绪刺激资本逃离中国。还如，由于经济增速放缓、金融动荡加剧，有可能令美联储放慢加息步伐，缓解中国资本外流压力，但外需疲弱、避险情绪又可能加速中国资本外流。在上述诸多变数下，预计中国跨境资本流动可能会有两种情景：一种是美联储加息预期、全球经济放缓、国际金融动荡进一步推高美元指数，叠加国内经济下行，人民币汇率可能继续面临贬值压力。此时，因为市场情绪偏负面，短期资本流动将偏流出方向。若短期资本流出规模超过了基础国际收支顺差，将导致资本项目逆差、外汇储备资产下降。另一种是美联储加息步伐放慢、全球经济增长减缓、国际金融动荡推动美元指数回落，加上国内经济企稳，人民币汇率将重新面临升值压力。此时，央行有可能退出外汇市场常态干预，基础国际收支顺差需要短期资本净流出来对冲。不过，短期资本净流出规模将小于基础国际收支顺差而大于直接投资顺差，资本项目逆差、外汇储备资产小幅增加。后者主要反映了外汇储备投资收益计提，而非央行外汇市场干预。

鉴于 2019 年有可能步入清算期，考验世界经济复苏和主要央行货币政策正常化的可持续性。在此背景下，全球金融市场波动性有可能显著上升，预计中国跨境资本流动的前两种前景将会交替出现。但不论资本流入还是流出，都不意味着人民币汇率必然升值或者贬值。基于中国经济正在震荡筑底、美国经济步入周期尾声的总体判断，中国发生跨境资本集中流出冲击的风险较低。当然，各方仍有必要按照底线思维，对最坏的情形在心理和措施上做好准备。

资料来源：管涛．中国跨境资本集中流出的风险有多大［EB/OL］．［2019－01－09］．新浪财经．

第三节　国际资本流动与国际债务危机

国际资本的流入与流出势必对一个国家在一定时期的债务问题产生影响。长期以来，人们对于“外债”这一概念并没有统一的定义，不同国家或机构在使用这一概念时，往往具有不同的含义。

一、外债的含义

外债是一国居民向境外法人或自然人借用且尚未偿还的，由债务人承担契约性偿还义务的全部债务。

1984 年 3 月在国际货币基金组织、世界银行、经济合作与发展组织和国际清算银行等国际组织组成的关于外债统计的国际审计员工作会议上，对外债的定义达成了共识；外债是在任何给定的时刻，一国居民所欠非居民的、已使用而尚未清偿的，具有契约性偿还义务的全部债务。这一概念包含四个要素：（1）外债是以居民和非居民为标准，是居民对非居民的债务，这里的居民和非居民都包括自然人和法人。（2）必须是具有契约性偿还义务的外债，通过具有法律效力的文书明确偿还责任、偿还条件、偿还期限等，而不包括由口头协议或意向性协议所形成的债务。（3）必须是某一个时点的外债余额。（4）所谓"全部债务"既可以是外币表示的债务，也可以是本币表示的债务，还可以是以实物形态构成的债务。

二、国际债务的衡量指标

1. 偿债率。偿债率是指一国的偿债额（年偿还外债本息额）占当年该国外汇总收入的比率。这是衡量一国外债偿还能力的一个最主要的指标，其公式如下：

$$偿债率 = \frac{本年度应偿还外债本息额}{本年度出口商品劳务收汇额} \times 100\%$$

国际上一般认为偿债率指标在20%以下是安全的，即一个国家的外债本息偿还额不宜超过外汇总收入的20%，超过这一警戒线，就有发生债务危机的可能性。但这并不是绝对的，一国的偿债能力除了取决于外汇收入和外债的数额、期限、品种等因素外，还取决于一国的进口状况、外汇储备状况、经济和贸易的增长速度等多种因素。

2. 负债率。负债率是指一国一定时期外债余额占该国当期国民生产总值的比率，用公式可以表示为

$$负债率 = \frac{本年年末外债余额}{本年度国民生产总值} \times 100\%$$

这个比率用于衡量一国对外资的依赖程度或总体债务风险度，一般参照系数为8%。该指标是从静态考察生产对外债的承受能力。

3. 债务率。债务率是指一国当年外债余额占当年外汇总收入的比率。其公式为

$$债务率 = \frac{本年年末外债余额}{本年商品和劳务出口收汇额} \times 100\%$$

国际上公认的债务率参照系数为100%，但这也不是绝对的，因为即使一国的外债余额很大，如果长、短期债务分布合理，当年的还本付息额也可保持在适当水平。

4. 短期债务比率。短期债务比率是指当年外债余额中，1年以下（含1年）短期债务所占的比重，一般参照系数为25%。这是衡量一国外债期限结构是否安全合理的重要指标，它关系到一国当年还本付息额的大小。

5. 其他指标。如外债总额与本国黄金外汇储备额的比率，应控制在3倍以内；外债饱和后外债余额增长速度小于GNP增长速度；外债余额增长速度小于外汇收入增长速度；外债饱和后，年偿还外债本息增长速度小于年外汇收入增长速度等。

在衡量一国债务负担时，要注意综合考察各项指标，因为每项指标只反映某一方面的问

题，都存在局限性，单纯考虑某项指标，其结果可能会出现偏差，即便是综合考虑各项指标，也要注意同长期经济形势结合起来分析。上述指标显示的是过去的情况，缺乏对未来形势发展的预见性，如进出口情况的变化，商品价格的升降，经济增长速度的高低以及能否持续地、有保证地借入外债等，这些也是构成一国偿债能力的主要因素。

三、国际债务危机

国际债务问题产生于20世纪70年代末期。从20世纪70年代前半期开始，一些发展中国家（非石油出口国）通过借入外债方式谋求本国高增长发展战略。而在石油危机和国际借贷利率提升的先后外部冲击下，这些国家国际收支持续恶化，负债率和债务率迅速攀升。这些国家（特别是拉美和非洲发展中国家）在遇到工业化国家经济陷入危机与低迷，西方国家纷纷提高利率的情形时，陷入不能按期偿还债务的严重危机困境之中。债务危机产生后，作为重灾区的拉丁美洲，出现了大量的资本外逃现象，国民经济的增长出现严重下滑，并最终爆发债务危机。

在2008年国际金融危机之后，全球又爆发了三起较严重的国际债务危机。

1. 冰岛债务危机。自2000年银行业私有化以来，金融业快速增长，成为支柱产业之一。凭着超高的利率，冰岛的金融机构吸引了来自欧洲等地上千亿美元的存款。高利率要求金融机构的投资要有高回报。因此，高杠杆、高风险、高收益的金融衍生品成为必然选择，特别是在国际资金市场大量借入低利短债，投资次级按揭资产等高获利长期资产。由于银行过分借贷，外债总额高达1000亿欧元，是国内生产总值的12倍，而冰岛央行的流动资产却只有40亿欧元。随着美国次贷危机的发生，冰岛无力对冲风险，成为第一个爆发债务危机而“破产”的欧洲国家。

2. 迪拜债务危机。迪拜是阿联酋第二大酋长国和经济中心，70%左右的非石油贸易集中在迪拜，被称为阿联酋的“贸易之都”，2008年GDP规模达824亿美元。但时隔一年，迪拜遭遇“国家破产”，其根源在于迪拜长期倚重外资与房地产的发展模式。2009年11月25日，迪拜宣布其主权投资实体将重组，公司所欠近600亿美元债务将至少延期6个月偿还，这让投资者对迪拜的主权信用和偿债能力产生严重忧虑，进而引发全球金融市场的恐慌和动荡。

3. 欧元区债务危机。2009年4月，爱尔兰财政危机曝光，12月希腊债务危机显现，之后西班牙、葡萄牙、意大利等国频频登上问题国家名单，这些国家2009年政府财政赤字比重均在8%以上。财政状况相对较好的欧元区前两大经济体德国和法国2009财年财政赤字占GDP的比重也分别高达5.5%和8.2%，远超1997年6月欧盟成员国制定的《稳定与增长条约》规定的3%的上限，导致市场焦虑急剧上升，欧元遭到大肆抛售，欧洲股市暴跌，整个欧元区正面临成立以来最严峻的考验，欧洲债务危机演变为欧洲系统性危机。欧盟采取了包括7500亿欧元救助机制、紧缩政府财政等在内的一系列措施加以应对。2011年底欧盟多数国家达成财政契约，在一定程度上稳定了市场，但未能从根本上解决市场的担忧和恐慌。就在欧洲国家领导人乐观认为危机已经结束时，2012年，随着欧元区偿债高峰的到来、希腊选举诱发市场对希腊退出预期的上升以及疲弱的经济前景，债务危机再次发酵。意大利和西班牙国债风险溢价从4月开始一路飙升，到7月底，西班牙的国债收益率已上升至7.6%，表明市场对欧元垮台的担忧。对此，欧洲央行不得不出重拳，宣布直接货币交易计划，即无限量在市场上购买重债国的短期国债，从而平息了市场恐慌情绪的蔓延，也最终成为欧债危机的转折点。直至2014年经济呈温和复苏势头且可持续性日益增强的背景下，一些国家的财政状况才开始逐步走出债务危机。

 专栏4－2

俄罗斯爆发新一轮债务危机的可能性分析

2014年12月16日美元兑卢布最高触及79.91，随后在俄罗斯央行大举加息6.5个百分点和财政部抛售70亿美元的强力干预下，美元兑卢布17日回落至60附近。尽管卢布大幅反弹，但按照17日收盘价计算，卢布兑美元全年贬值幅度仍达到45%，已是名副其实的货币危机。

当时俄罗斯金融市场动荡主要原因有四点：一是国际油价短期内大幅反弹的希望不大。俄罗斯出口额的75%为石油和天然气，能源贡献了约50%的政府预算收入，因此能源价格与卢布汇率相关性极高。二是俄罗斯的投资环境短期内难以有效改善。三是俄罗斯政府干预市场的实力不够雄厚。四是急剧上涨的利率水平将严重恶化俄罗斯实体经济运行环境，不利于稳定投资者信心。

尽管俄罗斯短期内风险警报难以消除，但卢布危机难以导致1998年的政府债务违约重演。一方面，俄罗斯外债负担并不十分沉重。根据IMF数据，截至2014年第二季度末，俄罗斯外债余额约7 312亿美元，其中短期外债余额863亿美元。至第三季度末俄罗斯外债总额降至6 784亿美元，虽然目前没有精确的第三季度短期外债数据，但俄罗斯外债总额的下滑应主要由短期外债的偿还所致，据此可合理估算，第三季度末俄罗斯的短期外债总额可能已经降至500亿美元以下。虽然6 784亿美元的总外债水平相对于俄罗斯4 000多亿美元的国际储备规模并不算小，但与1998年外债超出储备10倍以上的情况不可同日而语，而且目前俄罗斯较少的短期外债也很难导致违约发生。

另一方面，俄罗斯官方外债负担较轻。根据IMF数据，截至2014年第二季度末，俄罗斯政府和中央银行外债总额约732亿美元，其中政府外债571亿美元，中央银行外债161亿美元。政府和中央银行的短期外债余额为77亿美元。至少在未来12个月内，俄罗斯官方债务出现违约的可能性很小。目前1年期定期存单（CDS）市场显示，投资者预计俄罗斯1年内出现违约的概率为7%，5年内出现债务违约的概率为28%。可以看出，国际投资者对于俄罗斯政府短期内发生违约的预期相对较弱。对于卢布危机后市的发展，有三个问题值得关注。一是卢布贬值将冲击我国对俄出口。二是警惕俄罗斯危机向新兴市场扩散。三是低油价可能加剧全球通缩压力。原油价格低迷是俄罗斯陷入危机的主要原因，虽然俄罗斯卢布贬值在俄罗斯诱发了通胀风险，但在全球范围内，若油价长期低迷很可能导致通缩压力增大，进而加大全球经济复苏的不确定性。总体来看，俄罗斯爆发新一轮债务危机的可能性不高。

资料来源：摘自韩会师．俄爆发新一轮债务危机可能性不大[N]．中国证券报，2014－12－19.

四、国际债务危机的成因

国际债务危机形成的原因，主要应从债务国国内的政策失误和世界经济外部环境的冲击两方面加以分析。债务国国内经济发展战略的失误和外债管理方针的不当，使外债规模的膨胀超过了国民经济的承受能力，这是危机形成的内因；而世界经济的衰退、发达国家的贸易保护主义，以及国际金融市场的动荡等，则是诱发债务危机的直接原因。

从债务国本身的失误来分析，国际债务危机产生的直接原因是对国际资本盲目借入、使用不当和管理不善而导致的结果，主要表现在：

1. 外债规模膨胀，举借的外债规模超过了本国的偿还能力，即超过了本国的出口创汇能力。许多发展中国家为了一味追求工业化和高速度，盲目地举借外债扩大投资规模，过高地估计了本国的生产能力和出口创汇能力。许多债务国危机爆发前一直采取扩张性的财政和货币政策，再加上不适当的汇率和外汇管制措施，造成了一系列不良后果。

2. 所借外债未形成合理的债务结构，如商业贷款比重过大、外债币种过于集中以及期限结构不合理引发债务危机。发展中国家应当尽力设法吸引外资来推动国内经济建设，但是外资只能作为内资的补充，对外资的过分依赖必将造成不良后果。陷入债务危机的主要国家无不是在国际资金市场蓬勃发展之时，借入了超出自身偿还能力的大量贷款，而且未形成合理的债务结构。此处所说的债务结构主要是指债务的期限结构、利率结构、来源结构等。在期限结构上，世界银行公布的 17 个重债国均出现债务短期化趋势，即短期债务比重迅速上升。这样的债务安排，使得这些国家在借入的资金尚未或者未能及时产生效益的前提下，又要面临偿还贷款本息的问题，这势必加重这些国家短期债务偿还的负担。

3. 对所借外债未有效地加以运用。外债使用不当，没有根据投资额、偿债期限、项目创汇率以及宏观经济发展速度和目标等因素考虑制定外债使用方向和偿债战略，盲目从事大工程建设、进口耐用消费品和奢侈品，或将贷款投向房地产和股票市场，导致短期内很难形成生产能力，造成不合理的消费需求和泡沫经济。更重要的是，重债务国的外债资金利用效率低，未能把外债资金有效地用于生产性和创汇盈利性项目，不能保证外债资金投资项目的收益率高于偿债付息率。一些重债国将外债资金投向规模庞大而又不切实际的长期建设项目，有的项目最终没有形成任何生产能力。这样，在世界经济环境突变之时，自然难以应付，无法如期偿还债务。

4. 对外债缺乏宏观统一管理和控制，不能对外部债务和资产实行技术与体制方面的有效管理，造成实际债务状况过大地偏离政府政策计划目标，导致危机发生。一旦外贸形势恶化，一国未适应国际市场的变化及时调整出口产品结构，其出口收入就会大幅减少，经常项目逆差就会扩大，还债能力减弱，对外资依赖增加，一旦国际投资者对债务国停止贷款或拒绝延期，债务危机就会爆发。

5. 债务国在一定程度上存在着资本外逃的现象。债务国一方面通过在国际金融市场上借取大量的外债来筹措资金，发展本国经济；另一方面却又面临着国内资金出于各种原因在一定程度上出现外逃的难题。这势必影响债务国资金的使用安排，加重其偿还外债的负担。

五、国际债务危机的解决办法

债务危机的爆发给国际金融界造成了极大的震动，为了减少其负面影响，各方陆续提出了一些解决问题的办法，为此采取的措施主要有以下几种。

1. 债务的重新安排。由债权债务双方协商修订原有的贷款协定，延长还款的期限。官方债务的重新安排由国际货币基金组织协调在“巴黎俱乐部”进行，私人债务由国际货币基金组织成立专门委员会进行重新安排。重新安排有三种基本形式：（1）由债权债务双方协商延长偿还本息的期限；（2）减免债务国的利息或本金负担；（3）把已有的债务重新转换债权人，即把对私人商业银行的债务转换为某个债权国官方或某个国际金融机构的债务。

债务资本化是指由债权银行将债务国所欠债务以一定的折扣出售给有意在债务国投资的外国公司或本国公司，然后由这些公司将其购买的债权凭证（债务）在债务国银行将外币兑换成债务国货币并在债务国进行投资。

2. 债务资本化。债务资本化的目的在于使外币债务转化成本币债务，最终转化为国内投资。债务资本化对债权银行、债务国以及债权凭证的购买者都有利可图。债权银行能够以低于账面的价格卖出到期未能实现的债权，收回大部分本金，以缓解由于债务拖欠造成的资金周转不灵；对债务国来说，能够将外币债务以本币购回，减少了外债，促进了投资；对债权凭证购买者而言，以低于账面额的价格买入债权，且按面值转换之后就增加了投资金额。

债务证券化是指经济较发达的发展中国家将外债转换为在国际金融市场上可以流通转让的有价证券，也可以转换为国外有价证券。

3. 债务证券化。这种方式涉及以现存债务工具交换成以本币或外币计值的新债务工具。新旧债权的条件完全不同，例如，新债权的面值可比旧债权的面值打一个折扣；或者面值不变，但新债权规定的利率比旧债权低。这种交换要求新债权是较为可靠或附有担保品的资产并具有流动性，可以转让交易，而且债务人全部偿还这笔债务的可能性，要比偿还旧债的可能性更大。例如，1987 年 12 月墨西哥与美国达成的“零点国库券方案”，由墨西哥政府从其储备中拿出现汇 20 亿美元，用于购买美国财政部发行的 20 年期、价值为 100 亿美元的零息债券，这些债券存入纽约联邦储备银行作为墨西哥在美国发行 100 亿美元扬基债券的担保，债权银行以竞价方式把原来对墨西哥的贷款以 1/2 的折扣转换成墨西哥发行的新债券。实际上墨西哥以较少的现款换回一大笔商业银行的贷款。

第四节　跨境资本流动与宏观审慎监管

一、跨境资本流动监管的理论基础——三元悖论

三元悖论（Mundellian Trilemma），也称三难选择（The Impossible Trinity），它是由美国经济学家保罗・克鲁格曼就开放经济下的政策选择问题所提出的，其含义是：在开放经济条件下，本国货币政策的独立性（Monetary Policy）、汇率政策（Exchange Rate）、资本的自由

流通（Capital Mobility）不能同时实现，最多只能同时满足两个目标，而放弃另外一个目标来实现调控的目的。

根据克鲁格曼的三元悖论，一国的经济目标有三种：①各国货币政策的独立性；②汇率的稳定性；③资本的完全流动性。这三者，一国只能三选其二，而不可能三者兼得。例如，在1944年至1973年的“布雷顿森林体系”中，各国“货币政策的独立性”和“汇率的稳定性”得到实现，但“资本流动”受到严格限制。而1973年以后，“货币政策独立性”和“资本自由流动”得以实现，但“汇率稳定”不复存在。三元悖论的妙处，在于它提供了一个一目了然地划分国际经济体系各形态的方法。

根据三元悖论原则，资本自由流动、固定汇率制和货币政策独立性三者的组合是一个可行的选择，但是这一组合在现实中有效的前提是在假设一国外汇储备无上限的条件下才能成立。实际上，现实中一国的外汇储备不可能无上限，一国的外汇储备总量再巨大，与规模庞大的国际游资相比也是力量薄弱的，一旦中央银行耗尽外汇储备仍无力扭转国际投资者的贬值预期，则其在外汇市场上将无法继续托市，固定汇率制也将彻底崩溃。因此，一国即使放弃货币政策的独立性，在巨大的国际游资压力下，往往也很难保证固定汇率制度能够得以继续。所以，从现实角度来看，在一定程度上放弃资本完全自由流动，能够在很大程度上维持货币政策独立性及汇率的相对稳定，从而为国内经济稳定发展提供良好环境。

二、宏观审慎视角下的跨境资本流动管理

（一）宏观审慎监管的概念

2008年国际金融危机以来，各界开始反思传统宏观经济与金融监管政策在应对系统性风险方面的缺陷，“宏观审慎”的概念逐步引起了广泛关注。2011年，金融稳定理事会（FSB）、国际货币基金组织（IMF）和国际清算银行（BIS）在提交给G20峰会的报告中对宏观审慎政策进行了明晰界定，即“宏观审慎政策是指以防范系统性金融风险为目标，以运用审慎工具为手段，而且以必要的治理架构为支撑的相关政策”。可见，系统性风险是宏观审慎管理所关注的核心。

一般来讲，系统性风险是指经济金融体系内可能引发全局性动荡或危机的风险。系统性风险发生的概率往往小于单个微观主体出现风险的概率，但系统性风险暴露后的损失却远大于单个微观主体的损失。系统性风险并非个体风险的加总，而是来源于三个方面：个体风险、个体行为之间的关系、不同金融市场之间的风险联结，后两者仅显现于系统层面。因此，微观审慎管理不能有效应对系统性风险，它主要针对个体风险，却难以应对个体行为之间以及各金融市场之间关系所致的系统层面风险。

在宏观、中观、微观三个不同层面间的复杂作用下，系统性风险不断积累甚至集中爆发。具体表现为：

1. 系统性风险的积累过程。首先，外部冲击使得价格偏离均衡而上升，若此时宏观货币政策与金融监管政策较宽松，那么少数风险偏好较强的个体会预期价格继续上涨的概率较大，投机活动有利可图，于是借入资金进行投机。投机活动可能使市场出现总需求大于总供

给的情形，价格再次上行。然后，受价格连续上涨和第一批投机者获利的影响，更多微观主体预期价格将继续上涨并加入投机活动，产生更多投机需求和融资需求，推动价格进一步上行。对商业银行而言，价格上涨使企业预期盈利能力、净资产和可抵押资产的市场价值上升，融资条件出现虚幻的改善，银行愿意更多地向企业发放信贷。此时，越来越多的微观个体出现高度趋同的乐观预期，加入投机/过度投资行为，信贷投放也越来越多，市场的价格、需求与信贷相互强化的正反馈循环形成。在上述过程中，系统性风险头寸不断积累。系统性风险头寸是系统性风险积累的量化表现，可用于衡量系统性风险大小及变化。最终危机爆发的能量和破坏性大小取决于前期累积的系统性风险头寸总额（剔除已采取风险对冲措施的头寸）。历史实践表明，在各种经济金融危机中，市场参与者和金融体系两大部门不断积累系统性风险头寸是一个普遍规律。危机爆发前的演进过程中，投机/投资者会持有越来越多的风险资产，银行也会不断增加与之相对应的信贷风险敞口。

2. 系统性风险的爆发过程。随着价格持续上涨，市场总需求中的投机需求不断增加，真实需求则不断缩减。在金融领域，市场整体的真实信贷杠杆不断上升，大量融资被用于投机与过度投资。值得注意的是，此时名义杠杆倍数可能会小于真实杠杆，其他许多类似的金融财务指标也会因顺周期原因低估或掩盖了个体与系统性风险，这无疑向借贷双方、监管者发出了错误信号，经济金融体系不断趋向更加不稳定的需求结构和高债务杠杆状态。

（二） 国际资本流动的系统性风险特征

系统性风险表现为重要经济金融变量的自我强化型发展并远离均衡态，最终导致自我强化型崩塌；其实质是经济金融体系内集体性趋同行为引发的、失控的正反馈效应（或顺周期性）与风险跨部门传染效应的叠加，引发系统大幅振荡。

在金融全球化的背景下，跨境资本流动同样存在引发系统性风险的因素特征。特定条件下跨境资本流动也会形成正反馈循环和跨部门风险传染，成为实体经济顺周期性与金融加速器的一部分。历史上的多次经济金融危机中，跨境资本流动都起到重要作用，如诱发 1997 年亚洲金融危机、推动2008 年美国次贷危机的风险扩散等。资产泡沫和经济过热驱动了跨境资本的流入，持续的流入又进一步推动了资产价格膨胀和过度投资。这种循环延续到明斯基时刻，此后经济下行前景和资产价格下跌预期开始驱动资本流出，加剧本币贬值和信用收缩，引发投资和资产价格循环式下跌（见图4－2）。

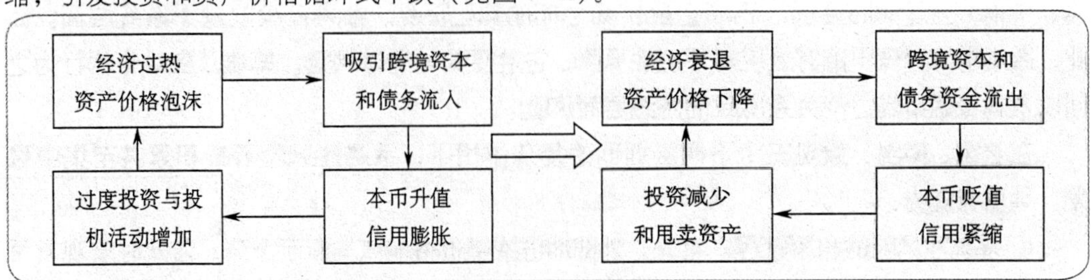

资料来源：伍戈，严仕锋．跨境资本流动的宏观审慎管理探索［J］．国际金融，2015（10）．

图4－2 资本流动的系统性风险积累与爆发

（三）跨境资本流动的宏观审慎管理：国际实践

从20世纪90年代末开始，在多次金融危机的影响下，国际社会对资本流动管理的主流态度由完全放任逐渐过渡到在必要情况下可对资本流动实施管理。特别是2008年国际金融危机后，对资本流动实行宏观审慎管理已逐渐成为共识。但从全球范围来看，各国针对资本流动宏观审慎管理的实践时间并不长，目前仍处于不断摸索与改进的阶段。在具体政策工具方面，自美国学者早期提出“托宾税”的思想后，各国政策制定者逐渐发展出无息准备金等一系列工具（见表4-1）。

表4-1 资本流动宏观审慎监管的国际实践

政策工具	国家	主要内容
金融交易税	巴西	对证券投资、固定收益投资、短期外债等外汇兑换环节征收外汇交易税，税率与适用范围随宏观风险变化而调整
无息准备金	智利和巴西	对短期外债、具有投机性质的贸易信贷、FDI等缴纳一定比例准备金，缴存比例与适用范围根据资本流动情况进行适度调整
宏观审慎稳定特别费	韩国	对国内外商业银行持有非核心类外币负债征收一定比例宏观审慎稳定特别费，当风险加大时可适当提高比例
外汇衍生品头寸限制	韩国	要求国内商业银行持有的外汇衍生品头寸不得高于上个月期末权益资本金的50%，外资银行这一比例不得高于250%
累进特别费	马来西亚	对证券投资流出的外汇兑换环节征收特别费，费率与投资期限成反比

由此可见，目前国际上针对资本流动的宏观审慎管理主要是通过征收额外税费（准备金）、延长汇兑时间、比例与总量限制等手段，在特定情况下逆周期地增加跨境资本流动的阻力。我们认为，这些审慎措施对抑制资本流动的过度波动和风险头寸的积累能起到一定的作用，但似乎难以从根本上防范资本流动系统性风险的形成。究其原因，可能是目前人们对资本流动领域系统性风险的内涵、形成机理仍缺乏深刻认知所致，国外实践仅是从部分缓解出发控制风险，尚未形成一套完整和成熟的想法。

专栏4-3

托宾税的概念及作用

托宾税是指对现货外汇交易课征全球统一的交易税。这一税种是美国经济学家托宾在1972年的普林斯顿大学演讲中首次提出的，他建议“往飞速运转的国际金融市场这一车轮中掷些沙子”。该税种的提出主要是为了缓解国际资金流动，尤其是短期投机性资金流动规模急剧膨胀造成的汇率不稳定。

托宾税的特征是单一税率和全球性。托宾税的功能有：

抑制投机、稳定汇率。实施托宾税可以使一国政府在中短期内依据国内经济状况和目标推行更为灵活的利率政策而无须担忧它会受到短期资金流动的冲击。而且，托宾税是针对短期资金的往返流动而设置的，它不仅不会阻碍反而将有利于因生产率等基本面差异而引致的贸易和长期投资，有助于引导资金流向生产性实体经济。

支持托宾主张的人指出，世界金融市场每天的交易量高达 1.5 万亿美元，其中跟商品和服务有关的交易量只占不到 5%，而单纯靠汇率波动和利率差别谋求暴利的竟高达 95%。这种投机行为给国家预算、经济计划和资源配置造成了混乱。而托宾税有助于减少汇率的脆弱性，削弱金融市场对国家政策的影响力，有利于维护政府在决定预算和货币政策方面的权力。而且，如果每年的征税基数为 75 万亿美元，税率为 0.2%，那么每年的税金就高达 1 500 亿美元，将它用于社会发展，会收到很好效果。

反对的人则认为，这项税收妨碍投资，所以“经济上不正确”，只有“看不见的手”才能最佳配置资源；其次，托宾的想法虽好，但行不通，因为资金流动的速度“近乎光速”，只有全世界所有国家都接受才行得通，而这很难实现。

实际上，托宾税只是行政干预金融市场的一种形式，可以照它做，也可以另觅适当对策。据报道，联合国贸发会议发表的一项报告提议，新兴市场国家当其货币受到攻击、外汇储备降至某种限度时，可以单方面宣布延期偿债。这个建议如获得通过，无疑将增强有关国家抗击金融市场冲击的能力。

资料来源：易纲．将研究托宾税等抑制热钱［EB/OL］．［2014－01－06］．人民网．

三、我国跨境资本流动管理回顾与启示

2008 年国际金融危机爆发以来，国际资本流动形势和管理政策发生了较大变化。一方面，随着主要经济体非常规货币政策推出与退出，国际资本流动出现了大起大落的剧烈波动，新兴市场和发达国家都受到较大影响。另一方面，国际社会对跨境资本流动管理的态度和立场发生改变。20 世纪八九十年代，国际货币基金组织主张资本账户开放，但因亚洲金融危机爆发而被迫搁置了资本项目可兑换的动议。不过，国际货币基金组织仍对资本管制持保留态度。2008 年国际金融危机之后，国际货币基金组织转而逐渐认可和容忍对无序资本流动采取管理措施，提出了包括宏观审慎和资本流动管理在内的跨境资本流动管理的政策框架。欧盟部分成员甚至还酝酿过引入金融交易税安排，抑制短期资本流动。

中国在 2015 年“8·11”汇改后，短期资本集中流出一度成为外汇储备下降、汇率贬值压力的主要原因。由于短期资本流动很大程度上受市场情绪驱动，容易偏离经济基本面出现汇率超调。所以，如果汇率完全自由浮动，人民币很可能会过度贬值。而无论从国内还是国际看，人民币大幅贬值都具有较大不确定性，甚至是破坏性的后果。这时，如果不允许汇率过分调整，要么动用外汇储备干预，要么加强资本流动管理。

就外汇储备而言，我国持有的外汇储备规模比较充裕。然而，2016 年底，当人民币兑美元汇率跌破七、外汇储备离破 30 000 亿美元仅一步之遥时，国内市场发生恐慌，担心国内经

济增速放缓会进一步引发资本大量外流。最终，我国选择了进一步加强和改进了跨境资本流动管理，包括“扩流入”和“控流出”。但“控流出”的有效性受到质疑，即长期以来我国管理资本流入有效而管理资本流出无效。

2013 年底以前，面对资本大量流入，为阻止人民币过快升值，减少外汇储备积累，我国跨境资本流动管理主要是“防流入、扩流出”，或者说是从以前“宽进严出”转向“流出入双向均衡管理”。但是，这并没有改变国际收支“双顺差”的基本格局，特别是在 2011 年至 2013 年人民币快速升值期间，资本净流入规模超过了经常项目顺差，成为当期外汇储备资产增加的主要来源。究其原因，一是人民币汇率长期单边渐进的升值，令人民币成为最有吸引力的利差交易货币，资本流动管理难度提升；二是虽然努力转向“流出入双向均衡管理”，但“宽进严出”的资本流动管理框架调整依然缓慢，国际收支调节机制不平衡、不充分，制约资本流出对冲贸易顺差的能力；三是担心对资本流入的控制可能会对贸易和投资带来一定的负面影响。

一般来说，使用“控流出”的管理思路，往往能够在短期取得显著效果。亚洲金融危机时期，我国外汇储备资产仅有一个季度出现下降，在采取打击出口逃汇、进口骗汇措施后，很快就止跌回升。1998—2000 年，外汇储备规模不跌反增 257 亿美元。2017 年国内企业海外投资并购行为明显回归理性，国际收支口径的跨境直接投资由 2016 年的逆差恢复顺差，短期资本净流出与基础国际收支顺差之比由 2016 年的 −396% 回落到 −61%。基础国际收支顺差重新大于短期资本净流出，2017 年外汇储备资产由上年减少 4487 亿美元转为增加 930 亿美元，这有效化解了资本流动逆转冲击，维护了国家金融安全。需要指出的是，无论从总体资本流动状况，还是短期资本流动情况看，2017 年前三季度较 2016 年同期改善效果明显。但同期净误差与遗漏负值变动不大，对于资本流动状况改善的贡献基本可以忽略不计。也就是说，如果把净误差与遗漏负值视为资本外逃的话，2017 年我国跨境资本流动形势的改善与资本外逃变化无关。

实践证明，辅以可信的价格信号，管理可以事半功倍。2013 年之前“防流入”的管理效果不明显，在一定程度上就同 2005 年“7·21”汇改以来人民币可预见的渐进升值有关，利益驱动下的热钱流入，套取无风险的利差、汇差，堵不胜堵。近年来“控流出”也是类似的情况。2016 年，虽然以加强真实性深化规范了流出管理，但在人民币贬值的情况下，银行代客购汇减少，结汇也减少，银行代客结售汇依然面临 3000 多亿美元的巨大逆差。2017 年人民币升值，银行代客购汇仅仅是少量的下降，而结汇大幅增加，银行代客结售汇逆差骤减，降至 690 亿美元。

因此，我国跨境资本流动管理框架的进一步改进和完善，需要充分了解国际规则，灵活运用规则提供的空间实施管理。管理要有别于国际收支保障条款，后者是国际收支危机时采取的极端的、临时的手段，日常管理要防止过度使用。管理不能过于随意，要遵守已经对外作出的承诺，要多尝试市场友好型的措施，提高管理效率。鉴于外汇市场形势瞬息万变，要在情景分析、压力测试的基础上做好预案，提高应对异常资本流动的政策响应能力。未来的资本流动管理框架主要包括以市场化的汇率利率调节跨境资本流动，基于“负面清单”和“了解客户、了解业务、尽职调查”等开展合规性监管，本外币并表的微观审慎管理，包括托宾税在内的宏观审慎措施，临时性的资本管制手段。

本章小结

1. 伴随着世界政治、经济环境的日益变化，各国交往活动的不断加强，国际间的资本流动与以前相比，呈现出一系列新的特征。

2. 尽管资本流动的形式多种多样，但其中孕育着巨大商机的同时，又隐藏着巨大的风险。一些发展中国家经历的几次危机都在一定程度上受到国际资本流动造成危害的影响。

本章主要概念

国际资本流动　直接投资　间接投资　债务危机　货币替代
债务资本化　债务证券化

本章复习参考书

[1] 姜波克. 国际金融新编（第六版）[M]. 上海：复旦大学出版社，2018.

[2] 王跃生. 国家资本流动：机制、趋势与对策 [M]. 北京：中国发展出版社，2009.

本章复习思考题

一、填空题

1. 国际资本流动按其表现类型，可以分为________、________和________。

2. 国际资本流动按其流动方向，可分为________和________。

3. 外债主要是指一国居民所欠________的、已使用而________，具有________偿还义务的全部债务。

4. 2013 年底之前我国短期资本流动管理的主要思路是________和________。

5. 系统性风险主要来源于________、________和________。

二、判断题

1. 国际资本流动是伴随着国际贸易的发展而发展起来的。(　　)

2. 国际资本流动的规模主要受各国经济周期的影响。(　　)

3. 国际资本流动会增加各国进行资本管制的难度。(　　)

4. 国际资本流动中，融资证券化的趋势不断增长。（　　）

5. 外债主要是指一国在一定时期的全部债务。它包括契约性的债务，也包括借贷双方口头上形成的债务。（　　）

6. 一国外债的偿债率达到30%时即表明该国经济存在问题。（　　）

三、 不定项选择题

1. 国际资本流动主要是伴随着（　　）而发展起来的。

A. 国际贸易　　B. 金融自由化　　C. 融资证券化

2. 国际资本流动的快速发展，主要受以下因素的影响：（　　）。

A. 各国利率的差异　　B. 市场风险　　C. 巨额金融资产

3. 国际资本流动在分散、降低风险的同时，还会造成：（　　）。

A. 降低社会福利　　B. 降低监管难度　　C. 增加监管成本

4. 20 世纪 80 年代发展中国家的债务危机主要受（　　）的影响。

A. 西方国家提高利率　　B. 债务结构不合理　　C. 存在一定程度的资本逃避

5. 衡量一国债务规模的指标主要有：（　　）。

A. 偿债率　　B. 负债率　　C. 债务率

四、 简答题

1. 影响国际资本流动的因素有哪些？

2. 国际资本流动的新特点有哪些？

3. 简要分析国际资本流动造成的影响。

4. 构成外债的四要素是什么？

5. 试分析我国如何加强完善资本流动管理。

系统性风险比中美贸易战更危险

资料来源：https：//www. iqiyi. com/v _ 19rqz4xsho. html.

Master Series

st

Century

第二篇 国际金融实务

第五章 外汇交易与衍生品交易实务

本章知识结构

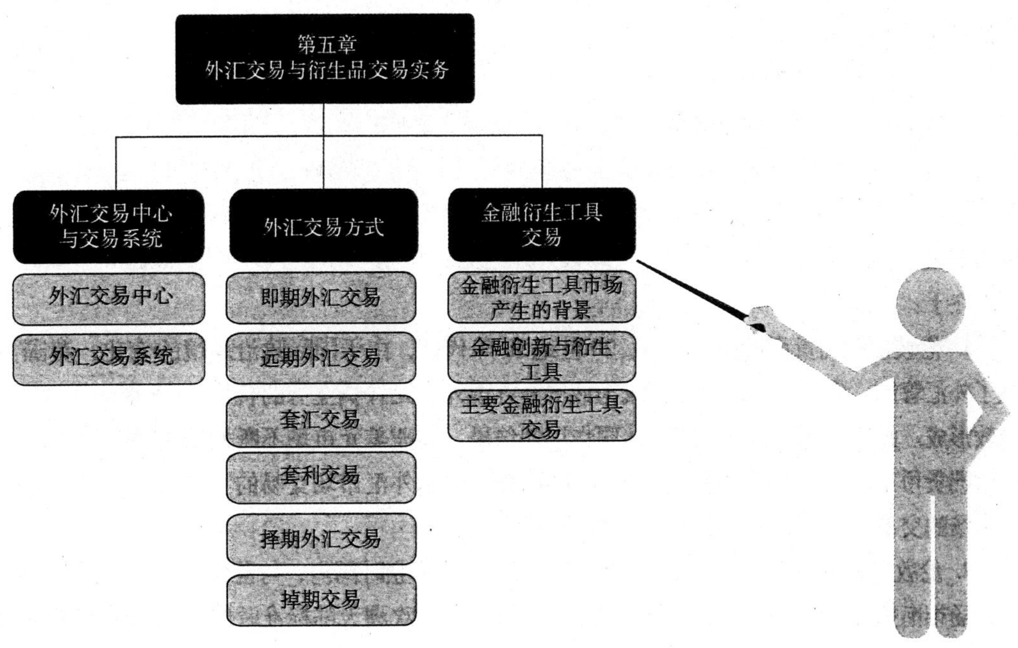

本章学习目标

- 了解全球主要外汇交易中心和交易系统的基本情况；
- 理解各种外汇交易方式的特点及作用；
- 熟练掌握各种外汇交易方式的具体操作与计算方法；
- 掌握金融衍生工具的主要特点和交易方式。

外汇交易是进行外汇买卖活动的总称，主要用于为对外贸易和投资兑换不同的货币，同时还具有满足贸易者和投资者避免汇率风险以及投机的作用。本章在介绍主要国际外汇交易中心与外汇交易系统的基础上，重点探讨外汇交易方式并说明现代金融衍生品的主要交易类型。

第一节　全球主要外汇交易中心与交易系统

现代国际外汇市场一般分布于世界各国的主要中心城市，如伦敦、纽约、巴黎、法兰克福、苏黎世、米兰、惠灵顿、多伦多、巴林、东京、香港、新加坡等都是全球著名的金融中心和外汇中心，这些中心的相互联系和影响形成覆盖全球的外汇交易网络。

一、全球主要外汇交易中心

世界外汇交易主要集中于西方发达国家和地区，其中伦敦、纽约、东京、香港等外汇中心最具有代表性。

（一）伦敦外汇市场

伦敦是历史悠久的国际金融中心，其货币市场、资本市场都是国际化的市场。在此基础上，伦敦外汇交易所成为世界上最大的外汇市场，其外汇交易额占全球的1/3左右。尽管英国在世界经济中的地位已失去了第二次世界大战前的辉煌，英镑作为国际计价货币和储备货币的地位也不断下降，但伦敦作为全球最大外汇交易中心的地位并没有因之而削弱。其主要原因在于：

1. 伦敦是欧洲货币市场的中心。20世纪50年代初，由于国际政治环境的变化，英国实施了外汇管制，伦敦各大商业银行成为最早开办境外美元存贷业务的机构，欧洲美元市场在伦敦形成。此后，基于多方面因素共同作用的结果，欧洲美元市场不断发展壮大并最终演变为欧洲货币市场。欧洲货币以其快节奏的自由流动引起外汇市场交易的日益繁荣，伦敦因外汇市场的交易规模不断扩大而居全球外汇市场的首位。

2. 伦敦地处世界时区的起点。伦敦外汇市场在其营业时间内，与世界其他一些重要的外汇市场相衔接。由于伦敦外汇市场的营业时间目前采用欧洲大陆标准时间，它与欧洲各大市场共同形成了一个同步的大市场。在东京、香港、新加坡下午闭市时，伦敦市场开盘，午后，纽约市场开盘，与伦敦市场同时交易半天。因而，从时区上考虑，伦敦市场成为外汇交易商安排外汇交易的最佳选择。

3. 伦敦外汇市场具有全世界最先进的交易设施，并拥有一大批高素质的金融专业人员。

（二）纽约外汇市场

纽约外汇市场是建立在美国的综合国力以及美元的地位之上的。第二次世界大战以后，美国成为世界头号经济强国，布雷顿森林体系的建立使美元成为世界最主要的储备货币、干预货币和计价货币。尽管20世纪70年代以来，德国马克、日元的地位曾经迅速上升，欧元的产生也对美元的地位产生了影响，但美元仍是使用最多的国际储备货币和结算货币。

在经营方面，美国没有外汇管制，并不存在指定经营外汇业务的专业银行，任何一家美国的商业银行均可自由地经营外汇业务。但是，由于各银行外汇业务量差别较大，大部分中小型银行出于成本的考虑均委托纽约的几大有业务往来的银行集中办理外汇业务。虽然银行的外汇活动不受管制，但仍受美联储及州银行管理部门的监督。外汇市场的官方干预由纽约联储银行处理，一般情况下，美联储通过商业银行代理人间接进入经纪人市场，也可以直接同商业银行交易实现干预。此外，美联储还为外国中央银行和国际机构服务，例如买卖外汇。这样的操作往往同外国中央银行在其国内市场的操作同时进行，以实现联合干预。

纽约外汇市场的银行与国外银行的外汇交易可以划分为三种类型：（1）为满足其顾客的需要，代客买卖外汇；（2）外国商业银行本身为了轧平外汇头寸而做的交易，90%以上的交易是银行间的交易；（3）纽约联邦储备银行与外国中央银行联合干预外汇市场。这是纽约外汇市场的一大特点，因为各国中央银行和国际机构在纽约联储银行存有数千亿美元的资产，这些资产主要是作为外汇平准基金。

（三）东京外汇市场

东京外汇市场的结构与伦敦、纽约市场相似，也是由银行间市场和银行与顾客之间的零售市场组成的，其中银行间市场是外汇市场的中心。

在交易方式上，东京外汇市场与伦敦、纽约市场相似，利用电话、电报等电信方式完成，属于无形市场。在外汇价格制定上，东京外汇市场类似于德、法等大陆式市场，采用“定价”方式，即由主要外汇银行经过讨价还价，确定当日外汇价格。日本银行对外汇价格的形成也有重要影响。

日本外汇市场的快速发展归因于1964年日元的自由兑换。日本于1964年宣布接受《国际货币基金组织协定》第八条款，原则上取消外汇管制，使日本外汇市场交易量与日俱增，现在已成为第三大国际外汇市场。日本外汇市场的监管由中央银行——日本银行，以及大藏省共同执行。日本设立“外汇基金特别账户”，由中央银行以大藏大臣代理人的身份管理其资金。当汇率大幅度波动并对进出口以及国内经济造成不良影响时，日本银行会择时介入市场进行干预。其干预活动分为国内市场干预和海外市场干预，国内市场干预一般委托外汇经纪行进行，海外市场干预则一般委托当地货币当局进行。三大国际外汇市场中，东京较伦敦、纽约起步晚，20世纪60年代以前发展较慢。随着日本金融自由化、国际化进程的加快，其外汇市场也得到相应发展。目前，日元不仅是重要的国际储备货币，也是国际外汇市场交易量最大的货币之一。

（四）香港外汇市场

香港地处我国的南端，交通便利，历来是东南亚华侨资金的避风港，后来又成为石油美元的流入地。优越的地理时区条件使香港外汇市场成为在和伦敦、纽约连续24小时接力营业中承上启下的重要环节。

香港外汇市场的结构比较特殊，包括两部分：(1) 传统的外汇市场，为港元与外币的兑换。外币包括美元、日元、英镑、欧元、加拿大元及部分东南亚国家的货币。其中交易额最大的为港元兑美元。香港当局为稳定币值，对港元汇率采取有限度、有弹性的干预政策，当汇率波动超过了出口商和消费者所能承受的界限时，就在传统外汇市场上进行干预。(2) 20世纪80年代后发展起来的美元兑换其他货币的外汇市场，称为"海外美元外汇市场"，其主要目的是为了满足境外机构和在港外资金融机构对美元的需求。

与伦敦、纽约市场类似，香港外汇市场也是无形市场，没有固定的交易场所或正式的组织，是一个由电话、电传等通信工具联结起来的网络。香港外汇市场的主要参与者包括持牌商业银行、挂牌财务公司和注册财务公司。香港实行联系汇率制，在这一制度下，发钞银行（汇丰银行、渣打银行、中国银行）若增发港元须以1美元兑7.8港元的汇价向外汇基金交纳等值美元，换取港元负债证明书；若将部分港元从流通领域退出，发钞银行交回负债证明书，外汇基金付给等值美元。这种制度能自动调节港元供应量，使汇率在很小的幅度内波动，从而维持港元币值的相对稳定。

 专栏5-1

全球外汇市场持续发展

外汇市场受全球经济金融环境影响显著，但外汇市场成交量总体保持增长。如伦敦外汇市场的日均交易量由1995年的4 640亿美元上升至2017年的2.81万亿美元。在此过程中，电话交易方式已处于淘汰边缘，电子交易系统成为主流技术；外汇市场突破了银行同业市场范围，成为了虚拟的电子通信网络。如今，外汇市场已是高效、透明、灵活、多层次的竞争市场代名词。

外汇市场上交易的货币种类不断增多，发达国家货币虽仍是流动性较强的货币，也保持了较大的市场份额，但新兴市场经济的货币正日益受到市场参与者的欢迎。值得一提的是，随着我国的国力增强，人民币的市场地位日益提升，已超近瑞士法郎和加拿大元。

资料来源：王应贵．交易技术、市场效率与全球外汇市场发展［J］．中国货币市场，2018 (6)．

二、世界主要外汇交易系统

随着国际金融的一体化，各金融中心的联系越来越紧密，为了满足广大外汇交易者的需要，通信与信息系统越来越灵敏。目前，运用最广泛的有以下三种系统：路透社终端、美联社终端和德励财经终端。这三大系统在服务内容和方式上大同小异，下面仅就路透社终端进行介绍。

路透社终端由英国路透新闻社推出，路透社利用分散于全球各地和金融中心的新闻记者，广泛采集有关政治、经济、金融、贸易等信息，并通过卫星、交易机等先进的通信工具，以最快捷的速度向用户提供服务。

全世界参加路透社交易系统的银行达数千家，每家银行都有一个指定的代号，例如，中国银行总行的代号是 BCDD。交易员若想与某家银行进行交易，在键盘上输入对方银行的代号，叫通后即可询价，并可以讨价还价。双方的交易过程全部显示在终端机的荧屏上，交易完毕后即可通过打印机打印出来，作为交易双方的文字记录和交易合同。路透社终端提供的服务主要包括：

1. 即时信息服务。路透社记者将即时的政治、金融、商品等信息汇集到路透社编辑中心，然后再输送到各地的终端。用户只需输入代号，即可在屏幕上阅读信息。

2. 即时汇率行情。路透社终端的即时汇率行情版面，为交易员显示世界各大银行外汇买卖的即时参考价。

3. 走势分析。路透社系统中，有许多专业的分析家负责每天撰写汇市评论和走势分析，然后输入路透社电脑中心，用户需要时可调出作参考。

4. 外汇买卖和技术图表分析。通过路透社交易机，交易员可以与系统内任何一家银行买卖外汇。路透社为用户提供各种货币的技术图表，以帮助用户分析。

专栏 5－2

现代外汇市场发展与交易技术发展紧密关联

自 1992 年以来，越来越多的外汇交易业务迁移到电子交易平台，电子交易平台从一开始就处于激烈的竞争中。1992 年 4 月，路透社首次推出了具有指令自动撮合功能的路透经纪系统（Reuters Dealing 2000－02，1999 年升级为 Dealing 3000 Xtra，2013 年后被汤森路透 Eikon 取代）；1993 年，多家国际大银行联合推出了电子经纪系统（Electronic Broking Services，2006 年6 月被全球最大的同业经纪公司 ICAP 收购），以挑战路透的垄断地位。经过多年的竞争，路透交易系统主导了英联邦国家的货币交易，如英镑、加拿大元、澳大利亚元、新西兰元和几种新兴市场国家货币，而电子经纪系统主攻欧元、日元和瑞士法郎。

2000—2006 年，许多银行和金融公司积极运用信息技术开发客户端交易市场（B2C）。多家银行联合推出第三方平台，帮助终端客户同时获得几家银行的报价信息，如外汇通、Currenex、FXAll 等。与此同时，全球主要银行大量投资自营性交易平台，通过电子通信网络连接做市商和终端客户（如大公司和资产管理公司），利用平台向客户提供做市商的外汇报价和交易数据。如瑞士联合银行外汇交易员（FX Trader）于 2000 年上线；巴克莱资本集团的巴外汇（BARX）于 2001 年运作等。这些银行还通过白色标签（White Labelling）技术拓展中小银行客户市场。

当前，人工智能的强势崛起将进一步改变外汇交易技术。例如，高盛公司下属的 Kensho 软件能够更快、更可靠地解读和分析大量数据。因为其深度的学习能力，Kensho 能够自动收集和解读最新信息，并在两三分钟之内弹出分析报告。如美国劳工部通常每月第一个周五上午 8：30 发布上个月全国就业报告，Kensho 能在两分钟完成分析，并根据以往的市场反应预测外汇市场的表现。在 8：35 这份研究报告就可发送给高盛职员。

展望未来，实时分析（Personetics）、机器学习和预测分析（H2O）、深度学习（IBM Watson）、自然语言加工与输出（Narrative Science）、视频/图像/图表分析（3VR）、超低延时（Ultra－low latency）、可升级性（Scalable）、大额业务处理能力（如每秒处理 10 万条以上信息）、交易撮合能力（如每秒钟可持续处理 4 万个交易指令）、开放性应用技术等将全面提升外汇市场的运作水平。

资料来源：王应贵．交易技术、市场效率与全球外汇市场发展［J］．中国货币市场，2018（6）．

第二节　外汇交易方式与案例

外汇交易是指在外汇市场上进行外汇买卖的活动。它主要是由于对外贸易和投资需要用不同的货币实行结算和支付而产生的。外汇交易所体现的外币运动，实质上反映了国际间有形贸易、无形贸易和资本投资中的商品运动和资本运动。在各国实行浮动汇率时期，外汇交易还具有满足贸易者和投资者避免汇率波动风险的作用。同时，由于对未来的某一时期汇率变动趋势及幅度的预测不同，许多外汇交易又具有投机的性质。

一、即期外汇交易

在国际外汇市场上，即期外汇交易的交割日定于成交后的两个营业日内，是因为全球外汇市场需要 24 小时才能运行一周，这样，各市场因时差问题给交割带来的障碍就可以消除。目前全球两大电子即时汇率报价系统（路透社、美联社）所报出的汇率都是即期汇率。

即期外汇交易（Spot Transaction）也称现汇交易，是买卖双方约定于成交后的两个营业日内办理交割的外汇交易方式。

所谓交割日（Spot Date）就是买卖双方将资金交付给对方的日期。

（一）即期外汇交易的交割日

交割日必须是收款地和付款地共同的营业日，因为只有这样才可以将货币交付给对方。即期交割日的计算规则如下：

1. 即期外汇交易的标准交割日为成交后的第二个营业日（加拿大规定为成交后的第一个营业日）。根据需要，交易双方也可将交割日约定为成交当日（Cash）或成交次日（Tom），二者均为超短期的即期交易。

2. 交割日必须是收款地和付款地共同的营业日，至少应该是付款地市场的营业日。

3. 若第一、第二日不是营业日，则即期交割日必须顺延。

（二）即期外汇交易的汇价

即期汇率是外汇市场最基本的汇率，其他交易的汇率都是以即期汇率为基础计算出来的。全球各外汇市场一般采用美元标价法，在路透社、美联社等主要系统报出的即期行情中，除了英镑等少数货币对美元汇率是完整报出基准货币、报价货币名称之外，其他汇率均只报出报价货币名称。

（三）即期汇率的套算

由于国际外汇市场的报价大都采用美元标价法，因此就产生了其他国家货币之间的汇率需要通过美元进行套算的问题。

1. 美元为基准货币。

✪【例】 1 美元 = 0.9696/0.9700 瑞士法郎

1 美元 = 7.7576/7.7586 港元

现需要计算瑞士法郎对港元的汇率，计算方法为

瑞士法郎的买入汇率：7.7576/0.9700 = 7.9975 港元

瑞士法郎的卖出汇率：7.7586/0.9696 = 8.0020 港元

即 1 瑞士法郎 =7.9975/8.0020 港元

2. 美元为标价货币。

✪【例】 1 英镑 =1.5655/1.5660 美元

1 加拿大元 =0.8897/0.8905 美元

现计算英镑对加拿大元的汇率，计算方法为

英镑的买入汇率：1.5655/0.8905 =1.7580 加拿大元

英镑的卖出汇率：1.5660/0.8897 =1.7601 加拿大元

即 1 英镑 =1.7580/1.7601 加拿大元

3. 美元既为基准货币，也为标价货币。

✪【例】 1 英镑 =1.5655/1.5660 美元

1 美元 =0.9696/0.9700 瑞士法郎

现计算英镑对瑞士法郎的汇率，计算方法为

英镑的买入汇率：1.5655 ×0.9696 =1.5179 瑞士法郎

英镑的卖出汇率：1.5660 ×0.9700 =1.5190 瑞士法郎

即 1 英镑 =1.5179/1.5190 瑞士法郎

专栏 5 -3

交易员即期外汇交易“对话”

以 2015 年 1 月 19 日美元对人民币汇率 6.2013/65 为例，A 银行与 B 银行的一笔 500 万美元的交易过程如下。

A：SP CNY 5	A 银行：即期美元/人民币　美元 500 万
B：13/65	B 银行：13/65

A：MINE	A 银行：我买入美元
B：DONE	B 银行：成交
TO CFM AT 6. 2065 I SELL USD	证实在 6. 2065 我卖出美元
5 MIO AGAINST CNY	500 万对人民币
VAL JAN 19 2015	交割日为 2015 年 1 月 19 日
MY CNY PLS TO BANK B SHANGHAI	我的人民币入 B 银行上海分账户
TKS FOR THE DEAL BIBI	谢谢，再见
A：ALL AGREED	A 银行：同意以上条款
MY USD PLS TO BANK A N. Y.	我的美元入 A 银行纽约分行账户
TKS FOR THE DEAL BIBI FRDS	谢谢交易，再见

二、远期外汇交易

最常见的远期交易交割期限一般有 1 个月、2 个月、3 个月、6 个月，长的可达 12 个月，如果期限再长，则称为超远期交易。

远期外汇交易（Forward Transaction）又称期汇交易，是指外汇买卖成交后，当时（第二个营业日内）不交割，而是根据合同的规定，在约定的日期按约定的汇率办理交割的外汇交易。

（一） 远期外汇交易的交割日

1. 任何外汇交易都以即期外汇交易为基础，所以远期交割日是即期交割日加上月数或星期数，若远期合约是以天数计算的，其天数以即期交割日后的日历天数为基准，而非营业日。例如，星期三做的远期合约，合约天数为 3 天，则即期交割日为星期五，远期交割日是星期一（即从星期五算起，到星期一正好 3 天）。

2. 远期交割日若不是营业日，则顺延至下个营业日。

3. 若顺延之后，跨月到了下个月份，则必须提前至当月的最后一个营业日为交割日。

（二） 远期外汇交易的汇价

外汇升水表示远期外汇比即期外汇贵，外汇贴水表示远期外汇比即期外汇贱，平价表示两者相等。

远期汇率的标价方法主要有两种：一种是直接标出远期外汇的实际汇率，采用这种标价方法的外汇市场较少；另一种是只标出远期汇率与即期汇率的差额。在外汇市场上以升水、贴水和平价来表明远期汇率与即期汇率的差额。

汇率的标价方法不同，计算远期汇率的原则也不相同。在直接标价法下，远期外汇汇率等于即期汇率加上升水数字或即期汇率减去贴水数字。如在苏黎世外汇市场，即期汇率为 1 美元 = 0. 9698 瑞士法郎，3 个月美元远期外汇升水 0. 25 生丁，则 3 个月美元远期汇率为 1 美元 = 0. 9698 + 0. 0025 = 0. 9723 瑞士法郎；如 3 个月美元远期外汇贴水 0. 25 生丁，则 3 个月美元远期汇率为 1 美元 = 0. 9698 − 0. 0025 = 0. 9673 瑞士法郎。

在间接标价法下，远期外汇汇率等于即期汇率减去升水数字或即期汇率加上贴水数字。

如在伦敦外汇市场，即期汇率为 1 英镑 = 1.5658 美元，3 个月美元远期外汇升水 0.46 美分，则 3 个月美元远期汇率为 1 英镑 = 1.5658 - 0.0046 = 1.5612 美元；如 3 个月美元远期外汇贴水 0.46 美分，则 3 个月美元远期汇率为 1 英镑 = 1.5658 + 0.0046 = 1.5704 美元。

此外，在银行间远期汇率还有一种标价方法，通过点数来表示。点数表示的是汇率中的小数点后第 4 位数字。无论何种标价法，凡是点数前大后小，即远期汇率等于即期汇率减去点数；凡是点数前小后大，即远期汇率等于即期汇率加上点数。如在伦敦外汇市场，即期汇率为 1 英镑 = 1.5655/1.5660 美元，3 个月远期汇水 20/40，则 3 个月远期汇率为 1 英镑 = 1.5655 + 0.0020/1.5660 + 0.0040 = 1.5675/1.5700 美元；若 3 个月远期汇水 40/20，则 3 个月远期汇率为 1 英镑 = 1.5655 - 0.0040/1.5660 - 0.0020 = 1.5615/1.5640 美元。

决定远期汇率的主要因素是两国同期利率高低的差异，利率高的货币远期贴水，利率低的货币远期升水。例如，在纽约外汇市场上即期汇率 1 美元 = 117.78 日元，假设 3 个月定期美元利率为 8%（年利率），同期日本的日元利率为 3%（年利率）。如果客户要买入 3 个月远期日元，其标准操作方法是：银行首先借入美元并在市场上卖出即期美元，买进即期日元，并把日元存在银行；3 个月后，银行执行与客户的远期合约，把日元卖给客户，买进美元，然后如数还清贷款银行。由于美元利率要高于日元利率，因此银行借入 3 个月美元，换成日元存放 3 个月会损失利息，所以银行付给客户的远期日元数比即期日元少，即远期日元升水。计算公式为

$$升贴水数 = 即期汇率 \times 两种货币的利差 \times 月数/12$$

（三）远期外汇交易的动机

人们从事远期外汇交易的目的是多种多样的，但其主要动机归纳起来无非是套期保值和外汇投机。

> *套期保值是指预计将来某一时间要支付或收入一笔外汇时，买入或卖出同等金额的远期外汇，以避免因汇率波动而造成经济损失的交易行为。*

1. 套期保值（Hedging）。套期保值可分为买入套期保值和卖出套期保值。买入套期保值是指将来有一定债务者，先于外汇市场买入与该负债金额相等、期限相同的远期外汇，以避免因计价货币汇率上升、负债成本增加而造成实际损失的交易行为。卖出套期保值，是指将来有一定债权者，先于外汇市场卖出与该应收外汇资产金额相等、期限相同的远期外汇，以防止因债权的计价货币对本币贬值而蒙受损失的交易行为。不论是买入套期保值还是卖出套期保值，其目的都是用远期头寸抵补将来的现货头寸，将买卖外汇的汇率固定下来，以规避汇率波动对将来的收付款项造成收益或成本方面的影响。

（1）买入套期保值的运用。在国际贸易中，进口商自国外进口商品，根据彼此签订的贸易合约，进口商在未来的某一时日，必须以本币购买外币以支付货款。由于自贸易合约签订到实际货款支付存在一段时间间隔，为避免在这段时间内因汇率的波动造成进口成本增加，进口商应依据对未来汇率的预测而决定是否做远期外汇交易。当进口商预期在未来付款时，若本国货币相对于计价货币升值，进口商当然没有必要做买入套期保值的交易；当进口商预

期在未来付款时，若本国货币相对于计价货币贬值，进口商最好做买入套期保值交易以规避外汇风险。

（2）卖出套期保值的运用。在国际贸易中，出口商向国外进口商报价并接受订单后，便会安排生产，而后出口商品至国外。通常，出口商从发出商品到收到货款存在一段时间间隔。出口商为规避这段时间内因汇率波动而可能造成的非营业性损失，可依据对未来汇率的预测而决定是否做远期外汇交易。若出口商预期在未来收款时，本国货币相对于计价货币升值，出口商最好做卖出套期保值交易，以免因本币升值使一定数量的外币（计价货币）兑换成本币的金额减少，否则可能使所收货款不足以支付其生产成本或减少贸易利润。若出口商预期在未来收款时，本币相对计价货币贬值，出口商可以不做远期交易，因为本币贬值，一定数量的外币兑换成本币的金额会增加，出口商将获得汇兑上的利益。

在现代国际投资活动中，跨国公司经常利用套期保值的方式使风险资产与风险负债保持平衡。

2. 外汇投机（Exchange Speculation）。外汇市场的投机绝不是完全意义上的贬义词，现代外汇投机是外汇交易的重要组成部分，没有适度的投机也不能使外汇市场日交易量达到万亿美元以上。从某种意义上来说，投机活动在引起国际汇率不稳定的同时，也迫使一些国家健全金融市场机制。有的观点认为，20 世纪 70 年代以来的金融工具创新使投机活动加剧，但在 1997 年亚洲金融危机中，国际投机家们并没有利用复杂的金融工具，而是采用最常规的交易——即期交易。这就说明，任何一项交易业务既可用于实际的需要，也可以用于投机。远期外汇交易也是如此。

外汇投机是指外汇市场参与者根据对汇率变动的预测，有意保留（或持有）外汇的空头或多头头寸，希望利用汇率变动牟取利润的行为。

当预测某种货币的汇率将上涨时，即在远期市场买进该种货币，等到合约期满再在即期市场卖出该种货币，这种交易行为称为“买空”。相反，当预测某种货币的汇率将下跌时，即在远期市场卖出该种货币，等到合约期满，再在即期市场买进该种货币，这种交易行为称为“卖空”。买空和卖空交易是利用贱买贵卖的原理牟取远期市场与即期市场的汇差。当然，如果预测失误，会给交易者带来损失。

【例】 东京外汇市场 6 个月期的美元期汇汇价为 1 美元 = 121. 41 日元，某交易者预测 6 个月后美元汇率会上涨，于是按此汇率买进 500 万美元，到交割日即期市场美元汇率果真上涨到 1 美元 = 122. 57 日元，则此客户支付 60 705 万日元，收进 500 万美元，按现汇价卖出 500 万美元，收进 61 285 万日元，赚取利润 580 万日元。如果到交割日，美元不仅没有上涨，反而下跌至 1 美元 = 120. 32 日元，则投机者损失 545 万日元。

三、套汇交易

利用同一货币在不同市场的汇率差异进行的套汇叫地点套汇。利用同一种货币在不同交割期上的汇率差异进行的

套汇交易（Arbitrage）是套汇者利用同一货币在不同外汇中心或不同交割期上出现的汇率差异，为赚取利润而进行的外汇交易。

套汇，叫时间套汇。前面所述的利用远期外汇市场与即期外汇市场的差价进行的买空和卖空都属于时间套汇的范畴。我们现在只讨论地点套汇。地点套汇可分为直接套汇和间接套汇两种方式。

（一） 直接套汇

直接套汇（Direct Arbitrage）是指利用两个外汇市场之间的汇率差异，在某一外汇市场低价买进某种货币，而在另一市场以高价出售的外汇交易方式。

✪【例】 纽约市场和欧洲市场在某一时间内的汇率分别为：

纽约市场：1 美元 =0. 8069/0. 8072 欧元

欧洲市场：1 美元 =0. 8347/0. 8369 欧元

从上述汇率可以看出，纽约的美元比欧洲便宜，套汇者选择在纽约买入美元，同时在欧洲市场卖出美元。具体操作如下：在纽约市场套汇者买进1 美元，支付0. 8072 欧元；同时在欧洲市场卖出1 美元，收进0. 8347 欧元。做1 美元的套汇业务可以赚取0. 0275 欧元。

套汇可促使不同市场汇率差异缩小。在上例中，套汇过程一方面会扩大纽约市场美元（汇率较低）的需求，使其汇率上涨；另一方面会增加欧洲市场美元（汇率较高）的供应，使其汇率下跌。加上先进的通信与支付系统，各市场存在的价格偏差很快会被纠正。这说明当今国际外汇市场上直接套汇的机会很小。尽管如此，由于不同市场的汇率调整存在时滞，精明的套汇者仍可抓住短暂的机会获利。

（二） 间接套汇

间接套汇（Indirect Arbitrage）是指利用三个或三个以上外汇市场之间出现的汇率差异，同时在这些市场贱买贵卖有关货币，从中赚取汇差的一种外汇交易方式。

✪【例】 在某日的同一时间，伦敦、纽约、东京三地外汇市场的现汇行情如下：

伦敦市场：1 英镑 =178. 18/178. 34 日元

东京市场：1 美元 =121. 86/121. 98 日元

纽约市场：1 英镑 =1. 5655/1. 5661 美元

第一步，判断三个市场是否存在套汇的机会，原理是：在其中某一个市场投入1 单位货币，经过中介市场，收入的货币不等于1 单位，说明三个市场汇率存在差异。判断方法为：

为了方便起见，先求出三个市场的中间价格：

伦敦：1 英镑 =178. 26 日元

东京：1 美元 =121. 92 日元

纽约：1 英镑 =1. 5658 美元

将上述三个标价改成同一标价法且基准货币的单位为1，然后相乘。

$$178.26 \times (1/121.92) \times (1/1.5658) = 0.9338 < 1$$

上式表明，如果套汇者在伦敦投入1 英镑换成日元，再经过东京市场将日元换成美元，最后在纽约市场将美元换回英镑，最终将获得0. 9338 英镑，结果不等于1，这表明存在套汇机会。

综上所述，判断多个市场有没有套汇机会可按三个步骤进行：

（1）求出各市场的中间汇率；

（2）将汇率的不同标价方法统一成同一标价法，且基准货币的单位为1；

（3）将各汇率相乘，只要乘积不等于1，就有套汇机会。

第二步，寻找套汇的路线。如前文所述，如果套汇者在伦敦投入1英镑，经过东京市场，最后在纽约市场换回英镑，178.26×（1/121.92）×（1/1.5658）=0.9338<1，表明套汇路线与计算顺序是相反的，正确的套汇路径应该为：纽约—东京—伦敦。

注意：如果判别式计算结果大于1，则说明套汇路线即为计算过程所体现的路径。

假设套汇者动用100万英镑套汇。在纽约按1英镑=1.5655美元换成156.55万美元，在中介市场东京将156.55万美元按1美元=121.86日元换成19 077.18万日元，最后在伦敦按1英镑=178.34日元换回106.97万英镑，套汇利润为6.97万英镑。

四、套利交易

套利活动将外汇市场与货币市场紧密联系在一起。根据是否对套利交易进行保值，套利可划分为抵补套利和非抵补套利。

套利交易（Interest Arbitrage）是指利用两个国家货币市场出现的利率差异，将资金从一个货币市场转移到另一个货币市场，以赚取利润的交易活动。

（一）抵补套利

【例】 假设英国货币市场上3个月期借款利率为8%，美国货币市场3个月期存款年率为12%。在这种情况下，英国的套利者可在英国以8%的年利借入英镑，在即期市场兑换成美元，然后投放到美国货币市场，这样套利者可获得4%的年利差。套利者担心3个月套利完成后，将美元换回英镑时，美元汇率下跌，会减少套利利润或出现亏损。于是套利者在将英镑兑换成美元现汇时，卖出3个月的美元期汇，规避汇率风险，确保利差收益。

抵补套利又称抛补套利（Covered Interest Arbitrage），是指在现汇市场买进一国货币向外投资的同时，在期汇市场出售与投资期限相同、金额相当的该国货币的远期，借以规避风险的套利活动。

假如市场行情如下：

伦敦外汇市场	英镑/美元
spot	1.5655/1.5660
forward/3 month	10/20

伦敦货币市场英镑3个月期年利率为8%

纽约货币市场美元3个月期年利率为12%

套利者作抵补套利的过程如下：

（1）在伦敦货币市场借入100万英镑，借款期为3个月。

到期应还本息=100×［1+8%×（3/12）］=102万英镑。

（2）将100万英镑按1英镑=1.5655美元兑换成美元156.55万，同时将投资本利和156.55×［1+12%×（3/12）］=161.25万美元，按远期汇率1英镑=（1.5660+

0.0020）=1.5680 美元卖出。

这一交易过程称为抵补套利。

（3）3 个月以后，套利者的获利为

161.25/1.5680 - 102 =0.84 万英镑

从以上运算可以看出，套利者做了抵补套利之后，就不必担心汇率的波动对利差的影响，确保套利者获得两货币市场之利率差。

（二） 非抵补套利

非抵补套利又称非抛补套利（Uncovered Interest Arbitrage），是指没有采取保值措施的套利交易。这种套利由于没有将兑换价格锁定，投资期满后，套利资金收回时，外汇市场汇率变化有两种情况：第一种情况是，汇率向套利者有利的方向发展。在上例中，3 个月后，套利者在美国市场应收回本息 161.25 万美元，如果此时即期市场美元的汇率比 3 个月前上涨了，则套利者不仅可得到两货币之利率差，还可得到汇率上的好处；第二种情况是，3 个月后当套利者收回套利本息时，即期市场美元汇率下跌，且低于 1 英镑 =1.5655 美元，则套利者的利润比做抵补套利减少，如果即期汇率跌至 1 英镑 =1.5809 美元（即 161.25/102 =1.5809）以下时，套利利润不仅被美元汇率下跌抵消，而且还出现套利亏损。因此，非抵补套利具有极强的投机性。

五、择期外汇交易

与远期外汇交易相比，远期外汇交易只有在合约到期时才能交割，既不能提前，也不能推后，择期外汇交易在合约的有效期内的任何一天均可以要求交割，更具灵活性。

择期外汇交易（Optional Forward Exchange）是远期外汇的购买者（或出卖者）在合约的有效期内任何一天，有权要求银行实行交割的一种外汇交易。

（一） 择期交易的报价原则

在择期交易中，询价方有权选择交割日，由于报价银行必须承担汇率波动风险及资金调度的成本，故报价银行必须报出对自己有利的价格，即报价银行在买入基准货币时，报出较低的汇率；在卖出基准货币时，报出较高的汇率。报价银行对于择期交易的远期汇率报价遵循以下原则：

1. 报价银行买入基准货币，若基准货币升水，按选择期内第一天的汇率报价；若基准货币贴水，则按选择期内最后一天的汇率报价。

2. 报价银行卖出基准货币，若基准货币升水，按选择期内最后一天的汇率报价；若基准货币贴水，则按选择期内第一天的汇率报价。

✪【例】 欧洲外汇市场　某日　　欧元/美元

即期汇率	1.3900/1.3950
远期 2 个月	52/56
远期 3 个月	120/126

客户根据业务需要：

（1）买入欧元，择期从即期到3个月；

（2）卖出欧元，择期从2个月到3个月。

根据报价银行定价原则，汇率确定如下：

（1）择期从即期到3个月，客户买入欧元，即报价银行卖出欧元，汇率为1欧元 =（1.3950 + 0.0126）美元 = 1.4076美元。

（2）择期从2个月到3个月，客户卖出欧元，即报价银行买入欧元，汇率为1欧元 =（1.3900 + 0.0052）美元 = 1.3952美元。

从上例可以看出，择期交割的时间选择权在询价方，报价方为了补偿资金调度和价格变动风险，要报出对自己有利的汇率；询价方得到选择交割日的权利是以放弃价格上的好处为代价的，所以询价方应根据业务需要确定合理的选择交割日期，应尽可能地缩短择期的天数，以减少择期成本。

（二）择期交易的作用

在对外贸易中，如果进出口商不能确定收付外汇货款的具体日期，而只能估计在某一特定日期的前后，进出口商为防范汇率风险，就不能与银行签订买卖某种外汇的远期外汇合约，因为远期合约确定的交割日既不能提前也不能推后，签订择期合约就可避免远期外汇合约交割期固定的约束。

六、掉期交易

掉期交易（Swap Transaction）是指将币种相同，但交易方向相反、交割日不同的两笔或两笔以上的外汇交易结合起来进行的交易。

简言之，就是今天以A货币兑换成B货币，在未来某一特定时间，再以B货币换回A货币的交易。掉期交易的主要目的是轧平各货币因到期日不同所造成的资金缺口，对于某一货币而言，买入与卖出的金额是相同的，并不改变外汇的净头寸，但可规避汇率风险。例如，抵补套利时，套利者按即期汇率将英镑换成美元，同时按远期汇率将美元换回英镑，使两种货币的净头寸等于零，达到避免汇率风险的目的。因此，掉期交易的主要功能是保值，适用于有返回性的外汇交易。例如，在国际金融市场借款或投资都属于有返回性的外汇交易，通过掉期交易可避免因汇率变动导致的借款成本增加或投资收益减少。

（一）掉期交易的基本形式

掉期交易按交割日期的不同，可划分为三种类型。

1. 即期对远期的掉期交易。这种掉期交易是最常见的形态，即指买进（或卖出）一种货币现汇时，卖出（或买进）该种货币的期汇，是做抵补套利时使用的类型。这种形态可分为买入即期外汇/卖出远期外汇，卖出即期外汇/买入远期外汇。

在国际外汇市场，常见的即期对远期的掉期交易有：

（1）Spot——Next：即在即期交割日买进（或卖出），至下一个营业日做相反交易。简记为S/N。例如，在星期三同时做两个合约：一个是即期合约，买入100万美元（星期五交割）；另一个是远期合约，卖出100万美元（下星期一交割）。这种掉期一般用于外汇银行间的资金调度。

（2）Spot——Week：即在即期交割日买进（或卖出），过一星期后做相反交割。简记为S/W。例如星期三做两个合约：一个是星期五交割的即期买入美元合约，另一个是下星期五交割的卖出美元合约。

（3）Spot——n month（$n=1，2，3，\cdots，12$），即在即期交割日买进（或卖出），过几个月后做相反交割。

2. 即期对即期的掉期交易。我们知道即期交易的标准交割日之前有交易日和第一营业日，在外汇交割中，有的交易者要求将交割日提前，例如，客户要求在交易日的当日交割或次日交割。此类型的掉期交易常见的有：

（1）Over——Night（O/N），即在交易日做一笔当日交割的买入（或卖出）交易，同时做一笔第一个营业日交割的卖出（或买入）的交易。

（2）Tom——Next（T/N），在交易日后的第一个营业日做买入（或卖出）交割，第二个营业日做相反的交割。

3. 远期对远期的掉期交易。所谓远期对远期的掉期交易，是指在即期交割日后某一较近日期做买入（或卖出）交割，在另一较远的日期做相反交割的外汇交易。这类交易可以理解为两笔即期对远期的掉期交易。

（二）掉期成本

掉期交易作为资金调度的工具，或作为套期保值的手段，交易者在交易过程中将承受损益，即掉期成本。在抵补套利的实例中，当远期英镑升水时，套利者买入远期英镑（或卖出远期美元）所支出的美元增加（或所收进的英镑减少）。美元支出额的增加（或英镑收进额的减少）就是套利者保值的成本，也就是掉期成本，站在银行的角度，则是汇率差的收益。

为了同利率比较，需要计算掉期成本年利率：

$$\text{掉期成本年利率}=\frac{\text{升贴水数}}{\text{即期汇率}}\times\frac{12}{\text{远期月数}}\times 100\%$$

在套利时，如果掉期成本年利率大于或等于两货币市场的利率差，说明抵补套利者的保值成本太高，无利可图；如果掉期成本年利率小于两货币市场之利率差，说明利差没有完全被掉期成本抵消，尚有套利利润。

在国际金融市场融资时，常用以上公式判断筹资方式的成本高低。

第三节　金融衍生工具交易

20 世纪 70 年代伴随布雷顿森林体系的崩溃和石油危机，资本主义世界出现了严重的通货膨胀、经济衰退，主要资本主义国家的汇率波动频繁，利率上升。在这种动荡不定的环境下，银行和其他金融机构为在竞争中保持不败之势，进行了很多金融创新。

一、金融衍生工具市场产生的背景

金融衍生工具是指以原生金融工具为基础而新创造出来的虚拟金融工具。20 世纪 80 年代以来，西方国家的政府纷纷放松金融管制，出现了金融体系自由化的趋势，再加上近些年来计算机和电信技术的发展，金融衍生工具市场迅速发展起来。

（一） 金融体系国际化

国际经济环境的变化。20 世纪 70 年代两次石油价格上涨，使石油输出国的国际收支出现了巨额顺差，其中上千亿美元流入欧洲货币市场，这些石油美元由欧洲货币市场贷出，很多又回流到非石油输出国，这在某种程度上孕育了国际金融市场全球一体化的趋势。20 世纪 70 年代末 80 年代初，西方国家放松外汇管制及取消资本流动的限制推动了金融市场的一体化和国际化的进程。

（二） 国际融资证券化

国际融资证券化是指在国际金融市场上筹资手段的证券化和贷款债权的证券化。筹资手段的证券化是指 20 世纪 80 年代以来，国际金融市场上的筹资格局发生了重大变化，人们改变了长期以来主要依靠金融中介间接筹措资金的方式，转而利用债券市场和股票市场直接融资。在 20 世纪 70 年代，尽管国际债券市场有了较大的发展，但是国际资本市场仍以银行贷款为主。到 20 世纪 80 年代以后情况发生了变化，国际证券的筹资比重不断上升，到 1986 年，国际资本市场的债券发行额已远远超过银行贷款额。

贷款债权证券化是指金融机构以贷款债权作担保发行证券，即以证券交易方法转让贷款债权，从而实现贷款债权的流动化，加速资金的周转。引发国际融资证券化的原因很大一部分来自国际债务危机的影响。1982 年在拉美爆发的世界性债务危机，使一些发达国家银行出现了巨额呆账，这不仅削弱了这些银行进一步发行新的国际贷款的能力，而且也严重影响了它们的信誉。一些信誉卓著的公司转向证券市场，通过发行证券筹资，而许多银行也在市场上出售债权。

（三） 放松金融管制

金融业历来是受政府管制较严的一个部门，金融管制可分为对内管制和对外管制。对内管制主要是限制金融机构的业务经营范围及存贷款利率。对外管制主要是限制外国金融机构进入本国金融业及金融市场，限制外国银行在本国经营业务的范围及对外汇流出入的管制。随着经济的发展，有些金融管制在一定程度上影响了金融业的正常运行机制，阻碍了金融业的发展，而有些金融管制由于受到金融创新的冲击，约束力已大大降低。因此，从 20 世纪 70 年代末起，西方国家开始放松金融管制，形成了一股声势浩大的金融管制自由化浪潮。放松金融管制主要包括以下几方面的内容：

1. 取消外汇管制。英国和瑞士在 20 世纪 70 年代末取消了限制资本流出的外汇管制。1980 年日本修改了新的外汇管理法，1984 年允许日元国际化。1986 年法国和意大利也基本取消了外汇管制。

2. 取消利率限制。美国国会 1980 年通过了《对存款机构放松管制与货币控制法》，规定将逐步取消Q条例关于存款利率上限的规定。此外，加拿大、联邦德国、意大利、英国等国也相继取消了对银行存款利率的限制。

3. 放宽对各类金融机构在业务经营范围上的限制，允许不同金融业务适当交叉。如美国传统上商业银行和其他储蓄机构业务区分明确，1980年《对存款机构放松管制与货币控制法》出台后，美国的商业银行和非银行金融机构业务交叉，界限已趋于模糊。

4. 放宽外国金融机构进入本国市场的限制。如英国于1986年《金融服务法》"大震"后，允许外国证券公司进入英国；日本也允许部分外国证券公司进入其股票交易所。此外，美国建立了国际银行便利，日本建立了离岸金融市场。

5. 实际利率的提高。由于恶性通货膨胀，20世纪70年代很多国家的实际利率为负值，即名义利率低于通货膨胀率，因而债券对投资人的吸引力不大。20世纪80年代后期，西方国家的通货膨胀率普遍下降，名义利率超过通货膨胀率，实际利息收益得以恢复正值，从而也使投资者恢复了对长期债券的信心和兴趣。

二、金融创新与衍生工具

（一）金融创新的背景

20世纪70年代以来西方国家相继出现了滞胀，而占据西方经济学正统地位的凯恩斯学派对此难以解释，这一时期，包括货币学派在内的一些新自由主义思潮开始盛行。它们的理论核心就是反对国家干预，主张通过市场机制调节经济，从而为各国放松金融管制奠定了理论基础。金融管制放松了，金融市场汇率、利率变动频繁，防范投资风险或借贷风险的金融衍生工具应运而生。金融衍生工具由金融原生工具的基础上衍生出来，人们称之为金融创新。金融创新包括金融工具的创新、金融市场的创新、金融服务的创新等。这些新的金融工具在防范投资风险或借贷风险方面有明显的作用，不少新的工具已经突破了传统上对金融机构在业务范围、利率方面的管制。各种金融期货、期权、货币互换等新的金融工具相继出现。金融创新提供了更为广泛的资金筹措渠道，同时降低了融资成本。

金融衍生工具的创造与发展称为金融工具的创新。美国的金融业相当发达但受政府管制较严，因而美国的金融机构创造出很多金融衍生工具以规避管制，包括各种金融期货、期权、货币互换等，后又在其他国家广为流传。世界各地还出现了若干新兴的金融市场，如芝加哥国际货币市场、新加坡国际货币交易中心，伦敦国际金融期货交易所、法国国际金融期货交易所等，从事金融衍生工具交易。电子计算机的发展使金融资料处理和传送出现了革命性的变化，从而产生了终端服务，销售点系统，家庭银行业务及自动清算所等，这一切都便利了客户并使金融创新活动更加深入到百姓之中。

（二）金融创新的主要原因

1. 规避管制。逃避金融管制是金融工具不断创新的一个推动力。西方很多创新工具都是由美国金融机构创造的，其原因是美国金融业受政府管制较严。因此可以说，金融管制愈严，金融创新的推动力就愈大，金融工具创新也愈活跃。

2. 技术革新。随着信息技术革命的开展并在经济领域中运用，金融全球化得到进一步发展。科学技术，特别是电子计算机的不断进步与广泛运用，使得金融业有可能向客户提供各种质优价廉的金融工具与金融服务。1990年芝加哥金属交易所和路透社控股公司联合开办了全球交易体系，全球交易体系是利用一个大型电子计算机在全世界建立高能和相互作用的网络。它把全球计算机终端联结起来，使加入该系统的全员能在全球进行期货、期权交易。全球交易体系可以说是当今科学技术在金融界运用的结果。

3. 减少风险。如前所述，20世纪70年代以来，西方国家通货膨胀的加剧及浮动汇率制的实施，使企业及个人面临巨大的利率风险和汇率风险，金融期货、期权及互换业务等新型的金融衍生工具的产生都是为了满足客户减少利率与汇率风险，以达到保值或盈利的要求。在各种创新的金融工具中，为减少利率与汇率风险而创新的工具占有相当大的比重。

三、主要金融衍生工具交易

金融衍生工具的创造与发展称为金融工具的创新。金融衍生工具市场上的交易工具具有多种形式，分别介绍如下。

（一）期货市场和期货交易规则

期货交易实质上是一种标准化的远期交易。

1. 期货市场的历史。期货市场可以追溯到中世纪，最初的发展是为了便利农民和商人的需要。农民不知道未来粮食价格如何，面临的风险显然很大。商人要购买粮食，也要面临很大的风险。他们可以商定一份期货合约，将未来粮食价格确定下来。

世界上比较重要的交易所有芝加哥期货交易所（CBOT）、芝加哥商品交易所（CME）、国际货币市场（IMM）、伦敦国际金融期货交易所（LIFFE）、瑞士期权与金融期货交易所（SOFFEX）、东京国际金融期货交易所（TIFFE）、新加坡国际货币交易所（SIMEX）、悉尼期货交易所（SFE）等。

世界各地交易所交易的期货合约大多可以分成商品期货合约（其合约交易标的物为商品）或金融期货合约（其合约交易标的物为金融工具，如长期政府债券或短期股票组合）两大类。期货市场是最成功的金融创新之一。通常有以下一些金融期货：在债券工具基础上的利率期货、在外汇汇率基础上的外汇期货，以及在股票市场平均指数基础上的股票指数期货。

期货交易的主要目的是为了避免外汇风险而进行套期保值。期货交易的套期保值是在现货市场某一笔交易的基础上，在期货市场上做一笔买卖方向相反、期限相同的交易，以期保值。它之所以能够起保值的作用，原理是：在正常的国际金融运行情况下，由于期货价格与远期外汇价格都是以利率差价为基础的，两者价格的趋势是一致的，波动幅度也是大致接近的，所以必然形成这一结局，即如果现货市场交易发生亏损，期货市场交易就会有盈利；反之，如果现货交易有盈，期货交易即亏，两者可以冲抵，这样可以固定成本或收益。

2. 期货交易规则。

（1）标准化合约。期货市场上交易的是标准化合约，即每份合约中的标的物数量是相等的，这样使得交易十分便利。例如，国际货币市场（IMM）上各种主要货币期货的合约标准为6.25万英镑、12.5万欧元、12.5万瑞士法郎、1 250万日元、10万加拿大元、10万澳大利亚元，交易数量是以多少份合约来计算的，美元则作为标价或者买卖期货的货币。

（2）保证金制度。保证金制度是指按期货交易所规定，期货交易的参与者在进行期货交易时必须存入一定数额的履约保证金，并在交易所内开立保证金账户。履约保证金的额度由提供合约进行交易的交易所制定，通常保证金要求随头寸情况不同而不同，一般为合约价值的5%到13%。保证金的比例随交易标的物的价格波动幅度而调节，价格波动幅度大，则保证金要求的比例相对较高，价格波动幅度小，则保证金要求的比例相对较低。

（3）盯市和保证金操作。盯市是指清算所每日对客户的保证金账户进行清算。如果交易产生收益，客户的保证金额度将有所增加，盈余部分可以提出；如果发生亏损，且亏损额超过初始保证金的三分之一，则必须追加保证金；不能按期追加保证金者，会被强迫平仓而退出。

（4）价格波幅限制。每日价格最大波动幅度限制，也称“每日停板额限制”，指的是某一交易商品每日的最大价格波动幅度是有限制的，交易者不得在确定的停板价格之外进行交易。

（5）交易数量限制。交易数量限制也称交易头寸限制，是指交易者在某一期货市场上最多可持有的期货合约数量是有限制的。

（6）公开市场原则。公开市场原则，就是为了保证期货交易的公平进行和确保期货市场是一个公平竞争的市场。凡在交易所内进行的期货交易都必须通过公正、平等、竞争的方式进行。大多数交易所都是以“公开喊价”制度来实现公开市场原则的。

3. 外汇期货与远期外汇交易的区别。外汇期货与远期外汇交易有很多方面的不同：

（1）外汇期货交易具有标准化的合约规模；而远期外汇交易的金额没有严格的规定，由交易者之间根据需要而定。

（2）定价机制不同。外汇期货交易是由场内经纪人或场内交易商在公开叫价、竞争方式下进行的；而远期外汇交易则是交易者通过电报、电传、电话等电信网络进行，以场外交易为主。

（3）保证金和手续费交纳与否。外汇期货合约的买卖双方需交纳一定金额的保证金，而且需向中介机构交纳一定手续费；远期外汇交易一般是交易双方凭信用交易，无须存入保证金和交纳手续费。

（4）清算方式不同。外汇期货与一般商品期货一样，实行每日清算，获利的部分（超过预交保证金部分）可提取，亏损时从保证金中扣除，并要及时追加保证金，在当日营业终结时以现金结算；远期外汇交易的盈亏由双方在约定的结算日结算。

（5）交割方式不同。外汇期货合约实际交割率很低（一般只有2%～3%），绝大多数合约通过对冲方式来了结；而远期外汇合约一般要按双方约定的汇率实行实际交割。

专栏 5-4

表 5-1 芝加哥期货交易所外汇期货合约主要内容

期货合约类型	欧元	英镑	日元	加拿大元	瑞士法郎	澳大利亚元
通用代码	EUR	GBP	JPY	CAD	SFR	AUD
交易单位	12.5 万	6.25 万	12 540 万	10 万	12.5 万	10 万
报价货币	美元	美元	美元	美元	美元	美元
最小变动单位	0.0001（1 点）	0.0002（2 点）	0.000001（1 点）	0.0001（1 点）	0.0001（1 点）	0.0001（1 点）
最小变动值	12.5 美元	12.5 美元	12.5 美元	10.0 美元	12.5 美元	10.0 美元
涨跌限制	200 点	400 点	150 点	100 点	150 点	150 点
初始保证金	5 184 美元	2 916 美元	7 290 美元	2 916 美元	4 050 美元	3 402 美元
维持保证金	4 320 美元	2 430 美元	6 075 美元	2 430 美元	3 375 美元	2 835 美元
交割月份	3 月、6 月、9 月、12 月					
交割方式	实物交割					
交割时间	芝加哥时间上午 7:20—9:20					
最后交易日	交割日期第二个营业日的上午 9:16（通常为星期一）					
交割日	交割月的第二个星期三					
交割地	清算所指定的各货币发行国银行					

资料来源：编者根据芝加哥期货交易所网站资料整理而得。

（二）期权市场和期权交易

1. 期权市场与期权交易所。在欧洲和美国的首次看涨与看跌期权交易发生于 18 世纪。1973 年 4 月，芝加哥期货交易所建立了一个新交易所——芝加哥期权交易所，特别为交易股票期权。从那以后，期权市场受到越来越多的投资者青睐。美国股票交易所和费城股票交易所于 1975 年开始从事期权交易，太平洋股票交易所于 1976 年开始从事期权交易。20 世纪 80 年代初，期权交易量迅速增长，每日期权合约售出的股票份额超过纽约交易所每日股票交易量。

期权又称选择权，是指赋予其购买者在规定的期限内按双方约定的价格（简称协议价格或执行价格）购买或出售一定数量的某种金融资产（称为潜含金融资产或标的资产）的权利的合约。

20 世纪 80 年代，美国外汇期权、期货合约期权发展。费城股票交易所交易外汇期权，芝加哥期权交易所交易标准普尔 100（S&P100）和标准普尔 500（S&P500）股票期权，美国股票交易所交易主要市场股票指数（MMSI）期权，纽约股票交易所交易纽约股票交易所指数（NYSE Index）期权。这时，大多数提供期货合约的交易所都提供这些期货的期权交易，如芝加哥交易所提供玉米期货期权，芝加哥商品交易所提供牲畜期货期权等，现在世界各地都有期权市场。根据美国期货业协会（FIA）对全球 62 家衍生品交易所的最新统计，2018 年全球期货与期权合约共计成交 302.8 亿份，同比增长 20.2%。其中，期货合约共成交 171.5 亿份，同比增长 17.15%；期权合约共成交 131.3 亿份，同比增长 26.8%。众多的投资机构与投资者不仅把期权看做投机的一种交易方式，更将这种金融衍生产品看做一种止损和对冲的工具。

2. 期权的基本形式。期权是双方签订的合约，合约中的买方有权利买进或卖出某种标的资产，而卖方必须根据买方的要求来履行义务。

（1）买权与卖权。买权赋予购买者购买某种标的资产的权利（但不承担义务），而卖权赋予购买者出售某种标的资产的权利（但不承担义务）。期权合约的出售者则需承担绝对的义务。期权购买者为获得选择权利，必须支付给期权出售者一定的费用。就买权和卖权而言，预先支付的一笔期权价格称为期权费。买权又称看涨期权，卖权又称看跌期权。

（2）期权的买方与卖方。在期权市场上有四种类型参与者：看涨期权买方、看涨期权卖方、看跌期权买方、看跌期权卖方。期权的购买者也称期权持有者（Holder），期权的出售者也称为期权发行者，有时也称为写契人（Writer）。买方愿意拥有多头时，卖方愿意拥有空头，即看涨期权的持有人具有在未来某时以执行价格购买该资产或放弃购买该资产的选择权利，而写契人却必须按持有人的意愿执行合约，以执行价格出售该合约的资产。看跌期权具有类似的定义，所不同的是期权购买者具有出售或放弃标的资产权利，如果期权持有者打算履行这个权利，出售的价格就是期权的敲定价格或执行价格，而写契人此时必须以执行价格购买该合约的资产。签署期货合约并不需要支付全部成本，但是两位期权合约的投资者必须为购买期权合约而事先支付一定费用，即期权购买者为持有期权所赋予的权利一次性地付给期权出售者一笔款项——期权费，而卖方需交纳一定额度的准备金给交易所。

（3）欧式期权与美式期权。期权购买的权利只适用于某段特定的时间，称为有效期。期权权利失效的准确日期称为到期日。买权和卖权可以是欧式期权或美式期权。欧式期权只能在期权到期日执行；而美式期权能够在从期权起始日至到期日之间的任何时间执行。在以上两种情况下，如果没有执行的话，期权失效，也就没有价值了。为了完全确定一个期权，期权合约在签订时必须指定几个要素，无论是买权还是卖权，都包括标的资产、期权的协议价格、期权的有效期。如果期权在多个交易所内交易的话，还需指定期权交易的交易所。

（4）场外交易市场。货币期权从 1982 年 2 月开始在美国费城股票交易所进行交易，在此之前已存在场外交易。直至今日，场外交易仍是货币期权的主要场所。场外的期权交易发展十分迅速，因为交易所交易期权为标准合约，灵活性很差，而大多数写契人更愿意根据银行或其他金融机构的不同要求，设计具有不同交易额、到期日或其他不同特征的期权合约，而场外交易期权合约的可调整特征有助于克服信用风险集中于写契人的缺点。20 世纪 80 年代和 90 年代，期权场外交易市场有很大发展。场外交易期权的特点是通过电话达成协议而不是在交易所场内进行交易。交易的一方通常是一个投资银行，它持有各种期权组合进行套期保值，另一方是投资银行的客户，如基金管理人或大公司的财务主管。

3. 期权状态。期权可以处于下述三种状态：实值状态（In - the - money）、两平状态

(At－the－money) 或虚值状态 (Out of the－money)。处于哪一种状态，取决于标的资产的执行期市场价格和协议价格之间的关系。

通常期权买方预期某种标的资产的价格将上涨，则会买入该种标的资产的买权，以期未来当该种标的资产的价格果真上涨，且超过协议价格时，以较低协议价格买入该标的资产；但如果期权买方预期某种标的资产的价格将下跌，则会买入该种标的资产的卖权，以期未来当该种标的资产的价格果真下跌，且低于协议价格时，以较高协议价格卖出该标的资产而获利。

对于买权，即看涨期权，如果标的资产的执行期市场价格超过期权的协议价格，或者说市场价格确实上涨并超过协议价格，该期权就处于实值状态，买方将执行合同，以获得的收益与期权费成本计算盈亏。如果标的资产的执行期市场价格等于期权的协议价格，该期权就处于两平状态，买方无论执行合同与否，都将损失期权费。最后，如果标的资产的执行期市场价格低于期权的协议价格，该期权就处于虚值状态，买方将放弃合同，只损失期权费。对于卖权，实值、两平和虚值状态和价格之间的关系正好相反（见表5－2）。

表5－2 期权的价值状态

关系	买权	卖权
A >S	实值	虚值
A＝S	两平	两平
A <S	虚值	实值

注：A＝标的资产的执行期市场价格；S＝期权的协议价格。

利用期权交易来对期货交易保值，风险损失可限制在期权费的范围内，同时，交易商还可得到价格变动的额外好处，这是期货市场所不具备的。

4. 期权盈亏示例。期权的买方在执行日根据市场价格与协议价格的差别来决定是否执行期权。例如，某投资者（买方）购买一份欧元看涨期权，合约标的资产为125 000欧元，每欧元的协议价格为1.00美元，每欧元的期权费为1美分，即0.01美元。到执行日，欧元可能出现不同的市场价格，在不同市场价格下，该投资者将采取不同的方法。如图5－1所示，如果市场价格为1.00美元，即两平状态，则买方执行期权或者放弃期权所产生的盈亏是相等的，均损失期权费1 250美元（0.01×125 000＝1 250）；从该点向左，欧元的市场价格均低于协议价格，处于虚值状态，买方显然会选择放弃期权，损失期权费1 250美元；从两平状态点向右，在1.01美元点，买方会选择执行期权，每欧元盈利1美分，正好与期权费相抵消，净收益为0；市场价格越高，投资者盈利也越高。因此，在两平状态点右边，买方一定会选择执行期权合约，用其盈利减去期权费来计算净收益。图5－2为看跌期权买卖双方盈亏示意图。

由图5－1和图5－2也可以看出，期权买方的损失是有限的，而盈利是相对无限的；期权的卖方则相反，收益是有限的，损失是相对无限的。

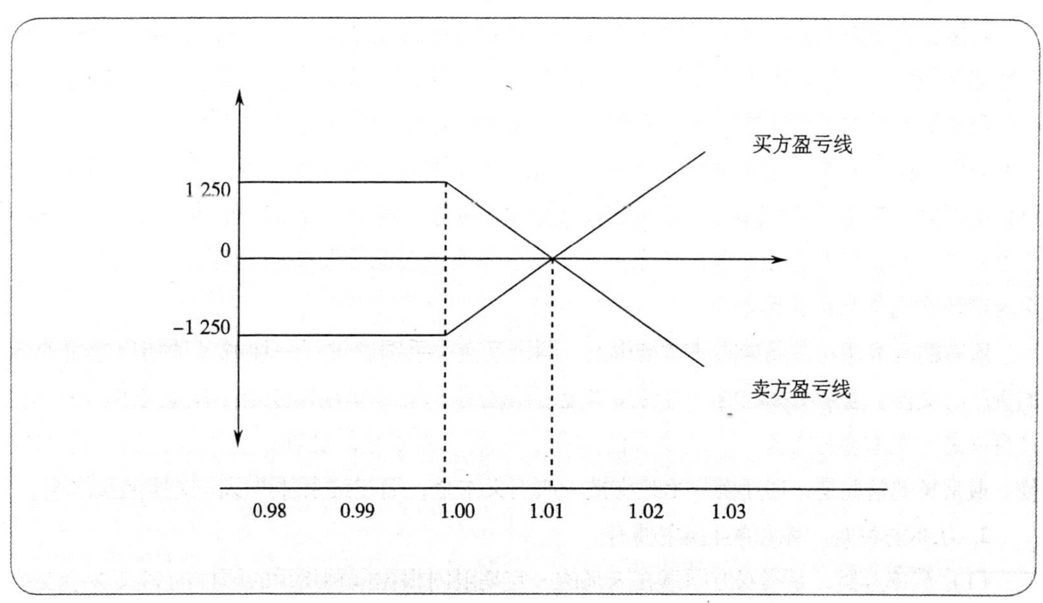

图 5－1　看涨期权买卖双方盈亏示意图

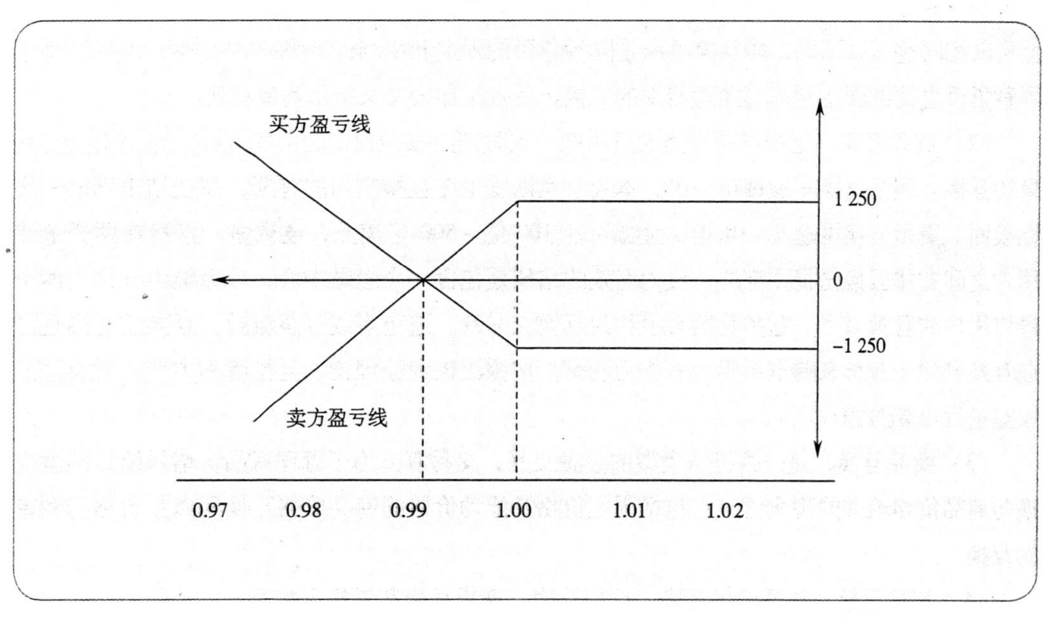

图 5－2　看跌期权买卖双方盈亏示意图

（三）互换交易

1. 互换概述。互换交易是指交易双方签订一份互换协议，同意在约定时间内相互进行一系列的定期支付。第一次货币互换于 1979 年出现在伦敦。在随后的两年中，互换市场的规模小，发展情况不明朗。1981 年所罗门兄弟公司促成了世界银行和 IBM 公司的一项货币互换，被看做是互换市场发展的里程碑。

互换交易是指对相同货币的债务和不同货币的债务通过金融中介进行互换的一种行为。互换交易是继20世纪70年代初出现金融期货后又一典型的金融市场创新业务。目前互换交易已经从量向质的方面发展，甚至还形成了互换同业交易市场。在这个市场上，互换交易的一方当事人提出一定的互换条件，另一方就能立即以相应的条件承接下来。利用互换交易，可依据不同时期的不同利率、外汇或资本市场的限制动向筹措到理想的资金。因此，从某个角度来说，互换市场是最佳筹资市场。互换交易不但为金融市场增添了新的保值工具，也为金融市场的运作开辟了新境地。

所有的互换建立在同样的基本结构上。两个互换对手同意进行一种或多种指定数量的标的资产的交换。互换中标的资产为名义本金，以区别于现货市场中的实际本金交换。一个互换可以是一次本金的交换、两次本金的交换、一系列次本金的交换，也可以没有本金的交换。最常见的情况是，在互换开始时交换一次名义本金，而在结束时再反向交换名义本金。

2. 互换的种类。常见的互换主要有：

（1）利率互换，是指双方同意在未来的一定期限内根据同种货币的同样的名义本金交换现金流，其中一方的现金流根据浮动利率计算出来，而另一方的现金流根据固定利率计算。现实中，利率互换重要的是交换利息，本金可以交换，也可以不交换。互换中交换的名义本金可以相同也可以不同，即互换可以是同种货币的固定利率与浮动利率的交换，也可以是不同种货币之间的固定利率与浮动利率的交换，后者又称为交叉货币利率交换。

（2）货币互换，是指不同种类的货币在一定时期内按照预定的汇率互换。包括本金与利息的互换。利息互换一般每年一次，本金互换则发生在互换交易的首期，并在结束期前一次性换回。货币互换可达5～10年，金额可达100亿～500亿美元，或更多。直接在两个最终用户之间安排互换是很困难的，更为有效的结构是包含一个金融中介，该金融中介作为两个最终用户的互换对手。这种互换对手称为互换交易商、造市者或互惠银行。互换交易商通过在互换息票上加价来赚取买卖价差作为利润。按照比较利益理论，互换者和中介人对有限的收益进行重新分割。

（3）商品互换，是一种特殊类型的金融交易，交易双方为了管理商品价格风险，同意交换与商品价格有关的现金流。它包括固定价格及浮动价格的商品价格互换和商品价格与利率的互换。

（4）其他互换，包括股权互换、信用互换、期货互换和期权互换等。

本章小结

1. 世界主要外汇交易中心有伦敦、纽约、东京等。为了满足外汇交易者的需要，各金融中心的通信与信息系统越来越灵敏。

2. 外汇交易是国际金融市场的主要业务，外汇交易的主要方式有即期交易、远期交易、套汇交易、套利交易、掉期交易等。

3. 金融衍生工具市场随着金融创新而日益活跃。远期、期货、期权和互换交易被越来越多的人用来防范风险或进行投机。

本章主要概念

外汇交易　即期交易　远期交易　套汇交易　直接套汇　间接套汇
套利交易　抵补套利　非抵补套利　掉期交易　择期交易　金融衍生工具
期货　期权　互换

本章复习参考书

[1] 邢孝寒. 外汇交易精解［M］. 北京：中国宇航出版社，2018.
[2] 兰容英，倪信琦. 外汇交易实务（第3版）［M］. 厦门：厦门大学出版社，2019.

本章复习思考题

一、填空题

1. 在直接标价法下，升水时，远期外汇汇率等于即期汇率________；贴水时，远期外汇汇率等于即期汇率________。

2. 决定远期汇率的主要因素是________。

3. 不进行外汇风险防范的套利交易称为________。

二、判断题

1. 升水表示远期外汇比即期外汇贱，贴水表示远期外汇比即期外汇贵。（　）

2. 一般而言，利率低的货币远期汇率会贴水。（　）

3. 商业银行在买卖外汇时，如果卖出多于买入为多头，如果买入多于卖出为空头。（　）

4. 在择期外汇交易中，报价银行买入基准货币时，若基准货币升水，应按选择期内第一天的汇率报价。（　）

三、单项选择题

1. 利用不同外汇市场间的汇率差价赚取利润的交易是（　）。

A. 套利交易　B. 择期交易　C. 掉期交易　D. 套汇交易

2. 目前世界上最大的外汇交易市场是（　）。

A. 纽约　B. 东京　C. 伦敦　D. 香港

3. 伦敦外汇市场上，即期汇率为1英镑=1.5651美元，3个月外汇远期贴水0.51美分，则3个月远期英镑/美元=（　　）。

A. 2.0751　　B. 1.0551　　C. 1.5702　　D. 1.56

4. 期权市场上，期权买方买入看涨期权，其中不可预测的因素有（　　）。

A. 期权费　　B. 最大亏损额　　C. 最大收益额　　D. 期权合同量

5. 在金融交易中，买卖双方的权利与义务不对等的交易有（　　）。

A. 掉期交易　　B. 套利交易　　C. 期货交易　　D. 期权交易

6. 多种形式的金融衍生工具不包括（　　）。

A. 利率互换　　B. 利率期货　　C. 外汇掉期　　D. 股票指数期权

四、简答题

1. 简述远期汇率、即期汇率与利率之间的关系。

2. 何谓"抵补套利"？何谓"非抵补套利"？具体如何运用？

3. 金融衍生工具市场的发展背景如何？

4. 金融衍生工具市场上的主要工具有哪些？

五、计算题

1. 已知：美元/日元=117.78；美元/加拿大元=1.1234。

求：加拿大元/日元=？

2. 已知：美元/瑞士法郎=0.9698；澳大利亚元/美元=0.8670。

求：瑞士法郎/澳大利亚元=？

3. 已知：美元/日元=117.70/117.81；美元/港元=7.7561/72；英镑/美元=1.5653/56。

求：日元/港元=？英镑/港元=？

4. 已知美元对瑞士法郎的即期汇率为0.9696—0.9700，3个月远期汇水30—60，求美元对瑞士法郎3个月远期汇率是多少？

5. 已知某日纽约外汇市场美元对加拿大元即期汇率为1.1229—1.1239，3个月远期加拿大元升水60—40，求美元对加拿大元的3个月远期汇率。

6. 已知在同一时间，香港外汇市场美元/港元=7.7805/7.7817，纽约外汇市场美元/港元=7.7576/7.7586。若顾客用100万美元套汇，请问有无套汇机会？套汇利润是多少？

7. 已知纽约、法兰克福、伦敦三地外汇市场行情如下：

纽约外汇市场：欧元/美元=1.2330/50

法兰克福外汇市场：英镑/欧元=1.2620/40

伦敦外汇市场：英镑/美元=1.5680/90

试问上述三种货币之间是否存有套汇机会？若有，以100美元如何套汇？获利多少？

8. 伦敦3个月短期利率为9%，纽约3个月短期利率为6%，纽约外汇市场即期汇率1英镑=美元1.5655—1.5660，远期贴水126—122，一个美国商人以10万美元套利，结果如何？

9. 某美国公司从瑞士进口机器，3个月后需支付货款625万瑞士法郎。为防止外汇风险以欧式期权保值。协议价格1瑞士法郎=0.5500美元，买入50份瑞士法郎买权，期权费为每瑞士法郎 2 美分。如果 3 个月后瑞士法郎汇率发生下列变化，各种情况的损益如何？该公司应采取什么办法？

（1）1 瑞士法郎 =0. 5300 美元

（2）1 瑞士法郎 =0. 5700 美元

（3）1 瑞士法郎 =0. 5900 美元

外汇市场的典型特征

资料来源：本视频截取自：酷六网《为何进行外汇交易》，http：//baidu. ku6. com/watch/3485047275099529737. html？page = videoMultiNeed。

外汇交易获利基本原理

资料来源：本视频截取自：酷六网《什么是外汇交易》，http：//baidu. ku6. com/watch/4284351058215442351. html？page = videoMultiNeed。

第六章 外汇风险与防范实务

本章知识结构

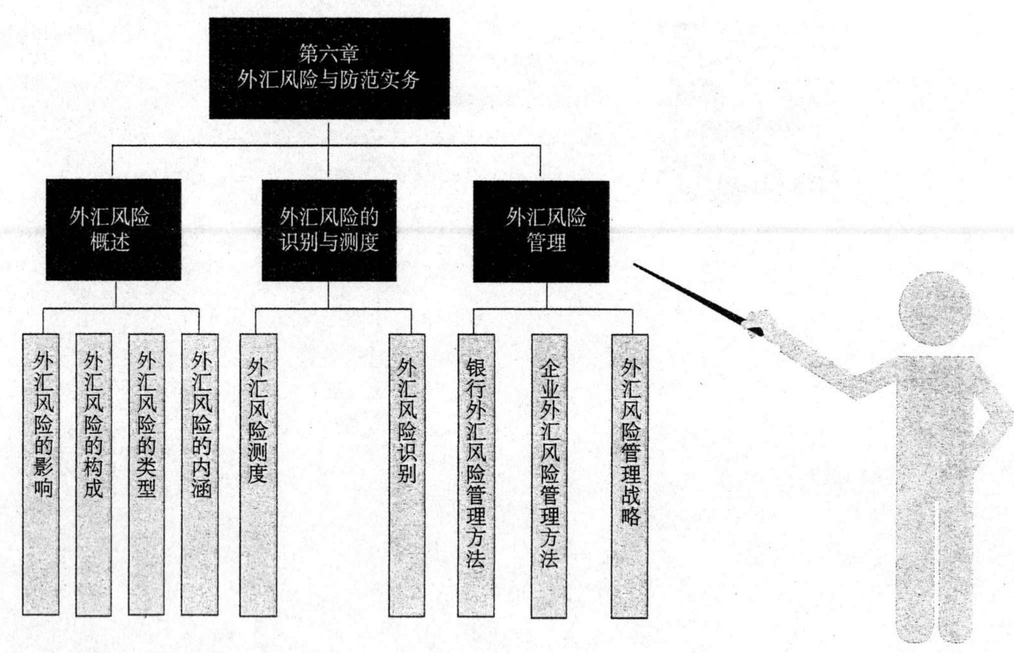

本章学习目标

- 了解外汇风险的内涵、类型及构成；
- 理解外汇风险的主要影响；
- 掌握企业外汇风险管理的策略方法。

自布雷顿森林体系崩溃，世界主要发达国家开始实行浮动汇率制度，汇率再无波动的上下限限制，汇率波动频繁，变化无常，一种国际货币经常受各种因素的影响而发生剧烈波动，这大大加强了外汇持有者的汇率风险。因此，加强外汇风险的管理，是一国外汇市场参与者必须面对并加以重视的重要问题。近年来，伴随中国汇率形成机制改革不断深入，人民币汇率双向浮动弹性增强。外汇风险管理成为中国实体企业和金融机构参与全球经贸往来中无法忽视的内容。本章重点讲述外汇风险的类型、构成、识别、测度和外汇风险管理技术。

第一节　外汇风险概述

国际经济交易主体一般是指从事对外贸易、投资及国际金融活动的公司、金融机构、政府或个人。他们在国际范围内大量收付外汇，或者保有外币债权债务，或者以外币标示其资产或负债的价值。由于汇率频繁剧烈的波动，外汇风险随时都会发生。一般而言，外汇风险仅仅意味着交易主体蒙受损失的可能性，但从国际经济交易实际的最终结果来看，风险承担者可能遭受损失，也可能获利。

一、外汇风险的内涵

外汇风险（Foreign Exchange Risk），又称汇率风险，是指国际经济交易主体（经济实体或个人）在参与国际经贸、金融等活动时，其以外币计价的资产或负债因汇率变化而引起的价值上升或下降的可能性。

外汇风险可能给经济交易主体带来损失，也可能带来潜在的收益。外汇风险带来的损失通常包括以下几种：第一，国际交易主体在决策过程中面对更大的不确定性；第二，会计核算时账面中以外币表示的资产折算成本币的价值减少；第三，债务人的外币负债折算成本币后价值增大；第四，债权人的外币资产折算成本币后价值减少。

尽管外汇风险与外币资产和外币负债有关，但是并非所有的外币资产和负债都一定会给国际经济交易主体带来损失。例如，以某种外币表示的资产和负债可以相互抵消时，国际经济交易主体就不会面临外汇风险，因为汇率波动时资产和负债所受的影响可以相抵。当外币资产与负债不能相抵，存在一定的差额时，企业将暴露在外汇风险之中。这部分差额一般被称做风险头寸（Exposure Position），或敞口头寸（Open Position）。对经营外汇业务的商业银行而言，该种差额表现为外汇持有额中的“超买”（Overbought）或者“超卖”（Oversold）。

历史上，人们在很久以前就认识到了汇率风险的问题，并于19世纪创造了解决该问题的机制——远期汇率和远期市场。远期汇率（Forward Exchange Rate）是在未来进行交割时的货币价格；远期市场（Forward Market）指为未来交割货币提供的买卖市场。远期市场是国际贸易商、投资者和投机者必备的工具，因为它可以抵消与未来收付相联系的汇率风险。远期外汇市场允许进口企业在贸易合同签署日订立一份货币合约。货币合约确定了一组未来的外汇价格，通常包括30日、90日和180日价格。和远期市场相比，当前进行买卖的市场称做现货市场（Spot Market）。

远期外汇市场对于金融投资者和投机者的重要性同样显著。例如，债券持有者和其他类型的套利者经常使用远期市场保护自己在持有外国债券和其他金融资产时免受汇率风险的冲击，这被称做套期保值（Hedging），通常的做法是购买一份在债券或其他生息资产到期日卖出外币的远期合约。套利者利用远期市场规避外汇风险，这个过程被称做抵补套利（Covered Interest Arbitrage）。

二、外汇风险的类型

交易风险是指在以外币计价的交易中，由于外币和本币之间汇率的波动使交易者蒙受损失的可能性。交易风险又可分为外汇买卖风险和交易结算风险。

（一）交易风险

1. 外汇买卖风险。又称金融性风险，产生于本币和外币之间的反复兑换。这种风险产生的前提条件是交易者一度买进或卖出外汇，后来又反过来卖出或买进外汇。外汇银行所承担的外汇风险主要就是这种外汇买卖风险；工商企业所承担的外汇买卖风险主要存在于以外币进行借贷或伴随外币借贷而进行的外贸交易的情况之中。

✪【例】 中国银行在某一时间买进了100万港元，同时又卖出了80万港元，出现了20万港元的多头。当中国银行日后卖出这20万港元时，如果港元贬值，中国银行就会出现亏损，这种亏损的可能性就是外汇买卖风险。同理，当中国银行在外汇交易中出现卖出的港元多，买进的港元少，而在日后补进港元时，如果港元升值，中国银行同样也会面临由于外汇买卖风险而造成的损失。

再如，某家美国公司在国际金融市场上以3%的年利率借入1亿日元，期限1年。借到款项后，该公司立即按当时的汇率1美元=85日元，将1亿日元兑换成117.65万美元。1年后，该公司为归还贷款的本息，必须在外汇市场买入1.03亿日元，而此时如果美元对日元的汇率发生变动，该公司将面临外汇买卖风险。

假设此时的汇率已变为1美元=80日元，则该公司购买1.03亿日元需支付128.75万美元，虽然该公司以日元借款的名义利率为3%，但实际利率却高达（128.75－117.65）/117.65×100%=9.43%。

2. 交易结算风险。又称商业性风险，当进出口商以外币计价进行贸易或非贸易的进出口业务时，即面临交易结算风险。

进出口商从签订进出口合同到债权债务的最终清偿，通常要经历一段时间，而这段时间内汇率可能会发生变化。于是，以外币表示的未结算的金额就成为承担风险的受险部分。因此，交易结算风险是由进出口商承担的，是基于进出口合同，在未来通过外汇交易将本币与外币或外币与本币进行兑换，由于未来进行外汇交易时汇率的不确定性所带来的风险。

✪【例】 中国某公司签订了价值10万美元的出口合同，3个月后交货、收汇。假设该公司的出口成本、费用为60万元人民币，目标利润为8万元人民币，则3个月后当该公司收到10万美元的货款时，由于美元对人民币的汇率不确定，该公司将面临交易结算风险。3个月后若美元与人民币的汇率高于6.8，则该公司不仅可收回成本，获得8万元人民币的利润，还可获得超额利润；若汇率等于6.8，则该公司收回成本后，刚好获得8万元人民币的利润；若汇率高于6.0、低于6.8，则该公司收回成本后所得的利润少于8万元人民币；若汇率等于6.0，则该公司刚好只能收回成本，没有任何利润；若汇率低于6.0，则该公司不仅没有获得利润，而且还会亏本。

同样，进口商从签订合同到结清货款之间也有一段时间，也要承担交易结算风险，即汇率的不确定性影响其以本币计量的进口成本的高低。

（二）折算风险

折算风险是在外币债权、债务折算成本币时，由于使用的汇率与当初入账时的汇率不同而产生的账面上损益方面的差异。虽然折算风险所产生的损益并不是实际损益，但它会影响到企业向股东和社会所公布的营业报告书的结果。

折算风险，又称会计风险或转换风险，是指企业在进行会计处理和外币债权、债务决算，将必须转换成本币的各种外币计价项目加以折算时所产生的风险。

✪【例】　中国某公司持有银行往来账户余额100万美元，汇率为1美元=6.9元人民币，折成人民币为690万元。以后美元贬值，人民币升值，汇率变为1美元=6.6元人民币，该公司100万美元的银行往来账户余额折成人民币后就只有660万元了。在两个折算日期之间，该公司这100万美元的价值，按人民币折算减少了30万元。

同一般的企业相比，跨国公司的海外分公司或子公司所面临的折算风险更为复杂。一方面，当这些海外分支机构以东道国的货币入账和编制会计报表时，需要将所使用的外币转换成东道国的货币，这当然面临折算风险；另一方面，当它们向总公司或母公司上报会计报表时，又要将东道国的货币折算成总公司或母公司所在国的货币，这同样也面临折算风险。

折算风险来源于会计制度的规定。由于会计报表中不同项目的性质各异，且人们对不同项目是否都面临折算风险的看法也不一致，因此，各国的会计制度也就规定了不同的折算方法。

1. 流动/非流动折算法。该方法将跨国公司海外分支机构的资产负债划分为流动资产、流动负债和非流动资产、非流动负债。流动资产是指可以迅速变现的资产，包括银行存款、库存现金、应收账款、有价证券持有额和存货等；流动负债是指短期负债，主要包括银行短期贷款、应付账款、应付税金、应付利息和短期票据等；非流动资产是指不能迅速变现，持有期为一年以上的资产，如土地、房屋、设备和长期证券投资等；非流动负债是指不要求在一年内偿还的长期负债，如长期票据、长期债券和抵押负债等。根据该方法，在编制资产负债表时，流动资产和流动负债按编表时的现行汇率折算，非流动资产和非流动负债则按资产负债发生时的原始汇率折算，故流动资产、流动负债面临折算风险，而非流动资产、非流动负债则没有折算风险。

2. 货币/非货币折算法。该方法将跨国公司海外分支机构的资产负债划分为货币性资产负债和非货币性资产负债。货币性资产负债是指金融资产和一切负债；非货币性资产负债则只包括真实资产。根据该方法，在编制资产负债表时，货币性资产负债按现行汇率折算，非货币性资产负债则按原始汇率折算，故货币性资产负债面临折算风险，而非货币性资产负债则没有折算风险。

3. 时态法。该方法是货币/非货币折算法的变形，只是对真实资产做了更细致的处理：如果真实资产以现行市场价格表示，则按现行汇率折算，面临折算风险；如果真实资产按原始成本表示，则按原始汇率折算，没有折算风险。当全部真实资产均按原始成本表示时，时态法与货币/非货币折算法就完全一致。

4. 现行汇率法。该方法将跨国公司海外分支机构的全部资产和全部负债均按现行汇率来折算，这样一来，海外分支机构的所有资产负债项目都将面临折算风险。目前，该方法已成为美国公认的做法，并逐渐为西方其他国家所采纳。

（三）经济风险

经济风险是由于汇率的变动产生的，而汇率的变动又通过影响企业的生产成本、销售价格，进而引起产销数量的变化，并由此最终带来获利状况的变化。例如，当本币贬值时，某企业一方面由于出口货物的外币价格下降，有可能刺激出口增加其出口额；另一方面因该企业在生产中所使用的主要是进口原材料，本币贬值后又会提高以本币所表示的进口原材料的价格，出口货物的生产成本因而增加，结果该企业将来的纯收入可能增加，也可能减少，这就是经济风险。

经济风险又称经营风险，是指由于意料之外的汇率变动，使企业在将来特定时期的收益发生变化的可能性。

值得注意的是，经济风险中所说的汇率变动，仅指意料之外的汇率变动，不包括意料之中的汇率变动。因为企业在预测未来的获利状况而进行经营决策时，已经将意料到的汇率变动对未来产品成本和获利状况的影响考虑进去了，因而排除在风险之外。对于企业来说，经济风险的影响比交易风险和折算风险更大，因为折算风险和交易风险的影响是一次性的，而经济风险的影响则是长期的，它不仅影响企业在国内的经济行为和效益，而且还直接影响企业在海外的经营效果和投资收益。

尽管交易风险、会计风险和经济风险都是由于汇率变动引起的涉外经济主体的外汇资产或负债在价值上的变动，但它们的侧重点各不相同，三种外汇风险的区别如表6－1所示。

表6－1　三类外汇风险的不同点

风险类别 区别	交易风险	折算风险	经济风险
发生的时间	经营过程中	经营结束	预测企业未来收益
造成的损益的真实性	真实的	账面的	潜在的
衡量损益的角度	单笔的交易	母公司	企业整体
衡量风险的时间	一次性的	一次性的	长期的
损益表现的形式	客观的	客观的	动态性和主观性

资料来源：谢琼．国际金融［M］．北京：北京理工大学出版社，2010：170.

三、外汇风险的构成

企业在国际经济活动中，一方面，要经常使用外币来进行收付，因而会发生外币与本币（或A外币与B外币）之间的实际兑换，由于从交易的达成到账款的实际收付，以及借贷本息的最后偿付均有一段期限，兑换时如果汇率在这一期限内发生不利于企业的变化，则企业以单位外币兑换本币（或单位A外币兑换B外币）的收入就会减少，或以本币兑换单位外币（或B外币兑换单位A外币）的成本就会增加，于是就产生了交易风险和经济风险；另一方面，由于本币是衡量企业经济效益的共同指标，因此即使企业的外币收付不与本币或另一外币发生实际兑换，也需要在账面上将外币折算成本币，以考核企业的经营成果，而随着时间的推移，汇率发生波动，单位外币折算成本币的账面余额也会发生变化，于是也就产生了折算风险。

由此可知，外汇风险的构成包括两个要素：外币和时间。只要企业在经营活动中以外币计价结算，且存在时间间隔，就会产生外汇风险。一般来说，未清偿的外币债权债务金额越大，间隔的时间越长，外汇风险也就越大。在浮动汇率制度下，由于汇率的波动更频繁、更剧烈，又没有波动幅度的限制，因此企业所面临的外汇风险比在固定汇率制度下更经常、更明显、更难以预料。由于外汇风险由外币和时间两个要素构成，且缺一不可，因此防范外汇风险的基本思路有两个：一是防范由外币因素所引起的风险。其方法或不以外币计价结算，彻底消除外汇风险，或使同一种外币所表示的流向相反的资金数额相等，或选择计价结算的外币种类，以消除或减少外汇风险。二是防范由时间因素所引起的外汇风险。其方法是或把将来外币与另一货币之间的兑换提前到现在进行，彻底消除外汇风险，或根据对汇率走势的预测，适当调整将来外币收付的时间，以减少外汇风险。

四、外汇风险对涉外经济主体的影响

涉外经济主体由于在日常经营活动中涉及两种或两种以上的货币，因此不可避免地处于各种外汇风险之中。外汇风险对涉外经济活动的影响包括以下几个方面。

1. 对涉外经济主体经营效益的影响。在汇率频繁波动的今天，无论是跨国公司还是国际金融机构，当预期的本币现金流量和以外币计价的各种资产、负债的价值常因汇率变动而发生变化时，可能使其遭受损失，也可能为其带来额外的收益。事实上，收益与损失是并存的一对互为消长的矛盾，避免了损失便意味着收益，放弃或丧失了可能获取的收益，便是一种损失。涉外经济主体只有了解和预测外汇风险，提高对外汇风险的管理水平，才有可能承受巨大的外汇风险所带来的收益或损失。

2. 对涉外经济主体长远经营战略的影响。企业经营战略是指企业人力、物力和财力的合理配置及产供销活动的总体安排。如果汇率变动有利于涉外经济主体的资金营运，它就可能采取大胆的、开拓性的、冒险的经营战略，如扩张海外投资、扩大生产规模，开辟新产品、新市场。相反，如果汇率变动不利于涉外经济主体的资金营运，它就可能采取保守的、稳妥的、谨慎的经营策略，尽量避免使用多种外汇，把海外市场、海外融资缩小到一定范围。因此，这一影响在某种程度上关系到涉外经济主体的兴衰成败。

3. 对涉外经济主体税收的影响。一般来说，涉外经济主体已经实现的外汇损失可享受所得税减免，已经实现的外汇盈利才构成应纳税收入。因交易风险造成的外汇亏损，往往会降低当年的应纳税收入；因经济风险造成的外汇亏损，往往会降低将来几年的应纳税收入；会计风险由于不是实现的亏损，因此是不能减免税收的。涉外经济主体应设法将外汇风险所造成的税后损失降到最低，使税后收益达到最大。由于税收政策是由涉外经济主体所在国决定的，作为一家跨国公司或国际金融机构，应从全局着眼制定其外汇风险管理战略。

专栏 6－1

委内瑞拉汇率波动引发跨国公司外汇风险

2003 年，随着美国制裁、外资撤离，委内瑞拉开始实行外汇管制政策。此后，委内瑞拉进入通货膨胀时期，当地政府多次调整汇率，当地币玻利瓦尔开始不断贬值。

2016 年委内瑞拉政府宣布新汇改设立两种汇率标准：一种为 Dipro 即保护汇率，用于进口食品、药品和生产原材料等重要物资，支付境外留学费用和境外公民退休金和养老金，以及卫生、文化、体育、科研等领域用汇，1 美元兑换 10 玻利瓦尔，至 2017 年末基本稳定。另一种为Dicom 即补充汇率，按市场供求关系自由浮动，用于出口、国际旅行、外交使团换汇等，基本所有金融机构都可兑换操作，起始价为 1 美元兑换 206. 92 玻利瓦尔，至 2017 年 9 月末，玻利瓦尔贬值至 1 美元兑换 3345 玻利瓦尔，当地国家银行暂停美元兑换。

2018 年 2 月，委内瑞拉推出新的外汇平台，新 Dicom 外汇系统的首次拍卖汇率为每欧元兑 30987. 5 玻利瓦尔，相当于 1 美元约兑 25000 玻利瓦尔。

在委内瑞拉经营的我国公司初期多以委内瑞拉央行汇率为核算汇率，即为后来的 Dipro，以美元或人民币为本位币，随着玻利瓦尔的不断贬值，Dipro 和 Dicom 的差距越来越大，使用 Dipro 带来了许多问题。委内瑞拉当地物资的采购价格受到黑市汇率的极大影响，而玻利瓦尔对美元的黑市汇率远远脱离 Dipro 汇率，同时委内瑞拉政府规定的当地员工最低工资标准也是以玻利瓦尔计价的，最低工资标准的不断提高也使薪酬成本迅速上升，因此造成账面成本虚高，资产价值高估，以玻利瓦尔取得的收入也同样被高估。此外，在货币兑换方面，在委内瑞拉经营的中方公司为降低自身汇率风险，会尽力提高收入的美元比例，但当地采购、当地雇员工资等玻利瓦尔支出不可避免，玻利瓦尔资金缺口的弥补一般来自于用美元兑换。由于交易汇率为 Dicom 汇率，使用 Dipro 核算会产生大额的汇兑收益。在这种情况下，财务报表已无法真实反映公司的经营状况，许多中方公司开始采用更能反映真实经营状况的 Dicom 汇率。

资料来源：接桂馨．跨国公司汇率风险的应对——以在委内瑞拉经营的我国公司为例［J］．现代商业．2019（19）．

第二节　外汇风险的识别与测度

外汇风险的识别和测度是防范外汇风险、进行风险管理的基础。我们要认真分析外汇风险产生的原因，识别风险的种类，测度风险的大小。

一、外汇风险产生的原因

外汇风险产生的原因很多，从宏观上看主要取决于汇率制度、财政货币政策、会计制度、国际收支和国家政治局势等。

（一）汇率制度

不同的汇率制度产生不同的汇率变动规律，金本位制和固定汇率制下，汇率波动较小，外汇风险不大，常被人们忽略；浮动汇率制下，各国不再规定法定货币含金量和汇率波动的上下限，汇率上下波动成为正常现象，各种经济、政治因素常常使汇率在短期内大起大落，加大了国际金融领域的动荡和国际贸易、国际借贷及其他涉外经济活动中的外汇风险。另外，浮动汇率制赋予各国自主决定汇率的权利，使各国中央银行为了将汇率控制在一个合理的水平上，以达到有利于本国经济发展的目标，频繁干预外汇市场，尤其是主要货币国加强货币合作，共同干预外汇市场，对汇率波动起着不容忽视的作用。

（二）财政货币政策

一国的财政货币政策对汇率波动起着决定性作用。根据购买力平价和利率平价理论，在一定条件下，汇率由两国的通货膨胀率和利率决定，如果一国实行紧缩银根的货币政策，提高利率，降低通货膨胀率，在对应国家货币价值不变的情况下，将导致本币升值，外币汇率下跌。相反，如果一国实行放松银根的膨胀性货币政策，则利率下跌，通胀率上升，最终将引起外币汇率的上浮，进而产生各种外汇风险。财政政策可以通过税收和财政支出两大政策手段调整全社会的货币需求。如果财政赤字扩大，货币需求增加，在货币供应不变时，将提高利率，从而引起汇率的改变。

（三）会计制度

不同国家的会计制度往往在会计科目的划分、会计方法的选择、会计核算的标准上存在差异。会计制度不同，会计折算的损益大相径庭。在涉外企业编制财务报表、将外币折算为本币的问题上，有流动/非流动法、货币/非货币法、时间度量法、现行汇率法等多种方法，分别规定了使用现行汇率和历史汇率的科目、范围。同一个企业，如按不同的方法折算将得到不同的损益结果，尤其是在汇率波动剧烈的情况下，这种汇率风险更加突出。究竟采用哪一种折算方法更能准确地反映企业的实际经营状况和外汇风险程度，一直是专家们探讨的问题。随着跨国公司在全球的发展，统一会计制度成为一个迫切的问题。

（四）国际收支

国际收支是对外汇汇率起直接作用的因素，因为国际收支状况决定外汇的供给和需求。

如果一国国际收支出现顺差，外币收入增加，本币相对外币升值，外币贬值，外汇行市随之下跌；相反，如果一国国际收支出现逆差，外币收入减少，外汇需求必然大于供给，外汇行市随即上涨。可见，国际收支状况直接引起外汇供求关系的变化，进而对汇率发生直接影响。

（五）国家政治局势

一国政治局势也是造成外汇风险的直接原因之一。如果一国战乱不断，民族矛盾十分尖锐，政局动荡，使经济发展缓慢，经济政策剧变，必然会引起本币贬值，各种外汇风险增加。

以上我们从五个方面对外汇风险的宏观形成因素进行了分析，但外汇风险的大小在一定程度上也取决于微观经济中涉外企业的经营管理活动，如果企业能对汇率的未来趋势进行正确的预测，并采取一系列避免外汇风险的措施，就可以免遭或减小外汇风险。

二、外汇风险的测度

前面我们从质的方面对外汇风险的受险部分进行了分析，目的是把握不同质的外汇风险中，受险货币、受险金额与受险时间应当如何确定，但这样的分析并未告诉我们有关外汇风险大小或幅度的信息，因此有必要对所确定的受险部分从量上作进一步的分析。

以 Ra 代表以本币衡量的风险大小的绝对值，Rr 代表以本币衡量的风险大小的相对值，M 代表外币受险金额，ro 代表对外经济交易发生时的汇率，rt 代表对外经济交易结算时的汇率，则以本币衡量的风险大小的绝对值和相对值的计算公式分别为

在直接标价法下：

$$Ra = M(rt - ro)$$

$$Rr = \left(\frac{Ra}{Mro}\right) \times 100\%$$

将上述两式合并得

$$Rr = \left(\frac{rt}{ro} - 1\right) \times 100\%$$

在间接标价法下：

$$Ra = M(1/rt - 1/ro)$$

$$Rr = \frac{Ra}{\frac{M}{ro}} \times 100\%$$

将上述两式合并得

$$Rr = \left(\frac{ro}{rt} - 1\right) \times 100\%$$

由于衡量风险大小是在对外经济交易发生时所进行的事先估计，所以以上各式中的 rt 不是结算时的实际汇率，而是在交易发生时对结算日汇率的预测值。

上述公式所表示的汇差与损益的关系可用表 6－2 表示。

表6-2　汇差与损益的关系表

	汇率	Ra值与Rr值	汇差损益	
			支付外汇	收入外汇
直接标价法	$rt > ro$	正	损失	收益
	$rt < ro$	负	收益	损失
间接标价法	$rt > ro$	正	收益	损失
	$rt < ro$	负	损失	收益

下面举例说明上述公式在实际经济贸易交往中的应用，评估汇率风险的大小。

首先，说明支付外汇的情况。假设外币受险金额为200万美元，进口发生日的汇率为1美元=6.65元人民币，预计进口结算日的汇率将为1美元=6.9元人民币，则

$$Ra = M(rt - ro) = 200 \times (6.9 - 6.65) = 50(\text{万元})$$

$$Rr = \left(\frac{rt}{ro} - 1\right) \times 100\% = (6.9 \div 6.65 - 1) \times 100\% = 3.76\%$$

由以上计算可知，我国进口企业预计将蒙受多支付50万元人民币的损失，多支付率为3.76%，相当于进口商品的价格提高了3.76%。

其次，说明收入外汇的情况。假设外汇受险金额为150万英镑，出口日的汇率为1英镑=1.65美元，预计收款日的汇率为1英镑=1.5美元，则

$$Ra = M(rt - ro) = 150 \times (1.5 - 1.65) = -22.5(\text{万元})$$

$$Rr = \left(\frac{rt}{ro} - 1\right) \times 100\% = (1.5 \div 1.65 - 1) \times 100\% = -9.09\%$$

上述计算表明，美国出口企业获得外汇收入时将蒙受22.5万美元的损失。其损失率为9.09%，相当于出口商品的价格下降了9.09%。

第三节　外汇风险管理

对外汇风险进行管理是风险管理最常用的、最普遍的领域之一。因为外汇风险是从事外汇业务的个人、企业经常面临的问题。对这类风险进行管理的方法很多，下面就一些常用的方法予以介绍。

一、外汇风险管理的战略

外汇风险管理的战略是指国际经济交易主体对外汇风险所持的态度，包括要不要防范外汇风险、应防范到什么程度等。根据对外汇风险的不同态度，企业或外汇银行有以下几种战略可供选择。

（一） 完全不防范的战略

完全不防范风险即对外汇风险不采取任何措施，当汇率朝有利方向变动时则坐收其利，汇率朝不利方向变动时则甘愿蒙受损失，这是一种消极的战略。企业或银行通常在以下情况下采取此战略：

1. 典型的固定汇率条件下，或虽然处于浮动汇率条件下，但市场不存在交易限制，市场机制能顺利发挥作用；市场容易达到均衡状态，汇率波动的规律性较明显，且波动幅度不大。

2. 外汇业务量小，或采取防范外汇风险的费用比可能遭受的外汇风险的损失大。

3. 出于投机心理，当预测汇率将朝着对自己有利的方向波动时。

在现行的浮动汇率条件下，对外汇风险采取完全不防范战略的企业或外汇银行是不多见的，因为在现实经济环境中，不仅存在金融、外汇方面的管制，而且汇率容易受经济、政治、军事等各方面的影响而发生剧烈波动，外汇市场的均衡状态几乎不可能实现。

（二） 完全防范的战略

完全防范的战略即对外汇风险采取严格防范措施，想使不确定因素一点都不留下。这种战略能有效防范外汇风险，但不是最经济的战略，因为在防范风险时，不仅要花费高成本，费时费力，而且也不能获得投机收益。

（三） 部分防范的战略

部分防范风险即对所面临的外汇风险一部分采取防范措施，其他部分则予以放置的战略。采用此战略的关键是要决定：全部受险部分中，哪些需要采取防范措施，哪些不需要采取防范措施，需要采取防范措施的受险部分占全部受险部分的比重多大。显然，首先要考虑的是防范外汇风险的成本，尤其是防范外汇风险的成本与不采取防范措施时可能蒙受的损失之间的比较；除此之外，还要考虑防范风险的难易程度，对汇率走势预测的准确程度以及经营者的经营作风等。根据经营者的经营作风，该战略又有两种类型：

1. 进攻型。采取此种类型的企业或银行，在高风险高收益和低风险低收益的选择中，选择的是高风险高收益。这些经营者除了对某些受险部分采取措施以防范外汇风险外，当预测汇率可能朝自己有利的方向波动时，不仅不会平衡头寸，甚至还会有意识地使某些币种处于“超买”或“超卖”的地位，以坐收汇率变动之利。因此，这种类型的战略可能使经营者获得较高的风险收益，也可能使经营者蒙受较大的风险损失，有较强的投机性质。

2. 防守型。采取此种类型的企业或银行，在高风险高收益和低风险低收益的选择中，选择的是低风险低收益。这些交易者尽可能地对受险部分采取防范风险的措施，虽然没有多少风险收益，但也没有什么风险损失，以稳健经营为原则。

二、企业外汇风险管理方法

（一） 贸易策略法

贸易策略法是指企业在进出口贸易中，通过和贸易对手协商与合作所采取的防范外汇风险的方法。此方法具体分为以下几种。

1. 币种选择法。币种选择法是指企业通过选择进出口贸易中的计价结算货币的种类来防范外汇风险的方法。

（1）选择本国货币计价结算。选择本币计价结算，实际上是将外汇风险构成因素中的外币因素去掉，不管汇率如何变动，出口商将来以本币收进的货款以及进口商将来以本币支付的货款，都是确切的，不存在任何不确定性因素。因此，采用此方法，无论是对本国的出口商还是对本国的进口商都可以完全防范外汇风险。此方法的优点是简便易行，效果明显，但它受本国货币的国际地位和贸易双方的交易习惯制约，而且本国的贸易商还必须在商品的价格与信用期限方面作出某些让步，因为采用此方法实际上是将外汇风险完全转嫁给了贸易对手，本国的贸易商为此需要付出一笔费用，这笔费用相当于本国的贸易商为转嫁外汇风险所支付的保险费。

（2）出口时选用硬币计价结算，进口时选用软币计价结算。硬币（Hard Money）是指汇率稳定且具有升值趋势的货币；软币（Soft Money）是指汇率不稳定且具有贬值趋势的货币。出口商在以硬币作为计价结算的货币时，由于硬币不断升值，将来出口商收到货款时，就可以将这笔货款兑换回更多数额的本国货币；同样，进口商在以软币作为计价结算的货币时，由于软币不断贬值，将来进口商支付货款时，就可以用更少的本国货币兑换到这笔货款。此方法的实质在于希望将汇率变动所带来的好处留给自己，而将汇率变动所带来的损失推给对方。采用此方法，一方面要受到贸易双方交易习惯的制约，另一方面各种货币的硬或软并不是绝对的，其硬软局面往往会出现逆转，因此并不能够保证进出口商能完全避免外汇风险。

“一篮子”货币是指由多种货币分别按一定的比重所构成的一组货币。由于“一篮子”货币中既有硬币也有软币，硬币升值所带来的收益或损失与软币贬值所带来的损失或收益大致相抵，因此“一篮子”货币的币值比较稳定。

（3）选用“一篮子”货币计价结算。对于贸易双方来说，采用此方法都不失为一种防范外汇风险的有效方法，但此方法在“一篮子”货币的组成以及货款的结算方面较为复杂。

2. 保值条款法。保值条款法是指企业在进出口贸易合同中通过订立适当的保值条款，以防范外汇风险的方法。

（1）黄金保值条款。即在贸易合同中，规定黄金为保值货币，签订合同时，按当时计价结算货币的含金量，将货款折算成一定数量的黄金，到货款结算时，再按此时的含金量，将黄金折回成计价结算货币进行结算。

【例】 某笔货款为 100 万美元，签订合同时 1 美元的含金量为 1 克纯金，则 100 万美元折算成黄金为 100 万克纯金，到货款结算时 1 美元的含金量为 0.95 克纯金，则 100 万克纯金折算成美元为 105.26 万美元，故进口商应支付货款 105.26 万美元，即由于美元贬值，进口商在结算时所支付的 105.26 万美元，只相当于签订合同时的 100 万美元。黄金保值条款通行于固定汇率时期，现今由于黄金非货币化，以及黄金价格的不稳定，此方法已不再采用。

（2）硬币保值条款。即在贸易合同中，规定某种软币为计价结算货币，某种硬币为保值货币，签订合同时，按当时软币与硬币的汇率，将货款折算成一定数量的硬币，到货款结算时，再按此时的汇率，将硬币折回成软币来结算。

此方法一般同时规定软币与硬币之间汇率波动的幅度，在规定的波动幅度范围之内，货款不作调整；超过规定的波动幅度范围，货款则要作相应的调整。

【例】 某笔货款为1 000万日元，以日元支付，以美元保值，并规定若美元与日元的汇率上下波动达到5%时，则要相应调整货款。假设签订合同时1美元=80日元，货款支付日的汇率为1美元=90日元，美元升值12.5%，超过5%，则货款应调整为1 125万日元，即1 000÷80×90=1 125。若货款支付日的汇率仅为1美元=83日元，美元升值只有3.75%，没有达到5%，则货款不作调整，仍为1 000万日元。

（3）"一篮子"货币保值条款。即在贸易合同中，规定某种货币为计价结算货币，并以"一篮子"货币为保值货币。具体做法是：签订合同时，按当时的汇率将货款分别折算成各保值货币，到货款支付日，再按此时的汇率将各保值货币折回成计价结算货币来结算。

【例】 某笔货款为500万美元，贸易合同中规定用美元、日元、英镑组成"一篮子"货币来对货款进行保值，其中，美元占30%，日元占30%，英镑占40%。假设签订合同时的汇率为1美元=85日元，1美元=0.6667英镑，则500万美元折算成保值货币为：美元，500万×30%×1=150万美元；日元，500万×30%×85=12 750万日元；英镑，500万×40%×0.6667=133.34万英镑。又设货款支付日的汇率为1美元=90日元，1美元=0.7英镑，则各保值货币分别折回成美元为：美元，150万÷1=150万美元；日元，12 750万÷90=141.67万美元；英镑，133.34万÷0.7=190.49万美元；合计150万+141.67万+190.49万=482.16万美元，即货款支付日进口商应向出口商支付货款482.16万美元。

在实际操作中，通常选用特别提款权等"一篮子"货币作为保值货币。在期限长、金额大的进出口贸易中，以"一篮子"货币保值的方式来避免外汇风险是一种有效的方法。

3. 价格调整法。价格调整法是指当出口用软币计价结算、进口用硬币计价结算时，企业通过调整商品的价格来防范外汇风险的方法。由于在进出口贸易中，"出口用硬币计价结算，进口用软币计价结算"的原则往往受交易意图、市场需求、商品质量、价格条件等因素的制约而不能如愿以偿，有时出口不得不用软币成交，进口不得不用硬币成交，这就加大了外汇风险，这时可采用调整价格的方法来抵消一部分风险。

（1）加价保值。为出口商所用，实际上是出口商将用软币计价结算所带来的汇价损失摊入出口商品的价格之中，以防范外汇风险。加价的幅度相当于软币的预期贬值幅度。

加价后的单价=原单价×（1+货币的预期贬值率）

（2）压价保值。为进口商所用，实际上是进口商将用硬币计价结算所带来的汇价损失从出口商品的价格之中剔除，以防范外汇风险。压价的幅度相当于硬币的预期升值幅度。

压价后的单价=原单价×（1－货币的预期升值率）

4. 期限调整法。期限调整法是指进出口商根据对计价结算货币汇率走势的预测，将贸易合同中所规定的货款收付日期提前或延期，以防范外汇风险、获取汇率变动收益的方法。按照“出口用硬币计价结算，进口用软币计价结算”的原则，当预测计价结算货币将升值时，出口商应征得对方的同意，延期收进外汇，以获得所收进的外汇能够兑换更多的本币的好处；而进口商则应征得对方的同意，提前支付外汇，以避免日后需要用更多的本币才能够兑换到同样数量的外汇。当预测计价结算货币将贬值时，出口商应征得对方的同意，提前收进外汇，以避免今后所收到的外汇兑换到的本币数额减少；而进口商则应征得对方的同意，延期支付外汇，以便于今后能够用更少的本币就可以兑换到同样数量的外汇。

严格地说，期限调整法中只有提前结清外汇才能彻底消除外汇风险，因为提前结清外汇使得受险部分提前消失，外汇风险也就随之不存在了；而延期结清外汇却延长了受险部分的持有时间，外汇风险依然存在。在延期结清外汇期间，一旦企业预测的结果与汇率的实际变动情况正好相反，则必然遭受损失，故延期结清外汇具有投机的性质。

5. 对销贸易法。对销贸易法是指进出口商利用易货贸易、配对、签订清算协定和转手贸易等进出口相结合的方式，来防范外汇风险的方法。

（1）易货贸易。即贸易双方直接、同步地进行等值的货物交换，交易时双方均无须收付外汇，同时都把互换商品的单价事先确定，故不存在外汇风险，但交易双方都存在各自商品涨价或对方商品跌价的风险。

（2）配对。即进出口商在一笔交易发生时或发生之后，再进行一笔与该笔交易在币种、金额、货款收付日期完全相同，但资金流向正好相反的交易，使两笔交易所面临的外汇风险相互抵消的方法。

✪**【例】** 某公司进口了一批价值 10 万美元的货物，6 个月后付款，为防范外汇风险，4 个月后该公司又出口了一批价值 10 万美元的货物，2 个月后收款。由于该公司在同一日收付的同种外汇的金额相等，不必进行外汇与本币之间的兑换，因而没有外汇风险。

采用此方法的优点是可以节省防范外汇风险的成本费用，缺点是收汇和付汇的币种、时间以及金额上难以配合妥当。

（3）签订清算协定。即双方约定在一定时期内，所有的经济往来都用同一种货币计价，每笔交易的金额先在指定银行的清算账户上记载，到规定的期限再清算贸易净差的方法。

清算协定在两国政府间签订，两国的进出口商通过指定银行分别向本国的中央银行办理结算，最后由两国的中央银行集中两国之间的债权债务关系，直接加以抵消，完成结算工作。由于双方交易额的大部分都可相互冲抵，且不需要进行实际的支付，因而没有外汇风险。

此方法的缺点，一是采用这种方式交易的双方经济往来关系要求相当频繁，否则难以达成清算协定；二是即使有了协定，有一定的信用额度，但实际交易往往容易突破这个额度，这样一来，贸易出超方就等于给对方提供了无息贷款，而为了平衡贸易，入超方所提供的商品并非都是对方所需要的。

（4）转手贸易。是在签订清算协定的基础上发展起来的一种贸易方式，即三方或多方协商，按同一货币计价来交换一定数量的商品，且利用彼此间的清算账户进行清算。转手贸易能够有效地解决在清算协定贸易下，由于一方所提供的货物对方不满意而产生的对方贸易出超问题。假设 A 国与 B 国之间有清算账户，当 A 国向 B 国出口后，B 国没有合适的商品向 A 国出口，于是，A 国的账户出现了盈余，而此时 C 国既需要向 A 国出口商品，又需要从 B 国进口商品。A 国提出不用现汇从 C 国进口，用其对 B 国的清算盈余来支付。于是 C 国利用 A 国的清算盈余向 A 国出口商品，同时也利用清算账户从 B 国进口商品。由于各方都不需要进行实际的货款支付，因而转手贸易也没有外汇风险。

6. 国内转嫁法。进出口商除了可以向国际贸易伙伴转嫁外汇风险外，也可以向国内的交易对象转嫁外汇风险。进出口商向国内交易对象转嫁外汇风险的方法即为国内转嫁法。

外贸企业进口原材料卖给国内制造商，以及在向国内制造商购买出口商品时，可以和制造商签订以外币计价结算的合同，这实际上等同于国内制造商直接从事进出口业务，外贸企业的外汇风险即由制造商承担；进口商对于因外汇风险所造成的损失，也可通过提高国内售价的方式，转嫁给国内的用户和消费者。

此方法的采用往往取决于以下两方面的因素：一方面是国内制造商的风险意识和风险承受能力，对进口原材料的急需程度，以及制造商所生产的出口商品的国际竞争能力；另一方面是国内的市场条件是否允许制造商和进口商将风险损失通过涨价的方式再转嫁给国内的用户和消费者。

（二）外汇交易策略法

外汇交易策略法是指进出口商利用各种类型的外汇交易来防范风险。常用的外汇交易有即期外汇交易法、远期外汇交易法、掉期交易法、外汇期货交易法和外汇期权交易法等。其交易方式同第五章谈及的外汇交易方式相同，在此仅以外汇期货交易法和外汇期权交易法为例做一说明。

1. 外汇期货交易法。

✪【例】 1 月10 日，美国某出口商预计 3 月 5 日将收到一笔 50 万欧元的货款，设 1 月 10 日的汇率为€1 = US $1.36，该商人为防范外汇风险，立即在外汇期货市场卖出 3 月到期（交割日为 3 月20 日）的欧元合约 4 张（每张合约 12.5 万欧元，4 张合约共 50 万欧元），成交价为€1 = US $1.44。到 3 月 5 日，当收到 50 万欧元的货款时，由于期货合约未到交割日，该商人只好一方面卖出 50 万欧元的现汇，另一方面又买进 3 月到期的欧元合约 4 张，以冲抵原来卖出的欧元合约。假设此时卖出欧元的现汇价为€1 = US $1.32，欧元期货合约的成交价为€1 = $1.41，则该商人由于出售 50 万欧元的现汇，获得 1.32 × 50 万 = 66 万美元，而由于对冲欧元合约，该商人又获得收益（1.44 − 1.41） × 50 万 = 1.5 万美元。两项合计，该商人在 3 月 5 日出售 50 万欧元时，共获得 66 万 + 1.5 万 = 67.5 万美元。

从上例可知，根据 1 月 10 日的即期汇率，此商人出售 50 万欧元本可以获得 1.36 × 50 万 = 68 万美元，由于欧元贬值，到 3 月 5 日，50 万欧元就只能兑换 1.32 × 50 万 = 66 万美元了，这与 1 月 10 日相比少了 68 万 − 66 万 = 2 万美元；与此同时，此商人的期货交易却获得了盈利，即此商人 1 月 10 日以€1 = US $1.44 的价格卖出的 4 张欧元合约，又在 3 月 5 日以€1 = US $1.41的低价补进后冲抵了，并从中获得了（1.44 - 1.41）×50 万 = 1.5 万美元的盈利。由于现汇交易中 2 万美元的损失被期货交易中的 1.5 万美元的盈利基本上弥补，于是达到了保值目的。

进口商利用外汇期货交易合同防范外汇风险的原理与出口商相同。

2. 外汇期权交易法。

✪【例】 美国某进口商 3 个月后将支付 10 万英镑的货款，为防范外汇风险，该商人立即在外汇期权市场买进英镑的欧式期权合约 8 张（每张合约 1.25 万英镑，8 张合约共 10 万英镑），期权费为每英镑 4 美分，共 0.4 万美元，协议价格为£ 1 = US $1.6。货款支付日的市场汇率变动和该进口商的选择为：

（1）当市场汇率低于 1.64 时，则该进口商情愿不履行合约，因为如果履约，购买 10 万英镑需要 16 万美元，再加上先期支付的 0.4 万美元的期权费，共计 16.4 万美元，比在外汇市场上购买英镑现汇的成本高。

（2）当市场汇率等于 1.64 时，则该进口商履约和不履约都一样，按期权合约购买 10 万英镑，在现汇市场购买 10 万英镑的成本都是 16.4 万美元。

（3）当市场汇率高于 1.64 时，则该进口商应该履行合约，因为履约成本只有 16.4 万美元，比在外汇市场上购买英镑现汇的成本低。

所以，当该进口商购买了 8 张英镑的期权合约后，他 3 个月后兑换 10 万英镑的总成本，肯定不超过 16.4 万美元，这就达到了防范外汇风险的目的。

出口商利用外汇期权交易合同防范外汇风险的原理与进口商相同。

（三）贸易信贷策略法

贸易信贷策略法指主要通过商业短期贸易信贷或一国政府推行的出口贸易信贷方法规避外汇风险。

1. 利用对外贸易短期信贷法。对外贸易短期信贷是指基于国际贸易而开展的、期限在 1 年以内的信贷。对外贸易短期信贷的主要形式有：

（1）借款。出口商在签订贸易合同后，即从外汇银行借入一笔与其远期外汇收入币种相同、金额相同、期限相同的款项，并将该款项在即期外汇市场兑换成本币，当借款到期时，再以当日所收到的出口创汇偿还所借外汇。

✪【例】 我国某企业 6 个月后将有一笔 10 万美元的收入，为防范外汇风险，该企业可从外汇银行借款 10 万美元，期限 6 个月，然后将借得的 10 万美元在外汇市场进行即期交易，兑换成人民币，假设当时的汇率为 US $1 = RMB ¥6.6470/81，则该企业可获得 66.47 万元人民币，6 个月后，企业再以收到的 10 万美元的货款，偿还其从外汇银行所借的贷款。

此方法消除外汇风险的原理在于，出口商将本应在将来收到货款时才进行的外汇兑换成本币的交易，提前到现在进行，将外汇风险构成中的时间要素剔除掉，使外汇风险得以消除。

（2）远期外汇票据贴现。出口商在向进口商提供资金融通而拥有远期外汇票据时，出口商将持有的远期外汇票据到银行贴现，提前取得外汇并将外汇在即期外汇市场出售，取得本币资金。

（3）保付代理（Factoring）业务。简称保理业务，是指出口商以延期付款的形式出售商品，在货物装运后立即将发票、汇票、提单等有关单据卖断给保理机构，收进全部或一部分货款，从而取得资金融通的业务。

远期外汇票据贴现和保理业务防范外汇风险的原理与借款法相同，方法也相似，只是出口商的外汇来源不同。借款法中的外汇来源于外汇银行的贷款，远期外汇票据贴现中的外汇来源于外汇票据贴现，而保理业务中的外汇则来源于将远期汇票卖断给保理商。

2. 利用出口信贷法。出口信贷是指一国为了支持和扩大本国大型设备的出口，以对本国的出口给予利息补贴并提供信贷担保的方法，由本国银行向本国的出口商或外国的进口商（或其往来银行）提供低利率贷款的融资方法。出口信贷的主要形式有：

（1）卖方信贷（Supplier's Credit）。卖方信贷是指出口信贷中，出口商（卖方）以延期付款的方式出售设备，而出口方银行则以优惠利率向出口商提供信贷。如果设备以出口商所在国的货币计价结算，出口方银行也以本币向出口商提供贷款，则出口商没有任何的外汇风险；如果设备以出口商所在国以外的货币计价结算，出口方银行也以同种外币提供贷款，则卖方信贷防范外汇风险的方法与借款法一样。

（2）买方信贷（Buyer's Credit）。买方信贷是指出口信贷中，进口商（买方）以支付现汇的方式向出口商购买设备，而出口方银行则以优惠利率向进口商或进口商的往来银行提供信贷。由于进口商获得买方信贷后，即以支付现款的方式购买设备，因此不管该设备以何种货币计价结算，出口商都没有外汇风险。

（3）福费廷（Forfeiting）。福费廷业务与一般的远期外汇票据贴现业务相似，二者最大的区别在于，前者对出口商无追索权，而后者却有追索权。因此，出口商利用福费廷业务防范外汇风险的原理与利用远期外汇票据贴现业务一样。

福费廷又称包买票据或买单信贷，是指出口商将经过进口商承兑的，并由进口商的往来银行担保的，期限在半年以上的远期票据，无追索权地向进口商所在地的包买商（通常为银行或银行的附属机构）进行贴现，提前取得现款的融资方式。

（四）企业内部管理法

1. 建立再结算中心。此方法适用于有大量的进出口业务和国际借贷业务的跨国公司。具体做法是：在跨国公司的内部建立一个再结算中心，将跨国公司的每一个子公司中以外币计价的交易都集中到再结算中心，由该中心予以冲销，并对冲销后依然存在的受险部分再采取防范外汇风险的措施。

跨国公司的进出口业务可分为两大类，一是跨国公司内部各子公司之间的交易，二是对跨国公司以外第三方的交易。对于第一类交易，出口商品直接由出口方提供给进口方，但有关的款项收付则须通过再结算中心来进行，即先由出口方以出口方所在地的货币向再结算中心开出账单和汇票，然后由再结算中心以进口方所在地的货币向进口方再开票。这样，无论是出口方还是进口方都没有任何的外汇风险，所有的外汇风险都由再结算中心承担。对于第二类交易，当跨国公司向第三方出口时，先由出口方以出口方所在地的货币向再结算中心开票，然后由再结算中心按贸易合同中双方商定的计价结算货币向进口方再开票；当跨国公司从第三方进口时，先由出口方以贸易合同中所规定的计价结算货币向再结算中心开票，然后由再结算中心以进口方所在地的货币向进口方再开票。这样，跨国公司无论是出口方还是进口方都没有任何的外汇风险，所有的外汇风险也都由再结算中心承担。

再结算中心对所承担的外汇风险，首先可充分利用其独特的地位进行多边冲抵，然后还可通过各种方法来集中控制跨国公司的内部资金流动以防范外汇风险，最后还可根据跨国公司防范外汇风险的基本战略，对依然存在的外汇净头寸作出有关抛补的决策。跨国公司通过建立再结算中心，既可防范外汇风险，又大大降低了防范外汇风险的成本。

2. 调整资产负债。调整资产负债是一种通过对企业的资产负债进行调整，以防范折算风险的方法。

企业要对其资产负债进行调整，首先应对资产负债进行定性分析，确定调整的重点。在企业的资产负债中，有些是难以调整的或根本就不能调整的。从资产负债的期限来看，由于长期资产、长期负债的流动性差，企业在短期内无法使之迅速增加或减少，因而难以对其进行调整，而短期资产、短期负债的流动性强，企业在短期内容易对其进行调整；但在短期资产、短期负债中，如应付税金等项目，企业不能按照自身的愿望进行调整，而应收账款、应付账款等资产负债，企业则可根据自身的需要进行调整。因此，企业对资产负债进行调整的重点是短期资产中的应收账款、存货、现金、银行存款和短期投资等，以及短期负债中的应付账款、短期贷款、应付利息和短期票据等。

其次是对资产负债进行定量分析，即对资产负债进行具体金额的调整。企业对可调整且容易调整的资产负债，通过调整后尽量缩小各种外币的受险资产与受险负债之间的差额，直至差额为零；或者当某种货币将升值时，就增加该种货币的资产，减少该种货币的负债，而当某种货币将贬值时，就减少该种货币的资产，增加该种货币的负债。

由此可知，调整企业资产负债的工作相当复杂和烦琐，尤其是要使企业所有的同一外币的资产与负债在金额上都完全均衡，几乎不可能实现。不仅如此，企业折算风险的防范可能还会与其交易风险的防范发生冲突，这就进一步加大了企业防范外汇风险的难度。例如，对于跨国公司来说，防范折算风险最容易的方法，是其所有的海外分支机构在进行日常核算时均使用母公司所在国的货币，以避免编制综合财务报表时出现折算风险。但由于各海外分支机构日常使用最多的功能货币是其所在地（即东道国）的货币，当各海外分支机构使用母公司所在国的货币作为核算货币时，便不可避免地会随时面临交易风险；同样，如果各海外分支机构使用其东道国的货币进行核算，这虽然避免了交易风险，但肯定会面临折算风险。

3. 实行多样化管理。这是一种通过使企业的经营多样化和财务多样化来防范经济风险的方法。

由于经济风险是由意料之外的汇率变动给企业带来的一种长期存在的综合性外汇风险，而意料之外的汇率变动又是企业在经营决策时所无法准确预测的，因此防范经济风险的有效方法是企业实行多样化管理。多样化管理的基本原则是“不要把所有的鸡蛋放在同一个篮子里”，即通过分散风险，并使风险损失与风险收益相互冲抵，从而达到降低风险的目的。企业实行多样化管理主要表现在经营多样化和财务多样化两个方面。

（1）经营多样化。经营多样化主要是指企业将其经营活动分散于多个行业，或将其原材料采购地、产品生产地和销售地按比较利益原理在世界范围内予以分布和配置。企业实行经营多样化之后，一旦汇率出现意料之外的变动，一方面，企业所面临的风险损失基本上能够被风险收益弥补，使经济风险得以自动防范；另一方面，企业还可主动采取措施，迅速调整其经营策略，如根据汇率的实际变动情况，增加或减少某地或某行业等的原材料采购量、产品生产量或销售量，使经济风险带来的损失降到最低。

（2）财务多样化。财务多样化是指企业在国际金融市场上以多种货币进行筹资和投资。当某种货币升值时，企业以该种货币筹资的成本增加，但以该种货币投资的收益也相应增加，经济风险就被自动冲抵了；同时企业也可根据汇率的实际变动情况，相应地调整各种外币的资产与负债，以降低风险。

（五）其他方法

1. 投资法。投资法是指进口商在签订贸易合同后，按合同中所规定的币种、金额，将本币资金在即期外汇市场上兑换成外汇，再将这笔外汇在货币市场进行投资（如银行定期存款，购买国库券、银行承兑汇票、商业票据等），投资到期日安排在货款支付日，然后以投资到期的外汇款项支付贸易货款。

✪【例】 我国某企业3个月后将有一笔10万港元的货款需要支付，为防范外汇风险，该企业即可在现汇市场以人民币购买10万港元，假设当时的汇率为HK \$1 = RMB ¥0.8563/72，即该企业用8.572万元人民币，购得了10万港元的现汇。但由于付款日是在3个月后，所以该企业即可将这10万港元在货币市场投资3个月，3个月后该企业再以投资到期的10万港元支付货款。

一般来说，企业用于购买现汇的本币资金应为闲置资金，但企业通常没有一笔这样的资金，这就需要通过银行贷款来解决。

如上例中，该企业可先借入8.572万元人民币，期限3个月，并以此购买10万港元的现汇，再将10万港元投资3个月，3个月后投资到期、支付货款，并偿还其从银行的贷款。该方法将借款（Borrow）、现汇交易（Spot）、投资（Invest）三种方法综合起来运用，简称BSI法。

投资法消除外汇风险的原理与借款法相同，也是将本应在将来支付货款时才进行的本币兑换成外币的交易提前到现在就进行，剔除外汇风险构成中的时间要素，使外汇风险得以消除。

2. 投保汇率变动险法。汇率变动险是一国官方保险机构开办的，为本国企业防范外汇风险提供服务的一种险种。具体做法是，企业作为投保人，定期向承保机构缴纳规定的保险费，承保机构则承担全部或部分的外汇风险，即企业在投保期间所出现的外汇风险损失由承保机构给予合理的赔偿，但若有外汇风险收益，也由承保机构享有。目前，许多国家如美国、日本、法国、英国等，为鼓励本国产品的出口，都开办了汇率风险的保险业务。

专栏 6－2

TCL 公司利用外汇衍生工具管理外汇风险

创立于 1981 年的 TCL 集团股份有限公司，是全球化的智能产品制造及互联网应用服务企业集团。产品畅销 80 多个国家和地区，业务遍及全球 160 多个国家和地区。

通过 TCL2 017 年半年报可以发现，TCL 期末合约金额超过 171 亿元，占期末净资产的 72.61%，而这其中远期外汇合约占期末净资产的 33.62%，利率互换占 23.96%，货币互换占 13.74%，期权占 1.29%。报告期内合约增加量为 36 亿元，损益为亏损 5004 万元。粗略计算，亏损率约为 1.39%，TCL 汇率管理效率较好。

TCL 进行有效的外汇管理的方法主要是通过将国际市场走势与经营状态相结合进行分析：一方面，对于外币资产、负债及现金流来说，采用远期外汇合约、期权、利率掉期等方式以控制风险；另一方面对于经营和融资来说，TCL 选择用远期外汇合约、利率掉期合约、期货合约等手段来控制风险。

资料来源：民生证券．企业汇率风险管理工具及案例分析——民生宏观固收汇率思考系列之十四［J］．现代商业，2017（9）．

三、银行外汇风险管理方法

（一）银行的外汇头寸管理

1. 外汇头寸的概念。外汇头寸（Foreign Exchange Position）是指银行的外汇持有额，表示一种资金状况。银行在外汇业务中随着各种外汇大量的买进卖出或收入付出，在银行的外汇账户上就必然表现为某种外汇多了，另一种外汇少了，或者某种外汇今天多了，而明天又少了等，这就是外汇头寸的变化。外汇头寸的变化有多头、空头和平衡头寸三种情况。

多头和空头统称为“敞口头寸”（Open Position）或头寸暴露（Position Exposure）。敞口头寸是银行的受险部分，因此银行在多头和空头时都面临外汇风险，即当银行处于多头地位时，面临该种货币汇率下跌的风险，而当银行处于空头地位时，则面临该种货币汇率上升的风险，只有当银行处于平衡头寸地位时，才没有外汇风险。银行为了防范外汇风险，就要主动轧平各种外汇的头寸，即抛出多头，补进空头，使敞口头寸重新平衡；或者增加硬币的净持有额，减少软币的净持有额。

银行的外汇头寸以及对外汇头寸的调整状况，都通过“外汇头寸表”来体现。外汇头寸表是反映银行外汇头寸及其变动情况的报表。

✪【例】 某银行某天美元、英镑和日元的外汇头寸变化如表 6－3 所示。

表 6－3 某银行外汇头寸报表 单位：万

币种	汇率	多头	空头	余额
美元	US $1 = US $1	US $100 = US $100		+ US $100
英镑	£1 = US $1.6		£100 = US $160	− US $160
日元	US $1 = JP ¥85	JP ¥5 100 = US $60		+ US $60
合计		+ US $160	− US $160	0

从表 6－3 可以看出，该银行当天的外汇交易情况为：美元多头 100 万，英镑空头 100 万，日元多头 5 100 万。为了使外汇头寸报表有一个统一的计量标准，一般都将不同币种的外汇头寸折合成美元。这样，该银行的多头为 160 万美元，空头也为 160 万美元，两下相抵，综合头寸为零。

从表 6－3 也可以看出，这家银行面临如下的外汇风险：美元和日元处于多头地位，面临这种货币汇率下跌的风险；英镑处于空头地位，面临这种货币汇率上升的风险。由于综合头寸平衡，该银行所面临的外汇风险大大降低，可不必为平衡综合头寸而花费精力。

2. 外汇头寸的额度管理。

（1）头寸限定法。即银行通过制定外汇交易头寸的限额来防范外汇风险的方法。

银行制定交易头寸的限额时，应考虑以下因素：第一，本银行在外汇市场中所处的地位，即本银行在外汇市场中是市场领导者，还是市场活跃者，或者是一般参与者；第二，本银行的最高领导层对外汇业务收益的期望值，以及对外汇风险的容忍程度；第三，本银行外汇交易人员的整体素质；第四，交易货币的种类。

一般来说，银行在外汇市场中的地位越重要，最高领导层对外汇业务收益的期望值越大，对外汇风险的容忍程度越高，外汇交易人员的整体素质越好，货币的交易越频繁，交易的币种越多，制定的限额就可以越大。

交易头寸的限额可按以下几方面来制定：

①按外汇交易的种类制定。针对不同的外汇交易种类分别制定不同的交易限额，一般应制定即期外汇交易头寸限额、远期外汇交易头寸限额、互换外汇交易头寸限额等。

②按外汇交易的币种制定。根据交易的币种分别制定各种外汇的敞口头寸，同时还可按照货币的软硬程度调整限额。

③按外汇交易人员的等级和素质制定。外汇交易人员一般可分为资金部经理、首席交易

员、高级交易员、交易员、助理交易员和见习交易员等。外汇交易人员的等级越高，在外汇交易中的表现越好，头寸的限额就越多，敞口头寸平仓补仓的时间也越长。

在外汇市场，外汇交易头寸限额一般由外汇交易人员掌握，以美元来表示。例如，首席交易员的头寸限额为 1 000 万美元，这就意味着首席交易员在不断从事外汇的买进卖出时，只要在规定的时间范围之内敞口头寸不超过 1 000 万美元，他就没有超越规定的权限；否则，他就违反了头寸限额规定，应该受到处罚。

（2）亏损控制法。即银行通过对外汇交易制定止损点限额来防范外汇风险的方法。止损点限额（Cut－Loss Limit）是银行对由于外汇风险所造成的损失的最大容忍程度。当市场汇率向不利的方向变动时，一旦亏损达到止损点限额，交易人员就应不问情由，一律斩仓，以避免发生更大的亏损。

止损点限额可分为两部分：一是外汇资金部的止损点限额。这适合于即期外汇交易、远期外汇交易和互换外汇交易等业务，止损点限额既可以按敞口头寸的百分比计算，也可以按每天或每月外汇交易的损失不超过一定金额来确定。二是外汇交易人员的止损点限额。该限额通常按亏损额占交易额的百分比来计算，例如，规定每笔交易的亏损额不超过该笔交易额的1%等。显然，百分比越大，表示容忍亏损的额度越大。当然，不同的外汇交易人员，止损点的限额也不同。

3. 外汇头寸的调整方法。银行防范外汇风险的重要措施就是调整外汇的敞口头寸，或者尽量缩小敞口头寸，或者使敞口头寸的状况与外汇汇率的走势相一致。银行调整外汇头寸一般是通过银行同业间的外汇交易来实现的。银行在同业交易中报送价格的原则是，当本银行需要买进某种外汇时，就应该提高这种货币的买入价，使其略高于外汇市场的平均水平；当本银行需要卖出某种外汇时，就应该降低这种货币的卖出价，使其略低于外汇市场的平均水平。这样才能促成其他银行尽快与本银行成交，以达到本银行调整外汇头寸的目的。

（1）单一货币头寸的调整。即银行只存在某一种货币的敞口头寸，防范外汇风险时只需对这一种货币的头寸进行调整。

①即期头寸的调整。

✪【例】 某银行某日的买卖情况为：买进 1 000 万美元，价格为 US \$1 = RMB ¥6.66，付出 6 660 万元人民币；卖出 800 万美元，价格为 US \$1 = RMB ¥6.70，收进 5 360 万元人民币。结果是该银行持有美元多头 200 万。为防范外汇风险，该银行就要设法抛出这 200 万美元，使其美元的头寸平衡，从而获得利润。

②即期头寸与远期头寸的综合调整。在上例中，银行的外汇买卖和头寸的调整都是即期的，操作起来比较简单。实际上，银行在进行大量的即期外汇买卖的同时，也有大量的远期外汇买卖。这样，银行不仅在即期交易中会出现敞口头寸，而且在远期交易中也会出现敞口头寸，这就要求银行将即期头寸和远期头寸结合起来进行调整。

✪【例】 某银行某日的外汇交易情况为：即期交易买进 1 000 万美元，卖出 800 万美元，多头 200 万美元；远期交易买进 100 万美元，卖出 400 万美元，空头 300 万美元。该银行的综合头寸为空头100万美元。

对上述头寸综合调整的方法有两种：

第一，将即期头寸和远期头寸同时进行抛补，使两者的头寸都为零，即卖出即期外汇200万美元，同时买进远期外汇300万美元。该方法虽然可使外汇风险完全得以消除，但在实际的外汇业务中，如此严密的操作既无必要，也难以实现，因为远期交易中外汇的买进、卖出以及远期空头的补进，这三项交易要做到交割日期完全一致，几乎不可能。

第二，只抛补综合头寸，使综合头寸为零。此方法又有两种具体措施：一是买进即期外汇100万美元，使即期交易的多头增加为300万美元，与远期交易的空头300万美元相匹配，综合头寸为零；二是卖出远期外汇100万美元，使远期交易的空头减少为200万美元，与即期交易的多头200万美元相匹配，综合头寸为零。由于综合头寸为零，该银行的外汇风险大大降低。

③不同交割日的远期头寸的综合调整。由于各个远期交易的交割日不尽相同，因此银行在实际的外汇交易中，也必然会产生不同交割日的远期头寸。为防范外汇风险，银行对不同交割日的远期头寸也应结合起来进行调整。

✪【例】 某银行某年1月1日的外汇交易情况为：第一笔远期交易买进100万美元，该年的3月31日交割，第二笔远期交易卖出100万美元，该年的5月31日交割。

此例中虽然银行的综合头寸为零，但由于两笔远期交易的交割日不同，银行依然面临外汇风险，即3月31日交割的美元面临美元贬值的风险，而5月31日交割的美元则面临美元升值的风险。为此，银行可通过互换交易来防范外汇风险，即1月1日银行卖出100万美元，交割日定为该年的3月31日，同时又买进100万美元，交割日定为该年的5月31日。通过该笔远期对远期的互换交易，银行实际上将3月31日买进的100万美元，推迟到5月31日才持有，而此时这100万美元又正好与该银行所卖出的100万美元相抵，外汇风险得以完全避免。

当然，此例带有某种特殊性，即银行在1月1日所进行的远期外汇交易中，买进的美元与卖出的美元在金额上刚好相等，只是交割日不同，事实上可能并非如此巧合。如果银行在不同交割日的远期外汇交易中，买进的某种货币的金额与卖出的该种货币的金额不相等，为了防范外汇风险，银行既可以通过互换交易防范部分风险，也可以通过以后的外汇交易来加以平移，或两种方法同时并用。

现假设该银行1月1日买进远期美元300万，该年的3月31日交割；卖出远期美元400万，该年的5月31日交割。此时银行可在1月1日，先进行一笔远期对远期的互换交易，卖出远期美元300万，3月31日交割，同时买进远期美元300万，5月31日交割；到1月2日或以后合适的时间，再补进远期美元100万，5月31日交割。

（2）多种货币头寸的调整。即银行同时存在多种货币的敞口头寸，防范外汇风险时需要对这些头寸结合起来进行调整。由于银行在每天所进行的外汇交易中所使用的货币是多种多样的，因此，敞口头寸也就会出现在各种币种上。银行对多种货币头寸的调整可通过以下方法来进行：

①分别调整各种货币的头寸。一般通过具有敞口头寸的货币与美元之间的交易来转换。例如，某银行同时存在英镑的多头和欧元的空头，在调整头寸时，该银行首先要将英镑的多头转换为美元，同时以美元补进欧元的空头，也就是将英镑和欧元的敞口头寸转换为美元的敞口头寸；然后，再通过美元与本币之间的交易最终消除美元的敞口头寸。

在应用此方法时，非美元货币的敞口头寸一般不宜相互之间直接抛补，也不宜将非美元货币的敞口头寸通过与本银行所在国的货币之间的交易直接抛补。如英镑多头，欧元空头时，不宜直接将英镑转换为欧元，也不宜将英镑直接转换为本银行所在国的货币，同时又以本银行所在国的货币补进欧元。这是因为外汇市场上非美元之间的交易较为稀少，通过非美元货币之间的交易来防范外汇风险，既降低了速度，又增加了成本。

②调整综合头寸。即允许各种货币的头寸同时并存，只将综合头寸调整为零，使来自各种货币的风险相互抵消。例如，当某银行持有瑞士法郎空头时，该银行并不补进瑞士法郎，而是买进金额相当的欧元，当汇率发生变动时，用欧元多头的收益或损失，抵补瑞士法郎空头的损失或收益。

采用此方法防范外汇风险的前提是，预测欧元的汇率与瑞士法郎的汇率将呈同方向变动。如果现实汇率的变化与预测的结果相反，则银行不仅没有防范外汇风险，而且还会遭受双重损失。只有当具有敞口头寸的货币的种类越多时，此方法防范外汇风险的效果越好。采用此方法防范外汇风险，往往也是银行资金结构安排的需要。

③预防性头寸的调整。预防性头寸是指银行在预测汇率的变动趋势之后，积极制造出来的用以预防外汇风险的头寸。

银行防范外汇风险时，除了尽量缩小敞口头寸直至为零外，还可采取相反的做法，即积极地制造敞口头寸。当预测某种货币将升值时，就大量买进该种货币，以增加该种货币的长余头寸；当预测某种货币将贬值时，就大量卖出该种货币，以增加该种货币的短缺头寸。通过调整预防性头寸来防范外汇风险的方法，带有明显的投机性。

（二） 银行的外汇资产负债管理

银行的外汇风险，一方面来源于银行的自营外汇交易和代客外汇交易，另一方面来源于银行经营的外汇存贷款业务和投资业务。对于前一种外汇风险，可以通过对外汇头寸进行管理来防范；对于后一种外汇风险，则需通过对外汇的资产负债进行管理来防范。外汇资产负债管理，就是通过对外汇资产负债在币种、期限、利率、金额等方面进行调整，以防范外汇风险。

外汇资产负债管理的内容主要有：

1. 调整资产负债的币种。实行分散筹资和投资，筹得何种货币，就贷出何种货币；贷款到期收回什么货币，筹资到期就付出什么货币，尽量保证在借贷和收付货币时，不需通过外汇交易来调换币种。

2. 调整资产负债的期限。在同一种货币的资产负债中，力争将来任一时点上到期的资产，都能抵付到期的负债，而且尽量做到吸收多长期限的存款，就发放多长期限的贷款，不出现超借、超贷的现象。当出现短期负债长期运用时，就要适当增加长期负债，减少长期资产；当出现长期负债短期运用时，一般不能盲目增加长期资产，而应适当调整负债的结构，有意识地增加短期负债。

3. 调整存款贷款的利率。由于利率的高低影响利息的高低，而以外币收付的利息又是外汇风险的受险部分，因此调整存贷款的利率，也与外汇风险的防范相关联。调整利率的方法主要是，压低以硬币所吸收的外汇存款的利率，提高以软币所发放的外汇贷款的利率。

4. 调整存款贷款的金额。这包括：（1）同一种货币中，利率相匹配且期限一致的存款和贷款，在金额上要使之相等；（2）市场利率上升时，要争取浮动利率的贷款额大于浮动利率的存款额，或者使固定利率的贷款额小于固定利率的存款额；而在市场利率下降时，则要争取使浮动利率的贷款额小于浮动利率的存款额，或者使固定利率的贷款额大于固定利率的存款额。

本章小结

1. 开放经济中，国际经济交易的主体在从事对外业务时，由于汇率及其他因素的变动会有蒙受损失和减少收益的可能。外汇风险分为交易风险、折算风险和经济风险。

2. 从事以外币计价的贸易，从签订合同开始就要承担外汇风险，其时间间隔为受险时间，计价结算的外币为受险货币，结算金额为受险金额。要增强外汇风险的识别和测度。

3. 企业外汇风险管理有贸易策略法、外汇交易策略法、贸易信贷策略法和企业内部管理法等。

4. 银行外汇风险管理需要进行头寸额度管理、头寸调整和外汇资产负债管理。

本章主要概念

外汇风险　交易风险　折算风险　经济风险　保理业务　出口信贷
买方信贷　卖方信贷　福费廷　外汇头寸

本章复习参考书

［1］周影，牛淑珍．国际金融实用教程［M］．北京：北京大学出版社，2009.

［2］陈雨露．国际金融（第五版）［M］．北京：中国人民大学出版社，2015.

［3］大卫·艾特曼，阿瑟·斯通西尔，迈克尔·莫菲特．国际金融［M］．北京：机械

工业出版社，2012.

［4］耿明英，密桦．国际金融：理论与实务［M］．北京：北京大学出版社，2012.

本章复习思考题

一、填空题

1. 外汇风险的构成要素有________和________。

2. 外汇风险的类型主要有________、________、________。

3. 为避免外汇风险，可以在签订进出口合同时加列保值条款，一般有________和________。

二、判断题

1. 在以外币结算时，时间越长，风险越小；时间越短，风险越大。（　）

2. 在进口贸易中，选择用硬币结算可以防范外汇风险。（　）

3. 借款法不能改变外汇风险的时间结构。（　）

三、单项选择题

1. 由汇率波动而引发的国际企业未来收益变化的潜在风险是（　）。

A. 交易风险　B. 会计风险　C. 折算风险　D. 经济风险

2. 由汇率变化引起的资产负债表中某些外汇项目金额变动的风险称为（　）。

A. 交易风险　B. 经济风险　C. 统计风险　D. 会计风险

3. 下列没有外汇风险的情况是（　）。

A. 多头地位　B. 空头地位　C. 本币收付　D. 外币收付

4. 在与出口方签订远期合同时，进口方应最先选择（　）。

A. 软货币　B. 硬货币　C. 本币　D. 对方国货币

四、简答题

1. 什么是外汇风险？外汇风险有哪些类型？

2. 外汇风险对经济有何影响？

3. 企业进行外汇风险管理的方法有哪些？

五、计算题

1. 某美国公司9月1日准备从德国进口一批货物，金额为125万欧元，该年的12月1日付款，假设9月1日的3个月期欧元的期货价格为1欧元＝1.3695美元，交割日为12月15日。问：此公司应怎样利用外汇期货交易来防范外汇风险？

2. 某日本公司3个月后将有一笔100万美元的应付款，因担心美元贬值，该公司准备采用贸易信贷法防范外汇风险。问：操作过程怎样（假设签约时的即期汇率为1美元＝85日元）？

3. 我国公司与日商谈判，进口日方商品总金额5亿日元，3个月后付款，由于该公司预测付款到期日时日元升值的可能性极大，所以在合同中加入了保值条款。双方商定以日元、美元、瑞士法郎和英镑 4 种货币进行保值，这 4 种货币权重均为 25%，签约时即期汇率为：1 美元 =0.98 瑞士法郎，1 美元 =90 日元，1 英镑 =1.61 美元；付款到期日的即期汇率为：1 美元 =0.96 瑞士法郎，1 美元 =84 日元，1 英镑 =1.65 美元。问：进口商现应付多少日元？

外汇风险

资料来源：本视频截取自：土豆视频《财经词典》，http：//new - play. tudou. com/v/503453816. html?。

规避汇率风险 自贸区里有利好

资料来源：本视频截取自：第一财经《云观自贸》栏 目，http：//www. le. com/ptv/vplay/23314876. html?ch = baidu _ s。

第七章
国际结算与贸易融资实务

本章知识结构

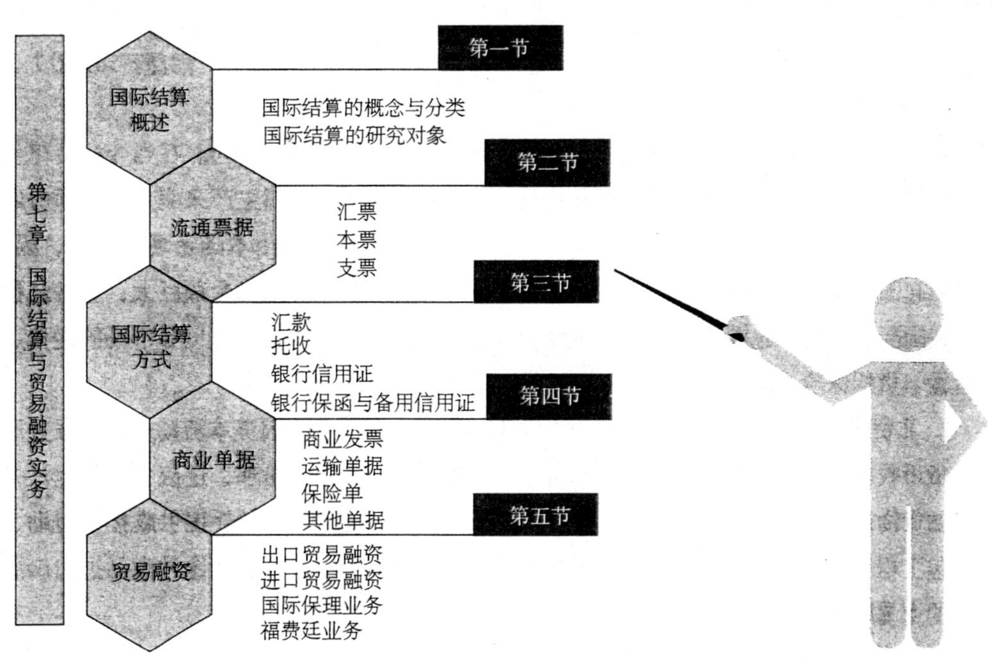

本章学习目标

- 了解国际结算的概念，掌握国际结算的研究对象；
- 掌握流通票据的票据分类，熟悉票据行为与票据权利；
- 了解与掌握国际结算主要方式的特点及基本业务流程；
- 熟悉国际结算中各种单据的具体内容及运用；
- 了解贸易融资的含义和主要方式。

国际结算是国际金融业务中不可缺少的组成部分。外汇收付的操作程序及其相关的融资业务被称为国际结算。在进出口贸易合同中，付款方式是主要条款之一。国际贸易收、付款涉及外汇，必须通过银行进行外汇买卖和划汇。国际贸易款项收付和国际资本输出入均须履行国际结算/清算手续。所有操作程序应根据国际商会制定的统一规则进行。国际结算可以分为贸易结算和非贸易结算，鉴于我国资本市场还未全面对外开放，本章着重介绍国际贸易结算。

第一节　国际结算概述

一、国际结算的概念与分类

两个不同国家的当事人，不论是个人、单位、企业或政府间因为商品买卖、服务供应、资金调拨、国际借贷而需要通过银行办理的两国间的外汇收付业务，叫做国际结算（苏宗祥、徐捷，2010）。

根据银行机构货币收付行为的起因不同，国际结算主要分为贸易结算和非贸易结算两大类。

1. 贸易结算。贸易结算是指银行机构办理的两国或多国之间因商品进出口交易所引发的货币收付行为。在当今社会化生产及社会化分工高度发达的情况下，一国所需商品不可能完全由本国生产来满足，必须借助国外相关市场的产品来完成。同时，一国生产的商品也不可能完全由本国市场来消化，因此，必将引起国际间商品物资的流动。国际货物贸易引起的货款跨境交易金额巨大，业务流程复杂，在国际收支中占有重要地位。国际结算与国际贸易的产生和发展、世界市场的变化、国际运输、货损保险、电信传递有着密不可分的联系。

2. 非贸易结算。非贸易结算是指银行办理的两国或多国之间因资本流动或其他服务而引发的货币收付行为。一个国家的对外交往除了包括进出口商品交易外，还应包括其他许多内容，如货物运输服务、货物运输保险服务、国际银行间的借贷款、对外提供或接受援助、国外承包工程等。这些活动都会引起国际银行间的货币收付行为。银行对这种商品进出口活动之外的交易所进行的货币收付行为就是非贸易结算。

二、国际结算的研究对象

从研究对象看，国际结算包含的内容非常繁杂，且具有非常好的实用性。具体而言，国际结算的研究对象主要包括结算工具（流通票据和单据）、结算方式、结算系统以及结算业务所遵循的法规和原则等（见图7-1）。

（一）流通票据

流通票据（Negotiable Instruments）又称为金融单据，是指以支付一定金额为目的、可以流通转让的有价证券。通常包括汇票、本票及支票三个部分。因各国票据立法不同，有些国家的票据是指汇票和本票，而不包括支票，如德国、法国等；有些国家则是以汇票的形式来

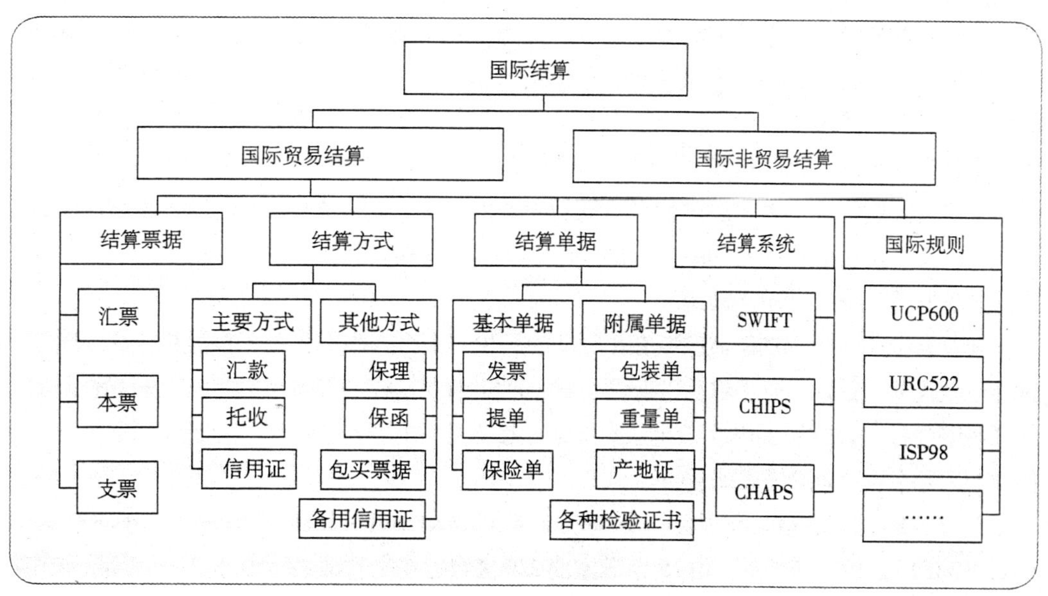

图 7－1　国际结算的研究对象

规定本票和支票等。

流通票据当事人主要划分为两类：基本当事人和其他当事人。前者主要有三个，即出票人、付款人和收款人。后者主要包括持票人、付对价持票人、正当持票人、背书人、被背书人和保证人等。流通票据的主要特性有：仅凭交付和背书即可完成转让，转让人无须将票据转让的事实通知前手；票据与其所代表的权利（包括付款请求权和追索权）紧密相连；正当持票人的权利优于前手；流通票据是一种要式不要因的有价证券。

（二） 国际结算方式

国际结算方式又称为支付方式，通常是指在一定条件下，通过银行实现一定金额货币预期转移的方式。国际结算方式的具体内容包括：(1) 按照买卖双方一定的具体的交单与付款方式办理单据和货款的对流；(2) 结算过程中，买卖双方和相关银行之间各自权责的确定；(3) 结算方式必须订明具体类别、付款时间、使用货币、所需单据和凭证；(4) 买卖双方可以向银行提出给予资金融通的申请。

在国际结算业务中，传统的结算方式主要分为三大类别，即汇款方式、托收方式和信用证方式。每一大类还可再分为若干小的类别。事实上，进出口贸易中选用不同的结算方式，除了反映市场状况、买卖双方之间的关系以及银行服务等内容有所不同之外，还表明结算中的当事人面对的风险存在较大差异。

（三） 国际结算中的商业单据

商品单据化、单据商品化是当代国际贸易基本运作的要求。为了使资金转移与货物交接能够顺利结合，保障当事人的合法权益，以利于国际贸易的进行，各种说明商品情况的单据也就成为了国际结算研究的另一项重要内容。

在国际贸易中，世界各国的进口商对于单据的要求主要出于两种考虑：一是贸易原因，如提单凭以提货和转售，保单凭以索赔，装箱单凭以理货；二是进口国政府的原因，如发票和产地证凭以报关纳税，检验证书凭以进口（作为限进的技术壁垒）。特别是在信用证结算方式中，单据是开证行对信用证是否付款的依据，是申请人对受益人进行约束的手段，是受益人证明自己履约的文件，还是受益人获取货款的工具。即便是在汇款、托收结算方式中，进口商对于单据也会有一定的要求，出口商同样应当按照合同要求进行提交。

（四） 银行间电子清算系统

随着电子通信技术的发展及其在银行业的应用，银行间网络系统应运而生，大大提高了银行工作效率。目前，许多银行业务通过银行间和银行与客户间的局域网络系统或在开放网络系统中进行，如信用证申请、开立信用证、通知、寄单、索偿、结汇和资金调拨等。下面简单介绍几个银行间电子清算系统。

1. 环球银行间金融电讯协会（Society of Worldwide Inter－bank Financial Telecommunication，SWIFT）。1973 年 5 月，由 15 个国家的 239 家银行在比利时共同创办了一个国际间非营利性国际合作组织“环球银行间金融电讯协会”。它的环球计算机数据通信网在荷兰、美国和中国香港设有运行中心，在各会员国设有地区处理站，其总部设在比利时，受比利时法律管辖。目前该网络已遍布全球 207 个国家和地区的 8 100 多家金融机构，提供金融行业安全报文传输服务与相关接口软件，支援 80 多个国家和地区的实时支付清算系统。SWIFT 的设计能力是每天传输 1 100 万条电文，而当前每日传送 500 万条电文，这些电文划拨的资金以万亿美元计。

2. 纽约银行同业电子清算系统（CHIPS）。由于国际贸易结算中常使用可兑换货币，如美元和英镑，在纽约和伦敦这些大的国际金融中心采用电子结算/清算系统以提高结算/清算工作效率是市场发展的必然结果。纽约银行同业电子清算系统（Clearing House Inter－bank Payment System）于 1970 年 4 月成立，会员银行最多时达到 142 家，其中 2/3 是外国银行，是当前最重要的国际美元支付系统，日平均清算/结算 242 000 笔，日处理金额 1.2 万亿美元，世界美元支付金额的 95% 通过它进行结算/清算。它是纽约清算所的分支机构。

3. 伦敦银行同业自动清算系统（CHAPS）。伦敦银行同业自动清算系统（Clearing House Automated Payment System）于 1984 年在伦敦建立。它是世界上第二大实时总额结算系统（第一位是美国联邦储备电划系统，FEDWIRE）。自 1999 年 1 月 4 日，CHAPS 分成 CHAPS 欧元和 CHAPS 英镑，共有会员银行 21 家，日处理交易 8 万笔，涉及金额 2 400 亿英镑，并与泛欧清算系统（TARGET）联网。CHAPS 的特点是双重清算体制，即所有商业银行都通过其往来的清算银行进行清算，为初级清算；由国家银行和清算银行之间进行的集中清算，为终级清算。因此，所有商业银行都必须在清算银行开立账户，在初级清算时轧算差额，再由各清算银行在英格兰银行开立账户，以此进行终级清算和轧算差额。

（五） 国际结算适用的国际规则

随着国际经济与科学技术的发展，贸易与非贸易结算规则不断增加，日趋完善。国际结算业务中适用的国际规则主要有：

1992 年的《见索即付保函统一规则》（国际商会第 458 号出版物）；

1992 年的《多式运输单据规则》（国际商会第 481 号出版物）

1993 年修订的《跟单信用证统一惯例》（国际商会第 500 号出版物）；

1995 年修订的《托收统一规则》（国际商会第 522 号出版物）；

1996 年的《跟单信用证项下银行间偿付统一规则》（国际商会第 525 号出版物）；

1998 年的《国际备用证惯例（ISP98）》（国际商会第 590 号出版物）；

1999 年修订的《2000 年国际贸易术语解释通则》（国际商会）；

2000 年的《国际保理业务惯例规则》（国际保理商联合会）；

2007 年修订的《跟单信用证统一惯例》（国际商会第 600 号出版物）；

2007 年修订的《审核跟单信用证项下单据的国际标准银行实务》（国际商会第 681 号出版物）；

2008 年修订的《跟单信用证项下银行间偿付统一规则》（国际商会第 725 号出版物）；

2010 年修订的《2010 年国际贸易术语解释通则》（国际商会）。

专栏 7 - 1

《跟单信用证统一惯例》的历史沿革

《跟单信用证统一惯例》（Uniform Customs and Practice for Documentary Credits，UCP）由国际商会（International Chamber of Commerce，ICC）起草，它不是国际公约，也不是信用证方面的成文法，但却是全世界公认的、到目前为止最为成功的一套非官方规定。80 多年来，160 多个国家和地区的 ICC 委员会持续为 UCP 的完善而努力工作着。

2006 年 10 月 25 日，在巴黎举行的 ICC 银行技术与惯例委员会 2006 年秋季例会上，以点名（RollCall）形式，经 71 个国家和地区 ICC 委员会以 105 票赞成，UCP 600 最终得以通过，新版本于 2007 年 7 月 1 日起实施。至此，使用了 13 年的 UCP 500 正式退出历史舞台，取而代之的是顺应时代变迁、顺应科技发展的 UCP 600。

这是 UCP 自 1933 年问世后的第六次修订版。UCP 600 共有 39 个条款，比 UCP 500 减少了 10 条，但却比 UCP 500 更准确、清晰，更易读、易掌握、易操作。而且，由于 UCP 在国际结算领域的重要核心地位，它的修订还带动了 eUCP、ISBP、SWIFT 等相应的修订和升级。

第二节　流通票据

国际结算中常用票据包括汇票、本票和支票。它由出票人或制票人签发，命令受票人

(付款人)或向收款人承诺在票据到期日向持票人支付票面金额。国际结算使用的票据通常是可流通票据。票据的流通性取决于票据上收款人的写法。英国《票据法》第8条规定：除非票据上写有“禁止转让”字样，或是表示不可流通之意，所有票据无论采用何种形式支付票款给持票人，该持票人有权将票据转让给他人。转让时需履行背书手续。来人票（To Bearer）不需背书，仅凭交付就可转让。一些国际贸易结算为了避免印花税，不使用金融票据，凭商业单据结算。

票据（Draft）是指那些反映债权债务关系、以支付货币为目的、可流通转让的付款凭证，又称金融票据。

专栏7-2

票据的特性

1. 流通性（Negotiability）。英国《票据法》第8条规定：除非票据上写出“禁止转让”字样，或是表示它是不可转让的意旨以外，一切票据无论它是采用何种形式支付票款给持票人，该持票人都有权把它流通转让给别人。

2. 无因性（Non－causative Nature）。产生票据权利义务关系的原因：一是出票人与付款人之间的资金关系；二是出票人与收款人、票据背书人与被背书人之间的对价关系。票据的无因性是指票据成立与否不受原因关系的影响，票据当事人的权利义务也不受原因关系的影响。

3. 要式性（Requisite in Form）。票据的要式性是指票据书面形式上包含的必要条件符合票据法规定的，就是有效的票据。票据的权利、义务全凭票据上的文义来确定，不需要过问票据基本关系的原因，而且票据本身是独立于基础合约的，这有利于票据的流通转让，即票据要式不要因。

4. 提示性（Presentment）。票据的提示性是指票据的持票人请求受票人履行票据义务时，必须在法定期限内向受票人出示票据，以表明占有这张票据，经确认后才能要求承兑或付款。无提示的票据是无效的。

5. 返还性（Returnability）。票据的返还性是指持票人收到票款后，应将票据交还付款人，作为付款人已付清票款的凭证，并从此停止该票据的流通过程。

一、汇票

汇票上通常有下述内容：（1）“汇票”字样；（2）无条件支付命令；（3）出票地点和日期；（4）付款期限；（5）一定金额货币；（6）付款人名称和付款地点；（7）收款人名称（抬头）；（8）出票人名称和签字。国际贸易中使用的汇票与国内异地结算时所使用的银行汇票不同。前者是“卖方开给买方的付款命令（order）”，而国内使用的银行汇票则是用于异地付款的，属于本票性质。

英国《票据法》中汇票（Bill of Exchange）的定义是：“汇票是由一人向另一人签发的书面无条件支付命令。发出命令的人签名，要求接受命令的人即期或定期或在可以确定的将来时间，将一定金额货币支付给一个特定人，或其指定人或来人。”

汇票的基本当事人包括：出票人（Drawer）、受票人（付款人）（Drawee/Payer）和收款人（Payee/Beneficiary）。出票人和收款人可以是同一人。收款人也可以是第三方，如卖方的供货商或融资银行。

汇票期限分为即期汇票（Sight/Demand Draft）和远期汇票（Usance/Time Draft），在使用中，常用 Draft 替代 Bill of Exchange。远期汇票需要买方承兑，其到期日的计算方法通常是承兑日（见票后）或出票日后若干天（月）到期。远期汇票到期前可在票据贴现市场出售。制定贴现率时通常要考虑下述三个因素：未到期的时间利息、机会成本和违约风险。票据贴现业务在亚洲国家十分流行，是本地区主要贸易融资手段之一。根据汇票的使用特点，可将汇票分为银行汇票和商业汇票、即期汇票和远期汇票、光票和跟单汇票，以及商业承兑汇票和银行承兑汇票。

二、本票和支票

国际贸易中使用的本票（Promissory Note）与国内本票相似。它是“买方开给卖方的书面付款承诺（Promise）”，其制票人（Maker）是买方，收款人是卖方，因此本票上只有两个当事人。

《日内瓦统一汇票、本票法》规定，本票须具备以下内容：（1）注明“本票”字样；（2）无条件支付承诺；（3）收款人或其指定人；（4）制票人签字；（5）出票日期和地点；（6）付款期限；（7）一定金额；（8）付款地点。本票有即期和远期之分。远期本票不需要承兑，到期日一般是出票后 × × 日/月到期（at × × days/months after date）。本票可以流通转让。远期本票也可以贴现。广义地讲，注明出票人负责付款的票据均属本票范畴，如商业本票（Commercial Paper）、银行本票（Banker's Notes）、国际小额本票（International Money Order）、旅行支票（Traveler's Cheque）、流通存单（Certificate of Deposit）、中央银行本票（Central Banker' s Notes）、各种债券和国库券等。本票与汇票的比较见表 7 – 1。

表 7 –1　本票与汇票的比较

项　目	本　票	汇　票
性质	无条件的支付承诺	无条件的支付命令
基本当事人	制票人和收款人	出票人、收款人和受票人
承兑行为	无	有
提示的形式	只有提示付款	提示承兑和提示付款
主债务人	制票人	承兑前是出票人，承兑后是承兑人
退票时是否作拒绝证书	不要求	要求
出票人/制票人与收款人可否为同一人	不允许	允许

各国票据法规定的支票提示期限不同。另外，国内支票分转账支票和现金支票，而国外支票则分别称为划线（Crossed）支票和未划线（Open）支票。支票上划上两条平行线，就是转账支票。没有这两条平行线的是现金支票。划线分普通划线和特殊划线。后者指在所划两条平行线中注明收款银行名字。由于各国法律和习惯不同，可以在支票正面划线，也可在支票背面划线。除了支票上可以划线外，汇票和本票上也可以划线。支票种类包括记名支票、来人支票、保付支票（Certified Cheque）和普通支票。支票与汇票的比较见表7-2。

支票（Cheque）与汇票相似，上面也是三个当事人，但其受票人永远是银行，出票人则是付款方。支票没有远期，只有即期。

表7-2 支票与汇票的比较

项　目	支　票	汇　票
出票人身份	仅限于银行的存款客户	无限制
受票人身份	仅限于吸收存款的银行	无限制
票据性质	出票人对受票行的付款委托书	无条件的支付命令
付款期限	即期付款，没有到期日的记载	即期付款和远期付款
承兑行为	无	有
主债务人	出票人	承兑前是出票人，承兑后是承兑人
保付行为	可以有账户银行的保付行为	无保付行为，但可有第三方保证行为
能否止付	可以	不可以
份数	一式一份，没有副本	可有副本，一式两份或多份

三、票据行为与正当持票人

票据行为有狭义和广义之分。前者指以产生票据上一定权利义务关系为目的而发生的法律行为，包括出票、背书、承兑、参加承兑和担保。其中出票是基本票据行为或主要票据行为，其他行为是在签发票据后发生的，称为附属票据行为或从行为。背书行为是汇票、本票和支票共有的行为，而承兑与参加承兑仅为汇票所有。广义的票据行为指票据权利义务关系的发生、变更或消灭所必须履行的法律行为，包括付款、提示、参加付款、拒付、退票和追索。

可流通票据的一个重要条件是：票据开出时必须是无条件的，票据开出并转让后，就与原交易无关，正当持票人不受原交易当事人之间纠纷和抗辩的影响，票据法保护正当持票人

正当持票人（Holder in Due Course）应具备的条件是：他的前手背书是真实的；票面完整正常；取得票据时，票据没有过期；不知道票据曾遭退票；不知道转让人的权利有何缺陷；自己支付过对价和善意地取得票据。

的权利。持票人享有的权利包括；提示票据要求付款或承兑的权利；背书和转让票据的权利；拒付时向前手发出退票通知和行使追索权；用自己名义起诉的权利；丢失票据时获得副本的权利；在票据上划线和委托银行托收票款的权利。在国际结算实务中，持票人应该了解有关国家票据法规定，以免吃亏上当。例如，在伪造背书这个问题上，各国票据法规定不同。英国《票据法》认为伪造背书的后手不是持票人，他对伪造背书的前手没有追索权。而承认《日内瓦公约》（*Geneva Convention*）的国家则认为伪造背书的后手仍然是持票人，对伪造背书的前手有追索权，但需证明自己不知道伪造背书事情。

第三节　国际结算的主要方式

在国际贸易中，买方需根据买卖合同中要求的付款方式与银行签约，以便执行付款。银行可为客户提供不同方式的结算服务。例如，当买卖双方相互信赖时，合同中可规定预付货款（Payment in Advance）或赊账（Open Account），买方银行为此提供汇款服务。当卖方对买方的商业信用感到担忧时，为了控制物权，可要求银行提供托收服务。当卖方首次与买方接触，不了解买方信用时，可在合同中规定信用证付款方式，买方银行可为买方提供信用证结算服务。由于信用证结算费用高和手续烦琐，它在国际结算中的使用率正呈现下降趋势。取而代之的是备用信用证和银行保函，而备用信用证和银行保函的使用需要良好的法律环境和信用制度，否则会为商业欺诈提供便利。总之，银行提供的国际结算服务根据贸易形式发展而不断推陈出新，以适应进出口商的需要，其使用通常结合交易情况、市场销售情况、对方资信情况等由买卖双方协商确定，是平衡买卖双方利益的一种手段。

一、汇款

汇款（Remittance）又称国际汇兑，它是付款方通过银行将应付款项汇给收款人的结算方式。

汇款的基本程序是：买方向银行提出汇款申请，填写汇款申请书，包括收款人的名称、地址、金额、币种和汇款人的名称、地址、款项用途等。然后按外汇牌价交纳本币和银行手续费。银行根据申请书的内容向其在收款人（卖方）所在地的代理行（解付行）发出通知（Payment Order，P. O.）和银行间资金转移的银行划拨指示（Bank Transfer，B. T.）。

若用电报通知就是电汇（Telegraphic Transfer，T/T），若用信函通知就是信汇（Mail Transfer，M/T）。解付行收到P. O. 和B. T. 后，通知收款人到银行取款。也可以采用银行汇票汇款：汇款人按照外汇牌价交给银行本币后，银行开出外币汇票交给汇款人，汇款人将银行汇票寄给国外收款人，银行同时将票根寄给国外解付行，以便核对，这就是票汇（Banker’s Demand Draft，D/D）。收款人收到寄来的银行汇票后，到银行凭票提款。解付行也可以按照P. O. 上的指示，凭收款人提交的规定单据（如提单）解付。

上述三种汇款方式各有利弊。电汇使用电报和电传，用密押证实。信汇采用信汇委托书或支付委托书，用印鉴证实。票汇采用银行即期汇票，用签字证实。电汇手续费较高，但速度快，较安全。信汇和票汇的费用略低些，但速度慢，在邮寄途中存在遗失和延误风险。票汇虽有背书转让的灵活性，但是汇款人一旦寄出汇票，就不能止付，除非遗失，其挂失手续也比较麻烦。随着电子商务的发展，采用国际银行间金融电讯协会（SWIFT）计算机网络系统汇款速度快，费用低，但只有 SWIFT 会员银行才可提供此种服务。

二、托收

（一）托收中的当事人

托收（Collection）是指出口商在发运货物后，将金融票据和/或商业单据交给本地银行（托收行），委托后者按照委托人的指示通过其在进口地的代理行或分行向国外进口商收取货款的一种结算方式。

托收业务中的基本当事人包括委托人（Principal）、托收行（Remitting Bank）、代收行（Collecting Bank）、提示行（Presenting Bank）。委托人通常是出口商或任何委托银行托收票款的人。托收行是出口商所在地的银行。代收行是进口商所在地的银行。托收行与代收行之间有代理行关系，以便将托收款项从代收行划拨至托收行账户上。如果代收行与进口商不在同一地点，代收行会委托其在进口商所在地的联行/分行/代理行向进口商/付款人提示票据和/或单据。

（二）托收操作程序

托收的基本操作程序是：卖方根据合同要求装运货物，并制备合同要求的单据。运输单据（提单）上的收货人做成可流通形式，以便卖方控制物权。卖方向其银行即托收行申请托收服务。国际商会出版物第 522 号《托收统一规则》（URC522）规定：托收委托人（卖方）须提供准确的托收指示，被委托的银行只是尽力替委托人收款，没有提供付款承诺，托收业务中的商业风险由委托人承担。因此，银行要严格按照委托人的指示办理托收业务，否则要对自己的行为负责。为此，银行向委托人提供印有标准条件的托收申请书，供申请人挑选和填写。卖方按要求填写完申请书后，将有关单据和托收服务费交给银行，并从银行得到回执。银行按照申请书内容填写托收委托书（或托收指示），寄给其在国外的代理行（代收行），代收行严格按照托收指示中的交单条件办理托收业务。

（三）交单条件

交单条件分为即期付款交单（D/P at sight）、远期付款交单（D/P at tenor）和承兑交单（D/A）。当交单条件是即期付款交单时，买方付款赎单后，持提单到承运人处提货。如果是远期付款交单，买方先在卖方开出的汇票上承兑，并将其交给代收行，等到汇票到期时付款赎单。如果是承兑交单，买方承兑卖方开出的远期汇票并交给代收行后，代收行放行单据给买方，买方凭提单提货，等到汇票到期时，代收行第二次提示汇票，要求买方付款。也可以凭买方提交的远期本票交单，本票内容应符合托收指示。

（四）托收种类

上面介绍的是跟单托收（Documentary Collection）；代收行控制物权单据（提单），买方不付款/承兑，就得不到提单。这是金融票据附带商业单据的托收。另外一种跟单托收是商业单据不附带金融票据的托收。前者的好处是买方银行代表买方承兑的远期汇票容易在货币市场上贴现出售，用于资金融通业务。后者虽可以避免印花税，但同时失去前者的便利。此外，还有光票托收（Clean Collection）和直接托收（Straight Collection）。前者指只有汇票、没有商业单据的托收，通常用于收取货款尾数、代垫费用、佣金、样品费、贸易从属费等金额不大的款项。后者指卖方与托收行预先签订协议，托收行将托收委托书交给委托人填写并直接寄给代收行，托收行仍然承担 URC522 规定的责任。这样做可以减少托收行审单程序，加快托收速度。

（五）托收风险

在托收业务中，对物权单据的控制可以降低买方拖欠风险（Default Risk）。但是，对卖方来说，这种结算方式仍然存在很大的商业风险。例如，买方国市场行情发生变化、买方国政治和经济突发事件以及买方破产，这些因素均可导致买方拒绝付款/承兑和获取单据。因此，托收结算只适用于买方资信情况良好、卖方推销积压产品或开拓市场的情况。

三、信用证

信用证（Letter of Credit，L/C）是银行（开证行）根据买方（申请人）要求及指示向卖方（受益人）开立的在一定期限内凭符合信用证条款单据即期或在一个可确定的将来日期兑付一定金额的书面承诺。

这种承诺是有条件的，要求提交信用证规定的单据和单证必须相符。当买卖双方首次接触，不了解对方商业信誉，或担心对方的商业/国家风险时，常在合同中规定使用信用证付款方式。

（一）信用证业务概述

银行信用的介入可使买卖双方均感放心，从而促成交易顺利进行。例如，买方担心卖方不能按时交货或卖方交劣质货物时，可在信用证中规定最迟装运日和卖方必须提交买方指定机构签发的商品检验证书，证书上的内容须符合信用证要求等。卖方担心交货后买方不能按时付款，可以要求买方银行以信誉作担保，只要卖方按照信用证规定提交单据，单据内容与信用证规定相符，开证行必须付款。

1. 信用证交易的基本要求。为了避免信用证交易中可能出现的纠纷，买卖双方在销售合同中至少要就下述内容达成一致，并要有相同的理解：(1) 信用证是否可撤销、是否需要转让和是否需要保兑；(2) 是即期付款信用证、延期付款信用证、承兑信用证，还是议付信用证；(3) 信用证上的计价货币和金额（与合同上一致）；(4) 信用证的有效期，也是最迟交单日；(5) 最迟装运日和交单日，卖方交货或装运货物后，需要有足够的时间制备和审核信用证规定的单据，以保证交单时单证相符；(6) 是否允许分批装运和是否允许转运，如易碎商品避免转运；(7) 信用证中的商品名称，发票上的商品名称必须与信用证上的完全一致，其他单据上可用简称；(8) 使用哪种运输单据，根据不同运输方式，以及国际贸易术语确定，如 FOB、CIF、DDP 等，它涉及谁负责清关、组织运输和承担运输途中的风险及费用；

(9) 规定提交哪些单据，买方的要求必须用单据体现出来，如商业发票、包装单、码单、保险单、海关发票、领事馆发票、产地证、商品检验证书、动植物检疫证明、计量证书等，如果信用证没有规定相应的单据来证明，银行可视其不存在；(10) 有无特殊条款（特殊信用证）和是否要求提交单证相符证明。

2. 信用证交易中的当事人。从法律角度讲，信用证是开证行（Issuing Bank）与受益人（Beneficiary）之间的契约，开证行和受益人是信用证上的主要当事人。如果信用证加上保兑，保兑行（Confirming Bank）也是主要当事人，因为保兑行承担的风险与开证行相同。从责任角度讲，信用证交易还涉及一些其他当事人，包括申请人（Applicant 或 Accountee）、受益人和开证行在出口国指定办理信用证业务的银行，如通知行（Advising Bank）、指定的即期付款行（Payment Bank）/延期付款行（Deferring Payment Bank）/承兑银行（Acceptance Bank）/议付行（Negotiating Bank），统称为指定银行（Nominated Bank），还包括代表指定银行向开证行索汇的索偿行（Claiming Bank）和代表开证行补偿索偿行的偿付行（Reimbursing Bank），以及可转让信用证交易中的转让行（Transferring Bank）、背对背信用证交易中的第二开证行（Secondary Bank）和预支信用证中的预支行（Advance Bank）等。

信用证的申请人是进口商，受益人是出口商。通知行通常兼作指定银行，是出口商所在地的银行。指定银行通常兼作索偿行。偿付行通常就是开证行。如果指定银行与开证行之间没有账户关系，通常由指定银行的总行作索偿行，因为通常由总行与国外银行建立代理行关系。偿付行也可以不是开证行，例如，中国银行天津分行开证开给德国出口商的信用证用美元计价时，可指定中国银行纽约分行作偿付行，因为信用证上的计价货币是第三国货币，不是人民币和欧元。

（二）信用证交易程序

信用证的基本操作程序和注意事项如下：买方根据商业合同规定向自己的银行（通常是开户行）提出开证申请。开证行提供带有标准条款的开证申请书，供买方选择和填写。申请书中除了前面提到的基本条件外，还要包含下列内容；(1) 根据 UCP 600 开立信用证；(2) 是否由申请人负责买保险；(3) 开立信用证前是否要由有关政府部门批准（如外汇管理局等)；(4) 申请人交纳保证金和开证费；(5) 银行对受益人提交的单据格式、完整性、准确性、真实性及其伪造不负责任（UCP 600 第 34 条款，银行对单据有效性的免责)；(6) 申请人同意支付与开证有关的费用（邮递费和电报费等)；(7) 申请人同意补偿开证行为信用证业务支付的其他费用（如指定银行的保兑费和承兑费等)。

买方根据申请书中的提示和合同中与卖方达成的一致条款填写一式两份开证申请书，签字盖章后，交给开证行。开证行签字盖章后，将其中一份交还给申请人。这就是申请人与开证行之间的开证协议。买方有责任向开证行提供完整准确的指示。开证行必须按照申请书内容开立信用证，否则对申请人负有赔偿责任。申请人交纳开证费和保证金（Deposit)。

信用证是开证行致出口商（受益人）的信函。在信用证中，开证行向信用证受益人承诺：只要受益人提交信用证规定的单据，单据内容符合信用证条款，开证行保证付款。如果受益人认为开证行的信誉不可靠，可以要求另一家信誉好的银行（通常是出口商所在地的银行）在信用证上加上“保兑”条款，使受益人得到两家银行的付款承诺。由于开证行和保兑行的承诺是相互独立的，在单证相符情况下，开证行无力承付符合信用证下提交的相符单据时，保兑行必须付款；保兑行无力承付相符单据时，开证行不得以交单期限已过为由拒绝付款。受益人交单时不得绕过保兑行（除非征得保兑行书面同意），否则保兑行的责任自动解除。

根据申请人的要求，信用证的开立方式可以是信开/电开/SWIFT 开立。开立出来的信用证必须由开证行在国外的代理行、联行或分行通知受益人，不能由开证行直接寄给受益人，因为需要由通知行根据印鉴或密押审核信用证的真伪（UCP 600 第 9 条款）。受益人收到信用证时，经检查符合进出口合同条款和没有办不到的条件后（否则受益人会通过通知行向开证行提出修改信用证的要求），才会备货/装运和按照信用证规定制备所有单据，并在信用证到期日之前将票据和/或单据交给信用证中指定的银行（通常是出口商所在地的银行）。指定银行根据信用证内容审核单据和确定单证相符后，按照信用证要求或者即期付款，或者承诺延期付款，或者承兑受益人开给指定银行的汇票，或者议付（出口押汇）受益人开给开证行或偿付行的汇票和/或单据，然后寄单给开证行，并向开证行或信用证中指定的偿付行索汇。

开证行接到国外指定银行寄来的单据后，经审核认为单证相符，填写进口押汇（AB）通知书，通知申请人来银行办理赎单手续，同时补偿国外指定银行。申请人凭有关单据找承运人提货，从而完成信用证交易。

如果开证行和保兑行认为单证不符，必须在收到单据后翌日起的 5 个工作日内用快捷方式及时向寄单行（指定银行）发出拒绝通知，通知上要列明全部不符点，并要说明单据代为保管和听候处理，或将单据照原样退回。如果开证行未能按照上述要求去做，开证行无权拒付（UCP 600 第 14 条款）。图 7－2 介绍了信用证一般交易程序。

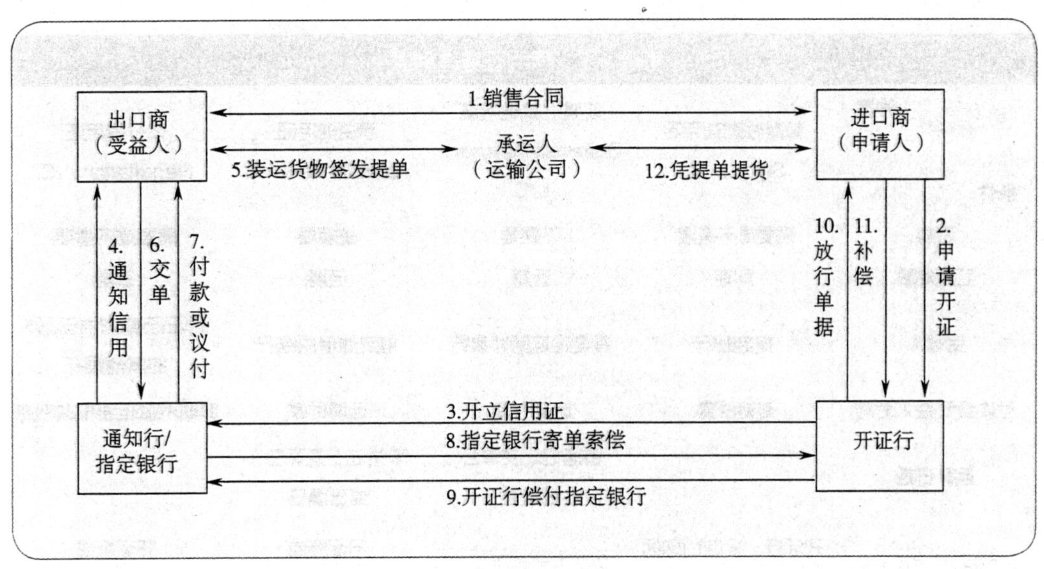

图 7－2 信用证一般交易程序

专栏7-3

孟加拉国信用证重大风险提示

2018年以来，孟加拉国（The Farmers Bank Limited）银行因信用证频繁违约，给中国企业造成巨大损失。2019年1月20日，中国驻孟加拉国大使馆经济商务参赞处在官网上发布安全风险提醒，正式将该银行列入黑名单。根据孟加拉国外汇管理的有关规定，除特殊情况外，进出口的对外支付一般都必须采用银行信用证的方式。

由于孟加拉国商业银行的信誉普遍较差，许多开证行违规操作，在中国公司对孟加拉国出口的业务中，经常遇到在没有不符点的即期信用证交单情况下，拖延付款时间，或在客户没有办理付款手续的情况下放单，客户提货或看货后向出口商提出质量索赔，迫使出口商降价，导致经济损失。这种情况主要发生在水果蔬菜（生姜、苹果）、化工原材料和纺织原材料的出口中。

如果文件出现不符点，当时的市场价格下跌，有些客户则退单拒付，或趁机向出口商提出高额索赔，迫使出口商降价，从而蒙受较大的经济损失。银行退单后，货物的处理非常困难。货物的退回和转手必须经原客户的同意才能办理，手续烦琐，客户一般都不会采取合作的态度，所以退运回去的情况很少，即使退运回去，损失也非常严重。按孟加拉国海关规定，货物滞留在港口超过3个月（水果蔬菜类45天）不清关，货物将由海关拍卖，拍卖收入上缴国库。

（三）信用证种类

UCP 600第6条款规定：信用证必须规定其是以即期付款、延期付款、承兑还是议付的方式兑用。这说明信用证必须是这四种信用证中的一种。UCP 600第7条款规定了开证行和保兑行对这四种信用证的承付责任。这四种信用证及其使用方法见表7-3。

表7-3 信用证基本种类

种类 条件	即期付款信用证 Sight L/C	延期付款信用证 Deferred Payment L/C	承兑信用证 Acceptance L/C	议付信用证 Negotiation L/C
汇票	需要或不需要	不需要	必须要	需要或不需要
汇票期限	即期	远期	远期	即期
受票人	指定银行	指定的延期付款行	指定的承兑银行	开证行或议付行以外的其他银行
付款给受益人时间	即期付款	远期付款	远期付款	即期付款但要扣减利息
起算日期		装运日、交单日或其他	承兑日（见票日）或出票日	
使用信用证银行	开证行、指定的即期付款银行或通知行	开证行或指定银行	开证行或指定银行	开证行或指定银行

上述分类是为了便于学习。在现实中，即期付款信用证中可以有部分远期付款（担保性质），远期信用证中可以有部分即期付款（定金性质），并无明确界限。因此，信用证当事人应认真完整地阅读信用证内容，避免误解。另外，虽然所有信用证都注明根据 UCP600 开立，但是当信用证条款与 UCP 600 规定抵触时，信用证条款优先，因为信用证受合同法保护，而国际商会不是立法机构，只是民间团体，其提供的专家意见只能作为法庭裁决的参考意见。在发达国家，信用证下的纠纷不能根据普通法和衡平法裁决，只能根据判例法裁决，所以专家的意见很重要。

除了上述四种信用证之外，根据不同交易情况可派生出各种不同性质信用证。根据开证行所负责任，信用证有不可撤销信用证和可撤销信用证之分；根据信用证是否加具保兑，有保兑信用证和未保兑信用证之分。不可撤销信用证（Irrevocable Credit），指在信用证有效期内，未经信用证主要当事人同意，开证行不能片面修改或撤销信用证。只要受益人提交了符合信用证条款的单据，开证行必须履行付款义务。UCP 600 第 3 条款规定，信用证是不可撤销的，即使未如此表明。可撤销信用证（Revocable Credit），指指定银行受理并认为单证相符之前，开证行可随时修改和撤销信用证。如果指定银行已经确认单证相符/承付信用证下款项，开证行无权撤销或修改信用证。对于出口商来说，可撤销信用证没有任何付款保证，通常用于推销滞销产品和开拓市场。保兑信用证（Confirmed Credit），指根据申请人的要求，开证行指示通知行或其他银行加上保兑。保兑信用证必须是不可撤销信用证。未保兑信用证（Unconfirmed Credit），指仅由开证行承诺付款的信用证。如果开证行是信誉卓著的大银行，受益人通常不要求保兑，可以避免保兑费（与开证费相等）。在上述四种信用证上加上特殊条款，可使其变成特殊信用证，例如加上可转让条款，就是可转让信用证；加上预支条款，就是预支信用证（Advance/Red Clause L/C）。

1. 可转让信用证（Transferable L/C），指开证行授权指定转让行（通知行或指定银行）在第一受益人（中间商）要求下将信用证全部或部分使用权转让给实际供货方（第二受益人）。信用证经转让后，由第二受益人按照转让后信用证内容办理交货和向转让行交单要求付款。然后再由第一受益人按转让前信用证内容交单，并获得转让后信用证与转让前信用证差价。

2. 预支信用证（Advance Credit），指在信用证中列入特别条款，授权指定银行在受益人交单前，凭受益人提交规定的票据和交单承诺书，部分或全部预支信用证款项。待受益人装运货物和正式交单时，再从票款中扣除预支款加利息。由于预支指示是开证行按照申请人请求发出的，如果受益人未能按时交单，由申请人负担开证行向预支银行赔偿的拖欠款项和利息。

此外，还有可反复使用的循环信用证（Revolving L/C）、易货贸易中使用的对开信用证（Reciprocal L/C）、为申请人提供融资的假远期信用证（Buyer's Usance Credit）、无法使用可转让信用证时开立的背对背信用证（Back - to - Back Credit/Counter Credit）、根据国际金融机构援助协议开立的信用证（Credit Under Aid Agreement）、用于两国间对销贸易结算的代管待付信用证（Escrow Credit）、为了缩短单据传递时间而由受益人直接寄单给申请人的快速跟单信用证（Quick Documentary Credit）等，每种信用证的使用方法不完全相同。

专栏 7－4

谨防信用证中的软条款

基本案情：

2017 年 12 月 25 日，我国 A 银行收到某国 B 银行的即期不可撤销信用证，申请人为某国的 D 公司，受益人为我国一外贸公司下属的食品加工企业 C。A 银行收到信用证后认真审查了该证，发现有一软条款“检验证书由 D 公司某办公室的张先生出据，一式两份”。工作人员在通知受益人时，指出了该软条款，提醒受益人注意。受益人称该张先生现驻其公司，未提出异议。后来 C 公司在信用证有效期内分为两次发货，并提交规定单据到 A 银行议付。第一次议付时间是 2018 年 1 月 29 日，金额为 26 800. 00 美元，准时收回货款。第二次议付时间是 2018 年 2 月 5 日，议付金额为 107 520. 00 美元，因该证有偿付行，议付行及时收到了押汇款。可时隔几日，开证行发电至议付行，称该单据有不符点，“检验证书上签字系伪造”，拒付并要求退回已收到的偿付行的款项。同时，申请人 D 公司驻我国办事处也来人到 A 银行，称他们收到的为空箱，根本没有货。A 银行意识到问题的严重性，经研究作出决定：首先要保证资金安全，收到的款项不能退回。并根据 UCP 600 的相关规定给开证行发电据理力争，毫不退让。经过交涉，开证行最终于 2018 年 3 月 15 日同意付款。

案例评析：

本案涉及的问题虽然得到了最终解决，但软条款背后所反映出的问题却值得深思。软条款是一些非正常性条款，也是出口商所不应接受的。众所周知，由开证行或开证申请人的授权人签发检验证这一条款不仅违反了有关进出口商品检验需由一个独立于贸易关系人之外的第三者，一个有资格、有权威性的检验专业机构来执行的惯例，而且也违背了 UCP 600 中关于银行不介入买卖或不参与交易的规定。假设企业所交货物与合同规定完全一致，开证申请人授权的代表也出具了检验证，只要开证申请人勾结银行，指示银行否认该代表是经该行同意的，那么企业就不能从银行获得货款。因此，为了保障出口商的权益，应加强对信用证条款，尤其是软条款的审核，以便及早发现问题，及时接洽进口商通过开证行来函或来电进行修改或删除，为顺利出运货物和安全及时收汇打好基础。

四、银行保函与备用信用证

随着国际贸易的发展，从事国际贸易的商人要求银行提供高效率的结算服务，以便国际贸易中货与款之间更加顺利地交换。普通商业信用证手续烦琐，单据要求复杂，费用高且结算时间长，为买卖双方带来诸多不便。而银行保函和备用信用证的手续简便，单据要求简单，结算时间短，为买卖双方带来很多方便。因此，在法律和信用制度比较健全的国家，越来越多进出口商采用银行保函和备用信用证结算方式。

（一） 银行保函

银行保函（Letter of Guarantee，L/G）是指银行应客户要求向原交易的另一方担保该交易项下某种责任或义务的履行，以及在规定期限内承担支付一定金额责任或经济赔偿责任的书面付款承诺。

其作用是保证申请人履行原合约责任，并在违约时负责对受益人作出赔偿（第二性付款责任），或旨在保证受益人在其履行合同义务后得到其应得合同价款的权利（第一性付款责任）。它是款项支付的信誉承诺和货币支付保证书。

1. 保函当事人及其权责。银行保函的当事人包括：委托人或申请人（Applicant）；受益人（Beneficiary），即有权按保函规定出具索款通知和有关单据并向担保行索取款项的人；担保行（Guarantor），指开立保函的银行；接受担保行的委托，将保函通知给受益人的通知行（Advising Bank）和按照申请人指示向受益人所在地银行发出开立保函的委托指示，并保证在受托行（实际担保行）遭受索赔时立即予以偿付的反担保行（Counter Guarantor），以及为保函提供保兑的保兑行（Confirming Bank）。

委托人的责任包括：向担保行提供明确指示（申请书）；担保行按照保函规定付款给受益人后委托人立即补偿担保行；支付保函项下一切费用和利息；根据担保人的要求，预支部分或全部押金。担保行的权责包括：接受开立保函申请书后有责任按照申请书内容开出保函；开出保函后有责任兑现保函受益人提交的规定单据；如果委托人不能立即补偿担保行支付之款，担保行有权处置押金、抵押品和担保品。如果处置后仍不足以抵偿，担保行有权向委托人追索不足部分。受益人的权利是：在保函有效期内提交保函规定的单据和声明以及向担保行索偿并获得付款。

2. 保函与信用证和 URDG 458 规定。根据国际商会 1992 年出版的《见索即付保函统一规则》（第 458 号出版物 URDG 458）的规定，银行保函本身及其修改须注明根据 URDG 458 开立/签发。除非另有规定，所有保函和反担保函均是不可撤销的。银行开立出不可撤销保函后，只要受益人未表示拒绝，该承诺具有约束力。目前使用的银行保函以独立性银行保函为主，即保函中的条款必须单据化，担保银行凭单付款，只要单据表面与保函条款一致，开立保函的银行必须付款。在从属性银行保函中，担保人要承担调查取证的责任。

与普通商业信用证不同的是：除非在保函或其修改书中另有规定，否则受益人不得自行转让保函中的权益。保函的单据要求简单，主要是索赔书（Written Demand）和书面违约声明（Written Statement of Breach）。违约声明可以包含在索赔书中，也可以是独立的（附在索赔书上），还可以附上验货人证明（Surveyor's Certificate）、工程师证明、仲裁裁决书和其他单据，并要求单单一致。保函都是见索即付，没有远期保函。保函中的单据条款简单，其审单时间比跟单信用证的审单时间要短得多。前者只需要一天左右的时间，而后者则需要在 7 天之内完成审单。另外，URDG 458 对银行的免责规定与 UCP 500 相似。但开证行因不可抗力终止营业时，免除付款责任。而开立保函的银行在恢复营业后只能免去利息责任，仍然要支付保函中的款项，条件是受益人的付款要求是在保函有效期内提出来的。

3. 反担保业务（Counter Guarantee）。当保函受益人对申请人（委托人）的银行信誉感到担心时，可要求委托人的银行开立反担保函给受益人所在地的银行，由后者（担保行）根据反担保函指示向受益人开立银行保函。这种担保形式被称为间接担保。反担保函的受益人是被担保方的银行。在担保行向反担保行索汇时，除了要提交上述规定的单据外，还要求担保人的书面声明，其内容包括：担保人已收到索款要求以及索款要求符合保函条款和符合URDG 458 第 20 条款（单据及其内容要求）。

4. 银行保函业务中的法律问题和银行保函种类。需要指出的是，见索即付保函（Demand Guarantee）与保证书（Surety ship Guarantee）不同，前者凭单付款，担保人没有义务调查违约事实，而后者的付款取决于委托人的违约事实。尽管所有银行保函都是根据 URDG 458 开立的，但是 URDG458 不是法律，例如，所有银行保函都规定了有效期，按照 URDG 458 规定，过了有效期，保函自动失效；然而，有些国家法律规定，在正本保函退回前，保函仍然有效，甚至规定保函到期之后一段时间内仍然有效。此时，URDG 458 必须服从这些强制性规定。开立保函前，所有当事人应该了解有关国家法律，以免在交易中处于被动地位。

前面介绍保函申请人既可以是买方也可以是卖方，其使用比普通跟单信用证范围广，而且灵活。按照银行保函的使用范围划分，可分为出口类保函（申请人是卖方，受益人是买方），包括投标保函、履约保函、预付金保函、保留金保函或留置金保函、质量保函、维修保函；进口类保函（申请人是买方，受益人是卖方），包括付款保函、延期付款保函和租赁保函。另外还有对销贸易中使用的保函，如补偿贸易保函、来料加工和来料装配保函；非贸易类保函，包括借款保函、关税保付保函、账户透支保函、保释金保函、票据保付保函、提货担保、费用保付保函和认赔书（Letter of Indemnity，LOI）。认赔书既可以用于出口（如信用证受益人用认赔书替代提单），也可以用于进口（例如，信用证下货物先到，而单据还未寄到时，申请人可凭开证行开立的 LOI 从承运人处提出货物，单到后，用提单从承运人那里出换回 LOI）。

（二）备用信用证

备用信用证（Standby L/C）又称担保信用证，是指不以清偿商品交易价款为目的，而为货款偿付、预防违约事件开立的信用证。

1. 备用信用证产生的原因。备用信用证最初出现在美国。当时，美国银行管理当局禁止商业银行从事担保业务，认为提供担保的商业银行为他人违约承诺付款时使用的是存款人的钱，风险太大。但是由于银行保函业务收入高，商业银行很想做此业务。美国商业银行为了避开这一限制，采用信用证承诺付款方式（避开了担保形式），出现了备用信用证这一金融创新工具。今天，除了在少数业务领域中有限制外，美国法律已不再禁止商业银行从事保函业务。

从法律角度看，备用信用证的性质与见索即付保函十分相似，都是银行提供担保，其区别在使用习惯和专业术语方面。过去，国际商会颁布的 UCP 将备用信用证包括在内，但是，随着在国际贸易和金融领域中使用的扩大，备用信用证种类越来越多，UCP 规则适用于备用信用证的局限性变得更加突出，UCP 中大部分条款不适用于备用信用证。为了处理备用信用证使用中出现的诸多具体问题，国际银行界认为有必要为备用信用证的使用制定单独规则。国际商会意识到这一要求，于1999年1月1日正式颁布《国际备用信用证惯例》（ISP 98）。

2. 备用信用证的特点。从信用证格式和操作程序上看，备用信用证与普通商业信用证相同，也是凭单付款，要求受益人提交信用证规定的单据，以及银行只处理单据，不负责调查违约事实，单证相符时，银行必须付款。国际商会制定的《跟单信用证统一惯例》（UCP），一直将备用信用证包括其中，如1974年的UCP 290、1984年的UCP 400、1993年的UCP 500及2007年的UCP 600中一直提到备用信用证。

ISP98的第1.04条款规定：将本规则写入备用信用证本身，保兑，通知，指定，修改，转让，开立请求或与开证人、受益人、通知行、保兑行、指定银行和申请人达成的其他协议中时，本规则才适用。这说明备用信用证的当事人与UCP 600涉及的当事人相同。ISP98第2.01条款规定：单证相符时，开证行必须付款，以及备用信用证可以是即期付款信用证、承兑信用证、延期付款信用证和议付信用证（必须是指定银行议付）。本条款规定的开证行和保兑行责任与UCP 600第8、第9条款中的规定相同，这说明其操作方法与普通商业信用证相似。

3. 备用信用证与普通商业信用证的不同点。在普通商业信用证业务中，银行承担的是第一性付款责任（Primary Obligation），只要受益人向指定银行提交信用证规定的单据和满足信用证条款，开证行必须付款。只有在受益人装货或履约时，才能得到信用证规定的单据和按时交单。信用证的申请人永远是买方，而受益人总是卖方。总之，普通商业信用证的使用目的是为了履约，而银行保函和备用信用证的使用目的通常是为了防止违约，只有在申请人违约的情况下，受益人才可以使用它，受益人提交的单据是证明违约的。备用信用证申请人可以是买方，也可以是卖方。

4. 备用信用证的种类和使用。备用信用证已发展成为一个全方位贸易和金融结算工具。在商业方面，它既可以用于第一性付款责任，如直接付款备用信用证（Direct Pay Standby），也可以用于第二性付款责任，如商业备用信用证（Commercial Standby），用于违约时付款。此时的申请人都是买方，受益人是卖方。备用信用证的申请人也可以是卖方，如履约备用信用证（Performance Standby）、预付款备用信用证（Advance Payment Standby），此时的受益人都是买方。另外还有投标保证金备用信用证（Bid bond/Tender bond Standby），其申请人是投标人，受益人是招标人。反担保（或对等担保）备用信用证（Counter Standby）与银行反担保函性质相同。在金融方面，金融备用信用证（Financial Standby）用于偿还贷款的担保，保险备用信用证（Insurance Standby）用于保险公司保险和分保业务的偿付。备用信用证还可以用于商品和金融期货交易的保证金以及股票和债券买空卖空交易的保证金等。

第四节　国际结算中的单据

国际结算中的单据（Documents）是指进出口交易过程中使用的一系列证明文件。银行介入国际贸易并为其提供结算、担保和资金融通服务的前提是"货物单据化"。货物单据化指单据转移代表货物转移，单据代表物权，交单等于交货。在国际结算中，银行处理的是单据，不是货物。银行只管单，不管货。这样做是为了避免卷入贸易纠纷，因为银行不懂货。单据分为用于商业目的单据（如发票、提单、保险单、分析证书、重量证书、商品检验证书、包装单、重量单或码单等）和用于官方目的单据（如领事馆发票、海关发票、产地证、签证发票、出口许可证、健康证书等）。下面简单介绍国际结算中使用的基本单据：商业发票、提单和保险单。

一、商业发票

商业发票（Commercial Invoice）是指出口商向进口商出具的一种记载所售货物数量、货物规格、货物价格及金额等内容的文件。

其主要功能体现在以下四个方面：（1）商业发票是出口商出具的一种售货证明，是出口商进行账务核算的依据；（2）商业发票是进出口双方进行纳税的依据；（3）商业发票是进口商核对所收货物的主要依据；（4）商业发票是进口商付款的依据，特别是在信用证不要求汇票的情况下，可替代金融票据，起到付款凭证的作用。

商业发票无统一格式，其内容主要包括三个部分：（1）发票首文，主要指发票应列示的一些基本情况，如发票的号码、发票的出票日期、进口商名称及详细地址、运输方式、装运地点和目的地等内容；（2）发票本文，主要指发票应列示的有关所售货物的数量、价格等内容的情况，如货物的唛头及号码、货物的数量及描述、货物的单价及总金额等；（3）发票结文，主要指卖方的名称及买方要求的卖方有权签字人的签字，有时还包括出口商出具的证明或声明等内容。

鉴于发票内容反映了合同中的主要条款，它在全部单据中起核心作用。有时，卖方在"发票"前注明"形式"（Proforma）字样，以此作为买卖双方签约的"简易合同"。卖方还可在商业发票上作证明，证实发票内容属实或符合形式发票内容。这种发票被称为"证实发票"（Certified Invoice）。

二、运输单据

国际贸易中使用的海洋运输单据通常被称为"提单"或"提货单"（Bill of Landing），是由承运人或其代理人签发给托运人的运输单据。

它表明：（1）收到提单上列出的货物（货物收据作用）；（2）提单的合法持有人可凭此提单从承运人处提到单据上列出的货物（物权凭证作用）；（3）提单背面印就运输条款（运输合同作用），详细规定承运人和托运人的权责。只有港至港海运提单以及最后一程运输是海运的多式运输单据才具备上述三种作用。其他类型运输单据只具备货物收据和运输合同作用，如空运单据、不可流通海运单、公路/铁路/内河运输单据以及邮政收据和快递收据。租船提单的作用取决于"租船合同"内容。含有物权的运输单据凭正本单据提货。对于不含物权的运输单据来说，提货时不用提交运输单据，货交具名收货人，因为一张运输单据随货运抵目的地。收货人凭卸货港发出的货到通知书和身份证即可提取货物。

在国际结算中，卖方或银行为控制物权，通常要求提单收货人做成“按托运人或银行指令”形式（to Order of Shipper or Banker），以便背书转让，并要求提单上有“已装船（ON BOARD）”字样，以保证货物确实发运出来。另外，由于提单的转让属于“交付转让”，后手继承前手缺陷。在信用证业务中，银行只检查提单正面内容。正面内容主要有：托运人、承运人、收货人和被通知人的名称及地址；船名及航次；收货地和/或装运港；卸货港和/或目的地；货物情况详细描述；运费；签发提单的地点和日期；正本份数；承运人或其代理人签字盖章和提单编号等。

 专栏 7－5

倒签提单危害大

基本案情：

我国某公司与瑞士某公司签订出售某农产品 3 500 公吨的合同，每公吨 C. I. F. 鹿特丹 24 英镑共值 84 000 英镑。装船日期为当年 12 月至次年 1 月，对方以不可撤销的即期信用证进行支付。我国某公司在租船装运时，因原订货船临时损坏，在国外修理，不能在预定时间到达我国口岸装货，临时改派香港某公司期租船装运，但又因连日风雪，迟至 2 月 11 日才装运完毕，2 月 13 日开航。我国某公司为了取得符合信用证所规定装船日期的提单，要求外轮代理公司按当年 1 月 31 日签发提单，并以此提单向我银行办理议付。货物到达鹿特丹，经买方聘请律师上船查阅航行日志，查实提单的签发日期是伪造的，立即凭证向当地法院起诉，并由法院发出扣船通知。船由外轮公司以 30 000 英镑提保放行，我方经 4 个月谈判，共赔偿 20 600 英镑，买方才撤回上诉而结案，既损失了外汇，又对外造成了不良影响。

案例评析：

此例属于“倒签提单”。从国际货物买卖合同看，列有“装运日期”的条款为合同要件。因此，违背“要件”的一方不仅会遭到对方索赔，甚至可以废除合同。倒签提单日期就是掩盖了真实的装运日期，实质上是掩盖了延迟交货的责任。由于市场价格变化剧烈，延迟交货可使对方在价格下跌时受到损失，如果有下手转卖合同，势必造成买方的违约交货。所以不论从法律上，还是从利益上，倒签提单都是不允许的。

三、保险单

国际贸易离不开运输保险。货物在运输途中可能遭受自然灾害和意外事故，造成的损失通常是无法预料和控制的。为了转移这一风险，货主须在保险公司投保。货物运输保险单可以背书转让，其背书方法与提单相同。由于索赔只是偶然的事，保险单是潜在利益凭证。货物运输保险分海运、空运、陆运等保险，其中海洋运输保险最常见。

正式保险单又称大保单（Insurance Policy），背面印有保险条款。背面没有文字的保险单被称为保险凭证（Insurance Certificate），俗称“小保单”，正面只简单列出有关险别名称，未详细列出保险的全部条款，保险人与被保险人之间的权利和义务以保险公司的正式保险条款为准。另外，还有预约保单（Open Policy）下签发的保险声明（Insurance Declaration）。有时，保险经纪人根据与被保险人商量妥的条款以个人名义签发“暂保单”（Insurance Cover），然后由保险公司根据暂保单上的内容签发正式保单，此时的暂保单不是正式保单，银行通常不接受暂保单。

保险单据是保险人对被保险人承保的证明文件，也是保险人与被保险人之间的契约，规定了保险人和被保险人的权利和义务，也是发生事故后的索赔依据。

保险单上通常记载下述内容：保险人名称（应是承保的保险公司名称）；被保险人名称（根据贸易条件确定）；货物名称、数量、包装、唛头、号码等；保险金额（通常是发票金额的110%）；运输工具名称，转运港和卸货港以及转运条款（这些内容应与提单上的一致）；开航日期或估计开航日期；费率（通常填写为“As Arranged”）；承保险别（它是保险公司赔偿依据）；赔偿地点和赔偿机构（通常是保险公司指定的货运目的地的赔偿机构）；投保日期（要求早于提单日期）；保险公司的签字盖章等。

四、其他单据

其他单据主要用于满足进口商的不同要求，其内容相对简单，不像运输单据、保险单据那样有专门的约定作为依据，但其种类非常繁多。通常还会出现的其他单据包括：（1）装箱单（Packing List）是指出口商签发的表明所发运货物的规格、数量等全部详细情况的一种单据，是商业发票的附属单据；（2）重量单、体积单（Weight List/Measurement List）是出口商签发的用以标明货物重量或体积的单据，也是商业发票的附属单据；（3）产地证（Certificate of Origin）是指出口方的政府机构或公证机构出具的证明货物生产地或制造地的一种证书，分为一般产地证和普惠制产地证两种；（4）检验证书（Inspection Certificate）是指出口商提交的由出口方商品检验检疫部门或进口商认可的公证机构出具的证明货物品质、数量、卫生条件等内容的一种证书。

第五节　贸易融资

一、出口贸易融资

出口贸易融资指出口地银行或其他金融机构对出口商（信用证受益人）的融资，主要的融资方式有信用证打包放款、出口押汇以及卖方远期信用证融资等。

（一）信用证打包放款

信用证打包放款，简称打包放款或打包贷款（Packing Credit/Loan），是指出口银行以出口商提供的进口方银行开来的信用证正本作抵押向其发放贷款的融资行为，旨在提供货物出运前的周转资金，以缓和出口商的资金短缺问题。

打包放款是银行在信用证项下对出口商提供的短期融资，它具有以下特点：（1）打包贷款的发放时间是出口商接受信用证之后，发货和交单之前；（2）放款的目的是向出口商提供备货、发货的周转资金；（3）打包放款的金额不是信用证的全部金额，融资的具体金额由打包放款银行根据出口商资信、存款数目、抵押品以及在本行的业务来确定；（4）打包放款的期限不超过打包放款银行向开证行寄单收款之日。打包放款的期限一般是自信用证抵押之日至收到开证行支付货款之日。

打包放款的业务流程：（1）出口商须将信用证正本交给银行，向银行提出打包贷款申请，并同时提供以下文件：①企业营业执照副本、税务登记证、企业组织机构代码证、进出口业务许可证和贷款卡；②打包贷款申请书；③如需要，缴纳保证金，落实担保单位、抵押、质押；④签订其他需要的协议。（2）银行审核信用证和出口商提供的其他资料后，签订打包放款协议，办理打包贷款。（3）出口企业收到国外货款后归还打包贷款本金和利息。

（二）出口押汇

1. 信用证项下的出口押汇。信用证项下的出口押汇（Negotiation under Documentary Credit），是指在信用证项下受益人（一般为出口商）以出口单据作抵押，要求出口地银行在收到国外开证行支付的货款之前，向其融通资金的业务。

信用证项下出口押汇的业务流程：（1）出口商根据信用证制单并交出口地银行审查；（2）出口地银行审单并办理押汇，扣除费用利息后入出口商账户；（3）银行收到国外贷记报单后自动扣划以归还出口商押汇款项。出口押汇的融资比例通常为100%，但由于银行采用“预收利息法”，即银行将全额款项扣除预计利息及各种手续费后的余额贷给出口商，故而出口商的实际所得不足100%。

2. 托收出口押汇。托收业务是以商业信用为基础的结算方式，出口商将全套单据交给托收行后，必须等到进口商付款且托收行收妥以后才能结汇，出口商资金占用时间较长。如果出口商在提交单据、委托银行代向进口商收取款项的同时，要求托收行先预支部分或全部货款，待托收款项收妥后归还银行垫款，那么与此要求相关的这种融资方式就叫做托收出口押汇（Collection Bill Purchased）。

托收行凭押汇成为全套单据（包括汇票和物权单据）的正当持有人，因此有权要求付款人支付货款。在正常情况下，这是托收行收回押汇款项的主要渠道。如果付款人拒付，托收行就可以向出口商追索，而当出口商破产倒闭、自己追索无望时，托收行对该款项可以寻求物权的保障，通过处理单据即货物来回笼资金，并且保留就不足部分对出口商索偿直至参与破产清理的权利。

由于信用证出口押汇银行的收款对象是开证行，收款风险小，只要单证相符，即可索回货款；而托收出口押汇银行的收款对象是进口商，风险较大。因此，银行更情愿做信用证项下的出口押汇。

（三） 卖方远期信用证融资

卖方远期信用证又叫真远期信用证，它是付款期限与贸易合同规定一致的远期信用证。采用卖方远期信用证融资主要是指通过远期汇票的承兑与贴现来融资。

远期信用证融资程序：出口商发运货物后，即可通过银行将全套单据交开证行，经该行承兑汇票并退还寄单行（通知行）后，寄单行就可以以贴现方式购买全套汇票并以此向出口商融资，出口商则以贴现所得款项偿还原打包放款的融资款项。寄单行因此成为承兑汇票的正当持票人，它可保存汇票并于到期日向开证行（承兑人）索偿，也可将汇票转让，进行再贴现。

远期信用证融通方式由于付款周期较长，合同金额较大，因而隐藏着较大风险：第一，进口商要付出较高的代价，且要承担进口货物与贸易合同及单证不符的风险。第二，开证行承兑汇票后，面临进口商拒付的风险。第三，寄单行面临贴入承兑汇票后开证行倒闭的风险。第四，出口商面临汇票承兑前开证行或进口商无理拒付的风险。因此，有关当事人都必须对交易及融资对方的资信做详细的了解，并采取相应措施，以降低和防范风险。

二、进口贸易融资

进口贸易融资指银行对进口商的融资，主要有信托收据、进口押汇以及买方远期信用证融资等。

（一） 信托收据

信托收据（Trust Receipt）最早产生于美国，是指进口商承认以信托的方式向银行借出全套商业单据时出具的一种保证书。

在此文件中，进口商将货物抵押给银行，以银行受托人的身份提取货物，并在一定期限内，对银行履行其付款职责。其实质是进口商与开证行或代收行之间关于物权处理权的契约，其主要功能是帮助进口商获得资金融通。

进口商与银行签订信托收据并办妥其他相关手续后，两者之间形成一种信托关系。进口商在未付清货款前，可向开证行或代收行借出单据，从而得以及时报关、提货、销售等。但其仅为“借单行事”，处于代管货物的地位，是代保管人（Bailee），物权归开证行或代收行所有。故而，进口商取得的货款应属开证行或代收行。只有在进口商向开证行或代收行付款并赎回信托收据后，才拥有物权。

（二） 买方远期信用证融资

买方远期信用证，即假远期信用证（Usance Credit Payable at Sight），指信用证项下远期汇票付款按即期付款办理的信用证。

它是相对于卖方远期信用证而言的。这是出口方银行（议付行）通过开证行向开证申请人（进口商）提供短期融资的一种方式。

买方远期信用证融资的程序：(1) 进出口双方银行签订由出口银行以假远期信用证形式向进口商融资的协议，出口银行根据协议开立专门账户。(2) 进口商申请开立远期付款、银行承兑信用证。(3) 开证行开证。(4) 出口银行通知信用证。(5) 出口商交单申请议付。

(6) 出口银行寄单。(7) 开证行承兑汇票并授权出口银行由专户内支付货款给出口商。(8) 出口银行按面额支付票款。(9) 开证行凭信托收据向进口商放单。(10) 进口商于到期日还款，包括本金和利息。(11) 进口银行向出口银行偿还垫款和利息。

真假远期信用证融资的相同点是其融资都是通过远期信用证项下远期汇票的承兑与贴现实现的。不过，两者存在很大的差别：(1) 贸易合同规定的付款期限不同。一般而言，贸易合同是信用证开立的基础，真远期信用证符合这一条件，信用证与合同的付款期限相同，都是远期付款；但假远期信用证却不符合这一条件，信用证是远期付款，合同却是即期付款。对于与合同付款条款不一致的信用证，受益人通常是不会接受的，受益人接受假远期信用证是为了给进口商从银行融资提供方便。(2) 贴息支付者不同。真远期信用证的融资者是受益人，贴息支付者也是受益人；假远期信用证的融资者是开证申请人，融资成本也由其承担。

（三） 进口押汇

进口押汇（Inward Bills），是指银行在收到信用证或进口代收项下单据时应进口商的要求向其提供的短期资金融通。根据基础结算方式的不同，可分为进口信用证押汇和进口代收押汇两种。

进口押汇的步骤：(1) 申请与审查。如果需办理进口押汇，进口商应首先向银行提出书面申请，银行要对进口押汇申请进行严格审查，并根据进口商的资信等情况确定押汇金额。(2) 签订进口押汇协议。其基本内容包括押汇金额及进口商的付款义务、押汇期限及利率、进口商的保证条款、货权及其转移条款以及违约条款等。(3) 开证行对外付款。开证行在收到出口方银行寄来的单据以后，应严格审单，如果单证相符，即可对外付款。(4) 凭信托收据向进口商交付单据。在进口押汇业务中，信托收据是进口商在未付款之前向银行出具的领取货权单据的凭证。银行根据进口押汇协议凭信托收据将货权单据交付给进口商，进口商因此处于代为保和销售货物的地位。(5) 进口商凭单据提货及销售货物。进口商在向银行借出货权单据后，即可凭单据向承运人提货，并可销售货物或对货物做其他处理。(6) 进口商归还贷款本息，换回信托收据。在约定的还款日到期时，进口商应向银行偿还贷款本金及利息，并于还清本息后收回信托收据，解除还款责任。

三、国际保理业务

（一） 国际保理的概念和主要内容

在买方市场条件下，出口商品的竞争不仅仅体现在商品价格、商品质量方面，更重要的体现在贸易方式上。出口商若要扩大商品出口，就不应仅仅局限于通过降低商品的销售价格及提高商品的质量来实现，而应通过采取更加灵活的贸易方式去达成交易，从而尽量减少进口商的资金占压及费用支出。现代保理业务正是在这样的大背景下应运而生的。

国际保理（International Factoring）是指保理商（通常为银行）对出口商以商品赊销（O/A）或承兑交单（D/A）等方式销售商品而产生的应收账款予以购买，且进行日常管理并提供坏账担保等多项服务的综合业务。保理业务的服务内容大体包括以下内容：(1) 销售分户账管理；(2) 债款回收；(3) 销售信用控制；(4) 坏账担保；(5) 贸易融资。

（二）国际保理业务的种类

根据保理商的参与数量划分，保理业务分为双保理业务与单保理业务。单保理业务是指出口地银行不参与保理协议之中，而由进口保理商直接对出口商负责的一种保理业务。国际上的保理业务，大多采用双保理业务的形式出现。

双保理业务是指出口地保理商除了对交易的直接参与外，还委托进口地的保理商对进口商进行资信调查、确定信用额度并接受应收账款转让等工作的一种保理业务。

双保理业务的流程是：(1) 出口商与出口保理商签订保理合同。出口商向保理商提出对进口商进行资信调查及确定信用额度的要求。(2) 出口保理商与进口保理商签订协议，委托其对进口商进行资信调查与评估，进而确定进口商的信用额度。(3) 出口商根据上述额度，与进口商签订以承兑交单或赊销方式销售货物的合同。(4) 出口商发货并将单据寄给进口商。(5) 出口商将发票副本交给出口保理商。(6) 出口保理商应出口商的要求，向出口商提供不超过发票金额 80% 的融资。(7) 进口保理商将发票入账，并负责定期催收。(8) 票据到期时，进口保理商向进口商索取款项。(9) 进口商付款。(10) 进口保理商将收妥款项支付给出口保理商。(11) 出口保理商与出口商结汇。

（三）保理业务与其他结算方式的对比

1. 保理业务与出口信用保险业务的对比。出口信用保险业务是一种政策性的保险业务，它常常体现着一国政府对出口业务实施的激励与保障。出口信用保险同样具有保理业务所承担的坏账担保功能。尽管两者有些相似，但它们之间还是存在着较大的差别：

(1) 保理业务的坏账担保服务可向出口商提供 100% 的坏账担保，并于形成呆账、坏账时即期偿付；而出口信用风险通常仅赔付呆账、坏账金额的 70% ~90%，并于形成呆账、坏账的 4 至 6 个月后才赔付。

(2) 在采用出口信用保险的情况下，出口商除按期向信用保险机构提供销售统计报表、逾期应收账款清单等之外，还必须提供规定的有关文件和证明以对形成的呆账、坏账提出索赔，供应商为此要做许多管理和文字方面的工作；而保理商对呆账和坏账的赔付并不要求供应商提供额外的文件和证明。

(3) 从支付的费用上看，保理业务也是优于出口信用保险业务的。虽然保理商因为提供了坏账担保及其他服务而要收取一定的管理费，但这一费用相对于出口信用保险费而言仍然偏低，且并不一定增大供应商的费用开支。在采用综合保理和到期保理的情况下，供应商因使用保理而节省的管理费用完全可以抵消保理商的收费。

正是由于在较低的费用下提供了包括信用保险在内的全面服务，保理业务在许多国家的对外贸易中取得优于信用保险的地位。

2. 保理业务与其他结算方式的对比。对出口商而言，虽然保兑的、不可撤销的信用证提供了最大幅度的收款保证，但是由于其较高的开证费用、管理费用及对进口商较高的资金占用，因而这种方式在某种程度上削弱了出口商的竞争力。此外，由于信用证业务遵循着严格的单单一致、单证一致的相符原则，因而当信用证项下的某些单证出现一些不符时，它通常将使得原先收汇相对安全的信用证业务演变成风险重重的托收业务。而单独以承兑交单（D/A）、付款交单（D/P）方式成交虽然增强了出口商的竞争力，但收汇风险又过大。因此将保理业务与 D/A 及 D/P 方式相结合，才是出口商的最佳选择。

四、福费廷业务

（一） 福费廷的概念和特点

福费廷（Forfeiting）业务从 1965 年开始在西欧国家推行，也称包买票据，它是在延期付款的大型设备贸易中，出口商把经一流银行担保或进口商承兑的、期限在半年以上到 5 ~ 6 年的远期汇票，无追索权地售予出口商所在地的银行或大金融公司（即包买商），从而提前取得现款，并免除一切风险的资金融通方式。

（二） 福费廷业务的程序

1. 出口商与进口商洽谈贸易时，如要使用福费廷融资方式，应和其所在地银行或金融公司事先约定，以便做好各项信贷安排。

2. 出口商与进口商签订贸易合同，商定使用福费廷支付。进口商延期支付货款的票据可以是出口商签发并由进口商承兑的远期汇票，也可以是进口商开具的本票。

3. 进口商延期支付货款的票据，要取得进口商往来银行的担保，保证在进口商不能履行支付义务时，由其最后付款。进口商往来银行对远期汇票的担保形式有两种：一是在汇票票面上签章，保证到期付款；二是出具保函，保证对汇票付款。

4. 担保行必须得到出口商所在地接受福费廷业务银行的认可，如该行认为担保行资信不高，进口商要另行更换担保行。担保行确定后，进出口商才签订贸易合同。

5. 出口商出运货物后，将全套货运单据通过银行寄送给进口商，以换取经银行担保的远期承兑汇票（或本票）。单据的递送按合同规定办理，可以凭信用证条款寄单，也可以跟单托收。

6. 出口商取得经进口方银行担保的远期承兑汇票（或本票）后，按照与买进这项票据的银行（或大金融公司）的约定，依据放弃追索权的原则，办理该项票据的贴现手续，取得现款。

（三） 福费廷业务与一般贴现业务的区别

福费廷业务与贴现业务很相似，但它们之间存在着以下区别：

1. 一般的票据贴现业务，如票据到期遭到付款人拒付，银行对出票人和背书人均可行使追索权，要求其付款；而福费廷业务所贴现的票据，银行不能对出票人（出口商）行使追索权。

2. 一般的贴现票据，无须银行为之担保；而办理福费廷业务的票据，则必须有进口方银行为之担保，并且担保银行还必须为包买商认可。

3. 一般票据贴现手续比较简单，贴现银行只向贴现人预扣贴现息；而福费廷业务的手续就比较复杂，买入票据的包买商除向出口商收取贴现息（贴息率高于一般票据的贴息率）外，还要收取管理费、承担费等。

4. 一般贴现票据为国际、国内贸易往来中的票据；而福费廷业务中的票据则多为与大型成套设备出口相联系的票据。

本章小结

1. 国际结算中使用的金融票据主要有汇票、本票和支票，使用的商业单据包括发票、提单和保险单。各国票据法对金融票据格式及其使用做了详细规定。国际商会对商业单据的使用方法做了规定，但各国有自己的商业惯例。

2. 国际结算业务包括四种结算方式，它们是汇款、托收、信用证和银行保函/备用信用证四大类别。所有结算方式须根据国际商会制定的统一规则办理。

3. 国际结算业务中的单据主要包括商业发票、提单、保险单和其他单据。

4. 贸易融资的主要方式包括出口贸易融资、进口贸易融资、国际保理业务和福费廷业务。

本章主要概念

汇票　本票　支票　发票　提单　保险单　电汇　信汇　票汇
光票托收　跟单托收　不可撤销信用证　可转让信用证　备用信用证
银行保函　出口押汇　进口押汇　信托发票　国际保理　福费廷

本章复习参考书

[1] 苏宗祥等．国际结算（第六版）[M]．北京：中国金融出版社，2015.
[2] 胡智．国际金融理论与应用 [M]．北京：中国金融出版社，2008.

本章复习思考题

一、填空题

1. 票据提示包括________和________两种。

2. 在国际贸易中，使用汇款结算方式的交易主要有两种：________和________。

3. ________单据具有物权凭证作用。

4. L/C 的“严格相符”原则是指受益人必须做到________。

5. 采用 L/C 结算方式，对受益人最有利的是________，因为能获得双重的付款保证。

二、判断题

1. 保兑行是开证行之后的第二付款人。(　　)

2. 如果信用证中的商品名称有错漏，在商业发票上应使用正确的商品名称。（　　）

3. 一张汇票上写“请从××账户支付700美元”，这种表达满足了汇票必须表达无条件支付命令的定义。（　　）

4. 保函的本质意义在于以委托人的资信向受益人保证，对委托人履行交易合同下的责任义务负责或为其偿还债务。（　　）

5. 保函的索偿条款与备用证相似，即凭受益人自己签发的说明委托人违约声明和汇票索偿。（　　）

三、 不定项选择题

1. 票据的无因性是指（　　）。

A. 出票人出票没有原因　　B. 票据成立与否取决于出票的原因

C. 票据的付款是无条件的

2. （　　）是出口商或委托人将金融票据连同商业单据或不带金融单据的商业单据交与银行，由其代为向付款人或进口商收取款项的托收方式。

A. 跟单托收　　B. 光票托收　　C. 商业托收　　D. 票据托收

3. 采用（　　）结算方式对进口方最为有利。

A. 预付货款　　B. 货到付款　　C. 托收　　D. 信用证

4. 汇款可分为（　　）三种方式。

A. SWIFT　　B. TELEGRAPHIC TRANSFER

C. DRAFT　　D. MAIL TRANSFER

5. 根据UCP 600的规定，信用证划分为以下几类（　　）。

A. 付款信用证　　B. 延期付款信用证

C. 承兑信用证　　D. 议付信用证

四、 票据内容识别

请指出票据上的出票人、受票人和收款人是谁。

Exchange for GBP20 000.00　　London, 8th Oct. 2003

At 60 days sight pay to the order of

Philypson Corp. or order the sum of

Sterling Pound Twenty Thousand only for value received

Drawn under exporting two sets of precision equipments

To: Anthony & Thomas Co.　　For Philypson Corp. , London

New York　　Philips Robins

五、 简答题

1. 什么叫国际结算？国际结算中常使用的票据/单据有哪些？

2. 请简述票据的流通性、无因性、要式性和提示性。
3. 国际结算中使用的汇票与本票有何区别?
4. 国外支票上划线与未划线有何区别?特殊划线有何特点?
5. 请写出不同结算方式的名称及其使用方式。
6. 普通商业信用证与备用信用证和银行保函之间有何主要区别?

国际结算与国际贸易融资实务之汇票

资料来源:https://v.youku.com/v_show/id_XMjY1ODE4MzA1Mg==.html?sharefrom=iphone&sharekey=36960eb7e1618dbc7c81754231f882f74.

国际结算与贸易融资实务之信用证

资料来源:https://v.youku.com/v_show/id_XMjY1ODE4MzI2OA==.html?sharefrom=iphone&sharekey=4d7773913a6c3cfbfb19d7a933fdd1021.

Master Series st

Century

第三篇 国际金融政策与理论

第八章　外汇与汇率政策：汇率制度与外汇管理

第九章　国际储备政策

第十章　国际协调的制度安排：国际货币体系

第十一章　国际金融理论

第八章

外汇与汇率政策：汇率制度与外汇管理

本章知识结构

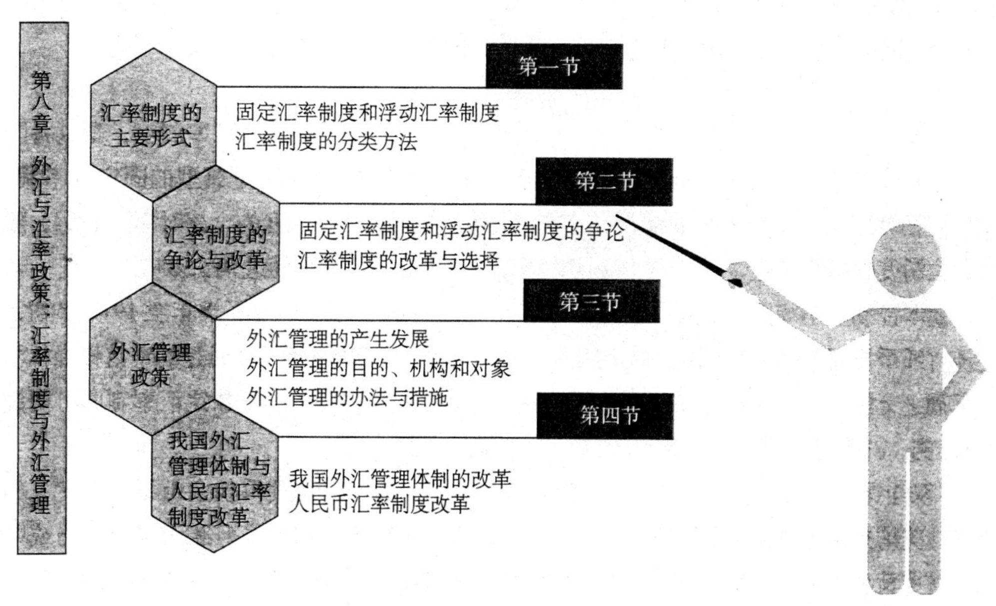

本章学习目标

- 了解汇率制度的基本分类和分类方法；
- 了解相应的外汇管理政策；
- 掌握固定汇率制度和浮动汇率制度的区别及各自的优缺点；
- 掌握人民币汇率制度改革的演变。

汇率制度是国际货币制度的有机组成部分，是在不同的国际货币体系下产生和发展起来的。自19世纪后期至今，国际货币体制经历了国际金本位制、布雷顿森林体系及浮动汇率制，在上述不同货币体制下的国际汇率制度，具有不同的特点及不同的运行机制。本章着重探讨汇率制度内容，包括汇率制度及其发展趋势、外汇管理的相关内容和人民币汇率改革的进程。

第一节　汇率制度的主要形式

汇率制度又称汇率安排，是指一国货币当局对本国汇率水平的确定、汇率变动方式等问题所作出的一系列安排或规定。传统上，按照汇率波动有无平价以及汇率波动幅度的大小，可将汇率制度分为固定汇率制度和浮动汇率制度。

一、固定汇率制度

固定汇率制度（Fixed Rate System）是指两国货币的比价基本固定，现实汇率只能围绕平价在很小的范围内上下波动的汇率制度。如在外汇市场上两国汇率的波动超过规定的幅度时，有关国家的货币当局有义务站出来干涉维持。从历史发展来看，固定汇率制度又可分为金本位制度下的固定汇率制度和纸币流通条件下的固定汇率制度。

（一）不同本位制度下的固定汇率制度

金本位制度是以黄金作为本位货币的制度。金本位制度下的固定汇率制度，是以各国货币的含金量为基础、汇率的波动受黄金输送点限制的汇率制度，它是典型的固定汇率制度。19世纪后期至第一次世界大战前，是金本位制度下的固定汇率制度的全盛时期。此后，随着金本位制度的彻底崩溃，以金本位制度为基础的固定汇率制度也随之消亡。

金本位制度崩溃之后，各国普遍实行了纸币流通制度。1945年下半年至1973年初，广泛流行纸币流通条件下的固定汇率制度。该制度是建立在1944年7月通过的布雷顿森林协议的基础之上的，因而又称为布雷顿森林体系下的固定汇率制度。这一固定汇率制度可概括为“双挂钩、一固定、上下限、政府干预”的体系。

“双挂钩”包括两个方面：一是美元与黄金挂钩，根据国际货币基金组织的规定，成员国确认美国规定的35美元兑换1盎司黄金的官价，而美国政府则承担准许外国政府或中央银行按照黄金官价用美元向美国兑换黄金的义务；二是其他国家的货币与美元挂钩，其他各国或规定本国货币的含金量，或直接规定本国货币对美元的汇率。例如1946年12月18日，1英镑的法定含金量为3.58134克纯金，而1美元的法定含金量则为0.888671克纯金，则英镑对美元的平价为3.58134/0.888671 = 4.03，即英镑对美元的货币平价为1英镑 = 4.03美元。

“一固定”是指本国货币的平价一经国际货币基金组织确认就基本固定，不得随意变动，只有当成员国的国际收支发生根本性不平衡时，才可变动其货币平价。平价的变动幅度在10%以内时，成员国有权自行调整，不必经过国际货币基金组织批准；平价的变动幅度在

10%～20%时，须经国际货币基金组织的批准。国际货币基金组织同意与否须在72小时内作出决定；平价的变动幅度超过20%时，国际货币基金组织批准与否没有时间限制。未经批准而擅自调整其货币平价的成员国，则有可能被剥夺利用国际货币基金组织资金的权利，甚至可能被强制退出国际货币基金组织。

"上下限"是指外汇市场上现实汇率的变动幅度不得超过平价上下各1%，如英镑对美元的货币平价为1:4.03，则外汇市场上英镑对美元汇率波动的上下限为4.03×（1+1%）或4.03×（1-1%），即允许英镑对美元的汇率在3.9897～4.0703之间波动。1971年12月，国际货币基金组织又将现实汇率围绕平价波动的幅度扩大到上下各2.25%。

"政府干预"是指外汇市场上的现实汇率围绕平价波动，当波动幅度超过规定的界限时，各有关国家的政府有义务采用各种干预措施，使汇率的波动幅度控制在平价规定的范围内。当时政府干预汇率的措施主要有：运用货币政策调整利率；动用外汇平准基金，进行公开市场操作；进行国际借贷或直接输出入黄金；实行外汇管制；变动本币的平价，宣布本币法定贬值或法定升值等。

（二）不同本位制度下固定汇率制度的比较

金本位制度下的固定汇率与纸币流通条件下的固定汇率，其共同之处主要有两点：（1）各国的货币都与黄金有联系，两国货币之间的汇率的确定以平价为基础；（2）现实汇率围绕平价在一定的范围内波动。

但两者也有着本质的区别：（1）汇率决定的基础不同。金本位制度下的固定汇率以两国货币的实际含金量为基础，是自发形成的；而纸币流通条件下的固定汇率，以两国货币的名义含金量为基础，是通过布雷顿森林协议人为地建立起来的。（2）汇率的调整机制不同。金本位制度下的固定汇率围绕铸币平价波动，其波动幅度由黄金输送点决定，通过黄金自由输出入来自动调整，使汇率稳定在黄金输送点的上下限范围内；而纸币流通条件下的固定汇率，汇率的波动幅度是人为规定的，也是人为维持的，通过各国政府的干预，使汇率稳定在一定的范围内。（3）汇率的稳定程度不同。金本位制度下各国货币的含金量一般不会变动，基本上是固定的；而纸币流通条件下各国货币的平价只要有必要（国际收支发生根本性不平衡时）就可以调整，汇率的稳定和维持又是在各国政府的干预下得以实现的。

二、浮动汇率制度

（一）浮动汇率制度的含义

1973年2月，美元再次贬值10%后，固定汇率制度宣告崩溃，主要资本主义国家普遍实行浮动汇率制度。

浮动汇率制度（Floating Rate System）是指一国不规定本币对外币的平价和上下波动的幅度，汇率由外汇市场的供求状况决定并上下浮动的汇率制度。浮动汇率实际上已有较长的历史。早在金本位制度以前，美国、俄罗斯等就曾使本币处于浮动状态；在实行国际金本位制度时，也有一些未采用金本位制的国家实行浮动汇率，如印度实行银本位时，印度卢比对金本位制国家货币的汇率，就随金银比价的变动而波动；第一次世界大战以后，一些国家也曾先后实行过浮动汇率制；在第二次世界大战以后的固定汇率制度时期，仍有少数货币如加拿大元，从1950年9月至1962年5月实行浮动汇率；1968年以后，西方主要国家逐渐趋向浮动汇率制度。

（二）浮动汇率制度的类型

从政府是否对市场汇率进行干预的角度，可将汇率浮动的方式分为自由浮动和管理浮动。

1. 自由浮动（Free Floating）是指一国政府对汇率不进行任何干预，市场汇率完全听任外汇市场的供求变化而自由波动的汇率浮动方式，又称清洁浮动（Clean Floating）。由于汇率的波动直接影响到一国经济的稳定与发展，各国政府都不愿听任汇率长期在供求关系的影响下无限制地波动，因此，纯粹的自由浮动只是相对的、暂时的。

2. 管理浮动（Managed Floating）是指一国政府从本国利益出发对汇率的波动进行不同程度干预的汇率浮动方式，又称肮脏浮动（Dirty Floating）。在现行的货币体系下，各国实际上实行的都是管理浮动。目前政府干预汇率的方式主要有三种：（1）直接干预外汇市场，但干预形式各有不同。有一个国家单独干预的，也有几个国家联合干预的，还有代理干预的。例如，1990年4月上旬，联邦德国、法国、意大利、英国和瑞士应日本的要求，阻止日元继续下跌，但它们都没有花费本国的外汇储备，动用的是日本的外汇储备。（2）运用货币政策，主要是通过调整再贴现率或银行利率来影响汇率。（3）实行外汇管制，主要是通过各种措施来影响国际资本流动的方向和规模。

三、汇率制度的分类方法

汇率制度分类最根本的问题是基于何种汇率进行分类。对汇率制度分类的归纳，一般有两种方法：一种是基于事实上（De Facto）的分类；另一种是基于各国所公开宣称的法定上（De Jure）的分类。

在普遍实行浮动汇率制的前提下，各国管理浮动的形式纷繁复杂、多种多样。国际货币基金组织（2009）根据各成员国汇率安排的实际情况，将汇率制度划分为以下几类。

1. 无独立法定货币的汇率安排（Exchanqe Arranqement with no Separate Legal Tender）。这种制度是以他国货币作为其法定货币（完全外币化）或成立货币联盟，货币联盟成员拥有共同的法定货币。采取这种制度安排就意味着放弃了国内货币政策的独立性。主要有美元化汇率和货币联盟汇率。

2. 货币局（Currency Board Arrangement）。实施这一制度就是用明确的法律形式以固定比率来承诺本币和某一特定外币之间的兑换。货币发行量必须依据外汇资金多少来定，并有外汇资产作为其全额保证。货币发行当局没有传统中央银行的一些职能，诸如货币流量控制和最后贷款人等。采用该制度的成员中，中国香港是最著名的代表。

以上两类汇率制度属于硬钉住。

3. 传统固定钉住（Conventional Pegged Arrangement）。采取这一制度是指一个国家正式或名义上以一个固定的汇率将其货币钉住另一种货币或一个货币篮子。国家当局通过直接干预或间接干预随时准备维持固定平价。该汇率制度没有承诺永久保持平价，但该名义制度必须被经验证实：汇率围绕中心汇率在小于上下 1% 的狭窄范围内波动；或即期市场汇率的最大值和最小值保持在一个 2% 的狭窄范围内（至少 6 个月）。

4. 稳定化安排（Stabilized Arrangement）。又称为类似钉住（Peg - like）制度，该制度要求无论是对单一货币还是对货币篮子即期市场汇率的波幅要能够保持在一个 2% 的范围内至少 6 个月（除了特定数量的异常值或步骤调整），并且不是浮动汇率。作为稳定化安排要求汇率保持稳定是官方行动的结果。

5. 爬行钉住（Crawling Peg）。实行爬行钉住汇率有两种办法：第一种方法是发挥汇率目标的名义锚（Nominal Anchor）作用，汇率爬行速率低于预测的通货膨胀率，以使经济逐步克服通货膨胀而又不至于引起汇率短期内大幅度调整；第二种方法则是放弃汇率目标反通胀的名义锚作用，汇率随物价水平调整，重在维持真实汇率水平不变。

爬行钉住指本币与外币保持一定的平价关系，但是货币当局根据一系列经济指标频繁地、小幅度调整平价。

6. 类似爬行安排（Crawl - like Arrangement）。该制度要求汇率相对于一个在统计上识别的趋势必须保持在一个 2% 的狭窄范围内至少 6 个月（除了特定数量的异常值或步骤调整），并且不是浮动汇率。通常，该制度要求最小的变化率应大于一个稳定化安排。

7. 水平带钉住（Pegged Exchange Rate within Horizontal Bands）。这一制度是汇率围绕中心固定汇率有一个至少 ±1% 的波动区间或者说最高和最低汇率之间的波动幅度超过 2%。中心汇率和带宽是公开的或报知国际货币基金组织。欧洲货币体系汇率机制（ERM）就属于此类。

以上五类属于软钉住。

8. 浮动（Floating）。货币当局试图不带特定汇率走向和目标去影响汇率。采取干预行动的管理目标很广泛，可以是国际收支状况、外汇储备、平行市场的发展等。汇率调整可能是非自动的，干预方式可以是直接的或间接的。

9. 完全浮动汇率（Free Floating）。在此类汇率制度下，一个国家货币当局的干预只是偶尔发生，旨在处理无序的市场情况，并且如果当局已经提供信息和数据证明在以前的 6 个月中至多有 3 例干预，每例持续不超过 3 个商业日。

以上两类属于浮动安排。

10. 其他有管理的安排（Other Managed Arrangement）。这是一个剩余类别，当汇率制度没有满足任何其他类别的标准时被使用。

第二节　关于汇率制度的争论与改革

关于固定汇率制度和浮动汇率制度的争论开始于 20 世纪 20 年代，当时争论的焦点在于是否应当恢复金本位制。20世纪60年代及70年代前期，随着可调整的钉住汇率制度弊端的日益暴露，争论更为激烈。在可调整的钉住汇率制度崩溃后，因浮动汇率制度的表现不尽如人意，原本渐趋平静的争论重新又开始。目前，在经济全球化、金融风险不断加大的情况下，汇率制度改革势在必行。

一、关于固定汇率制度与浮动汇率制度的争论

关于实行固定汇率与浮动汇率争论的焦点主要集中在以下几方面。

（一）对国际贸易和国际投资的影响

固定汇率论者认为，国际贸易和投资的最终依据是各国的实际比较利益，但实际比较利益则需要通过汇率来计算、比较。固定汇率下，汇率波动的幅度小，为国际贸易和投资提供了一个稳定的环境。而浮动汇率下，汇率变幻莫测，国际贸易和投资的不确定性增加，使进出口商和投资者倾向于固守国内市场，不愿进行国际贸易和投资。

浮动汇率论者则认为，虽然在金本位制度的固定汇率条件下不存在汇率大幅度频繁变动的风险，但在可调整的钉住汇率制度下，汇率的不确定性不一定小，甚至可能比浮动汇率下的不确定性更大，只是不确定性的性质不同。这种不确定性表现在：(1) 可调整的钉住汇率制度下的汇率常常不能反映外汇的供求关系，造成对本币的高估或低估，而为了维持本币汇率，政府随时可能实施直接管制，且管制的变动难以预料，诸如此类的不确定性同样不利于国际贸易和投资。(2) 在固定汇率制下，贸易商必须承担国内价格水平变动的风险，此时虽然汇率的变动幅度不大，但国内物价的变动同样会给国际贸易和投资带来不确定性，而在浮动汇率制下，汇率与物价的同向波动则可能消除由于物价变动带来的不确定性。

（二）对调节国际收支的影响

浮动汇率论者认为，浮动汇率对调节国际收支有许多优点：(1) 汇率变动会改变商品的相对价格，这有利于货币贬值国的商品出口，从而改善该国的国际收支状况；(2) 一国的国际收支盈余会引起本币升值，而另一国的国际收支赤字则会造成该国货币贬值，这将促使私人投机者把升值后的货币资金转换成贬值后的货币资金，这样就会对国际收支赤字国起到资助作用，改善它的赤字地位；(3) 由于汇率的变动是迅速的、自动的和持久的，因而它能对任何时候出现的国际收支变动进行及时的调整，不至于形成累积性的国际收支失衡。

固定汇率论者则认为，浮动汇率不一定能有效改善国际收支：(1) 汇率变动后要达到改善国际收支的目的，要求该国与贸易伙伴国对进出口品必须具备一定的弹性条件；(2) 汇率变动在对贸易流量产生效应的同时，也对资本流量产生效应，当一国的货币贬值后，贸易项目的盈余不一定等同于资本项目的赤字，所以汇率变动也就不一定能保证国际收支平衡；(3) 本币贬值后，国内物价就会上涨，当国内物价上涨的幅度等于本币贬值幅度时，最初因为本币贬值而拉开的相对价格差异就会归于消失，进出口数量又会回到原来的水平，所以从长期来看，汇率的变动对国际收支的改善没有任何影响。

（三）对本国经济的影响

浮动汇率论者认为，实行浮动汇率对本国经济发展有利，可以保持本国经济稳定增长，

主要理由是：（1）浮动汇率可以使一国的国际收支始终处于均衡状态，因此本国政府可以不受汇率和国际收支的任何限制，把需求管理政策直接对准促进国内经济稳定增长的目标，这样就可以提高需求管理的效率，无须以牺牲国内经济为代价来保持国际收支的平衡；（2）浮动汇率可以使本国经济活动免受外国经济扩张或收缩的影响，当外国经济扩张或收缩时，本国的物价水平也会随之上升或下降，使本国贸易出现逆差或顺差，而此时本币也会随之贬值或升值，从而补偿或抵消由于外国经济扩张或收缩带来的影响，恢复本国贸易平衡；（3）浮动汇率条件下政府没有维持汇率稳定的义务，加之国际收支经常保持平衡，政府也没有干预外汇市场的必要，因而无须太多的外汇储备，这些节省下来的外汇资金可用于促进本国经济的稳定增长。

固定汇率论者则认为：（1）既然浮动汇率不一定能保持国际收支的平衡，因此浮动汇率也就不一定能保证国内经济的稳定；（2）由于并非所有的外部干扰最终都会以商品的相对价格水平变动的形式表现出来，因此浮动汇率不一定能阻止外部干扰对国内经济的影响；（3）浮动汇率使经济资源不断转移，这些转移有时不足，有时过度，在许多情况下根本不需要，因为许多情况下国际收支的波动都是暂时的；（4）浮动汇率条件下，外汇投机更频繁，对经济造成的破坏力更强，同时，各国对外汇市场的干预大大增加，持有的外汇储备并未减少反而竞相增加。

（四）对通货膨胀的影响

固定汇率论者认为：（1）固定汇率制度下，一国若采取膨胀性的货币政策，就会使该国的物价水平提高，导致国际收支逆差，使国际储备流失，由于一国的储备毕竟有限，储备的流失不可能长期持续下去，因此该国肯定会限制通货膨胀，这就是所谓的“制动器论”；（2）浮动汇率制度下，一国货币的贬值会导致进口价格的上升，从而直接或间接助长了国内物价的上升，并可能导致“物价上升—汇率下浮”的恶性循环，这就是所谓的“恶性循环论”；（3）浮动汇率制度下，一国货币的贬值，会带来物价水平的提高，而当该国货币升值时，由于物价的刚性，物价并不下降，结果汇率变动的净效应是通货膨胀率的提高，这就是所谓的“棘轮效应论”。固定汇率论者以第一条理由为依据，说明固定汇率有利于抑制通货膨胀，以第二、第三条理由为依据，认为浮动汇率助长了通货膨胀。

浮动汇率论者则认为：（1）浮动汇率可通过汇率的变动来保持各国通货膨胀的差异，当国外发生通货膨胀时，可通过本币的升值来抵消国外通货膨胀对本国物价的直接影响，从而避免国际性通货膨胀的传播；（2）即使浮动汇率比固定汇率容易导致通货膨胀，也不是重要缺陷，相反，它是浮动汇率的一个重要优点，因为它使一国可以选择合适的通货膨胀率和失业率的组合，以实现国内经济目标，尤其对于那些失业率高而通货膨胀率低的国家来说，浮动汇率赋予了政府更大的主动性，可以用通货膨胀率的上升为代价来换取失业率的下降。

二、汇率制度的改革与选择

各国经济和政策实践充分证明，汇率制度安排与选择机制是影响宏观经济稳定的重要因素，汇率制度选择逐渐成为政府和实务界关注的焦点。同时，汇率制度选择问题长期以来一直是一个争论较多的问题，在国际金融和发展经济学中占有重要的位置。

（一） 汇率制度选择理论演变

部分学者从“原罪论”和“害怕浮动”的角度分析了多数国家特别是发展中国家多采取钉住美元、使汇率维持在一个狭小幅度内的弹性浮动制度的合理性。由于一国金融市场的不完善和脆弱性，不能以本币在国际市场借款，甚至也不能用本币在本国市场上长期借贷，因而本国企业或政府在用外币进行借贷或投资时，便会面临期限错配或货币错配的问题。一般来说，在原罪问题存在的情况下，汇率或利率的变动会产生资产平衡表效应，也即当本币贬值或利率提高时，会有大批对外借债的企业由于资产缩水、资不抵债而陷入破产。因此，原罪的存在最终会导致政府和企业都不愿意汇率变动，更不愿意本币贬值，进而使得政府倾向于采取软钉住直至固定钉住的汇率制度。通过研究，他们得出在原罪广泛存在的情况下，高频钉住的汇率制定可以减少外汇风险弱性（Eichengreen & Hausmann，1999；Nicolas E. Magud，2010）。所谓的“害怕浮动”，是指一些归类为实行弹性汇率制的国家，将其汇率维持在对某一货币的一个狭小幅度内。许多国家不愿让其货币升值，其原因可能是害怕“荷兰病”，会损害其国际竞争力和破坏出口多样化的努力；同时它们会更强烈地抵制本币贬值，因为贬值有紧缩效应，影响国内经济的发展（Calvo & Reinhart，2000）。

20 世纪 70 年代后，固定汇率制与浮动汇率制的争论还在继续，争论的焦点转移到汇率制度的选择与国内经济结构与经济特征之间的关系上来。如海勒（Heller，1978）提出的影响发展中国家汇率制度选择的五个结构性因素。李普斯奇茨（Loopesko，1979）提出的小型发展中国家的汇率政策及其选择指标。这一时期，蒙代尔在其论文《最适度通货区理论》的基础上，进一步提出了最终的“最适度通货区”的设想，希望将世界划分为若干个货币区，区内实行固定汇率制，对外则实行浮动汇率制。其后，麦金农和凯南（Kennen）等人又对最适度通货区理论进行了拓展，主张通过区分一国经济结构特征，并就这些特征给出某些标准，满足这些标准的国家和地区组成货币联盟是有必要的。

进入 20 世纪 80 年代，随着欧洲货币联盟的运行，最适度通货区理论又有了进一步发展，这些发展集中于对加入通货区成本和收益的分析上。其间，格劳（P. Grauwe）、马森和泰勒（P. Masson & M. Tayor）等人对此做过详细的论述。

随着金融衍生工具的发展，汇率的不确定性已经可以较容易地通过对冲加以规避，同时外汇市场上投机基金的力量也急剧膨胀。当投机基金引发了多次地区性货币危机后，人们发现，发生货币危机的多为实行中间汇率制度的国家，而与之形成鲜明对比的是，实行角点汇率制度的国家或地区大都有效地防止了危机的发生。这一现象使人们提出了“汇率制度角点解假设”（Eichengreen，1994，1999；Obstfeld & Rogoff，1995），即一国发生危机后，政府可以维持的是角点汇率制度而不是中间汇率制度。直到现在，角点汇率制度与中间汇率制度的争论仍在继续。

随着产权理论的出现和发展，有些学者开始运用产权理论和制度变迁理论分析汇率制度的安排和演变。以巴格瓦蒂（Bhagwati，1982）和克鲁格曼为代表的寻租理论的国际贸易学派曾提到汇率制度中的寻租问题。一些国家在考虑经济因素、政治和社会制度等因素后采取较为多变的汇率制度，而另外一些国家则可能采取较为持久的汇率制度，一个较好的固定汇率对于低通货膨胀国家，可以减少腐败和改善财政系统（Fabrizio Carmignani et al.，2008；Hefeker，2010）。在国内，由于产权理论的兴起，不少学者试图从契约经济学的角度重新审视汇率制度的安排与选择，强调汇率制度安排的选择与相应的产权制度安排具有高度的依存和互动关系，并提出了“新制度金融学”的研究范式。

到了21世纪，随着美国次贷危机引发的世界经济动荡，很多学者对汇率制度的安排又开始从一国宏观经济稳定运行的角度进行考察。一方面，人们对开放经济条件下汇率稳定与货币政策自主性之间的关系进行了新的论述，在20世纪50年代的“米德冲突”“二元冲突”的基础上，加入货币政策，使传统的“二元冲突”演化为国际资本的完全自由流动、货币政策的完全独立和汇率的完全稳定三个基本目标之间的“三元冲突”（Obstfeld，1998），即这三个目标只能同时实现其中的两个而不能三者兼得，钉住汇率制度相比浮动汇率制度明显减小了货币危机的可能性（Taro Esaka，2010）。另一方面，由于货币危机的频繁爆发，人们对如何通过汇率制度安排来防范和隔绝货币危机产生了浓厚的兴趣。除了早期的将汇率制度安排与货币危机结合起来的国际收支危机模型（P. Krugman，1979）外，罗伯特·Z. 阿里巴（R. Z. Aliber）也研究了货币性冲击、结构性冲击对汇率安排的影响。

（二）汇率制度选择实践

对于一个国家来说，选择什么样的汇率制度，显然与一系列具体的经济和环境因素有关。

1. 经济活动规模的大小。一般来讲，经济活动规模大的国家，在经济上的独立性更强，更不愿意保持固定汇率而使国内的经济政策受制于其他国家；而经济活动规模小的国家，则正好相反。

2. 经济开放程度。经济的开放程度反映了一国与外部经济的联系程度，它可以用多种指标来反映，比如用进出口贸易额占GDP的比例、资本流动的规模占GDP的比例等。一般来讲，一国的经济开放程度越高，贸易品价格在整体物价水平中的比例就越大，汇率变动对国家整体经济的影响也就越显著。为了在最大程度上稳定国内价格水平，越开放的国家越易于选择钉住汇率制。

3. 本国货币的国际化程度。即在国际贸易、国际结算、国际投资、国际借贷等国际经济活动中使用本国货币的比率。只有本国货币是自由兑换货币时，才有可能采用浮动汇率制，否则，浮动汇率制就缺乏实行的条件。

4. 相对的通货膨胀率。与别国的通货膨胀率不同的国家，由于在经济政策上很难与别的国家取得协调，因此，在汇率上也难以与别的国家保持稳定而不得不采取浮动汇率制或爬行钉住汇率制，以便对通货膨胀率的差异作出弥补；相反，与别国通货膨胀率差异较小或相同的国家，更易于实行固定汇率制。

5. 进出口贸易的地区结构。主要与一个国家或地区发生贸易关系的国家，通常选择使本国货币与其货币钉住的钉住汇率制度；而进出口贸易的地区结构表现出多元化的国家则多采用别的汇率制度。

6. 与大国的经济政治依附程度。如果一国的经济、政治甚至军事对于某一个大国的依附程度较大，则出于维护本国经济稳定发展的考虑，该国则会采取本国货币与该大国货币相挂钩的钉住汇率制；如果一国的经济、政治、军事不是依附于一个大国，而是依附于几个工业发达的大国，则该国往往采取让本国货币钉住这几个国家合成货币的汇率制度。

另外，还必须考虑到本国的其他一些条件，比如经济的市场化程度、金融市场的发育程度、法律体系的完备程度及经济信息的披露程度等。

专栏8－1

汇率制度选择分歧

应该选择适合我国国情的汇率制度是有共识的，但什么是适合的汇率制度，无论在决策层面还是理论讨论中一直有争议。从全球范围来看，自由浮动从来不是大多数国家的选择。根据国际货币基金组织年报，2017 年在其 192 个成员中，实行自由浮动的只有 31 个，其中包括 19 个欧元区成员国，而欧元区在之前的分类中属于固定汇率。发展中国家实行自由浮动的只有 4 个，分别是索马里、俄罗斯、墨西哥、智利。索马里是因为政府没有能力管理而听任汇率浮动，俄罗斯是在转向浮动汇率后因发生卢布危机不得不进一步放弃汇率管理。

大多数国家选择对汇率进行不同程度的管理是基于现实的次优选择。20 世纪 70 年代全球进入浮动汇率体系以来，货币危机频发，美元走强是重要推手。根据国际货币基金组织统计，1975—1996 年全球共发生 116 次货币危机。1997 年亚洲金融危机爆发，中间汇率制度被认为是引发危机的重要原因，汇率两极化理论盛行。受此影响许多国家放弃中间汇率制度，但这些国家的绝大多数又因为承受不了汇率动荡的冲击陆续回归中间汇率制度。2014 年美联储开始退出量化宽松，美元走强，全球外汇市场动荡加剧，许多发展中国家货币出现大幅度贬值。采用国际货币基金组织对货币危机的界定标准，分析 2014 年到 2018 年 6 月世界各国汇率发现，共有 55 个国家发生了货币危机，比以往任何时期都频繁，而且本轮汇率动荡还远未结束。在这 55 个国家中，有 30 个属于自由浮动和有管理浮动，浮动汇率发生危机的概率比其他汇率制度要高。这一事实表明当前国际货币体系缺少全球性货币锚，所以被称为“无体系的体系”。欧洲当年推行货币一体化并最终启动欧元，应对全球浮动汇率冲击是重要原因之一。处于外围的发展中国家和中心货币国家相比力量更为不对等，听任汇率浮动不仅不能让汇率成为吸纳外部冲击的缓冲器，还有可能使其变为外部冲击的来源。

资料来源：丁志杰等．人民币汇率市场化改革四十年：进程、经验与展望［EB/OL］.［2018－10－17］．http：//news. hexun. com/2018－10－17/194882149. html.

第三节　外汇管理政策

外汇管理（Foreign Exchange Control）也称外汇管制，是指一国政府通过法令、规章等对国际结算、外汇买卖、借贷、转移、投资及外汇汇率等实行的限制性管理。目前虽然还有很多国家实行外汇管理，但是从长期来看，逐步放松和取消严格的外汇管理是国家经济和金融发展的重要标志。

一、外汇管理的产生和发展

外汇管理的产生和发展同各个历史时期国际政治经济发展、国际贸易格局的变化及国际货币制度的演变密切相关。

（一）两次世界大战期间的外汇管理

第一次世界大战以前，资本主义国家广泛实行自由贸易，货币制度是金本位制。金本位制的“三大自由”，使汇率和国际收支可以通过自动调节机制实现均衡，不需要以行政或法律性的手段人为调节，基本上不存在外汇管理。第一次世界大战的爆发，打破了金本位制存在的外部条件。受战争的影响，参战国都发生了巨额的国际收支逆差，本币对外币汇率猛跌，资金大量外流。为了筹措战争所需的大量外汇资金，防止资金外流，各国都禁止黄金输出，取消外汇自由买卖，开始实行外汇管理，外汇管理由此产生。第一次世界大战后，随着各国经济的恢复和发展，政治经济进入了一个相对稳定的发展时期，为了扩大对外贸易，从1923年起，各国先后实行了金块本位制和金汇兑本位制，并相继取消了外汇管理。1929—1933年，西方资本主义世界爆发了空前规模的经济危机，紧接着是严重的货币信用危机，使国际支付无法正常进行，本已处于风雨飘摇中的金本位制全面崩溃。为减轻经济危机带来的危害，各国又相继恢复了外汇管理。第二次世界大战爆发后，德、日等法西斯国家首先把外汇管理作为动员集中战争物资的手段，一直坚持货币自由兑换的英、法两国，为了补充外汇资金，应付巨额战争支出，也被迫实行外汇管理。当时，世界100多个国家和地区中，只有美国、依附美国的美洲国家和瑞士未正式实行外汇管理，其余都实行了严格的外汇管理。

（二）第二次世界大战后的外汇管理

战争结束后，国际经济极度不平衡，英、法、德、日、意等国受战争破坏最严重，经济困难，通货膨胀严重，国际收支大量逆差，黄金、外汇储备枯竭。为此，这些国家进一步强化了外汇管理。而只有美国通过战争获得了巨大的经济利益，集中了世界绝大部分黄金存量，而没有实行外汇管理。

20世纪50年代末，特别是60年代后，西欧各国、日本等经济得以恢复和发展，外汇储备增加，经济实力增强。美国趁此利用布雷顿森林体系建立的有利地位，一再对西欧、日本等国施加压力，迫使其放松外汇管理。再者第二次世界大战后成立的国际货币基金组织，在其协议中规定会员国有义务取消外汇管理，实现货币的可自由兑换。20 世纪 50 ~ 70 年代，西方主要国家先后从有限度的货币自由兑换过渡到进一步解除外汇管理从而实行全面的货币自由兑换。同时，亚太地区一些新兴工业国及中东一些富裕的石油输出国，也逐步放宽以至取消了大部分外汇管理，但绝大多数外汇资金还不宽裕的发展中国家，仍然实行宽严不一的外汇管理。

二、外汇管理的目的、机构及对象

（一）外汇管理的目的

从外汇管理历史演变来分析，各国实行外汇管理的主要目的是为了促进国际收支平衡和维持本币汇率的稳定，以利于本国经济金融稳定发展，但不同的国家实行外汇管理的具体目的不尽相同。发达国家在战争时期实行外汇管理，是为了保证军费开支的需要；在经济危机时期，是为了防止资本外逃，改善国际收支逆差；顺差国在必要时实行外汇管理是为了限制外来资本大量流入，防止输入性通货膨胀，以减轻对国内经济的冲击。发展中国家因经济实力薄弱，外汇资金匮乏，实行外汇管理是为了保证本国经济的独立发展，防止外国商品大量进口冲击本国民族工业；避免资本大量外逃，并鼓励外国资本流入；谋求本币汇率稳定，并运用行政手段来调节国际收支。

（二）外汇管理的实施机构

实行外汇管理的国家，一般都设立外汇管理机构。外汇管理机构的设立有三种类型：一是由国家设立专门的外汇管理机构，如法国、意大利和中国由国家设立专门的外汇管理局；二是由国家授权中央银行直接负责外汇管理工作，如英国是由英格兰银行负责外汇管理工作；三是由国家行政管理部门直接负责外汇管理工作，如美国由财政部负责，日本由大藏省（现财务省）、通产省负责。外汇管理机构的主要职责是负责制定和监督执行外汇管理的政策、法令、规章和条例，并随时根据情况变化和政策需要，采取各种措施，控制外汇收支。

（三）外汇管理的对象

外汇管理的对象分为对人、对物和对地区的管理。

1. 对人的管理。在外汇管理中，一般把人的概念分为“居民”和“非居民”两类。由于居民的外汇收支涉及居住国的国际收支，所以对居民的外汇管理较严，而对非居民的外汇管理较松。

2. 对物的管理。这里的“物”是指外币（包括现钞和铸币）、外币支付凭证（汇票、本票、支票）、外币有价证券，以及在外汇收支中使用的其他外汇资产。大多数国家将黄金、白银等贵金属以及本币的出入国境也列入外汇管理的范围。

3. 对地区的管理。“地区”一般以本国为限，但还常指因政治经济关系而形成的国家集团之间，如欧洲联盟、以美国为中心的北美自由贸易区等。在这些国家集团之间办理国际结算与资本流动，基本上是自由的，但对集团之外的结算和收付有不同程度的管理。

三、外汇管理的办法与措施

外汇管理措施即如何进行外汇管理的问题。实行外汇管理的国家一般对贸易外汇收支、非贸易外汇收支、资本输入、银行账户存款、汇率、黄金和现钞的输出入等采取一定的管制办法。

（一）价格管制

1. 本币高估。本币高估也称汇率高估，即一国政府为了实现其汇率政策目标，有意识超过本币的实际价值或国内外通货膨胀率的差异幅度，人为地提高本币的对外汇率。总体来说，本币高估有利于进口而不利于出口，有利于劳务输入而不利于劳务输出，有利于资本输出而不利于资本输入。

第二次世界大战后，美国有意将美元恢复到1934年的平价（1美元等于0.888671克纯金和1盎司黄金等于35美元），其高估美元不仅是为了排挤英镑以建立美元的霸权地位，也是为了使美国垄断资本得以用较为低廉的价格收购外国企业和对外投资。不过，美元高估削弱了美国出口商品的竞争力，这也是20世纪60年代美国国际收支逆差剧增的一个重要原因。一些发展中国家常常利用本币高估实现其“进口替代”的经济发展战略。由于这些国家所建立的进口替代工业多为制造最终产品的工业部门，因而对机械设备、中间产品和优质原材料等需要依靠进口加以解决。本币高估，则使上述物资的进口价格变得相对低廉，有助于发展中国家进口替代工业的建立和发展，却不利于其关联产业的民族工业成长。

2. 本币低估。本币低估也称汇率低估，即一国政府为了实现其汇率政策目标，有意识以低于本币实际价值或国内外通货膨胀的差异幅度，人为降低本币的对外汇率。与本币高估相反，本币低估有利于出口而不利于进口，有利于劳务输出而不利于劳务输入，有利于资本流入而不利于资本流出。

3. 复汇率制。复汇率制是对不同情况的兑换规定不同汇率的外汇管制措施。从表现形式上看，复汇率制有公开的复汇率制和隐蔽的复汇率制两种。

（1）公开的复汇率制。公开的复汇率制是政府明确公布针对不同交易适用不同的汇率。例如，政府可能分别公布适用于国际贸易及非贸易的汇率与适用于国际金融的汇率，也可能公布分别适用于进口与出口的汇率，甚至对不同的商品种类（如生活必需品、奢侈品等）规定不同的汇率。

（2）隐蔽的复汇率制。隐蔽的复汇率制是相对公开的复汇率制而言的，即政府并不针对不同交易公布不同的适用汇率，而是通过相关的政策和措施造成事实上的双重或双重汇率。具体来看，隐蔽的复汇率制有以下多种表现形式：其一，按商品类别对出口给予不同的财政补贴（或税收减免），或者按类别对进口课以不同的附加税，这些相关的政策和措施都将导致不同的实际汇率。其二，对不同企业或不同的出口商品实行不同的收汇留成比例，并允许某些企业将其留成外汇在调剂市场上按市场汇率换成本国货币，当官方汇率低于市场汇率时，意味着变相地对这些企业给予不同程度的补贴，从而形成事实上的多重汇率。其三，政府就不同种类进出口商品在官方汇率之后附加不同的折算系数（采用“影子汇率”），故有多少种折算系数，就会有多少种实际汇率。

（二） 数量管制

1. 对贸易外汇的管制。

（1）对出口外汇收入的管制。对出口外汇收入的管制，一般采取颁发出口许可证（证中载明出口商品的价格、金额、收汇方式等）的办法，规定出口商必须把全部或部分外汇收入按官定汇率结售给指定银行，以保证国家集中外汇收入和统一调配外汇的使用。为了鼓励出口，外汇管理部门还常常规定不同的出口结汇办法。例如，规定不同类别的出口商品按官定汇率结售一部分外汇收入，剩余部分既可用于本企业进口，也可按自由市场的汇率转售他人。

（2）对进口外汇的管制。出于控制外汇支出、防止资本外逃、扭转国际收支逆差等目的，实行外汇管制的国家一般都规定进口商品所需外汇须向外汇管理部门申请，批准后方可供售。除对进口外汇进行核批外，有时还实行进口存款预交制、向购买外汇的进口商征收外汇税、限制进口商对外支付的币种等措施来加强管制。

2. 对于非贸易外汇的管制。非贸易外汇收支主要包括与贸易收支有关的运输费、保险费、佣金，与资本输出入有关的股息、利息，与知识产权输出入有关的专利费、许可证费、特许权费、版权费、稿费，与文化交流有关的奖学金、留学费、技术劳务费，以及驻外机构经费、旅游费、赡家汇款等外汇收支。20 世纪 80 年代中期以后，多数发达国家放松了对非贸易外汇收支的管制。为了吸引外资和利用外国先进技术，许多发展中国家对相关方面的非贸易外汇收支也逐渐放宽管制。

3. 对资本输出输入的管制。无论是发达国家还是发展中国家，都重视对资本输出输入的管制，但由于各自情况不同，它们对资本输出输入管制的目的、要求和措施各不相同。发展中国家常常把输入资本作为发展本国经济的一项重要资金来源，它们根据本国外汇收支的具体情况，对外国资本输入的控制政策时而放宽时而收紧。常见的政策有：（1）规定输入资本的额度、期限与投资部门。（2）规定必须在一定期限内将一定比例的国外借款存放于管汇银行。（3）规定国内商业银行不能超过其资本与准备金的一定比例从国外借款。（4）规定借款部门的利率和附加利率（Margin）水平等。某些债务危机比较严重的发展中国家（如阿根廷、泰国等），常常借助于资本输出输入的管制来应付日益恶化的国际收支。20 世纪 80 年代中期以后，由于国际资本市场一体化以及融资工具的不断创新，发达国家对资本流动的管制趋于放松。

4. 对黄金、现钞输出输入的管制。实行外汇管制的国家，一般禁止私人输出输入黄金。由于本国现钞输出可能伴随资本外逃并导致本币汇率下跌，故实行外汇管制的国家对本国现钞输出往往规定了最高限额，但对本国现钞输入的管制则相对宽松。

第四节　我国的外汇管理体制与人民币汇率制度改革

一、我国外汇管理体制的改革

（一）我国外汇管理的实施机构

我国外汇管理的实施机构是1979年3月由国务院批准设立的国家外汇管理总局。其基本职能包括：参与起草外汇管理有关法律法规和部门规章草案，发布与履行职责有关的规范性文件；负责全国外汇市场的监督管理工作，承担结售汇业务监督管理的责任，培育和发展外汇市场；负责依法监督检查经常项目外汇收支的真实性、合法性，负责依法实施资本项目外汇管理，并根据人民币资本项目可兑换进程不断完善管理工作；规范境内外外汇账户管理，负责依法实施外汇监督检查，对违反外汇管理的行为进行处罚。

（二）我国外汇管理体制改革的历程

我国外汇管理体制改革经历了三个重要阶段。

第一阶段是1978—1993年，改革开始起步，以双轨制为特征。实行外汇留成制度，建立和发展外汇调剂市场，建立官方汇率与调剂市场汇率并存的双重汇率制度，实行计划和市场相结合的外汇管理体制。但改革之初外汇储备十分有限，1978年，中国外汇储备仅为1.67亿美元。从1978年到1989年的12年间，除1989年为56亿美元外，其余各年的外汇储备余额均未超过50亿美元。

第二阶段是1994年至21世纪初，国家外汇管理局取消外汇留成与上缴，实施银行结售汇，实行以市场供求为基础的、单一的、有管理的浮动汇率制度，建立统一规范的全国外汇市场，实现人民币经常项目可兑换，初步确立了市场配置外汇资源的基础地位并成功抵御了亚洲金融危机的冲击。

第三阶段是进入21世纪以来，市场体制进一步完善，我国加速融入经济全球化，对外开放进一步扩大，外汇形势发生根本性变化。外汇管理从“宽进严出”向均衡管理转变，有序推进资本项目可兑换，进一步发挥利率、汇率的作用，促进国际收支平衡，注重防范国际经济风险。未来，我国在制定和执行外汇管理政策时，将继续坚持以下两项基本原则：一是坚持改革开放，支持和推动金融市场的双向开放，进一步提升跨境贸易、投资的便利化水平，服务实体经济。二是坚持防范跨境资本流动风险，防止跨境资本无序流动对宏观经济和金融稳定带来冲击，维护外汇市场稳定，为改革开放创造良好的市场环境。

（三）目前我国外汇管理体制的主要内容

2019年1月，国家外汇管理局更新了《现行有效外汇管理主要法规目录》，按照综合、经常项目外汇管理、资本项目外汇管理、金融机构外汇业务监管、人民币汇率与外汇市场、国际收支与外汇统计、外汇检查与法规适用、外汇科技管理8大项目分类，并根据具体业务类型分为若干子项。

1. 经常项目外汇管理。经常项目，是指国际收支中涉及货物、服务、收益及经常转移的交易项目等。经常项目外汇收支，包括贸易收支、劳务收支和单方面转移等。贸易收支，是一国出口商品所得收入和进口商品的外汇支出的总称。劳务收支，是指对外提劳务或接收劳务而引起的货币收支。单方面转移，是指一国对外单方面的、无对等的、无偿的支付，分为私人单方面转移和政府单方面转移两类。经常项目外汇收入，可以（并非必须）按照国家有关规定保留或者卖给经营结汇、售汇业务的金融机构。但经常项目外汇支出，应当按照国务院外汇管理部门关于付汇与购汇的管理规定，凭有效单证以自有外汇支付或者向经营结汇、售汇业务的金融机构购汇支付。经营结汇、售汇业务的金融机构应当按照国务院外汇管理部门的规定，对交易单证的真实性及其与外汇收支的一致性进行合理审查。外汇管理机关有权对上述事项进行监督检查。

2. 资本项目外汇管理。资本项目，是指国际收支中引起对外资产和负债水平发生变化的交易项目，包括资本转移、直接投资、证券投资、衍生产品及贷款等。

境外机构、境外个人在境内直接投资，经有关主管部门批准后，应当到外汇管理机关办理登记。境外机构、境外个人在境内从事有价证券或者衍生产品发行、交易，应当遵守国家关于市场准入的规定，并按照国务院外汇管理部门的规定办理登记。

境内机构、境内个人向境外直接投资或者从事境外有价证券、衍生产品发行、交易，应当按照国务院外汇管理部门的规定办理登记。国家规定需要事先经有关主管部门批准或者备案的，应当在外汇登记前办理批准或者备案手续。

资本项目外汇收入保留或者卖给经营结汇、售汇业务的金融机构，应当经外汇管理机关批准，但国家规定无须批准的除外。依法终止的外商投资企业，按照国家有关规定进行清算、纳税后，属于外方投资者所有的人民币，可以向经营结汇、售汇业务的金融机构购汇汇出。

2012 年底，国家外汇管理局发布了《关于进一步改进和调整直接投资外汇管理政策的通知》，大力精简优化外商直接投资管理流程，建立起与扩大开放相适应、具备有效管理且社会成本较低的外商直接投资外汇管理模式。2015 年 6 月起，外商直接投资外汇登记由银行直接审核办理，外汇管理部门实施间接监管。改革实施后，我国外商直接投资外汇管理实现了基本可兑换。

随着中国经济快速发展和融入全球经济，我国资本项目证券投资项下可兑换取得突破性进展，通过合格机构投资者等一系列重大制度创新，初步构建起多渠道多层次跨境证券市场交易互联互通机制，有力提升了境内外资本市场相互融合水平。除境外机构境内发行股票、货币市场工具、衍生工具外，证券投资其他交易已实现基本可兑换或部分可兑换。从 2014 年开始逐步推出“沪港通”“深港通”，允许符合条件的个人投资者直接参与跨境证券投资。2015 年 7 月，推出内地与香港证券投资基金跨境发行销售机制（即“基金互认”），标志着集体投资类证券项下“居民在境外发行”以及“非居民在境内发行”两个子项实现部分可兑换，资本项目可兑换取得新突破。2017 年 7 月，“债券通”正式开通。

3. 金融机构外汇业务管理。金融机构经营或者终止经营结汇、售汇业务，应当经外汇管理机关批准；经营或者终止经营其他外汇业务，应当按照职责分工经外汇管理机关或者金融业监督管理机构批准。

2014 年 8 月 1 日国家外汇管理局实施的《银行办理结售汇业务管理办法》，主要修订内容包括：一是将结售汇业务区分为即期结售汇业务和人民币与外汇衍生产品业务，分别制定管理规范；二是降低银行结售汇业务市场准入条件，简化市场准入管理；三是转变银行结售汇头寸管理方式，赋予银行更大的自主权，以充分发挥市场主体在外汇业务发展中的主观能动性；四是取消部分行政许可和资格要求，实现以事前审批为重向以事后监管为重的转变；五是根据外汇实践发展，修订部分罚则内容。

4. 国际收支与外汇统计。为规范通过境内银行进行的国际收支统计申报业务，根据《中华人民共和国外汇管理条例》和《国际收支统计申报办法》，国家外汇管理局于 2015 年 6 月 18 日发布了《通过银行进行国际收支统计申报业务实施细则》。

为配合《通过银行进行国际收支统计申报业务实施细则》的实施，国家外汇管理局于 2016 年 4 月 1 日发布了《国家外汇管理局关于印发〈通过银行进行国际收支统计申报业务指引（2016 年版）〉的通知》。该业务指引对往年国际收支统计间接申报相关规范性文件、问题解答等进行整合和内容更新，对因业务创新而产生的申报问题进行明确和规范，进一步完善了国际收支统计间接申报制度体系，旨在便利申报主体和银行履行国际收支统计申报义务。

5. 外汇检查与法规适用。外汇管理机关依法履行职责，有权采取下列措施：（1）对经营外汇业务的金融机构进行现场检查；（2）进入涉嫌外汇违法行为发生场所调查取证；（3）询问有外汇收支或者外汇经营活动的机构和个人，要求其对与被调查外汇违法事件直接有关的事项作出说明；（4）查阅、复制与被调查外汇违法事件直接有关的交易单证等资料；（5）查阅、复制被调查外汇违法事件的当事人和直接有关的单位、个人的财务会计资料及相关文件，对可能被转移、隐匿或者毁损的文件和资料，可以予以封存；（6）经国务院外汇管理部门或者省级外汇管理机关负责人批准，查询被调查外汇违法事件的当事人和直接有关的单位、个人的账户，但个人储蓄存款账户除外；（7）对有证据证明已经或者可能转移、隐匿违法资金等涉案财产或者隐匿、伪造、毁损重要证据的，可以申请人民法院冻结或者查封。有关单位和个人应当配合外汇管理机关的监督检查，如实说明有关情况并提供有关文件、资料，不得拒绝、阻碍和隐瞒。

专栏 8－2

改革完善合格机构投资者外汇管理制度

我国要建立健全开放的、有竞争力的外汇市场，围绕人民币汇率市场化改革和人民币国际化进程两条主线，进一步提升外汇市场的深度、广度和活跃度。

未来，我国将推动资本项目可兑换和推进资本市场双向开放互为一体，将按照“成熟一项、推出一项”的思路逐步扩大开放。推动金融市场双向开放，改革完善合格机构投资者（QFII、

RQFII、QDII、RQDII等）外汇管理制度，便利并规范境外机构境内发行债券及货币市场工具（熊猫债），衍生品市场支持扩大境内商品期货市场对外开放。逐步扩大互联互通的覆盖范围，完善"债券通"，推动"沪伦通"落地，继续扩大基金互认产品范围。支持国内金融机构参与国际金融市场，研究允许中资机构参与离岸人民币市场、证券期货机构开展跨境业务、扩大证券公司结售汇试点等开放措施。规范外资参与上市公司外汇管理，研究允许境内上市公司外资股东直接参与上市公司配售、增发业务，推动实施外籍员工直接参与境内上市公司股权激励计划。

我国要继续完善以市场供求为基础、参考一篮子货币进行调节、有管理的浮动汇率制度，增强汇率弹性，提高外汇市场资源配置效率。

❶ 资料来源：苏涛钰，潘功胜．改革完善合格机构投资者外汇管理制度［N］．证券日报，2019－01－02.

二、人民币汇率制度改革

（一）单一的、有管理的浮动汇率制度（1994—2005年）

1994年1月1日，我国开始实行以市场供求为基础的、单一的、有管理的浮动汇率制。具体措施包括，第一，实行以市场供求为基础的、单一的、有管理的浮动汇率制。1994年1月1日实行人民币官方汇率与外汇调剂价并轨。第二，实行银行结售汇制，取消外汇留成和上缴。第三，建立全国统一的、规范的银行间外汇交易市场，人民银行通过参与该市场交易管理人民币汇率，人民币对外公布的汇率即为该市场所形成的汇率。1996年12月我国实现人民币经常项目可兑换，从而实现了人民币自由兑换的重要一步。

1994年以后，我国实行以市场供求为基础的管理浮动汇率制度，但人民币对美元的名义汇率除了在1994年1月到1995年8月期间小幅度升值外，始终保持相对稳定状态。亚洲金融危机以后，由于人民币与美元脱钩可能导致人民币升值，不利于出口增长，中国政府进一步收窄了人民币汇率的浮动区间。1999年，IMF对中国汇率制度的划分也从"管理浮动"转变为"钉住单一货币的固定钉住制"。1997年东南亚金融危机爆发后到2005年汇改前汇率一直维持在1美元兑8.2780元人民币附近，波幅非常小。

（二）参考一篮子货币、有管理的浮动汇率制度（2005年至今）

自2005年7月21日起，我国开始实行以市场供求为基础、参考一篮子货币进行调节、有管理的浮动汇率制度。人民币汇率不再盯住单一美元，形成更富弹性的人民币汇率机制。2005年7月21日19：00时，美元对人民币交易价格调整为1美元兑8.11元人民币，作为次日银行间外汇市场上外汇指定银行之间交易的中间价，外汇指定银行可自此时起调整对客户的挂牌汇价。每日银行间外汇市场美元对人民币的交易价仍在人民银行公布的美元交易中间价上下3‰的幅度内浮动，非美元货币对人民币的交易价在人民银行公布的该货币交易中间价上下一定幅度内浮动。

人民币汇率形成机制改革后，又相应进行了一些小的调整和变动。自2007年5月21日起，银行间即期外汇市场人民币兑美元交易价浮动幅度由3‰扩大至5‰。

受国际金融危机冲击，从2008年8月起恢复实质上对美元的固定汇率机制，汇率维持在1美元兑6.8元人民币附近超过20个月。因此2010年6月19日，中国人民银行决定“进一步推进人民币汇率形成机制改革，增强人民币汇率弹性”。其核心是坚持以市场供求为基础，参考一篮子货币进行调节，继续按照已公布的外汇市场汇率浮动区间，对人民币汇率浮动进行动态管理和调节。

为进一步完善人民币汇率市场化形成机制，2014年7月1日中国人民银行就银行间外汇市场交易汇价和银行挂牌汇价管理发布公告称：每日银行间即期外汇市场人民币对美元的交易价可在中国外汇交易中心对外公布的当日人民币对美元汇率中间价上下2%的幅度内浮动；人民币对欧元、日元、港元、英镑、澳大利亚元、加拿大元和新西兰元交易价在中国外汇交易中心公布的人民币对该货币汇率中间价上下3%的幅度内浮动；人民币对马来西亚林吉特、俄罗斯卢布交易价在中国外汇交易中心公布的人民币对该货币汇率中间价上下5%的幅度内浮动；人民币对其他非美元货币交易价的浮动幅度另行规定。其核心是坚持以市场供求为基础，参考一篮子货币进行调节，对人民币汇率浮动进行动态管理和调节，这样更有利于保持人民币汇率在合理、均衡水平上的基本稳定，促进国际收支基本平衡和金融市场的稳定。

2015年8月11日，中国人民银行发布《关于完善人民币兑美元汇率中间价报价的声明》，做市商在每日银行间外汇市场开盘前，参考上一日银行间外汇市场收盘价，综合考虑外汇供求关系以及国际主要货币汇率变化向中国外汇交易中心提供中间价报价，这对汇率本身及国内外资产价格均造成巨大影响，是人民币汇率形成机制改革过程中的“里程碑”式事件，又被称为“8·11汇改”。

2015年12月1日，国际货币基金组织（IMF）执董会决定将人民币纳入特别提款权（SDR）货币篮子。SDR货币篮子相应扩大至美元、欧元、人民币、日元、英镑5种货币，人民币的权重为10.92%。根据IMF决定，新SDR货币篮子于2016年10月1日生效。2016年10月1日，人民币正式加入SDR。这是人民币国际化的重要一步，加入SDR意味着人民币成为IMF成员国贷款货币的选择之一，人民币资产在全球市场的吸引力明显上升，加入SDR同时意味着人民币储备货币地位首次获得正式认定，增强了外界对人民币的信心，为人民币国际化注入了新的动力。

2017年5月26日，中国外汇交易中心公布，在人民币对美元汇率中间价报价模型中引入逆周期因子，人民币对美元中间价形成机制变为“前一交易日日盘收盘价+一篮子货币汇率变化+逆周期因子”。2018年1月，随着我国跨境资本流动和外汇供求趋于平衡，人民币对美元汇率中间价报价行基于自身对经济基本面和市场情况的判断，陆续将“逆周期因子”调整至中性。2018年8月24日，中国外汇交易中心发布公告称，人民币兑美元中间价报价行重启“逆周期因子”。

本章小结

1. 汇率制度是指一国货币当局对本国汇率变动的基本方式所作出的一系列安排

或规定。固定汇率制指两国货币的比价基本固定的汇率制度；浮动汇率制是由外汇市场供求状况决定其价格的汇率制度。

2. 经济学家和实际工作者认为，固定汇率制和浮动汇率制对经济发展各有优缺点。

3. 外汇管理是一国政府通过法令、规章等对国际结算、外汇买卖、借贷、转移、投资及汇率等实行的限制性管理。我国外汇管理体制随着对外开放的深入不断改革。

4. 我国的外汇管理体制主要包括经常项目外汇管理、资本项目外汇管理、金融机构外汇业务监管、国际收支与外汇统计和外汇检查与法规适用等方面的内容。

5. 自 2005 年 7 月 21 日起，我国开始实行以市场供求为基础、参考一篮子货币进行调节、有管理的浮动汇率制度。

本章主要概念

汇率制度　固定汇率制度　浮动汇率制度　管理浮动　联合浮动　单独浮动　钉住汇率制度　联系汇率制度

本章复习参考书

[1] 姜波克. 国际金融新编（第六版）[M]. 上海：复旦大学出版社，2018.

[2] 陈雨露. 国际金融（第五版）[M]. 北京：中国人民大学出版社，2015.

本章复习思考题

一、填空题

1. 汇率制度有两种基本类型：________和________。

2. 外汇管理的对象分为对________的管理、对________的管理和对________的管理。

3. 外汇管理是指一国政府通过________等对国际结算、________、借贷、转移及________等实行的限制性措施。

二、判断题

1. 复汇率是国家实行外汇管理的一种措施。(　　)

2. 外汇管理法规生效的范围一般以本国领土为界限。(　　)

3. 本币低估会使本国的进口物资价格变得相对低廉。(　　)

4. 我国在 2010 年 12 月 1 日起实现了人民币经常项下可自由兑换，从而使人民币成为自由兑换货币。(　　)

三、单项选择题

1. 现行人民币汇率采用（　　）制度。

A. 固定汇率　　B. 盯住美元　　C. 联合浮动汇率　　D. 有管理的浮动汇率

2. 一国外汇市场的（　　），国际货币基金组织视为复汇率。

A. 买入汇率与卖出汇率存在差异

B. 买入汇率与卖出汇率存在差异并超过 2%

C. 买入汇率与卖出汇率存在差异并超过 1%

D. 官方牌价与黑市牌价长期背离

3. 港元采用的汇率确定方式属于（　　）。

A. 固定汇率制　　B. 有限弹性浮动汇率制

C. 联系汇率制　　D. 联合浮动汇率制

4. 外汇管理就是对外汇交易实行一定的限制，各国实行外汇管理的主要目的是（　　）。

A. 防止资金外逃　　B. 限制非法贸易

C. 奖出限入　　D. 平衡国际收支、限制汇价

5. 我国外汇体制改革的最终目标是（　　）。

A. 实现经常项目下人民币可兑换　　B. 实现经常项目下人民币有条件可兑换

C. 实现资本项目下人民币可兑换　　D. 实现人民币的完全自由兑换

四、简答题

1. 试述布雷顿森林体系下的固定汇率机制特点。

2. 在对汇率制度的传统争论中，赞成固定汇率制或者赞成浮动汇率制的理由有哪些？

3. 目前国际货币基金组织对于各成员国的汇率制度是如何进行分类的？

4. 什么是货币局制度，货币局制度有哪些特征？

5. 简述我国人民币汇率制度改革的进程。

布雷顿森林体系的建立

资料来源：https：//v. qq. com/x/page/l0135kfcwqf. html?

自贸区外汇管理大放权 资本项目可兑换启动

第九章
国际储备政策

本章知识结构

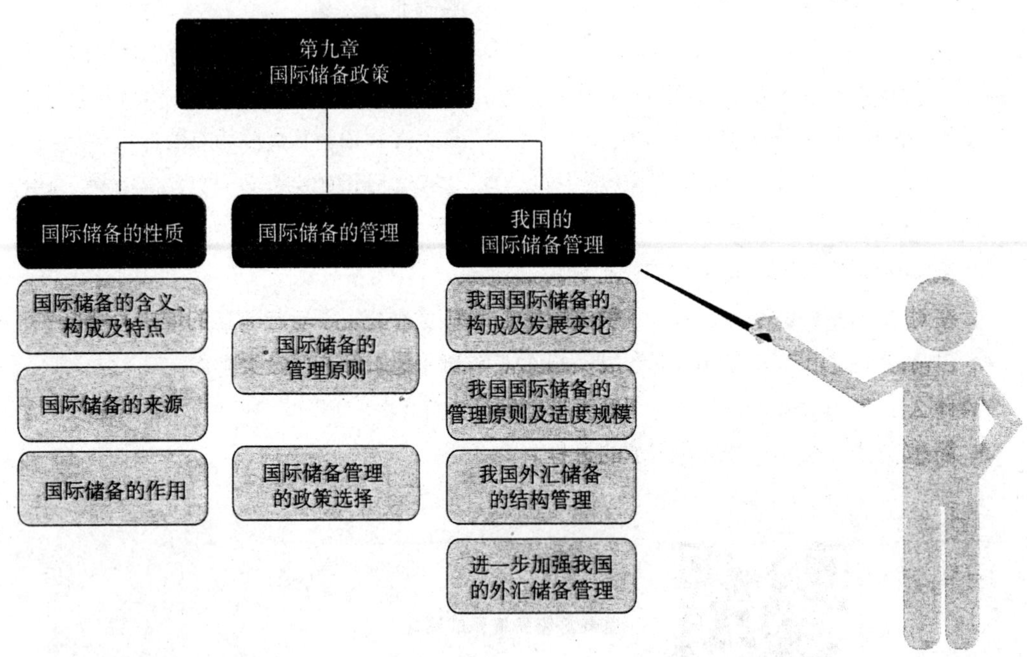

本章学习目标

- 掌握国际储备的性质与管理原则；
- 熟悉国际储备管理的政策选择；
- 了解我国的国际储备管理。

国际储备是一国综合国力尤其是金融实力的重要表现之一，它直接影响着一国经济发展的总体水平，对一个国家的国际收支状况、汇率稳定以及国际贸易的顺利进行都有着深刻的影响力。因此，研究国际储备问题是十分必要的。本章重点阐述国际储备的性质、管理和我国国际储备的管理。

第一节　国际储备的性质

国际储备对于调节国际收支、稳定汇率和货币流通，保证国家的对外支付能力与资信水平有着重要作用，受到各国政府的普遍重视。

一、国际储备的含义、构成及特点

（一）国际储备的含义

国际储备（International Reserve），是指一国政府为了平衡国际收支、维持汇率稳定以及用于其他意外支付而集中持有的一切国际流动资产。

国际储备与国际清偿力涵盖的内容有所不同。国际清偿力通常包括自有储备与借入储备两部分，而国际储备多指其中的自有储备部分，因此，国际清偿力实际上是包含国际储备的。

国际清偿力的概念更为宽泛一些，其表现为一国政府干预外汇市场的总体能力，也在一定程度上反映了一国的国际经济地位与金融资信。

（二）国际储备的构成

根据国际货币基金组织的描述，一国的国际储备主要包括以下四个部分：黄金储备、外汇储备、在国际货币基金组织的储备头寸以及特别提款权（SDR）。

1. 黄金储备。由于在国际支付与清算中，黄金一直以来都被看做是最后的支付手段，尽管自20世纪30年代起，各国都陆续放弃了金本位制，但黄金的贵金属特性以及遍布全球的发达的黄金交易市场，都使得各国政府依然将黄金列为其重要的储备资产之一。黄金储备在国际储备中的比重主要受三个因素的制约：黄金存量、非货币性黄金状况以及金价。例如，当黄金存量一定时，如果非货币性黄金量有所增加，则一国的黄金储备会有所减少；如果国际金融市场上的金价普遍下跌，则储备性黄金量会有所上升。值得注意的是，目前全球绝大部分的黄金为发达国家所有，但由于金价随市场供求变化而起伏波动，黄金作为世界货币的职能较之以前已大大缩小了。

黄金储备是一国政府持有的货币性黄金数量总和。

2. 外汇储备。作为储备货币至少应具备以下几个条件：普遍可接受性，可随时获得性，币值相对稳定性。历史上，储备货币经历了从单一走向多元化的过程。英镑、美元都曾占据主导货币的地位。20 世纪

外汇储备是一国政府持有的可自由兑换的外汇资产，是一国国际储备的主体。

70 年代以来，储备货币呈现出分散化、多样性的特点。目前，主要的储备币种有美元、日元、英镑、欧元等，其中美元仍为最主要的储备货币。与此同时，随着中国综合国力以及国际影响力的逐步提升，人民币正逐渐被部分国家纳入储备货币体系。

3. 在国际货币基金组织的储备头寸。主要包括两部分：一为储备部分，是会员国向国际货币基金组织缴纳的黄金和外汇储备份额，约占成员国认缴总份额的 25%，需要时，可由会员国无条件提用。二为信贷部分，是会员国向国际货币基金组织的贷款。由于会员国向国际货币基金组织缴纳的份额当中有 75% 是以本国货币缴纳的，需要提用时，实际上是以本国货币作抵押换回所需要的外汇以弥补国际收支逆差。提用的比例越高，提用时的限制条件也越多。

在国际货币基金组织的储备头寸即为国际货币基金组织的成员国在国际货币基金组织当中拥有的储备头寸，是国际货币基金组织向其会员国提供的用于弥补会员国国际收支逆差的借款权利。

4. 特别提款权（SDR）。特别提款权实际上是一种记账单位，成员国无条件享有该项权利，但在使用上仅限于政府间的结算，不能用于贸易或非贸易的结算与支付。成员国可以凭着自己认缴的份额，向国际货币基金组织指定的其他会员国换取外汇以弥补国际收支逆差，也可以凭以换回其他成员国持有的本国货币，另外还可以用于归还向国际货币基金组织的贷款并支付利息。特别提款权虽然没有实物作支持，但却有一定的价值规定，其通常以美元计价，名义价值由日元、美元、英镑和欧元这四种主要国际货币构成的篮子所确定。国际货币基金组织的成员国对它的价值均予以认同。

特别提款权又称“纸黄金”，是国际货币基金组织向其成员国提供的一种除储备头寸以外的用于弥补成员国国际收支逆差的提款权利，按成员国认缴的份额进行分配。

专栏 9－1

IMF 将人民币加入特别提款权篮子

自 2016 年 10 月 1 日起，IMF 将人民币加入特别提款权（SDR）货币篮子。

在接受采访时，Siddharth Tiwari（基金组织战略、政策及检查部主任）和 Andrew Tweedie（基金组织财务部主任）解释了这一变化为何产生及其对基金组织、特别提款权、中国和整个国际货币体系的重要意义。

基金组织新闻：人民币加入特别提款权篮子对中国而言意味着什么?

Tiwari：人民币加入特别提款权篮子是中国经济融入全球金融体系进程中的重要里程碑。基金组织认定人民币可自由使用，这反映了中国在全球贸易中的作用不断扩大，人民币的国际使用和交易显著增加。这也承认了中国货币、外汇和金融体系改革的进展，并认可了中国在放开、整合和改善其金融市场基础设施方面取得的成就。我们预期，人民币加入特别提款权篮子将对已经不断增加的人民币国际使用和交易起到进一步的支持作用。

此外，尽管数据披露不是一种货币加入特别提款权篮子的正式标准，但储备货币发行方通常达到较高的透明度要求。中国当局最近采取了受欢迎的措施以增加数据披露并加强对多边数据倡议的承诺，例如，向基金组织报告储备的货币构成。另外，中国当局还继续就中国银行部门统计数据的报告与国际清算银行共同开展工作。这些进展将促使外汇储备的官方持有者在更大程度上接受人民币。

基金组织新闻：稍退一步说，加入特别提款权的标准是什么？

Tweedie：一种货币加入特别提款权篮子有两个主要标准。

首先是出口标准，要求篮子中的货币是世界重要出口方发行的。自20世纪70年代以来，这个标准一直是特别提款权方法的一部分，旨在确保有资格加入篮子的货币是由那些在全球经济中发挥核心作用的成员国或货币联盟发行的。

第二个标准是，特别提款权篮子中的货币必须被基金组织认定为“可自由使用”，即广泛用于国际交易支付，并在主要外汇市场上广泛交易。这一标准在2000年成为特别提款权方法的一部分，旨在反映金融交易在全球经济中的重要性。

基金组织新闻：人民币加入特别提款权篮子预计将对国际货币体系产生什么影响？

Tiwari：对国际货币体系而言，有几个好处。首先，人民币加入特别提款权篮子将巩固人民币的国际化进程。一种货币的国际化将对其市场和制度施加严格的要求。经验表明，其中一些要素包括发展深化和流动的金融市场，实现一定程度上的资本账户开放，保证可预见的宏观经济结果，具备强健和可信的制度，以及确保市场诚信（如建立可靠的法治）。因此，巩固和进一步强化人民币的国际化进程有助于增强中国经济，从而有助于增强全球经济。其次，人民币加入特别提款权篮子将提高人民币作为国际储备资产的吸引力。这有助于全球储备资产的多元化。

基金组织新闻：这一变化对特别提款权本身有什么影响？

Tweedie：人民币的加入不仅对中国而言是一个重要的里程碑，对特别提款权本身也是如此。这是自欧元1999年取代法国法郎和德国马克以来一种货币首次被加入篮子。人民币的加入进一步加强了特别提款权篮子的多元化，使其构成更能代表世界主要货币。因此，人民币的加入预计将提高特别提款权作为国际储备资产的吸引力。

基金组织新闻：我们已经讨论了人民币加入对中国、特别提款权和国际货币体系的影响。但这对基金组织有什么影响呢？

Tweedie：人民币被认定为可自由使用货币，将改变中国相对于基金组织的权利和义务，对基金组织的资金操作有重要影响。

可自由使用货币的发行国在被选择参加基金组织的交易时，需要在购买交易（即基金组织贷款）中提供本国货币，在回购交易（即向基金组织还款）中从借款国收到本国货币。这意味着，今后当中国被选择参加交易时，借款成员国将收到人民币，并需以人民币偿还。如果这些借款国要求中国将人民币换成另一种可自由使用货币，中国将有义务合作，尽最大努力协助将其货币换成另一种可自由使用货币，与适用于其他可自由使用货币发行国的做法一样。相反，如果一个成员国的货币未被基金组织认定为可自由使用，当该国在基金组织资金操作中提供资金时，它有义务将本国货币换成一种可自由使用的货币。

此外，特别提款权篮子中的货币应当具备适当的用于特别提款定值的汇率，以及适当的参考利率。基金组织成员国、其代理方以及特别提款权的其他持有方应有充分渠道获得以可自由使用货币计值的工具，以便实施储备管理和风险对冲。

资料来源：https：//www. imf. org/zh/News/Articles/2016/09/29/AM16-NA093016IMF-Adds-Chinese-Renminbi-to-Special-Drawing-Rights-Basket.

（三）国际储备的特点

一国国际储备资产最主要的功能是用于平衡国际收支以及维持汇率稳定，因此，储备资产必须具备一定特性才能满足上述功用。这些特点包括：

1. 普遍可接受性。这是指一国的国际储备用于对外支付时，应当能够被绝大多数国家所接受，因此必须是实际存在的金融资产。不能在国际间转让或兑换的金融资产，如记账贸易项下的外汇余额、已签订协议但未动用的外汇贷款等均不能作为储备资产。

2. 币值相对稳定性。这是指储备资产的价值在相对长的一段时间内能够保持相对稳定，抗外界干扰能力强。

3. 可随时获得性。这是指一国的储备资产需要被动用时，可以被一国政府随时提用或兑换成所需要的金融资产，用于平衡国际收支或用于对外支付。这里也包括了储备资产的自由兑换性和流动性，因为只有具备了这两个条件，储备资产才能随时被政府所使用。

二、国际储备的来源

一国的国际储备主要可从以下渠道获得：

1. 国际收支顺差。这是一国国际储备资产最主要的来源。当国际贸易出现出口大于进口时，国际收支表现为收入大于支出，则经常项目下的收支盈余可留作储备资产，而在资本项目下的顺差也体现了一国的国际融资能力。

2. 干预外汇市场所得。主要是一国政府为稳定汇率，用公开市场操作的方法干预外汇市场，在交易过程中获得的外汇资产。例如，当本币出现升值压力时，中央银行大量买入外汇，抛出本币，以此影响外汇市场上本币的供求状况，这些买入的外汇可以丰富一国的储备资产。

3. 黄金存量。主要是指一国政府通过国际黄金市场购入黄金或以本国生产的黄金作为储备资产，一旦有需要，则立即通过黄金交易市场以黄金换回所需的外汇，弥补国际收支逆差或用于对外支付。尽管早在20世纪70年代末期，国际货币基金组织就已确立了黄金非货币性原则，但黄金的贵金属特性及其在金融史上的特殊地位，都使得黄金依然占据了各国国际储备中很重要的一部分。在某些关键货币币值不稳时，各国政府都会试图购入黄金，以作为最后的支付准备。需要注意的是，受供求矛盾的影响，黄金的价格波动频繁，各国在增加黄金储备方面已较之以前大为谨慎。

4. 在国际货币基金组织的储备头寸以及特别提款权。这主要是指国际货币基金组织的成员国在国际货币基金组织中按认缴的份额可提取的储备资产。对于普通提款权，成员国可以很宽松地取得，但这一部分只占认缴份额的1/4，比例是很小的。除此之外，要行使提款权，将按照提取比例的增加幅度增加提款的难度。对于特别提款权，由于它只是一种记账单位，成员国提取时，只能用于平衡政府间的国际收支，而不可挪作他用。

人民币于2016年10月1日加入特别提款权。当前特别提款权的价值由美元、欧元、人民币、日元和英镑的当期汇率加权求得，五种货币的权重分别为41.73%、30.93%、10.92%、8.33%和8.09%。

三、国际储备的作用

一国政府持有国际储备主要是基于以下考虑：对国际收支进行调整；对货币供求关系进行调整；实施外汇政策的有利后盾；满足外贸条件的需要；经济开放程度的要求等。因此，国际储备的作用集中表现在以下几个方面：

1. 国际储备体现了一国的金融实力，是调节国际收支的重要手段。一国的国际收支失衡，会产生两种状况：一是暂时的亏损性失衡。此时可以针对失衡的原因，利用国际储备予以调节。二是长期的、根本性的结构失衡。尽管利用国际储备并不能从根本上解决问题，但至少可以缓解失衡给市场带来的巨大压力。政府在此情形下，再采取渐进的措施。无论是财政政策，还是货币政策，与国际储备配合使用，都会收到较好的效果。

2. 国际储备是调整货币供求关系的工具。政府通过干预外汇市场，利用国际储备进行外汇买卖，以改善不利的汇率走势，进而推动整个货币供求关系趋于稳定。自从浮动汇率制取代固定汇率制以来，外汇市场的动荡就从未停止过，再加上各种投机活动更加强化了政府适时干预外汇市场的必要性。当本国货币币值一路走高，影响到出口贸易时，政府在市场上买入外汇，抛出本币，以增加市场上本币的供给数量，直到货币的供求关系基本达到均衡、本国货币币值有所下降，维持在一个较为正常的水平上；反之，当出现外汇价格上扬，本币价值下跌时，可以利用国际储备买入本币，抛出外汇，以减少市场上本币的供给量，增加外汇的供给，从而改善外汇供不应求的局面，抑制本币的贬值。这些做法，都可以在短期内对外汇市场产生作用，缩小外汇市场汇率波动的幅度。

3. 国际储备是一国对外信用的保证。毫无疑问，随着开放经济的不断发展，各国的对外贸易范围大大增加了，政府间的信贷行为也在频繁地发生。而在现代的国际融资和国际债务管理当中，偿债能力和国家风险已成为一项重要内容。充足的国际储备不仅可以维持一国政府的对外信用，更能体现出政府的偿债能力。此外，丰富的储备资产也为一国对外经济的平稳发展提供了有力的信用支持。

第二节　国际储备的管理

根据国际储备中四种储备资产所占比例的不同，国际储备的管理重心亦随之有所不同。当黄金作为主要的储备资产时，管理的中心为黄金。国际货币基金组织就要求其成员国按一定份额缴纳黄金与外汇，足见黄金的重要作用。实行黄金非货币化以后，许多国家增加了其他储备资产的比例，其中外汇储备的数量迅速增长，并逐步成为主要的储备资产形式，但黄金作为最后的支付手段依然在国际储备中占据一定地位。以后随着汇率制度的变化，原先单一的外汇储备已受到了越来越大的威胁，金融动荡也严重影响了各国政府持有单一外汇储备的决心。“美元危机”爆发后，为了缓和危机带来的不良后果，国际货币基金组织于 1969 年 9 月正式通过了建立特别提款权的方案，并于次年开始在各成员国之间分配特别提款权，从而使得特别提款权也成了各国国际储备的一个重要组成部分。而对于美元价值的大幅下挫，各国政府也纷纷作出了将储备资产分散化、多元化的选择。应该说，这一选择是金融发展史上的一个必然。但值得注意的是，在浮动汇率制下，多品种的储备资产的管理更具难度。如何有效地选择储备币种、选择多大规模的储备才是最经济的，这些问题的提出都对国际储备的管理提出了新的要求。

一、国际储备的管理原则

对国际储备的管理，各国根据各自的国情有灵活多样的原则和方法，但万变不离其宗，最基本的原则有以下三点：实现储备资产的安全性、流动性和盈利性。

1. 储备资产的安全性。国际储备不同于企业资产，后者以盈利性为主要的管理目标，而国际储备的性质决定了它的功用。作为价值储藏手段，储备资产的存放必须是安全的。选择外汇储备的币种、存放的信用工具等，都要考虑到通货膨胀、汇率变动以及各货币发行国的外汇政策等因素，尽可能降低储备资产贬值的风险。

2. 储备资产的流动性。国际储备的主要功能就是用以弥补国际收支逆差，满足政府对外紧急支付的需要。因此，它必须是随时都能够被政府所获得的，即储备资产必须是随时可以被兑现的，可以被灵活调拨使用的。作为国家实现宏观均衡的重要手段之一，在安排不同期限的储备资产时，应做好合理搭配，保证储备资产在不受损失的前提下，随时可以被政府方便地利用。

3. 储备资产的盈利性。在安全性与流动性的基础上，考虑储备资产的保值增值是有必要的。在浮动汇率制下，汇率的频繁波动势必造成外汇价格的涨跌，保持外汇储备的币种多样性并适时调整结构比例，可以有效地防范汇率变动带来的风险，维护储备资产的价值。而在保值的基础上，还可以通过利用各种金融工具来谋求一定收益。总体上，国际储备的盈利性包含两层意思：一是减少储备资产的机会成本，二是利用储备资产获取收益。前者实际上是要讨论储备资产的规模适度，以最小的成本换取最大的国际清偿保障；后者则是要求选择适当的金融工具，比如政府及企业债券、流通票据等，通过投资将暂时闲置的储备资产利用起来，达到增值目的。

以上三个特性，必须做到彼此兼顾，但在排序上，依然有主次之分。如上所述，作为国际储备，首先要满足安全性原则，其次是流动性原则，在此基础上，才能追求盈利性。从根本上说，这三项原则存在着一些对立性，比如强调安全性，盈利性可能就差一些。众所周知，金融业是最能体现高风险、高回报这一基本投资规律的。因此，在管理的三个原则中，特别强调哪一点都是不恰当的，在不同的经济发展阶段，适时调整管理策略才是切实可行的。

二、国际储备管理的政策选择

国际储备的管理政策应从两方面综合予以考虑：一是储备资产的规模问题，二是储备资产的风险问题。各国均应根据适度规模和有效防范风险这两项基本目标制定的管理政策。

（一）储备资产的适度规模

适度规模是指一国的国际储备资产总量应保持在一个较为合适的水平上，不可过多，也不能太少。因为就国际储备的本质而言，对外它是一国的债权，对内则是国家的负债，不适当的规模无论是对内还是对外都会对一国的国民经济的均衡发展造成负面影响。一般的做法是，将国际储备的总量分成四个级别来安排：

1. 最低储备。这是一国国际储备的下限，指一国政府仅采用调节政策和国际融资政策来平衡国际收支时所需要的国际储备量。理论上可以为零储备。

2. 保险储备。这是一国国际储备的上限，是满足一国对外清偿力的国际储备最大需求量。对这一指标应注意考察两个因素：一是根据国家经济发展走势，预测未来一段时间进口量的增加可能造成的对外支付缺口；二是考虑只利用储备资产平衡国际收支时，对储备资产最大的要求量。

3. 经济储备。该指标体系下，一国的国际储备可以满足正常进口量所需的对外支付，并能保证经济的平稳运行。一般为经验数据，可参考过去一段时间的实际对外支付量予以确定。

4. 最佳储备。在此指标体系下，国际储备既能满足一国平衡国际收支的需要，又不会造成资源的闲置，最大限度地降低了储备成本。这是各国政府追求的一个理想指标，但因需要考虑进出口贸易等动态因素，这一指标并非长年固定不变。

罗伯特·特里芬曾在他的《黄金和美元》一书中得出结论，他认为一国国际储备的合理数量，约为该国年进口总额的20%～50%。在那些实行外汇管制的国家，可以将储备量定得低些，但不应低于20%；而在外汇管制较为宽松的国家，应考虑多一些储备量，但也不要高于50%。一般情形下，将储备总额保持在年进口额的30%～40%是恰当的。近些年来，由于国际资本流动的迅速增加，20%～50%这一指标的适用性已大大降低。一般来说，确定最佳储备量应考虑如下因素：一国的宏观经济规模、年进口规模、国际收支状况、对外开放程度、汇率政策、金融市场的完善程度、对外融资能力、持有储备资产的机会成本等。需要指出的是，这一指标的确定是十分困难的，综合考虑如此多的因素，对任何一个政府都绝非易事。参照经验数据，结合未来预期对这一指标作适当调整是一般的做法。

（二）国际储备的风险管理

国际储备的风险管理，主要是针对管理原则中的安全性而言的。这意味着要在管理中尽可能减少由于汇率变化、货币贬值带来的储备资产价值损失，尤其是黄金和外汇资产的贬值。可采用以下手段进行有效管理：

1. 储备资产组合。储备资产是由四项内容组成的，即黄金、外汇、特别提款权和在国际货币基金组织的储备头寸。由于特别提款权与在国际货币基金组织的储备头寸在各国的储备资产中所占份额较小，因此，所谓的储备资产组合管理实际上是对黄金和外汇储备而言的，即二者的比例问题。进行资产组合的目的就是为了避免某种资产所占比例过高，因其价格波动而损失巨大。就外汇储备而言，保持储备币种的多元化能够较为有效地防范汇率变动带来的风险。

2. 储备资产的时限安排。如前所述，政府对储备资产的流动性要求较高，即要求储备资产可以随时用以对外支付。但变现快的资产收益率较低，而要获得高收益，则意味着变现能力就差。这一安排实际上是要在储备资产的流动性与盈利性之间做一取舍，通常可通过分级管理的形式以满足需要。将储备资产按变现能力的快慢分成三个级别：一级储备是可以立即用做对外支付的储备资产，但收益率低，如活期存款、短期国债等；二级储备在兼顾变现性的同时，考虑资产的收益性；三级储备为高收益储备，在满足前两级储备需求的前提下，可将剩余储备投资于中长期项目，获得高额回报，以实现增值目的。

3. 储备货币组合。目前，各国储备资产中的外汇储备已实现了币种多元化，这不仅可以有效降低汇率风险，还可以方便政府的对外支付。在多种储备货币体系中，仍应坚持以硬通货为主要储备币种、其他多种货币为辅的储备原则。各储备货币的比例应按照国际金融市场的变化予以适时调整。重点考虑以下因素：（1）一国的对外贸易状况；（2）储备货币发行国的经济发展状况；（3）其他可能影响到货币汇率走势的因素，如金融政策、政治外交等。

4. 投资组合。对储备资产进行投资组合可以有效降低资产的利率风险。首先，在对储备资产作出时限安排以后，可按相同的到期日对资产进行投资组合，以保证到期时及时回收。其次，对于不同期限的借款，如有相应的存款安排，则可以避免还贷时临时融资的利率风险。最后，从资产等值的角度考虑，少持有期限长的债券和多持有期限短的债券是一样的，因此，可以利用资产的期限结构安排来弥补利率风险。

5. 存放组合。这是指对于外汇储备的存放可以多选择几个国家，多选择几家银行。如果将外国银行或企业发行的债券与股票存放在他国，委托他国管理，则可以大大降低汇率风险，还可以适时规避银行或企业倒闭的风险，从而降低管理难度。

6. 金融技术与手段的运用。为了实现外汇储备的增值性，可以利用灵活多样的金融技术与手段，比如远期外汇买卖、衍生金融工具等以实现投资的高收益率。

第三节　我国的国际储备管理

改革开放以来，随着对外经济交往步伐的逐步加快和规模的不断扩大，我国的对外贸易、利用外资及国际储备均迅猛增长，国际储备问题备受关注。如何加强和完善国际储备的总量管理与结构管理，是我国宏观经济管理以及金融体制改革中的重要课题。

一、我国国际储备的构成及发展变化

（一）我国国际储备的构成

从1977年起，我国开始对外公布国际储备状况。我国的国际储备包括以下四个组成部分：黄金储备，外汇储备，在国际货币基金组织的储备头寸以及特别提款权。其中外汇储备占整个国际储备的90%以上，而黄金储备多年来一直没有太大变化。此外，尽管我国在国际货币基金组织的储备头寸以及特别提款权亦有所增加，但增加的幅度不大。外汇储备的增减是影响我国储备资产总额变动的主要内容，因此，我国国际储备管理的重点应放在外汇储备上。

（二）我国外汇储备的发展变化

改革开放以前，我国对外经济交往很少，在外汇方面实行“量入为出，以收定支，收支平衡，略有节余”的方针，外汇收支基本保持平衡，外汇储备量很小，年平均约为5亿美元以下。此时的外汇储备量反映为中央银行的外汇结存账户余额，管理则是由中国人民银行实行集中管理、统一经营，通过银行结存制度将所有外汇买卖集中在国家银行办理（1979年以后，中国银行从中国人民银行分设出来，独立行使职能，办理各项国际金融业务）。十一届三中全会以后，我国经济体制开始转轨，市场经济带来的是外汇收支规模的不断扩大，国家外汇储备不断增加。1981年底外汇储备总额仅为47.6亿美元，1984年底就达到了144.2亿美元（包括国家外汇库存和中国银行的外汇结存两部分）。这主要是因为在这一阶段国家实行了一系列经济调整政策，大量削减进口，努力增加出口，出口量的增加带来了源源不断的外汇收入。1984—1986年我国的国际储备有所下降，原因是这一时期国家储备管理失控，外汇资金投向有偏差。但随后，国家采取了一系列措施扭转局面，自1987年开始外汇储备额又有所上升。

1986年，国务院公布了《中华人民共和国银行管理暂行条例》，规定中国人民银行为国家的中央银行，主使行政职能。但当时国家的外汇管理工作仍划归国家外汇管理局，实际上是由中国银行代管。此时我国的外汇储备主要是由两部分组成：一是国家外汇库存，二是中国银行的外汇结存。其中的国家外汇库存，是指国家对外贸易外汇收支的历年差额总和，差额为正，说明收大于支，形成外汇储备，这一部分储备约占全部外汇储备的20%。此外，由于这部分外汇收支需用人民币办理结汇手续，因而要占用一定数量的人民币资金。中国银行的外汇结存，是中国银行的外汇自有资金，加上其在国内外吸收的外币存款减去其在国内外的外汇贷款和投资后的差额，以及国家通过各种渠道向外国政府、国际金融机构和国际资本市场筹集款项的未用余额部分，这一指标反映在中国银行的海外账户上。但是，这种统计口径并不符合国际惯例，因为国家对于中国银行的外汇结存并不能无条件加以利用。因此，1992年我国对外汇储备统计做了调整，决定从1993年起国家外汇储备总额不再包括国内金融机构的外汇结存部分。以此确立了以国际外汇结存为核心的新的储备统计口径，从而初步理顺了储备管理中的各种关系。

1994 年，我国对外汇管理体制进行了重大改革。根据中国人民银行《关于进一步改革外汇管理体制的公告》以及《结汇、售汇及付汇管理暂行规定》，我国开始实行汇率并轨，人民币实现了经常项目下有条件的可兑换，从而极大地吸引了外资流入，促进了出口。外汇收入持续增加，外汇储备也迅速增至1994 年的516.2 亿美元，我国自此开始实行储备集中管理和相应的经营制度。1996 年，我国在外汇管理方面实现了经常项目下的可自由兑换，同年11 月，我国的外汇储备超过1 000 亿美元。2009 年突破2 万亿美元；2011 年突破3 万亿美元。截至2019 年2 月底，我国的外汇储备总额保持在3 万亿美元以上，是世界第一大外汇储备国（见表9－1）。

表9－1　中国历年外汇储备（1950 年至2019 年2 月）单位：亿美元

年份	储备	年份	储备	年份	储备	年份	储备
1950	1.57	1968	2.46	1986	20.72	2004	6 099.32
1951	0.45	1969	4.83	1987	29.23	2005	8 188.72
1952	1.08	1970	0.88	1988	33.72	2006	10 663.44
1953	0.90	1971	0.37	1989	55.50	2007	15 282.49
1954	0.88	1972	2.36	1990	110.93	2008	19 460.30
1955	1.80	1973	−0.81	1991	217.12	2009	23 991.52
1956	1.17	1974	0	1992	194.43	2010	28 473.38
1957	1.23	1975	1.83	1993	211.99	2011	31 811.48
1958	0.70	1976	5.81	1994	516.20	2012	33 115.89
1959	1.05	1977	9.52	1995	735.97	2013	38 213.15
1960	0.46	1978	1.67	1996	1 050.49	2014	38 430.18
1961	0.89	1979	8.40	1997	1 398.90	2015	33 303.62
1962	0.81	1980	−12.96	1998	1 449.59	2016	30 105.17
1963	1.19	1981	27.08	1999	1 546.75	2017	31 399.49
1964	1.66	1982	69.86	2000	1 655.74	2018	30 727.12
1965	1.05	1983	89.01	2001	2 121.65	2019.2	30 902
1966	2.11	1984	82.20	2002	2 864.07		
1967	2.15	1985	26.44	2003	4 032.51		

资料来源：中国国家外汇管理局：www.safe.gov.cn.

二、我国国际储备的管理原则及适度规模

像世界上大多数国家一样，我国的国际储备管理也遵循安全性、流动性、保值和增值性原则，只是在不同的经济发展阶段，管理的侧重点有所不同，但储备规模问题始终是我国国际储备管理工作的中心内容。由于一国的国际储备直接体现了一国的经济实力，一些意见认为，储备资产越多越好，尤其是像我们这样的发展中大国，理应保持较多的国际储备。另一些意见认为，储备资产过多，必然影响到国内的经济发展，而且要承担较高的机会成本以及由于汇率变动带来的贬值压力等，所以，储备资产应考虑经济规模；具体到我国的情况，建立国际储备的适度规模应考虑以下制约因素：（1）一段时期内国家的经济发展目标；（2）国际收支的总体状况；（3）对外开放的程度；（4）对外举债情况；（5）在国际市场上的融资能力等。

三、我国外汇储备的结构管理

合理配置我国的外汇储备以达到优化组合，保证外汇储备管理原则的实现和外汇储备作用的最大限度发挥，是我国外汇储备结构管理的主要目标。

在坚持储备货币的安排和管理遵循安全保值、兑现灵活、获取收益三条原则和处理好三者关系的前提下，合理安排我国的外汇储备结构还要坚持做到以下几点：

1. 坚持储备货币构成与进口付汇和偿付外债的要求相一致。要根据我国进出口贸易对象及我国外债的货币结构，安排好各种储备货币的比重。要尽量做到与外汇资金的借入、使用、偿还货币币种相一致，保持储备构成合理，防范外汇风险。

2. 外汇储备货币的构成要多样化。要根据主要国际储备货币购买力不断变化的情况，及时调整我国储备货币的币别构成及数量比例，合理组合，始终保持优化状态。

3. 外汇储备资产的投向结构要合理。要既能满足国家日常及急需时的对外支付，又能满足获取最大的收益。要计算好一定时期内的对外支付的需要量，根据对外支付的时间安排好资金投向。根据对外支付的时间和比重，留足周转金存放于实力强、信誉好的国外银行或购买短期的政府国库券，把超过周转数额的资金作为较长期的投资，购买外国政府公债、国库券或可靠、稳定、收益高的有价证券，始终保持外汇储备的合理投向。

4. 外汇储备资产的存放要分散化。储备资产的存放要避免出现过于集中于一两个国家或一两个银行的情况，密切关注储备货币发行国、存放银行和国际金融市场的各种变动状况，防止遭受外国政府冻结资金、银行倒闭或发生意外事件的损失。

我国的外汇储备结构管理应在坚持实行储备资产多元化原则基础上，合理配置并不断调整，以达到我国外汇储备结构管理的优化。

四、进一步加强我国的外汇储备管理

如前所述，保持适度的外汇储备规模和优化外汇储备结构，对于保持一国国际收支平衡和汇率稳定、国内物价平稳和经济健康发展是至关重要的，而要做到这些，就必须加强对外汇储备的管理。加强外汇储备管理的重点，始终应放在保持适度的外汇储备规模上。合理确

定外汇储备规模是有效发挥外汇储备作用和强化外汇储备管理的关键。为此，我们认为当前下述几方面问题应引起特别注意。

（一）必须对我国当前外汇储备的现状与问题有较清醒的认识

近年来，随着改革开放的深入发展，我国的外汇储备数量从快速增长到保持在一个高位，给金融与货币研究带来了许多新课题，引起了国内学者、专家及决策者的关注。

至于我国近年来一直保有3万亿美元左右的外汇储备是否过多，虽然这是一个仁者见仁、智者见智的问题，但以国际上通用的有关标准来衡量，我们认为从总体上说应该是偏多的。不仅如此，我国外汇储备的快速增长，还有两种情况是需要特别注意的：一种情况是，我国的外汇储备急剧增长主要不是靠国际收支经常项目贸易收支顺差形成的，而是靠大量的外资涌入支撑的。如1994年外汇储备516亿美元，其中贸易顺差73亿美元，占当年外汇储备的比例为14%；2009年外汇储备23 991.52亿美元，其中的贸易顺差为1960.7亿美元，占当年外汇储备的比例为8.2%；2018年外汇储备30 727.12亿美元，其中的贸易顺差为3517.6亿美元，占当年外汇储备的比例为11.4%。2018年的外汇储备总体规模与贸易顺差占比较之2009年均有所上升，但外汇储备的贸易顺差占比依然偏低。另一种情况是，外汇储备与我国外债余额高速增长同时并行。近年来我国的外债余额一直处于快速增长通道，已从1994年的928.1亿美元增加到2009年的4 286.47亿美元和2018年9月末的19 132亿美元。在外债余额超速增长不尽合理的情况下，外汇储备占外债余额的比重始终保持在高位，由1994年的55.6%增加到2018年的160.61%，造成了外汇储备超额很多和花大成本对外举债同时并存的严重的外汇资源浪费现象。外汇储备和外债余额同时高速增长与双双相对过多，这是不容忽视和亟待认真研究解决的问题。

专栏9-2

理性看待我国外汇储备规模的变化

外汇储备是我国改革开放和对外经济发展成就的客观反映，是国际收支运行的实际结果。党的十八大以来，随着经济发展进入新常态，我国国际收支在波动中逐渐趋向基本平衡，外汇储备告别了高速增长阶段，外汇储备规模在一个时期内有所下降。对于外汇储备规模的变化，需要客观分析、理性看待、保持平常心。外汇管理部门要继续完善外汇储备管理制度，发挥好外汇储备在服务实体经济和维护国家经济金融安全等方面的积极作用。

一、外汇储备规模变化是宏观经济稳健运行的结果

1992年党的十四大确定了建立社会主义市场经济体制的改革目标，2001年我国成功加入世界贸易组织，为我国经济社会快速发展注入了强大动力。2008年国际金融危机以来，随着国内外环境和条件的变化，我国经济发展进入新常态，外汇储备规模在长期增长后出现了高位回调。但总体来看，目前我国外汇储备充足，规模仍处于合理区间。

我国外汇储备规模连续多年保持全球首位。随着社会主义市场经济体制的建立和对外开放战

略的不断深化，我国顺应世界经济发展大势，主动参与国际分工与合作，在不断扩大对外开放的过程中实现了国民经济连续多年快速增长，对外贸易、利用外资和对外投资规模迅速扩大，国际收支持续出现顺差。这一时期，我国外汇储备规模从 1992 年初的 217 亿美元，攀升到 2014 年 6 月的历史峰值 3.99 万亿美元。根据统计，截至 2017 年 3 月末，全球外汇储备规模排名前 10 位的国家（地区）依次为中国、日本、瑞士、沙特、中国台湾、中国香港、巴西、韩国、印度和俄罗斯。其中，我国外汇储备规模约占全球外汇储备规模的 28%，远远高于其他国家。

我国外汇储备规模变化具有明显的阶段性特征。进入 21 世纪以来，我国外汇储备经历了两个发展阶段。第一个阶段是 2000 年至 2013 年，伴随着国际资本高强度流入新兴经济体，我国外汇储备快速增长，从 2000 年初的 1 547 亿美元，迅速攀升至 2013 年末的 3.82 万亿美元，年均增幅在 26% 以上。第二个阶段是 2014 年以来，伴随着国际资本开始从新兴经济体流出，我国外汇储备在 2014 年 6 月达到历史峰值后出现回落。

我国外汇储备十分充裕。一国持有多少外汇储备算是合理，国际上并没有公认的衡量标准。20 世纪 50 至 60 年代，最广泛使用的外汇储备充足率指标是覆盖 3 至 6 个月的进口；后来，外汇储备功能需求拓展到防范债务偿付能力不足，广泛使用的充足率标准变成覆盖 100% 的短期债务。2011 年以来，国际货币基金组织结合各国危机防范的资金需求，提出了外汇储备充足性的综合标准。外汇储备规模是一个连续变量，受多种因素影响始终处于动态变化之中，因此对其合理水平的衡量需要综合考虑一国的宏观经济条件、经济开放程度、利用外资和国际融资能力、经济金融体系的成熟程度等多方面因素。就我国而言，当前无论采用何种标准来衡量，我国外汇储备都是相当充裕的，能够满足国家经济金融发展的需求。

二、外汇储备对促进国民经济发展发挥了重要作用

外汇储备是我国宏观经济稳健运行的重要保障。目前，我国实行以市场供求为基础、参考一篮子货币进行调节、有管理的浮动汇率制度。作为宏观经济运行的重要稳定器，外汇储备在维持国际支付能力、防范金融风险、抵御危机冲击等方面发挥了重要作用。在全球流动性宽裕时，市场主体出售多余的外汇资金，推动外汇储备规模增长。在全球流动性紧缩时，市场主体增持外汇资产、减少境外负债的行为，导致外汇储备规模下降。外汇储备实际上发挥了“蓄水池”作用，避免了跨境资金大进大出脱离经济基本面，为经济结构调整和产业转型升级争取了宝贵的时间。充裕的外汇储备也为我国成功抵御 1997 年亚洲金融危机和 2008 年国际金融危机等严重外部冲击，起到了定海神针的作用，有力维护了国家经济金融安全。

外汇储备很好地服务了对外开放战略大局。在新的发展阶段，习近平总书记强调必须坚持开放发展，着力实现合作共赢。外汇管理部门紧紧围绕国家对外开放战略，站在统筹国内国际两个大局的高度，按照“依法合规、有偿使用、提高效益、有效监管”的原则，拓展外汇储备多元化运用，为中国和世界经济发展提供了大量资金支持。近年来，开辟、拓宽了包括委托贷款、股权注资等各类渠道，向商业银行、政策性银行等金融机构和实体经济部门提供外汇资金，形成权责清晰、目标明确、层次丰富、产品多样的外汇储备运用机制，着重支持“一带一路”建设、国际产能和装备制造合作、企业“走出去”、重点领域进出口等领域，切实服务实体经济发展。在世界经济复苏步伐缓慢、经济全球化和贸易全球化面临严峻挑战的今天，外汇储备多

元化运用不仅有利于我国企业用好“两个市场、两种资源”，更有利于中国与世界有机结合，促进国际经济合作。

合理运用外汇储备实现了“藏汇于民”。近年来，面对市场主体的购汇需求和持汇意愿，外汇管理部门坚持深化外汇管理改革，不断释放政策红利，切实提升汇兑便利程度，在一定程度上推动了外汇储备“藏汇于民”。从持有主体看，目前我国已形成了外汇储备、中投公司、社保基金、金融机构和企业等多种形式的对外投资主体，外汇持有主体的多元化取得了显著进展。从 2014 年第二季度到 2016 年末，我国国际投资头寸表的外汇储备下降约 1 万亿美元，居民对外净资产提高约 0. 9 万亿美元，两者基本对应，这是“藏汇于民”的直接体现。从私人部门看，这一时期“藏汇于民”主要是用来满足境内居民的对外直接投资、偿还外债、旅游和留学等用汇需求。从官方部门看，在央行资产方外汇储备下降的同时，负债方也会相应下降，“藏汇于民”并没有改变央行资产负债表的“复式平衡”。从横向比较看，截至 2016 年第三季度，我国外汇储备资产在对外资产中的占比在主要发展中国家中位于合理中游水平。从纵向比较看，截至 2016 年末，我国对外资产中民间部门持有占比首次过半，为 2004 年公布国际投资头寸数据以来的最高水平；外汇储备资产占比为 48%，比 2009 年末下降近 20 个百分点。这反映出我国对外经济金融交往正在从以官方部门对外投资为主，转为官方部门与民间部门对外投资并驾齐驱。

需要强调的是，中国无意通过货币贬值提升竞争力，既没有这样的意愿，也没有这样的需要。央行向市场提供外汇流动性，防止了汇率超调和“羊群效应”，维护了市场稳定。中国努力在提高汇率灵活性和保持汇率稳定之间求得平衡的做法对国际社会是有利的，有效避免了人民币汇率无序调整的负面溢出效应和主要货币的竞争性贬值。

三、用好外汇储备，服务改革开放和国际经济合作

外汇储备规模将在波动中逐步趋于稳定。经济金融变量从来都不是线性变化的，而是在周期中波动和发展的，外汇储备规模变动也具有一定的周期性。虽然目前外部环境依然存在较多不确定性，但长远来看，我国经济金融基本面稳中向好，预计跨境资本流动将进一步向均衡收敛。第一，我国经济仍然处于中高速增长区间，随着供给侧结构性改革不断推进，未来经济发展会更有质量、更有效率。我国经济基本面仍将支持人民币在全球货币体系中的稳定地位，人民币汇率将在合理均衡水平上保持基本稳定。第二，国内对外债务去杠杆化进程基本完成，我国企业利用外债已在 2016 年第二季度开始回升。第三，我国经常账户顺差保持在合理水平。根据国际货币基金组织预测，我国经常账户在未来五年中将继续保持顺差，构成稳定的外汇供给。第四，随着人民币加入特别提款权和我国金融市场改革、开放、发展不断深化，人民币资产将成为全球金融资产配置中的重要组成部分，吸引境外投资者投资我国境内市场，金融账户的外汇供给将稳健提升。第五，国际金融市场上货币和资产价格盈亏互补的表现，加上我国外汇储备的多元化布局，将会带来较好的分散化效果，从而有利于外汇储备规模保持平稳。综合来看，未来我国外汇储备规模将在波动中逐步趋于稳定。

继续优化外汇储备稳定国际收支的重要功能。外汇管理部门要按照宏观政策要稳的政策思路，全面做好稳增长各项工作，为经济平稳健康发展和社会和谐稳定创造良好的外部环境。在复杂多

变的内外部经济金融环境下，外汇储备需要逐步回归维持国际收支平衡的基本功能。这是解决我国经济发展中的主要矛盾和突出问题、保障宏观经济稳健运行的必然要求。

未来应不断提升我国外汇储备经营管理水平。继续坚持安全、流动、保值、增值原则，对外汇储备进行审慎、规范、专业的投资运作，优化并动态调整投资组合和投资策略，尊重国际市场规则和惯例，维护和促进国际金融市场的稳定与发展。

资料来源：节选自潘功胜在《求是》上发表署名文章：《理性看待我国外汇储备规模的变化》（http：//www. safe. gov. cn/safe/2017/0707/6732. html），索引号：000014453－2017－00366。

（二）必须清楚与重视外汇储备过多对经济发展的负面影响

在开放经济条件下，保持适度的外汇储备规模，对国民经济健康发展具有积极的促进作用，相反，外汇储备规模不当，储备过多或不足，增长或下降过快，都势必会给经济发展和货币流通稳定带来相当不利的影响。

1. 外汇储备过多会加剧国内通货膨胀的压力。外汇储备过多，会给本国货币流通及物价水平带来不利影响，不利于国民经济发展。外汇储备的数量规模与一国的本币发行是直接相联系的，外汇储备越多，本币投放相对就越多。过多的外汇储备，在一定时期内会给本国货币流通、利率水平与物价水平带来压力，甚至会触发或恶化通货膨胀。特别是在中央银行通过控制基础货币从而达到控制货币总量的调控模式下，外汇占款是引起中央银行基础货币投放的重要渠道之一。外汇占款的大量增加直接增加了基础货币量，再通过货币乘数效应，形成货币供应量大幅度增长，由此必然加剧通货膨胀压力。同时，外汇储备过多，还会受到国外通货膨胀的冲击，给国内货币稳定和经济发展带来压力。外汇储备是一国存放在其他国家银行的国际资产，难免不受其他国家通货膨胀的影响，特别是在目前各国通货膨胀率偏高状态下，存放在国外的外汇资产，即使调度灵活，可以运用生息，也难免要在一定程度上蒙受国外通货膨胀造成的损失。

2. 外汇储备过多会增加本币升值的压力。本币对外币的比价变动，直接是由外汇供求关系变化决定的。一国的外汇储备增长过快、规模过大，势必推动本币汇率不断上升。本币汇率上升一般来讲对鼓励出口、抑制进口是不利的，从长远看也就不利于国内货币流通的稳定。同时，本币对外币比价趋升，也不利于降低国内业已存在的高通货膨胀率。特别是在管理体制不健全、其他诸多经济环节不畅情形下形成的外汇储备规模不合理增长，更会盲目维持一个本币与外币不合理的汇价水平，从而更加加剧本币汇率高估带来的弊端。本币汇率高估会影响出口企业的创汇积极性，使出口减少、出口亏损增多、国家财政负担加重，刺激进口、增加对外汇不合理的需求，影响侨汇和旅游业的外汇收入，影响外商的投资积极性等，而所有这些，对货币流通和经济发展都是不利的。

3. 外汇储备过多会造成外汇资金的闲置与积压。外汇储备规模过大造成的宝贵的资金资源的浪费表现是多方面的。首先，外汇储备主要来源于贸易收支顺差，是用出口商品换取的外汇资金，这部分储备资产，实际上是国内的物资以资金的形式存放在国外。外汇储备越多，意味着从国内抽出的物资越多，是一种变相的物资闲置，因此，过多的外汇储备，将人为地减少本国国民经济对其资源、物资的有效利用。其次，一国外汇储备过多，说明进口支付减少，该进口的物资没有及时进口，宝贵的外汇资源不能及时转化为现实生产力，势必会影响国内生产的发展。再次，容易蒙受国际金融市场汇率变动风险的损失。在未来汇率水平难以准确预期的背景下，巨额外汇储备的账面价值更容易受到来自储备货币汇率波动的冲击，出现意外损失。最后，要承受放弃投资高收益率、低利保有储备资产和高利使用国外资金的多重负担。如果一国货币当局能够确定适度的外汇储备规模，将相对过多的外汇储备用于进口生产性的物资或其他有效投资，就会促进国内经济增长，扩大就业机会，或获取其他较为可观的经济收益；反之，就只能获取相对较低的持有储备资产的收益率，还须时刻谨防汇率与利率等风险损失。

（三）必须强化对外汇储备资产的有效营运管理

保持适度的外汇储备规模意义重大，确定出较为适度的外汇储备数量界限颇为不易，而最重要的是要有一套切实可行的管理措施与办法，把外汇储备规模或总量管理的目标落到实处，切实把外汇储备的供应保持在最适度水平上，以促进本国对内和对外经济的健康发展。保持储备规模适度的具体措施很多，关键是要切实加强管理。加强外汇储备资产管理，包括加强外汇储备资产的总量、币别结构和营运调度的管理，而核心问题是确定并维持适度的外汇储备总量，保持其实际价值不受损失，并尽量使其在可能的条件下实际价值发生增值。

总之，要坚持外汇储备资产安全性、流动性和盈利性的管理原则和处理好三者关系，实现保证偿债能力、保证国家非常时期需要、服从国家政治需要、维持价值、获取收益的外汇储备管理目标。为此，在实践中要注意强化与落实下述管理措施：

1. 应该进一步明确国家外汇储备的所有权和经营权。根据外汇储备的性质和国际上的一般惯例，我国的外汇储备属于国家，应归财政部所有，可以由国家委托中央银行具体经营管理。

2. 要建立健全外汇储备管理机构和强化管理职能。外汇储备的政策和规模确定之后，需要有一个有效的储备资产管理体系。要健全相关管理机构，加强对储备规模的管理，真正重视外汇储备数额的确定与变动，层层把关，认真负责。同时，要建立一支具有较高政治与业务素质的管理人员队伍，造就一批训练有素的专门管理人才。

3. 要加强立法，建立健全必要的规章制度。要根据外汇储备资产的不同形式，制定出不同的管理规定，如对国家外汇储备，要重点制定出储备币种、比例、投向的有关规定，要建立较为完善的数据统计与考核的指标体系，要重视有关经济信息的收集与分析运用。

4. 要实施较为完善的储备政策。储备规模的适度与否，与实施什么样的储备政策关系极大。例如，实施充足的外汇储备政策，过分强调储备的经济实力与保证作用，忽视储备资产的盈利性，就会造成储备规模过大，造成资源的损失浪费。要及时分析本国储备资产的变动情况和国际金融市场的变化情况，合理调整储备政策。

5. 要加强对外汇储备、外债规模的定量分析。凡事总有量的界限，确定出适度的外汇储备规模已经是当前我们正确认识与有效处理我国外汇储备问题的前提和关键。要重视适度货币量、适度外汇储备量、适度外债量的研究，通过定性与定量的综合分析，确定合理适度的外汇储备规模。要处理好外汇储备规模同外债规模有关经济指标之间的数量关系，权衡利弊，择优决策。

6. 必须妥善消化我国相对过多的外汇储备。尽管合理的外汇储备规模应该是一个随国内不同经济时期形势发展需要而不断变化的动态指标，以及一定时期内有一个适量的波动区间，尽管从长期看国内建设资金短缺和外汇资金相对短缺是制约我国经济快速健康发展的一个不利因素，但对目前我国外汇储备的快速增长和相对过多问题还是要认真对待，妥善处理。消化相对过多的外汇储备要采用适当的措施：要控制外债余额过快增长，加强对流入资本的监控，防止出现新的不合理的储备增多；适当扩大国内建设急需的关键技术与设备的进口；适当发展对外直接投资和证券投资；适当放宽出国用汇的限制；有条件的可适当提前偿还一部分外债本息等。

专栏 9－3

我国外汇储备货币结构日趋多元　实现长期稳健经营收益

国家外汇管理局 2019 年 7 月 28 日公布了《国家外汇管理局年报（2018）》（以下简称《年报》），首次披露了外汇储备经营业绩、货币结构等数据，并介绍了外汇储备投资理念、风险管理、全球化经营平台等情况。

不断提升外汇储备信息透明度

作为全球最大的外汇储备持有国，中国一直致力于提升外汇储备信息透明度。为此，外汇局 2009 年发布了《外汇管理概览》；2010 年、2011 年连续发布了《外汇管理政策热点问答》；2015 年 7 月起，采纳国际货币基金组织（IMF）的数据公布特殊标准（SDDS），定期披露外汇储备规模；2016 年 12 月起，每月发布外汇储备规模解读。同时，持续积极推进提升外汇储备信息透明度的各项准备工作。

据《年报》统计，2014 年，美元在我国外汇储备货币结构中占比 58%，小于全球平均水平的 65%；2005 年至 2014 年，我国外汇储备 10 年平均收益率为 3. 68%。

坚持多元化、分散化投资理念

事实上，我国外汇储备始终坚持多元化、分散化的投资理念，根据市场情况灵活调整、持续优化货币和资产结构，利用不同货币、不同资产类别之间的此消彼长关系，控制总体投资风险，保障外汇储备保值增值。

IMF 公布的全球官方外汇储备货币结构（COFER）数据显示，1995 年至 2014 年间，全球官方外汇储备的非美元货币占比始终保持在 30% 至 40% 的较高水平。而截至 2014 年末，我国外汇储备的非美元货币占比达到 42%。

增持黄金有助调整国际储备组合配置

我国已成为世界第一大黄金生产国，同时也是黄金消费大国。数据显示，2005 年末至 2008 年末，我国黄金储备维持在 600 吨；2009 年末至 2014 年末，我国黄金储备稳定在 1 054 吨；2015 年末为 1 762 吨，2016 年末和 2017 年末均为 1 842 吨。截至 2018 年末，我国黄金储备规模达到 1 852 吨，位居全球第六。

始终将风险防范放在首位

我国外汇储备始终以“安全、流动、保值增值”为经营目标，核心职能是维护国际收支平衡和汇率稳定、维护国家金融安全，实现了长期、稳健的经营收益，收益率在全球外汇储备管理机构中处于较好水平。

本章小结

1. 国际储备是一国综合国力尤其是金融实力的重要表现之一，它是指一国政府为了平衡国际收支、维持汇率稳定以及用于其他意外支付而集中持有的一切国际流动资产。

2. 根据国际储备中四种储备资产所占比例的不同，国际储备的管理中心亦随之有所不同。但应遵循三项最基本的管理原则，即实现储备资产的安全性、流动性和盈利性。

3. 我国的国际储备包括以下四个组成部分：黄金储备，外汇储备，在国际货币基金组织的储备头寸以及特别提款权。我国国际储备管理的重点是外汇储备。我国的国际储备管理也遵循安全性、流动性、保值和增值性原则，只是在不同的经济发展阶段，管理的侧重点有所不同，但储备规模的适度问题始终是我国国际储备管理工作的中心内容。

本章主要概念

国际储备　国际清偿力　黄金储备　外汇储备　储备头寸　特别提款权
最低储备　保险储备　经济储备　最佳储备

本章复习参考书

［1］姜波克．国际金融新编（第六版）［M］．上海：复旦大学出版社，2018.
［2］陈雨露．国际金融（第五版）［M］．北京：中国人民大学出版社，2015.

本章复习思考题

一、 判断题

1. 国际储备就是国际清偿力。（　　）

2. 黄金已不再是一国国际储备的重要组成部分。（　　）

3. 我国目前是世界第一国际储备大国。（　　）

4. 储备资产组合是要解决黄金与外汇储备的比例问题。（　　）

5. 最佳储备是指一国的国际储备可以满足正常进口量所需的对外支付。（　　）

6. 一国的开放程度越高，越应持有较多的国际储备资产。（　　）

二、 单项选择题

1. （　　）是国际货币基金组织成员国在国际货币基金组织当中拥有的提款权利，仅可用于弥补会员国国际收支逆差。

A. SDR　　B. 国际储备　　C. 国际清偿力　　D. 储备头寸

2. 在国际储备的管理中，首要的管理原则是（　　）。

A. 流动性　　B. 盈利性　　C. 安全性　　D. 可兑换性

3. 一国国际储备的上限是（　　）。

A. 最低储备　　B. 保险储备　　C. 经济储备　　D. 最佳储备

4. 罗伯特·特里芬认为，一国国际储备总额应保持占该国年进口额的（　　）。

A. 20%～50%　　B. 10%～30%　　C. 20%～30%　　D. 20%～40%

5. 可以立即用于对外支付的储备资产为（　　）。

A. 一级储备　　B. 二级储备　　C. 三级储备

6. 对储备资产进行投资组合可以有效降低借款资产的（　　）。

A. 汇率风险　　B. 贬值风险　　C. 利率风险　　D. 投机风险

三、 多项选择题

1. 通常，国际储备由（　　）组成。

A. 黄金　　B. 外汇　　C. SDR

D. 在国际货币基金组织的储备头寸

2. 作为一国的储备资产，应具有如下特性（　　）。

A. 盈利性　　B. 可兑换性　　C. 普遍接受性　　D. 获得性

3. 国际储备的管理原则是（　　）。

A. 安全性　　B. 流动性　　C. 兑换性　　D. 盈利性

4. 普通提款权包括（　　）。

A. 储备部分　　B. 借贷部分　　C. 记账单位　　D. 外汇额度

四、 简答题

1. 简述国际储备的含义与作用。

2. 国际储备的构成及发展变化如何？
3. 如何确定一国国际储备量的适度规模？
4. 如何进行国际储备的风险管理？
5. 我国国际储备的管理原则及发展目标是什么？

人民币正式加入 SDR

资料来源：中央电视台财经频道《经济信息联播》栏目。

我国外汇储备规模保持总体稳定

资料来源：中央电视台新闻频道《新闻直播间》栏目。

第十章
国际协调的制度安排：国际货币体系

本章知识结构

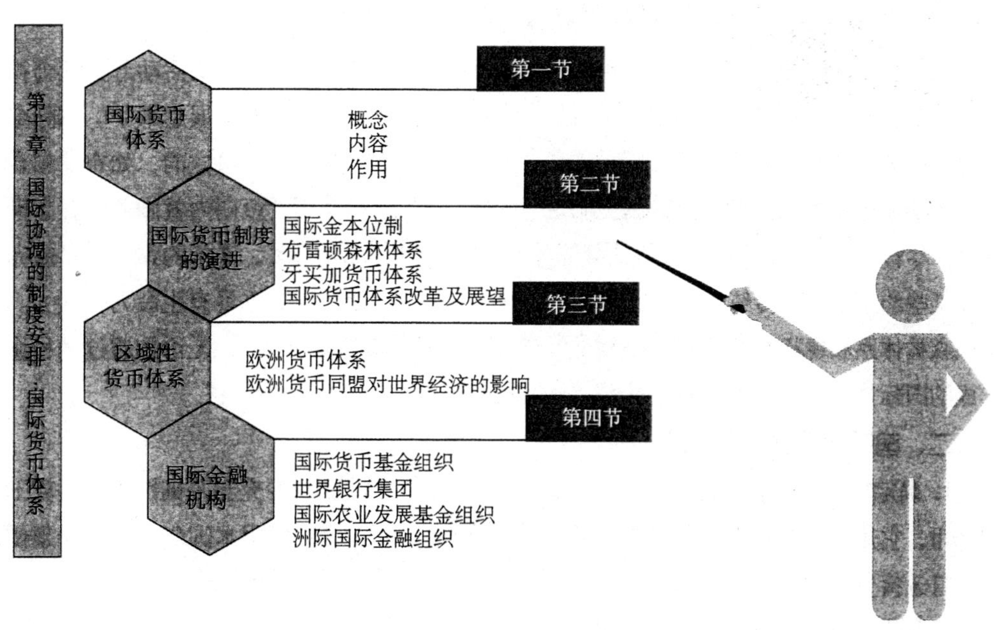

本章学习目标

- 理解国际货币体系的概念、内容及作用；
- 熟练掌握国际货币制度的演进；
- 了解欧洲货币体系及国际金融机构。

伴随国际经济交往的深入，各国需要对货币的一系列问题进行协调。这些问题包括货币本位、汇率制度、国际收支的调节方式、国际清偿力的供应等。这些问题的协调，将对世界范围内的贸易与经济发展产生深远的影响，并随着历史的发展不断演变。特别是在世界经济剧烈动荡的时期，对上述问题的国际协调是稳定经济的重要途径。本章主要讨论国际货币制度的演变及改革前景、区域性货币体系的发展和国际金融机构在国际货币体系中的作用。

第一节　国际货币体系概述

国际货币体系在国际金融领域内具有基础性制约作用，它对于国际间贸易的支付结算、资本流动、汇率的调整、各国的外汇储备及国际收支等都会产生重大的影响。因此，国际货币体系日益受到各国政府的重视，各国正在积极谋求办法，达成新的协议，以建立一个新型的国际货币体系来维持各国之间经济往来的稳定性。

一、国际货币体系的概念

国际货币体系是规范国家间货币行为的准则，是世界各国开展对外金融活动的重要依据。

国际货币体系的形成方式基本上有两种：一种是通过惯例和习惯演变而成的，这是一个长期而缓慢的过程。当相互联系的习惯或程序形成以后，一定的活动方式就会得到公认，当越来越多的参与者共同遵守某些程序或惯例时，一种体系就发展起来了。国际金本位货币制度就是这样形成的国际货币体系。另一种是通过国际性会议建立的，如布雷顿森林货币体系。这种体系具有主要是通过制定有约束力的法律条文和在短期内就能够建立起来的特点，尽管这种体系的建立与运行同样需要一定的时间过程。不过，这样的体系也不能完全排斥某些约定俗成的传统做法，是现行的法律与传统的习惯相结合才具有生命力与效力。布雷顿森林体系和现行的牙买加体系就是通过这种途径形成的货币体系。无论是通过哪种途径形成的国际货币体系，都是世界经济发展客观的历史的产物。

二、国际货币体系的内容

1. 确定关键货币作为国际货币。关键货币是在国际货币体系中充当基础性价值换算工具的货币，它是国际货币体系的基本要素。因为一国对外收支不能使用本国货币，而必须使用各国普遍接受的货币即关键货币，只有确定了关键货币，才能进而确定各国货币之间的比价、汇率的调整以及国际储备构成等，因此，确定关键货币，即确定货币由何种材料担当、货币的质量及单位、该货币在货币体系内的地位，便构成了国际货币体系的一项重要内容。

2. 确定各国货币的比价。由于国际交往而产生国际支付的需要，货币在执行世界货币职能时，各国之间的货币一定要确定一个比价，即汇率。围绕汇率的确定，各国政府一般还规定货币比价确定的依据、货币比价波动的界限、货币比价的调整、维持货币比价所采取的措施、对同一货币是否采取多元比价，等等。

3. 货币的兑换性和对国际支付所采取的措施。可兑换是指一国在对外支付上是否进行限制与管制。如果没有各种限制或管制，该国货币即为全面可兑换货币，或自由兑换货币。有些国家对某些项目的国外支付加以限制，对另外一些项目的支付则不加限制；有些国家则对国外一切项目的支付都加以限制。各国政府一般还颁布金融法令，规定本国货币能否对外兑换和对外支付是否进行限制等。

4. 国际结算的原则。一国的对外债权债务，或者定期进行结算，并实行限制的双边结算；或者立即进行结算，并在国际结算中实行自由的多边结算。

5. 国际储备资产的确定。为保证国际支付的需要，各国必须保持一定的国际储备，保存一定数量的、为各国普遍接受的国际储备资产，是构成国际货币体系的一项主要内容。第一次世界大战前，资本主义国家的国际储备资产主要是黄金；第一次世界大战后，黄金和外汇储备在国际储备资产中起同等重要的作用；第二次世界大战后，布雷顿森林体系时期，美元和黄金是主要的国际储备资产；当前，一国在国际货币基金组织分得的特别提款权（SDR）与黄金外汇并列，构成一国的国际储备资产。

6. 国际收支的调节。在有些情况下，一国的国际收支失衡，通过本国采取包括外汇政策的经济政策就可以恢复平衡；在有些情况下就需要根据国际协定，通过国际金融组织、外国政府贷款，或通过各国政府协调政策，干预市场达到国际收支平衡。国际收支失衡的协调是国际货币体系的重要内容。

专栏 10 – 1

国际货币体系和国际金融危机

国际金融经济危机产生的原因是美元为国际储备货币，加上美国国内政策的失误。美国从 20 世纪 80 年代开始金融自由化，允许高杠杆，增加流动性。2001 年互联网泡沫破灭后，美国采用了非常宽松的货币政策，使其国内美元利率从 6. 5% 降到 2003 年 6 月的 1%。充足的流动性加上低利率，就鼓励了投机性行为，大量资金进入房地产市场与股票市场，造成房地产价格泡沫与股票价格泡沫。资产价格的上涨带来财富效应，美国人开始增加消费，使得美国家庭的赤字增加。另外，由于伊拉克战争与阿富汗，美国财政政府赤字增加，美国家庭赤字的增加与财政赤字的增加造成美国具有巨额贸易逆差。

与此同时，贸易顺差国积累大量的美元储备，并用它们购买美国国债，进而压低美国利率，低利率鼓励投机行为，主要表现为房地产价格泡沫，泡沫崩溃之后引发国际金融危机。

资料来源：吴晓灵，乔依德．国际货币体系改革：过去、现在和未来［M］．上海：上海远东出版社，2013.

三、国际货币体系的类型

货币本位和汇率安排是划分国际货币体系类型的两项重要标准。货币本位涉及储备资产的性质。一般来说，国际货币储备可以分为两个大类：商品储备和信用储备。根据储备的性质，可将国际货币体系分为三类：（1）纯商品本位，如金本位；（2）纯信用本位，如不兑换纸币；（3）混合本位，如金汇兑本位。

根据上述类型的划分，可将历史上的国际货币体系演变划分成三个时期：（1）国际金本位制。它是19世纪初至20世纪上半期资本主义各国普遍实行的一种货币体系。该体系虽不是各国协商的结果，但黄金执行世界货币的职能，金本位制具有国际货币体系性质。（2）布雷顿森林体系。它是第二次世界大战后1944年联合国货币金融会议所确立的国际货币体系，它的主要内容是建立会员国货币平价和确立固定汇率制。（3）牙买加货币体系。1976年国际货币基金组织理事会通过了基金协定修改草案，1978年经成员国批准生效，主要内容是，承认世界各国实行浮动汇率的合法化，增加成员国的基金份额，降低黄金在国际货币体系中的作用，规定特别提款权作为主要国际储备资产，扩大对发展中国家的资金融通。实际上，牙买加货币体系尚不能算做一个有系统的国际货币体系。

四、国际货币体系的作用

国际货币体系的存在与发展，对国际贸易和国际金融活动有着深刻而广泛的影响，对各国及世界经济的稳定与发展有着积极的重要的促进作用。这种作用是通过国际货币体系的相应组织机构发挥其职能来实现的，主要表现在以下几个方面：

1. 为国际贸易支付清算和国际金融活动提供统一规范的运行规则。统一的国际货币体系不仅为世界经济的运行确定必要的国际货币，还对国际货币发行依据与数量、兑换方式与标准等问题作出明确规定，同时还为各国的国民经济核算提供统一的计价标准等，这就为世界各国的经济交往提供了较为规范的标准，促进了世界经济的健康发展。

2. 调节国际收支。确定国际收支调节机制，保证世界经济稳定健康发展，是建立国际货币体系的基本目的和主要作用之一。确定国际收支调节机制要涉及汇率机制、对逆差国的资金融通机制、对储备货币发行国的国际收支的纪律约束机制三方面内容。这三种机制作用的发挥及稳定统一的国际货币体系对各国的贸易活动、货币流通、汇率、国际储备等方面产生的影响，必然对各国的国际收支产生重要的影响与调节作用。

3. 监督与协调有关国际货币金融事务。国际货币体系的建立与运作，需要有相应的有权威的协调或组织管理机构。国际货币体系管理机构的重要职责是协调与监督世界各国有关的国际货币与金融事务，确保稳定汇率和调节国际收支作用的实现。在当代各国之间经济联系日益增强、国际金融市场不断迅猛发展的情况下，如何采取有效的国际合作以保证国际货币体系的有效运作，已成为当代国际货币体系的重要课题。

第二节　国际货币制度的演进

国际货币体系是随着历史的发展不断演变的。不同的国际货币体系，意味着各国在实现内外平衡时，对第一节所述的基本问题要遵循的准则不同。国际货币体系的发展，体现了为适应不同的历史条件而对这些准则所进行的变革。从时间先后看，国际货币体系大体可分为三个阶段，即国际金本位制阶段、布雷顿森林体系阶段及现行的牙买加体系阶段。

一、国际金本位制

世界上首次出现的国际货币制度是国际金本位制度，它大约形成于1870年，到1914年第一次世界大战爆发时结束。金本位制是以黄金为本位货币的一种制度。在金本位制下，流通中的货币除金币外，还存在着可兑换为黄金的银行券及少量其他金属辅币，但只有金币才能完全执行货币的全部职能，即价值尺度、流通手段、贮藏手段、支付手段和世界货币。国际金本位制以各国普遍采用金本位制为基础。

（一）金本位制的特点与作用

金本位制是以一定成色及重量的黄金作为本位货币的一种货币制度，黄金是货币体系的基础。

在国际金本位制度下，黄金充分发挥世界货币的职能，充当国际支付手段、国际购买手段和作为社会财富的代表，由一国转移到另一国。传统的金本位制是金币本位制。它的主要内容是：（1）用黄金规定货币所代表的价值，每一货币单位都有法定的含金量，各国货币的比价由其含金量决定；（2）金币可以自由铸造，任何人可自由地将黄金交给国家铸币局铸造成金币；（3）金币是无限法偿的货币，具有作为无限制的支付手段的权利；（4）各国的货币储备是黄金，国际间的结算也使用黄金，黄金可以自由输出输入。由此可见金本位制具有三个特点：自由铸造、自由兑换和自由输出输入。由于金币可以自由铸造，金币的面值与其所含黄金的价值就可保持一致，金币数量就能自发地满足流通中的需要；由于金币可以自由兑换，各种价值符号（金属辅币和银行券）就能稳定地代表一定数量的黄金进行流通，从而保持币值的稳定，不致发生通货膨胀现象；由于黄金可以在各国间自由移动，这就保证了外汇市场的相对稳定与国际金融市场的统一。所以金本位制是一种比较稳定的、比较健全的货币制度。

金本位制对世界经济发展的作用，主要表现在以下几个方面：

1. 促进生产发展。在金本位制下，币值比较稳定，生产成本易于计算，促进了商品的流通和信用的扩大，生产规模和固定投资的规模不会因币值变动而波动，从而促进了商品经济的发展。

2. 保持汇率稳定。在金本位制下，各国货币都规定有含金量，各国本位货币所含纯金之比称为铸币平价，铸币平价是各国货币汇率的物质基础。由于外汇供求关系，外汇市场的实际汇率围绕铸币平价上下波动，但汇率的波动有一个限度，这个限度就是黄金输送点。铸币平价加黄金运送费是黄金输出点，这是汇率的最高限度；铸币平价减运送费是黄金输入点，这是汇率的最低限度。由于黄金输送点限制了汇价的变动幅度，所以汇率波动的幅度较小，基本上是稳定的。

3. 自动调节国际收支。在国际金本位制度下，资本主义各国的国际收支是自发进行调节的，因为国际收支的不平衡，会引起黄金的流动，黄金的流动使黄金输入国的银行准备金增加，并减少黄金输出国的银行准备金，而银行准备金的变动将会引起货币数量的变化，从而造成贸易国双方国内物价和收入的变动，最后纠正国际收支的不平衡，制止黄金的流动。任何国家都不会发生因黄金储备枯竭而不能维持金本位制的情况。

4. 促进国际资本流动。当一国发生国际收支逆差时，外汇的供给小于需求，外汇汇率上升，当汇率上升超过黄金输送点时，就会引起黄金外流，减少了作为发行准备的黄金数量，从而减少了货币发行量。于是金融市场银根吃紧，短期资金利率上升，当国内利率高于国外利率时，就将产生套利活动，促使短期资金内流，短期资金的利率上升，也会促使长期资金的利率上升，引起长期资金的内流。如一国发生国际收支顺差，则将发生相反的情形。这种资金流动，可以在短期改善国际收支，稳定国际金融。

5. 协调各国经济政策。实行金本位制的国家，把对外平衡（国际收支平衡和汇率稳定）作为经济政策的首要目标，而把国内平衡物价、就业和国民收入的稳定增长放在次要地位，服从对外平衡的需要，因而国际金本位制也使主要资本主义国家有可能协调其经济政策。

（二）对国际金本位制的评价

国际金本位制盛行时，正值资本主义自由竞争的全盛时期，国内和国际政治都比较稳定，经济发展迅速。当时世界的工业制成品来自英国，其他国家的贸易赤字可以得到英国贷款资金的弥补，国际收支可以大体上保持平衡。在这样有利的条件下实行国际金本位制，它所带来的固定汇率对发展国家间的贸易和投资非常有利。国际金本位制本身也还存在一些缺陷，国际金本位制的自动调节机制并不像理论上所说的那么完善，其作用的发挥要受到许多因素的限制。这些缺陷表现在：

1. 在实行国际金本位制的30多年时间中，黄金在各国之间的流动并不频繁。一国发生贸易赤字，不一定总要输出黄金，而可以利用国外的贷款（主要是英镑贷款）来弥补赤字。同样，发生盈余的国家不一定要输出黄金，它们可以利用资本输出，来减少盈余。这样，贸易的不平衡就难以通过双方货币供应量和价格的相反变动来得到纠正。

2. 金本位制的自动调节机制作用必须通过国家之间物价水平的变动，才能使进出口贸易发生变化，进而引起黄金在两国间的流动，使国际收支平衡，使汇率稳定。然而事实上，在金本位制时期，主要资本主义国家的物价变动趋势相当一致，并没有发生物价变动引起黄金流动的现象。

3. 国际金本位的正常运行是建立在各国政府都遵守金本位制的基本要求、对经济不加干预的基础之上的。然而在金本位制的末期，各国的中央银行或货币管理当局已经不是听凭金本位制发挥自动调节作用，而是经常设法抵消黄金流动对国内货币供应量的影响。当黄金流入国内时，货币管理当局会采取措施抑制货币供应量的增加，以稳定物价；反之则相反。于是，金本位制的自动调节机制难以实现。事实上，在资本主义制度下，各国之间的矛盾使国际金本位制不可能自动调节达到国际收支平衡。

（三）金本位制的演变和崩溃

1. 金块本位制和金汇兑本位制。随着资本主义矛盾的发展，破坏国际货币体系稳定性的因素也日益增长起来。到 1913 年末，英、美、法、德、俄五国拥有世界黄金存量的 2/3，绝大部分黄金被少数国家占有，这就削弱了其他国家货币制度的基础。一些国家为了准备战争，政府支出急剧增长，大量发行银行券，于是银行券兑换黄金越来越困难，这就破坏了自由兑换的原则。在经济危机时期，商品输出减少，资金外逃严重，引起黄金大量外流，各国纷纷限制黄金流动，黄金不能在国际间自由转移。由于维持金本位制的一些必要条件逐渐遭到破坏，国际货币体系的稳定性也就失去了保证。

第一次世界大战爆发后，各国停止银行券兑现并禁止黄金输出，金本位制陷入崩溃。战争期间，各国实行自由浮动的汇率制度，汇价波动剧烈，国际货币体系的稳定性已不复存在。

第一次世界大战结束后，资本主义各国已无力恢复金本位制。1925 年英国首先实行金块本位制。不久，法国、意大利等国也相继推行。金块本位制是以黄金为准备金，以有法定含金量的价值符号作为流通手段的一种货币制度。在金块本位制度下，货币仍然规定含金量，但黄金只作为货币发行的准备金集中于中央银行，而不再铸造金币和实行金币流通，流通中的货币黄金由银行券等价值符号所代替。银行券在一定数量以上可按含金量兑换黄金。黄金输出输入由中央银行负责，禁止私人输出黄金。

金块本位制虽然仍对货币规定含金量，并以黄金作为准备金，但金币的自由铸造和流通以及黄金的自由输出输入已被禁止，价值符号与黄金的兑换也受到限制，此时，黄金已难以发挥自动调节货币供求和稳定汇率的作用。因此，金块本位制实际上是一种残缺不全的金本位制度。

金汇兑本位制又称虚金本位制，它是以存放在金块本位制或金币本位制国家的外汇资产为准备金，以有法定含金量的纸币作为流通手段的一种货币制度，第一次世界大战以前，许多殖民地国家曾经实行过这种货币制度。

第一次世界大战后，一些无力恢复金币本位制但又未采用金块本位制的资本主义国家，也推行金汇兑本位制。

2. 国际金本位制的崩溃。第一次世界大战后各国勉强恢复的国际金汇兑本位制，终于在 1929 年爆发的世界性经济危机和 1931 年的国际金融危机中全部瓦解。由于经济危机的影响，英国的国际收支已陷入困境，在 1931 年的金融危机中，各国纷纷向英国兑换黄金，使英国难以应付，终于被迫在同年 9 月终止实行金本位制。同英镑有联系的一些国家，也相继放弃了金汇兑本位制。接着美国在 1933 年 3 月，在大量银行倒闭和黄金外流的情况下，也不得不停止兑换黄金，禁止黄金输出，从而放弃了金本位制。20 世纪 30 年代国际金汇兑本位制的崩溃，是资本主义世界货币制度的第一次危机。

国际金本位制彻底崩溃后，20 世纪 30 年代的国际货币制度一片混乱，正常的国际货币秩序遭到破坏。主要的三种国际货币，即英镑、美元和法国法郎，各自组成相互对立的货币集团——英镑集团、美元集团、法国法郎集团。各国货币之间的汇率再次变为浮动的，各个货币集团之间普遍存在着严格的外汇管制，货币不能自由兑换。在国际收支调节方面，各国也采取了各种各样的手段，为了解决国内严重的失业，各国大打汇率战，竞相实行货币贬值以达到扩大出口、抑制进口的目的，而且各种贸易保护主义措施和外汇管制手段也非常盛行。结果是国际贸易严重受阻，国际资本流动几乎陷入停顿。

1936 年 9 月，英国、美国、法国三国为恢复和稳定国际货币秩序，达成了所谓的“三国货币协定”。该协定保证尽力维持协定成立时的汇价，减少汇率的波动，共同合作以保持货币关系的稳定。同年 10 月又签订了三国相互间自由兑换黄金的“三国黄金协定”。然而，由于不同货币集团的对立，国际货币体系关系仍然充满着矛盾和冲突。后来，由于帝国主义国家忙于准备战争，购置军火，导致黄金外流，“三国货币协定”遂被冲垮。不过该协定在制止外汇倾销方面有一些成效，并为以后的国际货币体系的建立创造了一定条件。

二、布雷顿森林体系

（一） 布雷顿森林体系的建立

经过第一次世界大战和 1929—1933 年的世界经济大衰退之后，国际金本位制已经退出历史舞台。各个货币集团的建立和各国外汇管理的加强，使国际金融关系更加不稳定，成为世界经济发展的障碍。因此，建立一个统一的国际货币制度，改变国际金融领域的动荡局面，已成为国际社会的迫切任务。

在第二次世界大战后期，英美两国政府出于本国利益的考虑，构思和设计战后国际货币体系，分别提出了“怀特计划”和“凯恩斯计划”。

以美国财政部官员名字命名的“怀特计划”是在 1943 年 4 月提出的，全称为“联合国外汇稳定方案”。该方案的主要内容是：建立一个国际货币稳定基金机构，各国必须缴纳基金来建立外汇稳定基金；各国的发言权和投票权取决于其向基金组织交纳份额的多少；基金组织拟订一种国际货币单位“尤尼他”，其含金量相当于 10 美元；采用固定汇率，各国货币汇率非经基金组织机构同意，不能任意变动；基金的主要任务是稳定汇率，提供短期信贷，平衡国际收支；基金办事处设在拥有份额最多的国家。

“怀特计划”反映了美国的经济力量日益强盛，从而试图操纵和控制基金，获得国际金融领域的统治地位。对此，尚有相当经济实力的英国当然不甘示弱。为了分享国际金融的领导权，英国于“怀特计划”发表的同一天抛出了“凯恩斯计划”。

“凯恩斯计划”是由英国经济学家凯恩斯提出的。凯恩斯的思路是设立一个国际的多边清算机构，叫做“国际清算同盟”（International Clearing Union，ICU），并创设一种新的世界货币作为普遍支付的工具，借助这个机构，通过一系列制度设计来实现稳定国际汇率及调节短期国际收支不平衡等功能。经过长达 3 个月的讨价还价，英美两国终于达成协议。在此基础上，1944 年 7 月，在美国的新罕布什尔州布雷顿森林召开了有 44 国参加的联合国国际货币金融会议。会议通过了以“怀特计划”为基础制定的《国际货币基金组织协定》和《国际复兴开发银行协定》，宣布了第二次世界大战后国际货币体系，即布雷顿森林体系的建立。

布雷顿森林体系的中心内容是双挂钩，即美元与黄金直接挂钩，而其他国家的货币与美元挂钩，与此同时，确立了固定汇率制。

布雷顿森林体系是指第二次世界大战后以美元为中心的国际货币体系协定。布雷顿森林体系是该协定为各国对货币的兑换、国际收支的调节、国际储备资产的构成等问题共同作出的安排所确定的规则、采取的措施及相应的组织机构形式的总和。

按照“布雷顿森林协定”，国际货币基金组织的会员国必须确认美国政府在1934年规定的35美元折合1盎司黄金的官价，美国政府承担各国按此价格用美元向美国兑换黄金的义务；当黄金官价受到国际金融市场上的炒家冲击时，各国政府要协同美国政府进行干预。

在布雷顿森林体系下，基金组织各会员国的货币必须与美元保持固定比价。美国政府根据上述黄金官价，规定美元的含金量为0.888671克纯金，各会员国货币对美元的汇率按各国货币的含金量与美元确定固定比价，或直接规定与美元的固定比价，不得轻易改变。汇率波动幅度应维持在固定比价的上下1%以内。如果货币含金量的变动超过1%，必须得到国际货币基金组织的批准。

布雷顿森林体系的双挂钩，使美元等同于黄金，各国货币只有通过美元才能与黄金发生联系，从而确立了美元在国际货币制度中的中心地位。在这一货币制度下，资本主义世界各国都用美元作为主要的国际支付手段，许多国家还以美元作为主要的外汇储备，有的甚至还用美元作为发行货币的准备金。因此，第二次世界大战后的国际货币制度实际上是一种美元本位制。

（二）布雷顿森林体系的特点和作用

布雷顿森林体系实际上是一种国际金汇兑本位制，但与第二次世界大战前不同，主要区别是：(1) 国际储备中黄金和美元并重。(2) 第二次世界大战前处于统治地位的储备货币有英镑、美元和法国法郎，依附于这些通货的货币，主要是英、美、法三国各自势力范围内的货币，而第二次世界大战后以美元为中心的国际货币体系几乎包括资本主义世界所有国家的货币，美元是唯一的主要储备资产。(3) 第二次世界大战前，英、美、法三国都允许居民兑换黄金，而实行金汇兑本位制的国家也允许居民用外汇（英镑、法国法郎或美元）向英、美、法三国兑换黄金，第二次世界大战后，美国只同意外国政府在一定条件下用美元向美国兑换黄金，而不允许外国居民用美元向美国兑换，所以这是一种大大削弱了的金汇兑本位制。(4) 虽然英国在第二次世界大战前的国际货币关系中占有统治地位，但没有一个国际机构维持着国际货币秩序，而第二次世界大战后却有国际货币基金组织成为国际货币体系正常运转的中心机构。

布雷顿森林体系的建立和运转对第二次世界大战后国际贸易和世界经济的发展起了一定的积极作用。

第一，布雷顿森林体系确立了美元与黄金、各国货币与美元的“双挂钩”原则，结束了第二次世界大战前国际货币金融领域的动荡混乱状态，使得国际金融关系进入了相对稳定时期。这为第二次世界大战后50～60年代世界经济的稳定发展创造了良好的条件。

第二，美元成为最主要的国际储备货币，弥补了国际清算能力的不足，这在一定程度上解决了由于黄金供应不足所带来的国际储备短缺的问题。

第三，布雷顿森林体系实行了可调整的钉住汇率制，汇率的波动受到严格的约束，货币汇率保持相对的稳定，这对于国际商品流通和国际资本流动非常有利。

第四，国际货币基金组织对一些工业国家，尤其是一些发展中国家的国际收支不平衡，提供各种类型的短期贷款和中长期贷款，在一定程度上缓和了会员国的国际收支困难，使它们的对外贸易和经济发展得以正常进行，从而有利于世界经济的稳定增长。

总之，布雷顿森林体系是第二次世界大战后国际货币合作的一个比较成功的事例，它为稳定国际金融和扩大国际贸易提供了有利条件。

（三）布雷顿森林体系的崩溃

虽然布雷顿森林体系对第二次世界大战后世界经济的发展产生了重要的积极影响，但事实上，该体系存在着不可解决的矛盾。

1. 美元享有特殊地位导致美国货币政策对各国经济产生重要影响。由于美元是主要的储备资产，享有“纸黄金”之称，美国就可以利用美元直接对外投资，购买外国企业或利用美元弥补国际收支逆差，美国货币金融当局的一举一动都将波及整个世界金融领域，从而导致世界金融体系的不稳定。

2. 以一国货币作为主要的储备资产，必然给国际储备带来难以克服的矛盾。第二次世界大战后，由于黄金生产的停滞，美元在国际储备总额中的比重显著增加，而国际贸易和国际金融的发展要求国际储备相应扩大，在这种情况下，世界各国储备的增长需要仰仗美国国际收支持续出现逆差，但这必然影响美元信用，引起美元危机。如果美国保持国际收支平衡，稳定美元，则又会断绝国际储备的来源，导致国际清偿能力的不足，这一内在矛盾称为“特里芬两难”（Triffin Dilemma）。

3. 汇率机制缺乏弹性，导致国际收支调节机制失灵。布雷顿森林体系过分强调汇率的稳定，各国不能利用汇率的变动来达到调节国际收支平衡的目的，而只能消极地实行外汇管制，或放弃稳定国内经济的政策目标。前者必然阻碍贸易的发展，后者则违反了稳定和发展本国经济的原则，这两者都是不可取的。可见，缺乏弹性的汇率机制不利于各国经济的稳定发展。

美元与黄金挂钩、各国货币与美元挂钩是布雷顿森林体系赖以存在的两大支柱。自20世纪50年代开始，上述种种缺陷不断地动摇了布雷顿森林体系的基础，终于使其在20世纪70年代陷入崩溃的境地。

第二次世界大战后，美国的经济实力空前增强，1949年美国拥有当时世界黄金储备的71.2%，达245.6亿美元。当时饱受战争创伤的西欧、日本为发展经济需要大量美元，但都无法通过商品和劳务输出来满足，从而形成了普遍的美元荒。20世纪50年代初，美国发动侵朝战争，国际收支由顺差转为逆差，黄金储备开始流失，1960年，美国的黄金储备下降到178亿美元。与此同时，西欧和日本的经济已经恢复，进入迅速发展时期，出口大幅度增长，国际收支由逆差转为顺差，从而爆发了第一次美元危机。1960 年 10 月，国际金融市场上掀起了抛售美元抢购黄金的风潮，伦敦金融市场的金价暴涨到 41. 5 美元 1 盎司，高出黄金官价的 18. 5%。

美元危机的爆发严重动摇了美元的国际信誉，为了挽救美元的颓势，美国与有关国家采取了一系列维持黄金官价和美元汇率的措施，包括“君子协定”“巴塞尔协定”“黄金总库”以及组成“十国集团”签订“借款总安排”等，目的在于当汇率波动时，运用各国力量共同干预外汇市场。尽管如此，也未能阻止美元危机的再度发生。

20 世纪 60 年代中期以后，美国扩大了侵越战争，国际收支更加恶化，黄金储备不断减少，对外债务急剧增加。1968 年 3 月，第二次美元危机爆发，巴黎市场的金价涨至 44 美元 1 盎司，美国的黄金储备半个月之内流失了 14 亿美元。“黄金总库”被迫解散，美国与有关国家达成了“黄金双价制”的协议，即黄金市场的金价由供求关系自行决定，35 美元 1 盎司的黄金官价仅限于各国政府或中央银行向美国兑换。

20 世纪 70 年代以后，美国经济状况继续恶化，1971 年爆发了新的美元危机，美国的黄金储备降至 102 亿美元，不及其短期债务的 1/5。1971 年 8 月 15 日，美国政府宣布实行“新经济政策”，内容之一就是对外停止履行美元兑换黄金的义务，切断了美元与黄金的直接联系，从根本上动摇了布雷顿森林体系。

美元停兑黄金以后，引起了国际金融市场的极度混乱，西方各国对美国的做法表示强烈的不满，经过长期的磋商，“十国集团”于 1971 年 2 月通过了“史密森协议”。其主要内容是，美元贬值 7. 89%，黄金官价升至每盎司 38 美元，西方主要通货的汇率也做了相应的调整，并规定汇率的波动幅度为不超过货币平价的上下各 2. 25%。此后，美国的国际收支状况并未好转，1973 年 1 月下旬，国际金融市场又爆发了新的美元危机。美元被迫再次贬值，幅度为 10%，黄金官价升至 42. 22 美元。

美元第二次贬值后，外汇市场重新开放，抛售美元的风潮再度发生。为维持本国的经济利益，西方各国纷纷放弃固定汇率，实行浮动汇率。欧共体作出决定，不再与美元保持固定比价，实行联合浮动。各国货币的全面浮动，使美元完全丧失了中心货币的地位，这标志着以美元为中心的国际货币体系的彻底瓦解。

三、牙买加货币体系

布雷顿森林体系崩溃后，国际金融形势更加动荡不安，各国都在探寻货币制度改革的新方案。1976 年国际货币基金组织国际货币制度临时委员会在牙买加首都金斯敦召开会议，并达成“牙买加协议”（Jamaica Agreement）。同年 4 月，国际货币基金组织理事会通过《国际货币基金组织协定》的第二次修正案（第一次修正案是在 1968 年，授权国际货币基金组织发行特别提款权），从而形成了国际货币关系的新格局。

（一） 牙买加协议的主要内容

1. 增加会员国的基金份额。根据该协定，会员国的基金份额从原来的 292 亿特别提款权增至 390 亿特别提款权，即增长 33. 6%，各会员国的基金份额也有所调整。

2. 汇率浮动合法化。1973年后，浮动汇率逐渐成为事实。修改后的《国际货币基金组织协定》规定，会员国可以自行选择汇率制度，事实上承认固定汇率制与浮动汇率制并存。但会员国的汇率政策应与基金组织协商，并接受监督。浮动汇率制应逐步恢复固定汇率制。在条件具备时，国际货币基金组织可以实行稳定但可调整的固定汇率制度。

3. 降低了黄金在国际货币体系中的作用。修改后的《国际货币基金组织协定》废除了原协定中所有的黄金条款，并规定黄金不再作为各国货币定值的标准；废除黄金官价，会员国之间可以在市场上买卖黄金；会员国间及其与基金组织间，取消以黄金清算债权债务的义务；基金组织持有的黄金部分出售，部分按官价退还原缴纳的会员国，剩下的酌情处理。

4. 规定特别提款权作为主要的国际储备资产。修改后的协定规定，特别提款权可以作为各国货币定值的标准，也可以供有关国家用来清偿对基金组织的债务，还可以用做借贷。

5. 扩大对发展中国家的资金融通。用按市价出售的黄金超过官价的收益部分，设立一笔信托基金，向最不发达的发展中国家以优惠条件提供援助，帮助其解决国际收支问题；扩大基金组织信用贷款的额度；增加基金组织"出口补偿贷款"的数量。

（二）牙买加协议后国际货币制度的运行

牙买加协议后的国际货币制度实际上是以美元为中心的多元化国际储备和浮动汇率的货币体系。在这个体系中，黄金的国际货币地位趋于消失，美元在诸多储备货币中仍居主导地位，但它的地位在不断削弱，而德国马克、日元的地位则不断提高。此外，还有特别提款权和欧洲货币单位（ECU）的储备货币地位也在提高。在这个体系中，各国所采取的汇率制度可以自由安排。主要发达国家货币的汇率实行单独或联合浮动。多数发展中国家采取钉住汇率制，把本国货币钉住美元、法国法郎或特别提款权和欧洲货币单位等篮子货币，还有的国家采取其他多种形式的管理浮动汇率制度。目前，欧元取代了德国马克、法国法郎在国际货币体系中的地位和作用。另外，在这个体系中，国际收支的不平衡通过多种渠道进行调节。除了汇率机制以外，国际金融市场和国际金融机构也发挥着重大作用。

四、国际货币体系改革及展望

20世纪70年代以来，有关国际货币体系改革的争论一直没有停止过，所涉及的与体系本身密切相关的有三大问题：本位货币制、汇率制度和国际收支调节机制。特别是2007年国际金融危机爆发之后，各国的经济学家从不同的角度提出了改革方案，改革的内容主要集中在国际储备资产的确定和汇率制度的选择两个方面。

（一）国际储备货币的演变和前景

在当前的美元本位制下，存在特里芬两难：一方面，为满足世界经济对国际储备货币的需求，美国通过持续的经常账户赤字输出美元；另一方面，持续的经常账户赤字会造成美国对外净负债的不断上升，一旦其他国家投资者对美国在不制造通货膨胀前提下的偿债能力失去了信心，则这些投资者会抛售美元与美元资产，造成美元本位制难以为继。事实上，只要是以国别货币充当世界货币的国际货币体系，均不能克服特里芬两难，这是因为储备货币发行国不能平衡国内政策需要与世界经济发展需要。在这种背景之下，超主权储备货币与储备货币多元化成为国际储备货币的重要选项。

所谓超主权储备货币，是指由一个超越主权国家的货币管理机构发行的用于国际范围内计价尺度、交换媒介与储藏手段的货币。自国际金融危机爆发以来，全球范围内就涌现出改革当前国际货币体系的呼声。特别是自时任中国人民银行行长周小川在2009年3月提出创设一种超主权储备货币来替代美元，并得到俄罗斯、巴西等新兴市场大国政府的支持后，超主权储备货币成为一个热门话题。

2008年成立的联合国大会主席关于国际货币金融体系改革的专家委员会的报告指出，当前的国际货币体系改革应解决三个问题：第一，储备资产的积累必须与储备货币发行国的经常账户赤字相分离（以克服特里芬两难）；第二，对经常账户盈余国必须有所约束（这是凯恩斯提出的清算同盟的核心理念）；第三，应该提供一个比美元更加稳定的国际价值储存载体。为了解决上述三个问题，一个最现实的方法是大量增加对特别提款权的发行与使用。周小川也认为，特别提款权具有成长为超主权储备货币的特征与潜力，因此应特别考虑充分发挥特别提款权的作用、着力推动特别提款权的更加广泛的分配，以及拓宽特别提款权的使用范围。相对于国别信用货币充当全球储备货币，用特别提款权来充当全球储备货币具有以下一些优点：第一，特别提款权的定价基础是一篮子货币，因此特别提款权的汇率（或国际购买力）与国别信用货币相比更加稳定；第二，特别提款权的发行是国际货币基金组织根据世界经济的增长需求自主制定的，与任何国家的经常账户赤字无关，因此就克服了储备货币发行国国内政策与全球范围对储备货币需求之间的冲突；第三，国际货币基金组织通过发行特别提款权而征收的全球铸币税可以更多地用于全球减贫或全球范围内公共产品的供给，从而增强全球经济增长的公平性与可持续性。

与继续由美元充当全球储备货币以及在特别提款权的基础上创建超主权储备货币相比，更加现实与更加合理的国际货币体系演进方向，可能是国际储备货币的多极化。在未来的国际货币体系下，可能出现美元、欧元与某种亚洲货币（它既可能是人民币，也可能是亚洲主要货币组成的一个货币篮）三足鼎立的局面，即蒙代尔所描绘的“全球金融稳定性三岛”。美元将继续在全球范围内充当重要的国际性货币，但其势力范围可能会逐渐萎缩到北美洲、拉丁美洲以及其他一些区域。伴随着欧元区进一步东扩，整个欧洲甚至包括中东、北非一些国家开始更多地使用欧元。伴随着人民币国际化进程以及东亚货币金融合作进程的加速，人民币或者人民币在其中扮演着重要角色的某种亚洲货币篮将在东亚区域成为广泛使用的国际性货币。美元、欧元与亚洲货币之间最初实施汇率自由浮动，等时机成熟后（这可能经历很长一段时间），三大货币区之间改用固定汇率连接，这最终就构成了全球统一货币的雏形。

（二）国际汇率制度的演变及前景

就汇率制度的改革而言，实行理论上的完全固定汇率制或完全自由浮动汇率制的可能性极小，且赞成这两种极端汇率制度的也是极少数。从目前发达国家经常联合干预外汇市场，发展中国家很多实行钉住汇率制来看，稳定汇率、缩小汇率波动幅度是国际社会的普遍愿望，所以汇率制度改革的核心实际上是允许汇率波动幅度的大小，或以什么形式恢复固定但可调整的平价制的问题。

纵观国际汇率制度的演变过程，100 多年来大部分时间实行的是固定汇率制，浮动汇率制在 20 世纪 30 年代大萧条时期实行过，目前的有管理的浮动汇率制也运行了近 30 年，事实表明弊端很多。在历史进程中，先是严格的固定汇率制（金本位），然后是浮动汇率制，以后又是固定但可以调整的汇率制度（布雷顿森林体系），最后是目前的浮动汇率制。

国际汇率制度的发展绝不是固定汇率制和浮动汇率制的简单轮回，金本位制时期的固定汇率制与布雷顿森林体系的固定汇率制有很大的不同，前者是真正固定不变的、建立在政府不干预的自由竞争基础之上，而后者是可以调整的，是主要资本主义国家进行国际合作的结果。目前的浮动汇率和 20 世纪 30 年代的浮动汇率制也有很大的区别。

从已提出的主要汇率制度改革的方案看，多数主张建立某种形式的固定汇率制，也有人主张保持目前的各国自由选择汇率安排的混合汇率制，但要求主要国家协调政策、联合行动，以实现汇率稳定。实行固定汇率制需要有一定客观条件，目前是行不通的。在各国通货膨胀率、经济增长率、国际收支状况和货币政策都存在很大差异的条件下，实行固定汇率制没有基础。目前通过各国之间的政策协调和共同干预来稳定汇率、降低波动幅度的方案经过国际间的努力有可能实现，至少在一定程度上可能实现，因为合作、协调政策、相互让步对各方面都有好处。至于国际汇率制度的发展前景，一方面取决于各主要国家之间货币合作的密切度，另一方面还取决于国际储备货币的发展状况。

专栏 10－2

创造超主权储备货币是国际货币体系改革的理想目标

超主权储备货币的主张虽然由来已久，但至今没有实质性进展。20 世纪 40 年代凯恩斯就曾提出采用 30 种有代表性的商品作为定值基础建立国际货币单位“Bancor”的设想，遗憾的是未能实施，而其后以怀特方案为基础的布雷顿森林体系的崩溃显示凯恩斯的方案可能更有远见。早在布雷顿森林体系的缺陷暴露之初，基金组织就于 1969 年创设了特别提款权（SDR），以缓解主权货币作为储备货币的内在风险。遗憾的是由于分配机制和使用范围上的限制，SDR 的作用至今没有能够得到充分发挥。但 SDR 的存在为国际货币体系改革提供了一线希望。

超主权储备货币不仅克服了主权信用货币的内在风险，也为调节全球流动性提供了可能。由一个全球性机构管理的国际储备货币将使全球流动性的创造和调控成为可能，当一国主权货币不再作为全球贸易的尺度和参照基准时，该国汇率政策对失衡的调节效果会大大增强。这些能极大地降低未来危机发生的风险、增强危机处理的能力。

资料来源：周小川．关于改革国际货币体系的思考［EB/OL］．［2009－03－23］．http：//www.pbc.gov.cn/hanglingdao/28697/128719/128772/2847833/index.html.

第三节　国际协调的区域实践：区域性货币体系

20 世纪 60 年代以来，在区域经济一体化迅速发展的大背景下，货币一体化的研究和实践成为国际金融界的一个热点。从实施的角度看，欧洲货币一体化是最成功的典范，在世界范围内产生了深远的影响，也为未来国际货币体系改革蓝图的描绘提供了有益的借鉴。本节介绍已经成功运行的区域性货币体系和正在酝酿的潜在的区域性货币，及区域性货币方兴未艾的原因。

一、欧洲货币体系

为促进政治和经济联合，反对美元霸权，在 20 世纪 60 年代建立的西欧共同市场就提出了创建货币同盟的目标。1972 年 2 月，西欧共同市场的 6 个国家决定建立经济货币同盟，计划要逐步发展成具有共同储备基金、发行统一货币、制定共同财政政策的经济和货币同盟。1973 年 3 月实行联合浮动。1973 年 4 月，建立了货币合作基金，在国际收支、维持汇率方面互相支持，加强合作。1975 年 3 月创立了新的“欧洲记账单位”（European Unit of Account）。新记账单位排除了美元，完全用共同市场国家货币定值，从而减少了美元波动的影响。为加速实现共同市场国家的货币经济同盟目标，摆脱对美元的依赖与美元危机的影响，联邦德国、法国、意大利、荷兰、比利时、卢森堡、爱尔兰、丹麦等欧洲共同市场国家经过多年的酝酿协商，决定建立欧洲货币体系，并于 1979 年 3 月 13 日生效。欧洲货币体系的主要内容包括如下几个方面。

（一）创建欧洲货币单位

欧洲货币单位（European Currency Unit，ECU）是欧洲货币体系的核心，是按“一篮子”原则由共同市场国家货币混合构成的货币单位。其定值办法是根据成员国的国民生产总值和在共同市场内部贸易所占的比重大小，确定各国货币在“欧洲货币单位”中所占的权重，并用加权平均法逐日计算欧洲货币单位的币值。

欧洲货币单位的作用是：（1）作为决定成员国货币的中心汇率的标准；（2）作为各成员国与欧洲货币基金之间的信贷制度；（3）作为成员国货币当局之间的结算工具，以及整个共同体的财政预算的结算工具；（4）随着欧洲货币基金的建立，欧洲货币单位逐步成为各国货币当局的一种储备资产。由此可见，欧洲货币单位不仅执行计价单位的作用，成为共同体成员国之间的结算工具，还可作为国际储备手段。

（二）建立双重的中心汇率制

共同体成员国对内实行固定汇率，对外实行联合浮动。共同体成员国之间都确定了中心汇率，并规定了上下波动的界限，德国马克和荷兰盾上下波动的界限是 2.25%，其余成员国间汇率波动的界限为 15%。此外，各成员国货币还要和“欧洲货币单位”确定一个中心汇率和波动的上下界限。同时还规定了成员国货币与“欧洲货币单位”中心汇率波动的最大界限，成员国货币的汇率升降达到它对欧洲货币单位的差异界限时，有关国家的中央银行应及时采取行动，改变自己的经济和货币政策，或采取重定本国货币对欧洲货币单位的中心汇率等措施，将其汇率控制在差异界限之内。由于差异界限比各国货币的中心汇率波动界限小，能对各国的汇率失常现象预先提出警告，从而保证共同体成员国共同维持汇率的稳定，促进经济与贸易的发展，防止国际投机资本对某一成员国货币进行单独的冲击。此种对内实行固定汇率，对外联合浮动，保持两个中心汇率的机制，即欧洲货币体系的汇率机制（Exchange Rate Mechanism）。

（三） 建立欧洲货币基金

根据欧洲货币体系的规定，要求各成员国缴出其黄金和外汇储备的20%（其中10%为黄金），创建欧洲货币基金（European Monetary Fund，EMF），用以向成员国发放中短期贷款，帮助成员国摆脱国际收支方面的短期困难，保持其汇率相对稳定。黄金在成员国所缴纳份额中的比例，进一步强调了黄金的货币作用。在欧洲货币体系成立的初期，欧洲货币基金的总额约有250亿欧洲货币单位，其中的140亿欧洲货币单位作为短期贷款，其余110亿欧洲货币单位作为中期金融援助。每个成员国都有一定的贷款定额，尤其对弱币国家的贷款更严格控制在定额之内。对不超过45天的短期贷款，则不加任何限制，并可享受3%的利息贴补。与国际货币基金组织发放贷款的办法相似，成员国取得贷款时，应以等值的本国货币存入基金。

欧洲共同体内部的这种严密的自成体系的对外汇金融与国际结算等方面的规定，与第二次世界大战后国际货币基金在汇率、信贷方面的规定和措施极为相似，与第二次世界大战前主要货币区内部采取严格控制的措施也极为相似。

（四） 欧洲货币经济联盟与欧元

1. 欧元创建的背景。早在1962年12月，欧共体国家在海牙召开的首脑会议上就提出，为达到加速一体化的进程、削弱美元的影响、提高欧共体在世界政治经济中地位的目标，决定建立以统一货币为中心的“欧洲经济货币联盟”。1989年担任欧共体委员会主席的德洛尔在《关于实现经济货币联盟的报告》中，再一次明确提出货币联盟的最终目标是建立单一的欧洲货币。1991年12月欧共体12国领导人共同签署的《马斯特里赫条约》（以下简称《马约》），对实现欧洲单一货币的措施和步骤做了具体安排并提出时间表。《马约》规定，欧盟（《马约》签署后，常以“欧盟”取代欧共体）最迟不晚于1999年1月1日建立单一货币体系，并在1998年1月1日以前建立独立的欧洲中央银行。在1995年12月15日召开的欧洲货币联盟马德里高峰会议上，将未来欧洲货币的名称定为“欧元”（Euro），以取代欧洲货币体系所创立的欧洲货币单位（ECU）。

2. 欧盟成员国使用统一货币欧元应具备的条件。为保证货币同盟目标的实现，保证欧元的稳定，具备下述条件的成员国才能申请参加：（1）预算赤字不超过GDP的3%；（2）债务总额不超过GDP的60%；（3）长期利率不高于3个通货膨胀率最低国家平均水平的2%；（4）消费物价上涨率不超过3个情况最佳国家平均值1.5%；（5）两年内本国货币汇率波动幅度不超过ERM规定。

上述条件即《马约》。《马约》还规定了参加欧洲货币同盟的“趋同标准”。1998 年 3 月 25 日欧盟执委会宣布第一批符合趋同标准的国家有 11 个，即奥地利、比利时、芬兰、德国、法国、爱尔兰、意大利、卢森堡、荷兰、葡萄牙和西班牙，符合使用欧元的条件，有资格成为首批流通欧元的国家。在欧盟 15 个成员国中，希腊未达到趋同标准，瑞典、英国、丹麦虽已达标，但此前它们决定暂留货币联盟之外。

3. 欧元推行的时间表。根据《马约》和欧盟的有关规定，欧元从发行到完全取代欧盟成员国的货币，分三个阶段进行。

第一阶段从 1999 年 1 月 1 日开始。这一阶段是成员国货币向欧元的过渡期，其主要的工作内容是：

（1）于 1999 年 1 月 1 日不可撤回地确定欧元与参加货币同盟成员国货币的折算率，并按 1∶1 的比例由欧元取代 ECU 进行流通。成员国货币和欧元同时存在于流通领域。

（2）资本市场和税收部门均以欧元标定，银行间的支付结算以欧元进行。成员国的政府预算、国债、政府部门与国有企业的财政收支也均以欧元结算；但在过渡期内，私营部门有权选择是否使用或接受欧元，对于任何合同、贸易和买卖，仍可用成员国原货币进行支付。

（3）欧洲中央银行投入运作并执行欧元的货币政策，指定欧元的利率；为保证欧元与成员国货币固定汇率的顺利执行，对成员国的货币发行进行一定的监控。

（4）执行都柏林会议制定的《稳定和增长公约》中有关规定，如制裁预算赤字超过 GDP 3% 的成员国，罚金为 GDP 的 0.2%，赤字每超过 1%，则课征超过部分的 1/10 的罚金。

第二阶段从 2002 年 1 月 1 日开始。在这一阶段欧元纸币和硬币开始流通，成员国居民必须接受欧元，欧元纸币和硬币逐渐取代各成员国的纸币和硬币。

第三阶段从 2007 年 7 月 1 日开始。这一阶段将取消成员国的原货币，完成欧元完全取代原成员国货币的进程。

4. 欧洲经济货币联盟的作用。

（1）增强欧盟国家的经济实力，提高其竞争能力。欧元区将成为与美国实力相当的经济实体，其实力强于日本。据统计，1996 年经济合作与发展组织（OECD）各成员国总值中，欧盟各成员国 GDP 总值占 38.5%，而美国和日本各占 32.5% 和 20.5%。在世界贸易中，欧盟对外贸易额（不包括成员国间贸易）占世界贸易总额的 20.9%，高于美国的 19.6% 和日本的 10.5%。可见，欧盟在统一货币后，经济实力迅速增强，在与美、日等强国的竞争中处于有利地位。

（2）减少内部矛盾，防范和化解金融风险。欧元作为单一货币正式使用，成员国内部汇率矛盾自然消失，从而加强了对国际资金冲击风险的防范与化解能力。

（3）简化流通手续，降低成本消耗，增强出口商品的竞争力。欧盟成员国使用单一货币后，消除了货币与兑换费用，从而加快了商品与资金流通速度，增加了出口商品的竞争力。

（4）增加社会消费，刺激企业投资。单一货币的使用，使各国在物价、利率、投资收益方面的差异逐步缩小或趋于一致，形成物价和利率的总体下降，居民消费扩大，企业投资环境改善，最终有利于欧盟总体经济的良性发展。

二、欧洲货币同盟对世界经济的影响

1. 巩固和发展了多元化的国际货币体系，有利于世界范围内汇率的稳定。欧元单一货币流通后，欧盟内部的汇率波动完全消失，欧盟拥有独立的欧洲中央银行和以价格稳定为目标的货币政策、严格的财政预算制度和利率趋同标准，这些将保证币值的稳定，增强公众的信心，促进多元化国际货币体系的发展与汇率的稳定，有利于世界贸易与投资的发展。

2. 欧盟成功发展的示范效应。欧盟使用统一的货币后，在贸易方面，成员国之间实行的是自由贸易，而与非成员国进行贸易时则采取关税保护。这种政策实际上是给区域性集团成员国在与非成员国竞争时提供了一条共同的边界。欧元的成功流通，被国际社会公认为是布雷顿森林体系崩溃以来，在国际货币安排方面最有意义的发展。

欧盟内部货币兑换费用的消失、货币风险的消除，还未进入这个大市场的厂商是享受不到的。区域性集团内部商品的价格下降，就意味着外部商品的竞争力下降。当区域外商品受到歧视时，区域外厂商将改变进入方式以投资带动贸易绕过无形的货币壁垒，以享受区域性集团内部货币统一的好处。待进入区域集团后，就可以把该集团当做一个大市场来进行营销，不用像以前那样在不同国家都要开发营销渠道，制定不同的定价政策。统一货币的使用使欧盟成员国免受区域外金融不稳定的影响，方便了成员国的经济交往和合作，为未来的国际货币制度的改革和内外矛盾的解决树立了一个可借鉴的榜样。

3. 区域性货币体系的发展将为更多国家提供平等的发展机会。区域性货币体系的发展将减少世界贸易中的不平等现象。20 世纪末，在世界贸易总额中美国占将近 1/5，而且在世界贸易中，石油等原料价格一直以美元计算，这使美国占了很大便宜。因为美元作为世界贸易主要结算货币，美国可以长期维持合适的汇率以利于美国的对外贸易，且无须担心它会刺激国内的通货膨胀。欧元的使用将改变这一格局，使更多的国家能在世界贸易中获得平等发展的机会。

专栏 10－3

欧元区爆发危机的成因分析

以 2009 年底希腊主权债务问题浮出水面为标志，欧元区危机已经历经几年的时间，在这段时间里，欧元区一些国家接连遭受主权信用降级、救助方案商定以及财政紧缩措施等问题的困扰，这些国家至今没有从经济衰退中走出来，反而有愈演愈烈的趋势，欧元区危机成为世界经济复苏的极不稳定因素。

欧元区爆发危机，从直接原因来看，在遭受金融危机的冲击时，政府税收减少，同时，政府动用财政资源和资产负债表来刺激总需求和加强私人部门资产负债表，使得政府部门赤字越来越严重；从深层次的原因来看，欧元区成员国的竞争力不同、劳动力流动性不足与资本流向外围国家的不可贸易品部门，导致宏观经济失衡与银行的脆弱性增加，在缺少财政同盟转移支付与“最后贷款人”的制度框架下，上述因素的共同作用，导致投资者开始大规模抛售一些欧元区成员国的国债，这些国家难以通过发新债还旧债，最终引发欧元区危机。

资料来源：郭强．欧元区爆发危机的成因分析［J］．华北金融，2013（3）．

第四节　国际金融机构在国际货币体系中的作用

第二次世界大战后，国际金融领域中一个重要的新现象是涌现了一系列国际金融机构。目前的国际金融机构可以分为三种类型：（1）全球性的，如国际货币基金组织和世界银行；（2）半区域性的，如国际清算银行、亚洲开发银行、泛美开发银行、非洲开发银行等，它们的成员主要在区域内，但也有区域外的成员参加；（3）区域性的，如欧洲投资银行、阿拉伯货币基金、伊斯兰发展银行、西非发展银行、阿拉伯发展基金等。

这些国际金融组织对国际货币制度与世界经济的发展都有深远的积极影响。在促进会员国取消外汇管制、限制会员国进行竞争性货币贬值、支持会员国稳定货币汇率和解决国际收支困难、缓解债务危机与金融危机、促进发展中国家经济发展等方面，这些国际金融组织都起了重要的作用。本节着重介绍几个重要的国际金融组织的业务活动与经营特点。

一、国际货币基金组织

国际货币基金组织，是根据参加筹建联合国的44国代表于1944年7月在美国新罕布什尔州举行的会议及其所通过的《国际货币基金组织协定》（*International Monetary Fund Agreement*，以下简称《协定》），在1946年3月正式成立，并于1947年3月开始营业，总部设在华盛顿。

（一）宗旨

根据《协定》的规定，国际货币基金组织作为永久性机构的宗旨是：为国际货币问题的商讨与协作提供便利，促进国际货币合作，促进国际贸易的扩大与平衡发展，以提高和维持高水平就业和实际收入，以及开发会员国的生产资源；促进汇率的稳定，维持会员国正常的汇兑关系，避免竞争性货币贬值；协助建立会员国经常性交易的多边支付制度，并消除阻碍国际贸易发展的外汇管制；在有充分保障的条件下，对会员国提供资金，使其增强信心纠正国际收支失衡，而不致采取有损本国或国际繁荣的措施；根据以上目标，缩短会员国国际收支失衡的时间，并减轻其程度。从上述宗旨中可以看出，国际货币基金组织的基本职能是向会员国提供短期信贷，调整国际收支的不平衡，维持汇率的稳定。同时也可以看出，《协定》强调，消除“竞争性的货币贬值”与“消除阻碍国际贸易发展的外汇管制”。

（二）资金来源

国际货币基金组织为贯彻实行其宗旨，必须有资金来源。它的资金来源为：

1. 份额（Quota）。国际货币基金组织的资金主要来自于会员国缴纳的份额。份额目前以国际货币基金组织创立的记账单位 SDRs 来表示，它相当于股东加入股份公司的股金。会员国应缴份额的大小，要综合考虑会员国的国民收入、黄金外汇储备、平均进口额、出口变化率和出口额占国民生产总值（GNP）的比例等因素，最后由基金组织同会员国磋商确定。

会员国交纳的份额，除作为国际货币基金组织发放短期信贷的资金来源外，份额的大小对会员国有其他三个作用：（1）决定会员国从国际货币基金组织借款或提款的额度；（2）决定会员国投票权的多少；（3）决定会员国分得的 SDRs 的多少。

2. 借款。国际货币基金组织的另一个资金来源是借款。国际货币基金组织通过与会员国协议，向会员国借入资金，作为对会员国提供资金融通的一个来源。

3. 信托基金。国际货币基金组织在 1976 年决定，将它持有的 1/6 的黄金分 4 年按市价出售，所得之利润（即市价超过黄金官价 1 盎司 = 35 美元的部分，共 46 亿美元）作为信托基金，向低收入会员国提供优惠贷款。

（三）业务活动

1. 汇率监督与政策协调。为使国际货币制度正常运转，各个会员国需保证同国际货币基金组织和其他会员国合作，以保证有秩序的汇率安排和促进汇率的稳定。各会员国应该：（1）努力以自己的经济和金融政策来达到促进有秩序的经济增长这个目标，既有合理的价格稳定，又适当照顾自身的境况；（2）努力通过创造有秩序的、基本的经济和金融条件以及不会产生反常混乱的货币制度去促进稳定；（3）避免操纵汇率或国际货币制度来妨碍国际收支有秩序的调整或取得对其他会员国不公平的竞争优势。

国际货币基金组织协调政策的职能，一般通过下述途径实现：（1）特别协商，这一途径同基金组织定期审查世界经济的形势与前景有关。（2）基金组织理事会从 20 世纪 80 年代以来，都把协调会员国经济政策作为会议的重要议题。

2. 创造储备资产。国际货币基金组织理事会 1969 年会议正式决定，创设 SDRs，以补充国际储备的不足，并于 1970 年开始分配。当会员国发生国际收支逆差时，可运用 SDRs，划给另一会员国以偿付逆差，或偿还国际货币基金组织的贷款。

3. 贷款业务。发放贷款是国际货币基金组织最主要的业务活动。

（1）贷款特点。主要有：

第一，贷款对象。限于会员国政府。它只与会员国的财政部、中央银行、外汇平准基金组织或其他类似的财政机构往来。

第二，贷款用途。贷款最初主要用于会员国进行国际收支的调整，但近年来也增设了支持会员国为解决国际收支困难而进行的经济结构调整与经济改革的贷款。

第三，贷款的规模。同会员国向国际货币基金组织缴纳的份额成正比。

第四，贷款方式。会员国向国际货币基金组织借款和还款分别采用所谓“购买”（Purchase）和“购回”（Repurchase）的方式。“购买”即借款国用相当于借款面额的本国货币来购买弥补国际收支逆差的外汇。这在技术上虽不同于一般的国际借款，但效果是一样的。而从国际货币基金组织角度看，会员国借款则改变国际货币基金组织持有的货币结构。“购回”即借款国还款时要用自己原来所借外汇购回本国货币。

（2）贷款种类。国际货币基金组织的贷款分为三类：第一类为普通贷款（为会员国所缴份额的125%，期限为3~5年）、补偿与应急贷款、缓冲库存贷款和中期贷款。其贷款资金来自国际货币基金组织自身的资金，即会员国认缴的份额。除储备部分（为所缴份额的25%）贷款不收利息外，第一类其他各项贷款利率均为6%左右，另加0.5%的手续费。第二类为补充贷款和临时信用贷款。其贷款资金来源于国际货币基金组织的借款，贷款的利率为国际货币基金组织的借款成本，另加0.5%的手续费和0.2%~0.325%的加息率。第一、第二类贷款合称普通资金（账户）贷款，国际货币基金组织对非工业会员国提供的大部分贷款都属于这种贷款。第三类贷款是信托基金贷款、结构调整贷款和扩大的结构调整贷款、国际货币基金组织的优惠贷款。

专栏10－4

国际货币基金组织改革前后份额排名前10的国家一览

国际货币基金组织总裁卡恩于2010年11月5日宣布，国际货币基金组织执行董事会当天通过了份额改革方案。份额改革完成后，中国的份额将从2010年的3.996%升至6.394%，投票权也将从目前的3.65%升至6.07%，超越德国、法国和英国，位列美国和日本之后，排名第三。根据国际货币基金组织章程，这项重大改革须获得拥有85%投票权的3/5成员批准才能生效，拖延多年后，终于在2015年行将结束时获得美国国会通过，2016年1月27日，国际货币基金组织宣布份额和改革方案已正式生效，这意味着中国正式成为国际货币基金组织第三大股东。

国际货币基金组织份额前10名国家：改革前

排名顺序	国家名称	所占份额比例（%）
1	美国	17.661
2	日本	6.553
3	德国	6.107
4	法国	4.502
5	英国	4.502
6	中国	3.996
7	意大利	3.305
8	沙特阿拉伯	2.929
9	加拿大	2.670
10	俄罗斯	2.493

国际货币基金组织份额前10名国家：改革后

排名顺序	国家名称	所占份额比例（%）
1	美国	17.398
2	日本	6.461
3	中国	6.390
4	德国	5.583
5	法国	4.225
6	英国	4.225
7	意大利	3.159
8	印度	2.749
9	俄罗斯	2.705
10	巴西	2.315

资料来源：根据人民网与中国经济网的资料整理。

二、世界银行集团

世界银行集团（World Bank Group）包括国际复兴开发银行（International Bank for Reconstruction & Development，IBRD）、国际开发协会（International Development Association，IDA）、国际金融公司（International Finance Corporation，IFC）和多边投资担保机构（Multilateral Investment Guarantee Agency，MIGA），它们的总部均设在华盛顿。

（一）国际复兴开发银行

IBRD 于 1945 年 12 月成立，1946 年 6 月开始营业，1947 年 11 月成为联合国的一个专门机构。凡参加 IBRD 的国家必须是国际货币基金组织的会员国，国际货币基金组织的会员国不一定是 IBRD 的会员国。

1. 宗旨。根据 1944 年 7 月布雷顿森林会议通过的《国际复兴开发银行协定》第一条规定，IBRD 的宗旨是：对以生产为目的的投资提供便利，以协助会员国的复兴与开发，并鼓励不发达国家的生产与资源开发；通过保证或参与私人贷款和私人投资的方式，促进私人对外投资；用鼓励国际投资以开发会员国资源的方法，促进国际贸易的长期平衡发展，以维持国际收支的平衡。总之，IBRD 的主要任务是向会员国提供长期贷款，促进第二次世界大战后经济的复兴，协助发展中国家发展生产，开发资源，从而起到国际货币基金组织贷款的作用。

2. 资金来源。

（1）会员国缴纳的股金。IBRD 规定，每个会员国均须认购份额（Share），认购股份的多少，必须参照其在国际货币基金组织认缴的份额，同 IBRD 协商，并经理事会批准。

（2）通过发行债券取得借款。在国际债券市场发行债券来借款，是 IBRD 资金的一个很重要的来源。在借款管理上，IBRD 采取的方针是：借款市场分散化；尽力使借款成本最小。为此，IBRD 除借入美元外，还借入其他主要西方国家货币，以减少汇率与利率风险。

（3）业务净收益。IBRD 除将一部分净收益以赠款形式划给 IDA 外，其余均充做本身的储备金，成为发放贷款的一个资金来源。

（4）债权转让。从 20 世纪 80 年代以来，IBRD 常把一部分贷出款项的债权有偿地转让给商业银行等私人投资者，以提前收回资金，并转为贷款的一个资金来源。

3. 贷款业务。

（1）贷款条件。第一，IBRD 只向会员国政府、中央银行担保的公私机构提供贷款。第二，贷款一般与 IBRD 审定、批准的特定项目相结合。第三，申请贷款的国家确实不能以合理的条件从其他方面取得贷款时，IBRD 才考虑发放贷款，参加贷款，或提供保证。第四，贷款必须专款专用，并受 IBRD 的监督。第五，贷款的期限一般为数年，最长可达 30 年。第六，贷款使用不同的货币，对承担贷款项目的承包商或物资供应商，一般用该承包商、供应商所在国的货币支付；如由借款国承包商供应本地物资，则用借款国货币支付；如本地供应商购买进口物资，则用出口国的货币进行支付。

（2）贷款种类。主要是三大类：项目贷款与非项目贷款、“第三窗口”贷款、技术援助贷款。

（3）贷款方式。在进行贷款时，IBRD 除单独提供贷款外，还采取联合贷款的方式，同其他贷款者一起共同为借款国的项目融资，以解决 IBRD 资金有限与发展中会员国不断增长的资金需求之间的矛盾。

（4）贷款程序。IBRD 发放贷款要与一定的项目相结合，专款专用，并在使用过程中进行监督，所以会员国从申请到按项目进度使用贷款，都有严密的程序，概括起来有以下几个方面：第一，提出计划，确定项目。为保证贷出的款项能得到偿还，IBRD 要对借款国的经济情况与技术管理水平进行全面调查。第二，专家审查。第三，审议通过，签订贷款契约。第四，工程项目招标，按工程进度发放贷款，并进行监督。

IBRD 贷款程序虽然复杂和烦琐，但却体现了其贷款的严密性和科学性，因而能保证贷款产生较好的经济效益。

（二）国际开发协会

IDA 成立于 1960 年，是专门向低收入发展中国家提供优惠长期贷款的一个国际金融组织。按照规定，凡 IBRD 会员国均可加入协会，但 IBRD 的会员国不一定必须加入 IDA。

1. 宗旨。IDA 的宗旨是，对欠发达国家提供比 IBRD 条件宽、期限较长、负担较轻并可用部分当地货币偿还的贷款，以促进它们经济的发展和居民生活水平的提高，从而补充 IBRD 的活动，促进 IBRD 目标的实现。

2. 资金来源。

（1）会员国认缴的股本。IDA 的会员国分为两组：第一组是工业发达国家和南非、科威特，这些国家认缴的股本须以可兑换货币缴付，所缴股本全部供 IDA 出借；第二组是亚、非、拉发展中国家，这些国家认缴股本的 10% 须以可兑换货币进行缴付，其余 90% 用本国货币缴付，而且这些货币在未征得货币所属国同意前，IDA 不得使用。

（2）会员国提供的补充资金。

（3）IBRD 的拨款，即 IBRD 从其净收入中拨给 IDA 一部分款项，作为 IDA 贷款的资金来源。

3. 贷款。IDA 只向低收入发展中国家（2007 年标准是人均 GNP 不超过 1 025 美元）政府与隶属于政府的实体提供贷款。

IDA 贷款的期限为 35 ~ 40 年，宽限期 10 年。偿还贷款时，可以全部或一部分用本国货币偿还。贷款只收 0.5% 的手续费。

（三）国际金融公司

IFC 成立于 1956 年。IFC 的宗旨是，通过向发展中国家的私人企业提供无须政府担保的贷款与股本投资，鼓励国际私人资本流向发展中国家，支持当地资本市场的发展，来促进发展中国家的经济发展，从而补充世界银行的活动。

IFC 的资金来源，除了成员国缴纳的股金外，还有向世界银行和国际资金市场借入的资金、IFC 积累的利润、转售债权与股本的收入等。

IFC 贷款的方式为：直接向私人生产性企业提供贷款；以入股方式向私人企业项目进行

投资，但投资规模不超过项目成本的25%，也不承担管理责任，在适当时候还将其持有的股份出售给私人投资者。IFC在进行贷款与投资时，有时会联合私人资本共同进行，共担风险，按投资比例分享利润，这既弥补了它的资金不足，又促进了国际资本向发展中国家流动。IFC贷款规模较小，一般每笔不超过200万~400万美元；期限一般为7~15年；还款时须用原借款货币偿还；贷款利率一般高于IBRD，并尽可能和市场利率水平相一致，同时也考虑借入资金的成本。

（四）多边投资担保机构

MIGA成立于1988年4月，是世界银行集团中最年轻的成员。MIGA是一个独立于世界银行的实体，它有自己的业务和法律人员。

IMGA的宗旨是，通过自己的业务活动来推动成员国相互间进行以生产为目的的投资，特别是向发展中国家的投资。该机构的业务活动之一，是对“合格的投资”提供担保，而不遭受非商业性风险损失，从而促进国际间的直接投资。MIGA对以下四类非商业性风险提供担保：（1）投资所在国政府对货币兑换和转移的限制造成的转移风险；（2）投资所在国政府的法律或行动而造成投资者丧失其投资的所有权、控制权的风险；（3）在投资者无法进入主管法庭，或这类法庭不合理的拖延或无法实施这一项已作出的对他有利的判决时，政府撤销与投资者签订的合同而造成的风险；（4）武装冲突和国内动乱造成的风险。MIGA的另一项业务活动，是对成员国提供技术援助服务，帮助发展中国家更有效地促进私人投资的机会。它通过对投资促进活动的直接支持（如组织投资会议、初级培训课程、战略研讨会）、传播投资机会的信息（如开发一个投资机会全球电子信息交换与通信网络）和促进投资机构的能力建设，来帮助发展中国家最大限度地提高吸引外国直接投资计划的效果。

三、国际农业发展基金组织

国际农业发展基金组织（IFAD）是联合国在经济方面的专门机构之一，成立于1977年12月，总部设在意大利罗马。

（一）宗旨

通过向发展中国家，特别是缺粮的发展中国家提供优惠贷款和赠款，为它们的以粮食生产为主的农业发展项目提供资金支持，从而达到增加粮食生产、消除贫困与营养不良的目标。

（二）资金来源

1. 会员国的捐款。按规定，发达国家与石油输出国会员国须认缴捐款，并用可兑换货币缴付，其他发展中国家会员国虽规定为受惠国，但它们也可以用本国货币或可兑换货币捐助一部分资金，捐款可一次缴清，也可以在3年内缴清。

2. 非会员国和其他来源的特别捐款。

3. 利息收入。

（三）贷款

1. 贷款资金使用的对象与政策。IFAD 的宗旨规定，向最贫穷的、缺粮的发展中国家发放赠款和优惠贷款。

2. 贷款资金使用的方式和条件。

（1）赠款。按 IFAD 章程规定，在每个财政年度发放的资金总额中，赠款所占比重不得超过 12.5%。赠款有两个用途，一是贫穷缺粮国的援助项目，二是以技术援助形式用于项目的可行性研究、人员培训、咨询和项目投资前的其他准备工作。该组织还规定，会员国使用技术援助的项目，如后来获得该组织的贷款，则将赠款改为贷款，并计入贷款总额内。

（2）贷款。IFAD 发放的资金大部分属于贷款。贷款分为三种：一是特别贷款，条件最为宽松，免收利息，每年只收 1% 的手续费，期限 50 年，宽限期 10 年，主要给低收入的 40 多个“粮食优先国家”。该种贷款总额不得超过该组织贷出金额的 2/3。二是中等期限贷款，年利率 4%，期限 20 年，宽限期 5 年。三是普通贷款，年利率 8%，宽限期 3 年。在这三种贷款中，特别贷款占多数。

IFAD 采用的资金计算单位是 SDRs，即在向会员国提供赠款或贷款时，按 SDRs 折算给美元或其他可兑换货币；会员国偿付贷款本息和手续费时，按 SDRs 折算，用美元或其他可兑换货币进行支付。

IFAD 批准贷款项目后，即委托联合国粮农组织，或开发计划署，或 IBRD，或亚洲开发银行、非洲开发银行、泛美开发银行等执行贷款业务和监督贷款项目的执行。

IFAD 的贷款用于采购设备与劳务，通常采取国际招标的办法。

IFAD 贷款程序基本同于 IBRD，主要步骤为确定贷款项目，项目的准备，项目的评估，项目的谈判，审查、批准贷款协议，签署贷款协议，项目的执行等。

四、洲际国际金融组织

1. 亚洲开发银行。亚洲开发银行是个类似世界银行但只面向特定地区的区域性政府间金融开发机构。它于 1966 年 11 月正式建立，并于同年 12 月开始营业，总部设在菲律宾首都马尼拉。

亚洲开发银行的宗旨是，向其成员提供贷款与技术援助，援助协调成员在经济、贸易和发展方面的政策；同联合国及其专门机构进行合作，以促进亚太地区的经济发展。

亚洲开发银行的资金来源为普通资金和特别基金两个部分。普通资金用于亚洲开发银行的硬贷款业务，是亚洲开发银行进行业务活动的最主要资金来源。该资金来源于成员国认缴的股金、国际金融市场的筹资以及银行的净收益。特别基金是亚洲开发银行进行软贷款业务的基金。

亚洲开发银行的贷款分为硬贷款、软贷款和赠款三类。硬贷款的贷款利率为浮动利率，每半年调整一次，贷款期限为 10～30 年。软贷款，即优惠贷款，仅提供给人均收入低于 670 美元（1983 年标准）且还债能力有限的亚洲开发银行成员，贷款期限为 40 年，不收利息，仅收 1% 的手续费。赠款用于技术援助，资金由技术援助特别基金提供，但赠款金额有限制。

2. 非洲开发银行。非洲开发银行是非洲国家在联合国非洲经济委员会帮助下，于1964年11月成立的一个面向非洲的区域性政府间国际金融组织。该行总部设在科特迪瓦（象牙海岸）首都阿比让。

非洲开发银行的宗旨，是向非洲成员国提供贷款和投资，或给予技术援助，充分利用本大陆的人力资源，以促进各国经济的协调发展和社会进步，尽快改变本大陆贫穷落后的面貌。

非洲开发银行的资金主要来自成员国认缴的股本和待缴股本。与IBRD一样，非洲开发银行成员国认缴的股本也分为实缴股本和待缴股本两部分。此外，非洲开发银行还通过发行国际债券和组织辛迪加借款的方式积极在国际金融市场筹措资金。

非洲开发银行的贷款分为普通贷款和特别贷款。普通贷款是该行用普通股本提供的贷款。特别贷款是用该行规定专门用途的特别基金向成员国提供的优惠贷款。

3. 亚洲基础设施投资银行。亚洲基础设施投资银行是一家多边开发银行，是首个由中国倡议设立的多边金融机构，总部设在北京，法定资本1 000亿美元，2016年1月正式开业，截至2019年7月13日，亚洲基础设施投资银行有100个正式成员。

亚洲基础设施投资银行的宗旨是，通过在基础设施及其他生产性领域的投资，促进亚洲经济可持续发展、创造财富并改善基础设施互联互通；与其他多边和双边开发机构紧密合作，推进区域合作和伙伴关系，应对发展挑战。

亚洲基础设施投资银行的治理结构分理事会、董事会、管理层三层。理事会是最高决策机构，每个成员在亚投行有正副理事各一名。董事会有12名董事，其中域内9名、域外3名。管理层由行长和5位副行长组成。

本章小结

1. 国际货币体系是规范国家间货币行为的准则，是在世界范围内需要各国共同遵守的货币制度。

2. 在世界范围内，先后存在过国际金本位体系、以美元为中心的布雷顿森林体系和牙买加体系。

3. 国际金融机构的建立在促进世界经济和区域经济发展方面起了重要作用。

本章主要概念

国际货币体系	国际金本位制	布雷顿森林体系	牙买加体系
黄金双价制	国际货币基金组织	世界银行集团	

本章复习参考书

［1］王爱俭．20 世纪国际金融理论研究：进展与评述（修订版）［M］．北京：中国金融出版社，2013.

［2］高建侠．国际金融（第二版）［M］．北京：中国人民大学出版社，2014.

［3］张明．国际货币体系改革：背景、原因、措施及中国的参与［J］．国际经济评论，2010（1）.

［4］唐欣语．从凯恩斯计划、怀特计划到《国际货币基金协定》［J］．比较，2010（2）.

本章复习思考题

一、填空题

1. 布雷顿森林体系的双挂钩是指________和________。

2. 世界银行集团是由________、________、________和________组成。

3. 国际金融公司的主要任务是向发展中国家的________提供贷款与________。

二、判断题

1. 20 世纪 30 年代后半期的国际货币体系是统一的货币体系。（　　）

2. 第一次世界大战前的几十年中，各国汇率波动幅度较大。（　　）

3. 布雷顿森林体系实行的是不可调整的固定汇率制，牙买加体系实行的是可调整的固定汇率制。（　　）

4. 欧元是 2002 年 1 月 1 日启动并实现流通的。（　　）

5. 典型的国际金本位货币体系是自发形成的。（　　）

三、单项选择题

1. 布雷顿森林体系是在（　　）年崩溃的。

A. 1971　　B. 1973　　C. 1969　　D. 1970

2. 根据“布雷顿森林协定”，各国货币与美元的汇率波动范围不得超过货币平价的（　　）。

A. 上下 2.25%　　B. 3%　　C. 上下 1%　　D. 1.5%

3. 可向发展中国家提供长期优惠项目贷款的国际金融机构是（　　）。

A. IFAD　　B. MIGA

C. IDA　　D. 国际货币基金组织

四、简答题

1. 简述布雷顿森林体系对世界经济发展的积极作用。

2. 简述国际货币基金组织的贷款特点。

五、 论述题

1. 布雷顿森林体系崩溃的原因。
2. 我国应怎样利用国际金融机构进行融资。

习近平出席亚洲基础设施投资银行开业仪式并致辞

资料来源：http：//tv. cctv. com/v/lv/VIDE670bL92aRP8bTpX64sf8160116. html.

亚投行行长金立群：亚投行的大门永远是敞开的

资料来源：http：//video. sina. com. cn/view/250774669. html？ cre = videopagepc&； mod = r.

人民币正式纳入“特别提款权”货币篮子

资料来源：http：//video. sina. cn/news/2018 - 12 - 23/detail - ihqhqcir9573599. d. html？ from = wap.

第十一章
国际金融理论

本章知识结构

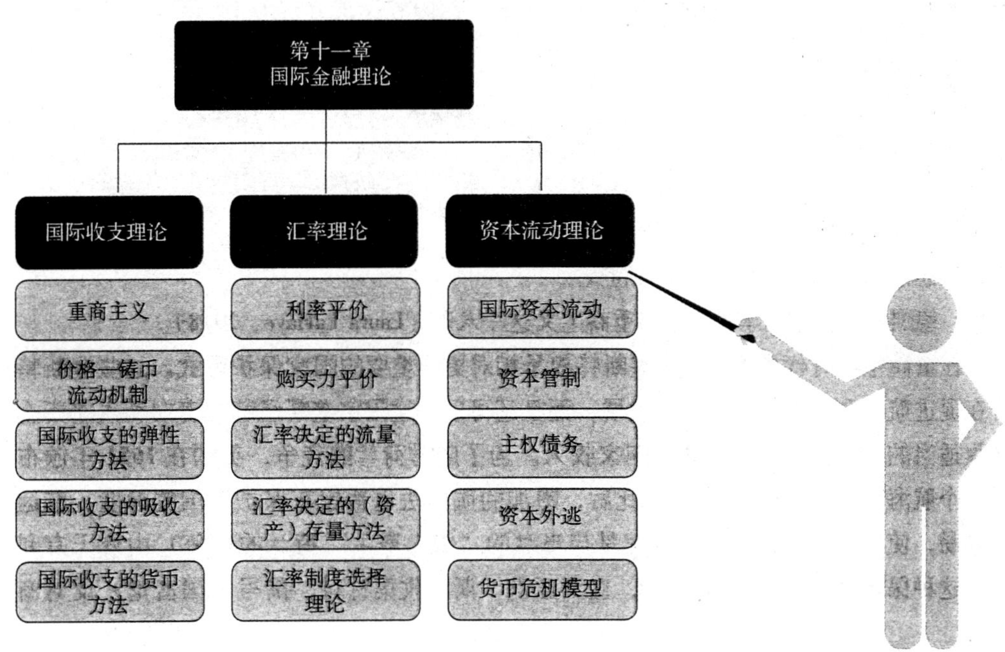

本章学习目标

- 掌握国际收支理论；
- 掌握汇率相关理论；
- 了解资本流动理论。

国际金融的基础是外部平衡（External Balance）。在实践中，实现了外部平衡的经济体，其外部债务不会威胁该经济体清偿国际债务的能力或义务。由于在不同历史时期，各个经济体之间联系的性质不同，对外部平衡的要求也不相同。国际金融研究政策力量和市场力量如何在不同条件下实现外部平衡（Maurice Obstfeld，2008）。考虑到国际收支、汇率决定和资本流动与国际金融、外部平衡的天然联系，本章较为系统地介绍国际收支理论、汇率决定理论、汇率制度选择理论和国际资本流动理论。

第一节　国际收支理论

国际收支理论是国际金融理论的重要组成部分，起源于16世纪至18世纪晚期的重商主义时期，进入20世纪以来，又先后出现了国际收支的弹性方法、吸收方法和货币方法等理论。本节介绍重商主义、价格—铸币流动机制、国际收支的弹性方法、国际收支的吸收方法、国际收支的货币方法。

一、重商主义

重商主义是经济的国家主义，它试图减少（或限制）本国生产者面临的竞争。重商主义政策工具包括授予垄断特权、价格和商业活动管制，特别是禁令、关税、补贴和与国际贸易有关的其他规定。

重商主义（Mercantilism）反映了16世纪至18世纪晚期主要西欧贸易国家从封建主义向现代资本主义过渡阶段的经济思想和政策的特征。在19世纪晚期，德国历史学派的学者普及了重商主义这一术语（Laura LaHaye，2018）。

在重商主义时代早期，授予垄断特权是相对更为重要的国家保护形式。这些垄断特权旨在促进航运和国际贸易行业的发展，而且还可以通过国家垄断经营或者向私人垄断企业征收适当的进口关税的方式获得国家收入。为了应对荷兰的竞争，英国在1651年颁布了第一个航海法（Navigation Act）。此后，附加的航海法也都旨在保护英国的渔业、航运业和贸易，使这些行业在竞争（尤其是与当时的“海上霸主”荷兰的竞争）中处于有利地位。这种保护在18世纪不断扩展，直至亚当·斯密收集材料，撰写《国富论》反对商业管制。

大量证据表明，重商主义作家相信贵金属的流入会增加国家的财富。他们认为对于没有金银矿藏的国家而言，国际贸易（而非国内贸易）是增加一国财富的唯一途径。因为国内商业虽然有益处，但只不过是使一部分人获利而另一部分人亏损，并不能增加国内的货币量。而只有对外贸易才能使一国的金银增多，国家才能富裕。重商主义由此得出结论：国家为了致富，必须发展对外贸易，而在对外贸易中，又必须遵守多卖少买、多收入少支出的原则，以求得对外贸易的顺差。“贸易顺差”这个名词正是由重商主义提出来的。为了达到贸易顺差，国家必须积极干预经济生活。在如何保持贸易顺差、增加货币的问题上，重商主义的观点是不同的，因而就有早期重商主义和晚期重商主义之分。

早期重商主义为扩大货币存量，将多卖少买这一公式绝对化，尤其强调少买或不买。这是因为，在他们看来，一切购买都会使货币减少，一切销售都会使货币增加，尽量少买或不买，就可以少花钱而将货币积累起来，使国家致富。反之，货币就会离开，财富就会流出，国家趋于贫困。因此，他们主张采取行政手段，吸收和保存国内的金银，同时禁止货币输出。当时的许多国家，如英国、西班牙和葡萄牙等，曾根据早期重商主义学派的主张，颁布了各种法令，甚至规定严厉的刑法，禁止货币输出国外。同时规定，外国商人必须将出售所得货币，全部用于购买当地商品。早期重商主义的学说也被称为货币差额论。

如果说早期重商主义是以守财奴的眼光看待货币，则晚期重商主义是用资本家的眼光来看货币。晚期重商学派懂得货币搁置不用是不会产生货币的，必须让货币运动，将货币投入流通，才能取得更多的货币。因此他们主张，国家不应禁止货币输出，而应允许将货币输出国外以便扩大对国外商品的购买。但他们要求在对外贸易中，必须保持贸易顺差的原则，其目的是最终使更多的货币流向本国。重商学派的代表人物托马斯·孟曾有个形象的比喻，他说，农夫在播种的时候，把许多好谷粒抛在地上，假如只以此时的农夫行为来判断，我们会说他是一个疯子。但到了秋天，我们会看到他所得到的报酬是很丰富的。因此，晚期重商主义学说也被称为贸易差额论。为鼓励输出，实现贸易顺差，晚期重商主义者主张国家必须实行保护关税的政策。例如，输出商品时，国家全部或部分退还出口商原先缴纳的税款，当进口商品经过本国加工后重新输出时，国家则退还这些商品在输入时所交付的关税。另外重商主义主张发展制造业。优先鼓励出口制成品，而不是原料或生产设备，并允许进口原料，符合对于就业的关切。当对外贸易的生产率增长超过有利可图的国内投资机会的增长时，出口盈余（即本国储蓄超过国内投资）自然出现了。同时，国际储备的积累，又为货币化交易的增长提供了资金。

在19世纪和20世纪早期的自由经济时代（Laissez－faire Era），重商主义时代的大部分遗迹都被抹去了，尤其是在英国。但是到了20世纪30年代，伴随大萧条的到来以及《重商主义》（赫克歇尔，Heckscher，1935）的深入研究，使得重商主义再次引发广泛讨论。

二、价格—铸币流动机制

大卫·休谟（David Hume）是英国哲学家、历史学家和经济学家，他也是英国古典经济学的主要代表人物之一。大卫·休谟把货币数量学说应用到国际收支的分析，提出了著名的"价格—铸币流动机制"（Price－Specie－Flow Mechanism）。他认为，只要世界各国相互保持贸易关系，则一国对外贸易差额将自动调节。他以英国为例来说明这种国际价格机制的自动调节作用。假设英国的货币一夜之间消失了4/5，那么一切商品的价格将会相应下降。在这样的价格条件下，还有哪个国家能在国际市场上与英国竞争，或以与英国同样的价格从事海运和出售工业品呢？于是用不了多长时间，英国就会弥补他所损失的货币量并赶上邻国的水平。一旦达到这个目的，英国就会立即丧失其廉价商品和廉价劳动的有利条件，外国货币也就不再流入英国。相反，如果英国的货币在一夜之间增加 1 倍，则劳动和商品的价格将相应提高，这样哪个国家能买得起英国货物呢？英国无法阻止外国商品进口，无法限制本国货币外流，直到英国的货币量下降到与邻国相等为止，见图 11－1。

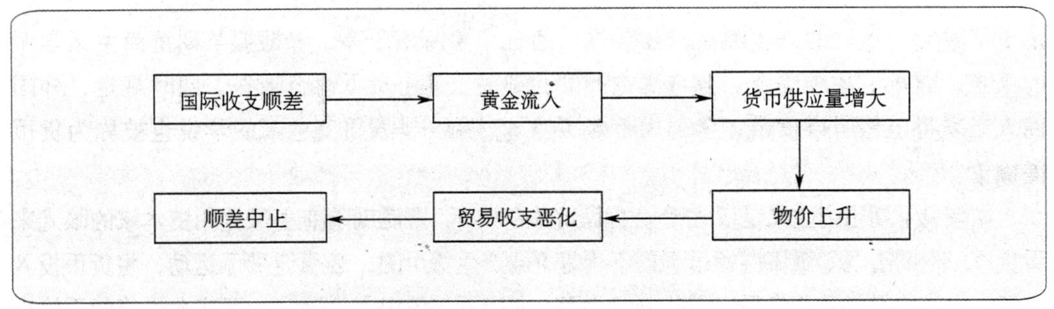

图 11－1　价格—铸币流动机制

“价格—铸币流动机制”关于“贸易不平衡，进而黄金流动不能长期维持”的结论，与重商主义的观点在基本上是对立的。因为重商主义强调持续地促进贸易盈余，并无限期地积累黄金。尽管重商主义坚持将黄金流入与贸易盈余联系起来，但是许多经济学家假设货币存量与价格水平存在直接联系，而不同国家之间的相对价格水平将影响国际贸易流。休谟将这些影响因素结合在了一起。

“价格—铸币流动机制”的因果关系是从货币的变化，到价格的变化，到净贸易流的变化，到黄金的国际流动，直至消除初始的国际价格差异，从而纠正贸易失衡，停止黄金输送。

“价格—铸币流动机制”是国际收支差额自动调节（或市场调节）的一个分析表述。大卫·休谟在其 1752 年的《论贸易平衡》（*Of the Balance of Trade*）中给出这个机制的经典表述。在均衡状态下，黄金在国家（国内各地区）之间的分布将导致各国（国内各地区）形成与贸易平衡相一致的价格水平（William R. Allen，2018）。

休谟的“价格—铸币流动机制”也存在一些问题。假设 A 国的进口需求曲线和外国对 A 国出口品的需求曲线是垂直的，则 A 国进口和出口的物品数量不会随着价格的变化而变化。如果 A 国货币存量和价格水平大幅下降打破初始的均衡，则 A 国的出口金额将随着价格水平的下降成比例下降。A 国的进口差额将由黄金外流提供资金，这将导致 A 国价格水平和出口价值的进一步下降，以及外国价格和 A 国进口支出的进一步上升，进而无法达到均衡。在需求弹性为 0（或足够小）时，黄金的流出非但没有纠正贸易流，反而增大了 A 国的进口差额。为使价格（包括汇率）变化达到均衡所需要的进出口需求（和供应）弹性条件，在晚得多才出现的“马歇尔—勒纳条件”中才加以总结。在供给弹性无限且初始贸易平衡的情况下，实现均衡所需要的条件是外国对 A 国出口的需求弹性（即外国的进口需求弹性）和 A 国的进口需求弹性之和大于 1。

现实世界中，即使是在第二次世界大战之前的金本位时代，在制度和过程上与休谟的模型建构也不完全一致。现实世界普遍存在着不可兑换的纸币、活期存款、没有达到100%准备金的银行以及相机抉择的货币政策，也存在着国际货币基金、无期限的钉住汇率安排。因此，现实世界更依赖于被选定的调节过程而不仅仅是自动调节过程。尽管如此，在国际收支理论的早期讨论阶段，休谟的模型提供了分析的连贯性，而且重点突出。大量现代实证模型支持休谟关于贸易条件对国际收支影响的结论（William R. Allen，2018）。

三、国际收支的弹性方法

1. 比克迪克（Bickerdike）的国际收支模型和马歇尔—勒纳条件。国际收支的弹性方法（Elasticities Approach to the Balance of Payments）是一个清晰而独特的理论，它回答了是什么决定一个国家的国际收支对汇率变化的反应。该理论可以追溯到比克迪克（Charles Bickerdike，1920）发表的一篇论文（Murray C. Kemp，2018）。罗宾逊（Robinson，1947）和梅齐勒（Metzler，1949）对该理论进行了说明。

该理论的前提条件是：其他一切条件不变（收入不变、偏好不变、其他商品价格不变），只考虑汇率变化对进出口商品的影响；贸易商品的供给弹性无限大；没有资本流动，国际收支等于贸易收支；贬值前贸易收支处于平衡状态。

在这些假设条件下，弹性方法认为，汇率变动引起进出口商品价格的变动，价格的变动引起进出口数量的变动，从而导致国际收支的变化。如果一国的国际收支出现逆差，该国可采取货币贬值的办法增加出口、减少进口，但贬值的效果取决于该国进出口商品的需求弹性。

所谓需求弹性是指需求量变动对价格变动的反应程度。各种商品在商品价格变动后，需求量的变化是不一样的。需求量的变动幅度小于价格的变动幅度，称之为需求弹性小于1；反之，称为需求弹性大于1；需求量的变动幅度如果等于价格变动的幅度，则为需求弹性等于1。在汇率发生变动后，如果进出口商品的需求弹性不同，对贸易收支的影响也不同。

假设本国出口第1种商品，进口第2种商品，外国进口第1种商品，出口第2种商品。因此，η_1 和 η_2^* 是本国和外国的出口供给弹性，η_2 和 η_1^* 是本国和外国的进口需求弹性。货币贬值后可能出现3种情况：

（1）$|\eta_2 + \eta_1^*| > 1$，即本国的进口需求弹性和外国的进口需求弹性之和（的绝对值）大于1时，本币贬值可以改善贸易收支。

（2）$|\eta_2 + \eta_1^*| < 1$，即本国的进口需求弹性和外国的进口需求弹性之和（的绝对值）小于1时，本币贬值可以恶化贸易收支。

（3）$|\eta_2 + \eta_1^*| = 1$，即本国的进口需求弹性和外国的进口需求弹性之和（的绝对值）等于1时，本币贬值没有改变贸易收支。

由此可见，汇率变动改善贸易收支是有条件的，即受到两国进口需求弹性的制约。只要两种（即两国的）进口需求弹性（绝对值）之和超过1，货币贬值就可以改善国际收支。这一条件被称为马歇尔—勒纳条件（Marshall - Lerner Condition）。关于比克迪克的国际收支模型和马歇尔—勒纳条件的数学推导，可以参见附录11.1。

2. J曲线（J - Curve）。本国货币贬值被认为有助于改善一国的贸易差额。但是，人们在现实中观察到的是，本币贬值后该国贸易差额快速恶化，只有在较长的时间后（如果可以的话），贸易差额才能够改善。将本币贬值后对该国贸易差额的消极的短期影响和随后积极的长期影响结合起来被称为J曲线，因为经常账户余额的变动看起来像大写的英文字母“J”。

评估J曲线调整路径的存在性是重要的，因为在很多情况下，J曲线可能导致汇率动态的不稳定性（Levin，1985；Beenstock，1990）。如果本币贬值在短期恶化了贸易差额，那么本币汇率可能进一步贬值。虽然出口数量可能上升，进口数量可能下降，但是如果进口金额倾向于比出口金额增长得更快，将导致汇率持续的不稳定性。这种不稳定性将被拥有理性预期的投机者抵消或中和。在这种情况下，市场参与主体知道J曲线，并在投机活动中考虑J曲线，因此消除了J曲线潜在的不稳定影响。

四、国际收支的吸收方法

国际收支的吸收方法（Absorption Approach to the Balance of Payments）表明只有一个国家商品和服务产出的增加超过该国“吸收”（Absorption）的增加时，这个国家的贸易收支才会得到改善。其中术语“吸收”（Absorption）是指本国居民在商品和服务上的支出。

这个方法由亚历山大（Alexander，1952，1959）率先提出。

吸收方法认为货币贬值只有在本国产出和本国吸收的差距变大时才能成功影响贸易收支。亚历山大认为弹性方法聚焦特定市场上出口和进口沿着给定的供给和需求曲线移动（一种微观经济学方法），而吸收方法将一国的生产和支出看作整体，而且移动了这些曲线（一种宏观经济学方法）（David Vines，2018）。

令Y，C，I，G，X，M分别代表产出、消费、投资、政府支出、出口和进口。然后，凯恩斯主义的收入—支出恒等式表明：

$$Y = C + I + G + X - M \tag{11-1}$$

公式可变为

$$X - M = Y - (C + I + G) \tag{11-2}$$

式（11-2）表明，如果产出Y增加的比吸收（$C+I+G$）增加得多，或者产出Y减少的比吸收（$C+I+G$）减少得少，贸易收支将会改善。接下来，亚历山大分析了货币贬值（甚至经济中出现其他的变化）时产出和吸收如何变化。当时的凯恩斯主义经济学家填补了这一空白（Gap）（Robinson，1937；Harrod，1939；Machlup，1943；Meade，1951；Harberger，1950；Laursen and Metzler，1950；Swan，1956）。

这些经济学家将凯恩斯乘数植入国际收支的弹性法，用于分析贬值的影响。假设价格弹性效应可以通过将支出转向本国产品改来善贸易差额（X - M）。然后支出转换（Expenditure -

switching）效应通过在凯恩斯乘数过程中提供刺激，提高产出（Y）和吸收（$C+I+G$）。当本币贬值所引发的产出增加量大于吸收增加量时，贸易收支得到改善。（参见附录 11.2）

除了支出转换效应，支出调整（Expenditure - changing）效应同样可以改变产出和吸收。当政府支出减少所引发的产出减少量小于吸收减少量时，贸易收支也可以得到改善。（参见附录 11.2）

吸收方法的政策主张包括支出转换政策和支出调整政策。其中，支出转换政策分为：汇率政策（本币贬值）和贸易政策（包括关税、补贴和配额等）。本币贬值的目的是通过相对价格的变动把本国支出转向本国产品。贸易政策通常针对进口，目的是把本国支出从外国产品转向本国产品，有时也用于刺激出口，目的是把外国支出转向本国产品。

支出调整政策通常采用（紧缩性的）需求管理政策，降低产出和吸收。如果一国既有国际收支逆差，又有通货膨胀压力，那么这种政策就有吸引力。但是如果一国处于通货紧缩状态，这种政策就会引发充分就业和贸易平衡的目标冲突。

将弹性方法和凯恩斯乘数理论结合在一起，可以建立开放条件下的经济政策理论。该理论涉及努力实现充分就业和贸易平衡的政策目标（Mead，1951；Swan，1956）。例如，在充分就业下的贸易差额改善要求保持产出不变，降低吸收。这就需要支出转换政策和支出调整政策配合，因为两种政策都会影响产出和吸收。（参见附录 11.2）

总之，国际收支的吸收方法为分析贸易差额提供了一个有用的视角。

五、国际收支的货币方法

国际收支的货币方法（Monetary Approach to the Balance of Payments）是一种强调货币供给和需求的相互作用决定一国国际收支余额的分析方法。

该方法可以被理解为传统封闭经济货币理论向开放经济的一种拓展。前者强调稳定的货币需求函数，并考虑货币供给变化后影响经济的各种渠道，如名义收入、利率、价格或产出。当货币供应变化后，通过上述渠道，会增大货币的名义需求，进而消除货币市场的不均衡。与封闭经济相比，开放经济条件下货币市场不均衡可以通过额外渠道加以调整。在开放经济中，货币供给的变化可能源自本国信贷创造或货币当局的外汇干预。结果，国际收支的货币方法强调货币市场失衡不仅反映在名义收入的变化上，还反映在该国国际收支的变化上（用国际储备的变化表示）。因此，国际收支的货币方法专注于价格、产出、利率和国际收支的关系。

国际收支的货币方法的思想可以追溯到大卫·休谟在 18 世纪的著述。货币方法的现代复兴始于詹姆斯·米德（James Meade）在 20 世纪 50 年代早期的著述。此后是，哈里·约翰逊（Harry G. Johnson）和罗伯特·蒙代尔（Robert A. Mundell）在 20 世纪 60 年代的贡献。蒙代尔（1968，1971），弗兰克尔（Frenkel）和约翰逊（Johnson）（1976），IMF（1977）推动了国际收支货币方法的理论和经验研究。克赖宁（Kreinin）和 Officer（1978），弗兰克尔和穆萨（Mussa）（1985）综述了该领域的重要学术贡献（Mario I. Blejer 和 Jacob A. Frenkel，2018）。

为了考查国际收支的货币方法的主要含义，这里给出一个简化的模型。该模型考虑一个处于充分就业的小国，该国实行固定汇率制度（$E=\bar{E}$），假设该国与外国的产品和资本市场完全一体化。完美的套利决定本国产品和金融资产的价格。

由于专注于货币市场，因此国际收支的货币方法包含了货币供给过程和货币需求函数的明确规定。令 M^s 代表货币供给，H 代表高能货币存量，m 代表货币供给乘数，其中 m 反映了资产持有者和银行系统的行为。

$$M^s = mH \tag{11-3}$$

根据定义，高能货币存量（本国货币当局的负债）H，等于国际储备存量的本币价值 ER（其中，E 是 1 单位外汇的本币价格，R 是国际储备的外币价值）加上由本国货币当局持有的国内资产 D：

$$H = E \cdot R + D \tag{11-4}$$

对实际货币余额的需求是实际收入和持有货币机会成本的函数。因此，名义货币需求 M^d 可以写作：

$$M^d = Pf(Y,i) \tag{11-5}$$

其中，P 代表本国价格水平，Y 代表本国实际收入，i 代表本国名义利率。

货币市场均衡意味着：

$$M^d = M^s \tag{11-6}$$

$$M^d = mH = m\cdot(E\cdot R + D) \tag{11-7}$$

$$R = \frac{M^d - mD}{mE} \tag{11-8}$$

式（11－8）表明，国际收支处于顺差还是逆差，取决于货币需求（M^d）和货币当局购买国内资产创造的货币供给（mD）之间的差额。

如果 $M^d > mD$，即货币需求大于央行购买国内资产创造的货币供给，则 $R>0$，即国际收支出现顺差。这是因为，在 $M^d > mD$ 的条件下，超额的货币需求可以通过国际收支顺差加以满足。国际收支顺差时，央行购买外汇资产，投放基础货币（即外汇占款），外汇占款增加所创造的货币供给使货币市场供给和需求恢复平衡。

如果 $M^d < mD$，即货币需求小于央行购买国内资产创造的货币供给，则 $R<0$，即国际收支出现逆差。这是因为，在 $M^d > mD$ 的条件下，超额的货币需求可以通过国际收支顺差加以满足。国际收支逆差时，央行出售外汇资产，回收基础货币（即外汇占款），外汇占款下降所减少的货币供给使货币市场供给和需求恢复平衡。

国际收支的货币方法的政策主张是：（1）国际收支失衡可以通过国内货币政策加以解决，而无须改变汇率水平。（2）一国国际收支逆差的根源在于国内出现了超额的货币供给，因此可以通过降低货币供应量，恢复国际收支平衡。（3）在货币供给不变时，实际收入（Y）增长和价格水平（P）上升将提高货币需求，引发国际收支顺差，而利率（i）上升将降低货币需求，引发国际收支逆差。国际收支的货币方法的原创性在于将国际收支失衡与货币市场失衡联系起来，即可以通过改变国际收支（或国际储备）状态来维持货币市场均衡，并且该方法强调货币政策的作用。

根据式（11－3）、式（11－4）、式（11－5）和式（11－8），内生决定的国际储备存量可以表示为（其中，固定汇率下 $E=\overline{E}$，所以忽略 E）：

$$R = g(P,Y,i,m,D) \tag{11-9}$$

式（11－9）代表了固定汇率制度下国际收支的货币方法所隐含的关键关系。根据 M^s 和 M^d 函数的假设，可以发现实际收入、价格水平的上升，将增加国际储备存量；而利率、货币乘数、本国货币当局持有的国内资产的上升，将减少国际储备存量。国际储备存量的变化，反映了国际收支顺差或逆差。在这个简单的模型中，货币当局公开市场买入国内资产（增加 D），将增大的货币供给，将由 R 的相应降低加以抵消。

该模型的一个重要含义是固定汇率下名义货币供给不再受货币当局的完全控制，它变成了系统中的一个内生变量。货币当局仍可以控制本国信贷数量，但不能完全控制高能货币。在给定国内货币需求增速的条件下，可以通过适当增加国内信贷实现货币供给与货币需求的同速增长。但是如果国内信贷扩张无法保证货币供给与货币需求以相同速度增长，则这种差异将由国际储备的变化来弥补，而国际储备的变化由国际收支顺差和逆差产生（Mario I. Blejer 和 Jacob A. Frenkel，2018）。

第二节 汇率决定理论

汇率在国际金融理论和政策中占有重要地位。汇率与外部平衡、国际贸易、资本流动相互影响，联系密切。汇率决定理论回答了不同假设条件下汇率的决定机制和影响因素。本节介绍利率平价、购买力平价、汇率的货币方法、汇率超调模型、汇率决定的流量和存量方法。

一、利率平价

（一）利率平价（Interest Parity）的提出

第一次世界大战后，有组织的远期外汇交易迅速扩大，吸引了凯恩斯的注意力。利率平价理论因凯恩斯在其《货币改革论》（1923）中的论述而受到重视（Peter Isard，2018），此后得到西方经济学家的发展。该理论主要研究国际货币市场上利差与即期汇率、远期汇率（或汇率预期）的关系。

1. 利率平价理论的主要观点。与厂商考虑国际间的生产成本套利（The Cost of Production Arbitrage）一样，投资者也考虑国际间的资金套利（Capital Arbitrage）。投资者将比较在本国和外国货币市场上投资获得的、以本币计价的到期收益率。如果两国货币市场上以本币计价的到期收益率不相等，投资者将把资金投资于到期收益率更高的市场。如果两国货币市场上以本币计价的到期收益率相等，投资者将不改变其资产组合的币种结构，国际间的资金流动停止，汇率保持稳定。

2. 利率平价理论的表达式。令 $i_{t,k}$ 和 $i_{t,k}^*$ 表示在时间 t，投资 k 期，且以本国和外国货币计价的资产的利率。假设 E_t 表示在时间 t 的即期汇率，即 1 单位外汇的本币价格。$F_{t,k}$ 表示在时间 t 的 k 期远期汇率，即在当前商定的在第 k 期进行外汇交割的汇率。

在时间 t，投资者在本国货币市场上投资 1 单位本币，投资期为 k，获得的以本币计价的本息和是 $(1+i_{t,k}^*)$。

在时间 t，投资者在外国货币市场上投资 1 单位外币，投资期为 k，获得的以外币计价的本息和是 $\frac{1}{E_t}(1+i_{t,k}^*)$。

为了规避汇率风险，投资者可以利用远期外汇市场进行套期保值（Hedge），将在外国投资的本息和兑换为本币，即以本币计价的本息和：$\frac{F_{t,k}}{E_t}(1+i_{t,k}^*)$。

两国之间的资金套利活动会使投资者在两国货币市场上获得的，以本币计价的到期收益率相等，即：

$$(1+i_{t,k}) = (1+i_{t,k}^*)\frac{F_{t,k}}{E_t} \tag{11-10}$$

$$(1+i_{t,k})/(1+i_{t,k}^*) = \frac{F_{t,k}}{E_t} \tag{11-11}$$

$$\frac{(i_{t,k}-i_{t,k}^*)}{(1+i_{t,k}^*)} = \frac{F_{t,k}-E_t}{E_t} \tag{11-12}$$

$$i_{t,k}-i_{t,k}^* \approx \frac{F_{t,k}-E_t}{E_t} \tag{11-13}$$

其中，$\frac{F_{t,k}-E_t}{E_t}$ 为远期外汇较之于即期汇率的升贴水率，如果 $\frac{F_{t,k}-E_t}{E_t}>0$，则远期外汇升水（Forward Premium，on Foreign Currency against Domestic Currency），即远期外汇比即期外汇贵；如果 $\frac{F_{t,k}-E_t}{E_t}<0$，则远期外汇贴水（Forward Discount，on Foreign Currency against Domestic Currency），即远期外汇比即期外汇便宜。

$$i_{t,k} \approx i_{t,k}^* + \frac{F_{t,k}-E_t}{E_t} \tag{11-14}$$

式（11－14）表明，在实现利率平价条件时，本国货币市场上的到期收益率（$i_{t,k}$），约等于外国货币市场上以本币计价的到期收益率，后者等于外国同期利率（$i_{t,k}^*$）加上远期外汇的升贴水率$\left(\frac{F_{t,k}-E_t}{E_t}\right)$。

3. 利率平价条件的种类。利率平价条件包括抵补的利率平价（又称抛补的利率平价）和非抵补的利率平价（又称非抛补的利率平价）。下面将逐一加以介绍。

（二）抵补的利率平价（Covered Interest Parity, CIP）

抵补的利率平价条件表明，当利用远期外汇市场对冲汇率风险，外汇市场参与者的活动应使任意两国资产以同一种货币计价的利率（或准确地说是到期收益率）相等。

抵补的利率平价条件成立的假设包括：(1) 忽视交易成本；(2) 完美的资本流动；(3) 许多现货和远期外汇市场参与者资金充足，且没有交易对手风险；(4) 拥有相同的违约和政治风险、流动性、到期日和清偿优先性的标的资产。这些假设在本质上排除了那些涉及较小的币种、存在资本管制或对金融流动征税、市场清淡和危机时期的交易（C. Emre Alper 和 Oya Pinar Ardic，2018）。

当用代数表示时，令 $i_{t,k}$ 和 $i^*_{t,k}$ 表示在时间 t，投资 k 期，且以本国和外国货币计价的资产的利率。假设 E_t 表示在时间 t 的即期汇率，即 1 单位外汇的本币价格。$F_{t,k}$ 表示在时间 t 的 k 期远期汇率，即在当前商定的在第 k 期进行外汇交割的汇率。

CIP 条件可以写作：

$$(1+i_{t,k}) = (1+i^*_{t,k})\frac{F_{t,k}}{E_t} \tag{11-15}$$

$$i_{t,k} - i^*_{t,k} \approx \frac{F_{t,k} - E_t}{E_t} \tag{11-16}$$

在大多数情况下，(1) 的对数近似值可以写作：

$$f^k_t - e_t = i_t - i^*_t \tag{11-17}$$

其中，f 和 e 分别代表 F 和 E 的自然对数。

（三）非抵补的利率平价（Uncovered Interest Parity, UIP）

非抵补的利率平价假设是开放经济宏观经济分析的一个重要基石。它提供了本币计价资产的利率，外国货币计价的相似资产的利率，两种货币即期汇率的预期变动率之间的一个简单关系。

非抵补的利率平价条件假设持有本币资产的回报率等于持有未套期保值的外币头寸的预期收益率。

与抵补的利率平价中的远期汇率 $F_{t,k}$ 不同。从第 t 期看，k 期后的即期汇率 E_{t+k} 是未知的。因此，持有未套期保值的外币头寸的吸引力，就要评估 E_{t+k} 的概率分布。

$$(1+i_{t,k}) = \left[(1+i^*_{t,k})\frac{E_{t+k}}{E_t}\right]^e \tag{11-18}$$

$$(1+i_{t,k}) = (1+i^*_{t,k})\frac{[E_{t+k}]^e}{E_t} \tag{11-19}$$

$$i_{t,k} - i^*_{t,k} \approx \frac{[E_{t+k}]^e - E_t}{E_t} \tag{11-20}$$

与 CIP 中全部变量在第 t 期都可观测不同，在 UIP 中增加了市场参与者对第 $t+k$ 期时即期汇率的预期值 $[E_{t+k}]^e$。因此，UIP 被植入了许多开放经济的跨期模型。此外，如果 UIP 假设在各期间都有效，则可以用即期汇率的观测值和国内外利率的期限结构来推断即期汇率的预期未来时间路径。

二、购买力平价

（一）购买力平价（Purchasing Power Parity）理论的提出

购买力平价是一种汇率决定理论。该理论认为，在任何一段时间内，两种货币的汇率变化是由两国相对价格水平的变化决定的。由于该理论将价格水平的变化作为汇率变动的最重要的决定因素，因此该理论又被称为“汇率的通货膨胀理论”（Lucio Sarno，2018）。瑞典经济学家古斯塔夫·卡塞尔（Gustav Cassel）在 20 世纪初提出了购买力平价理论。该理论认为，两种货币的购买力之比决定两国货币的汇率。

卡塞尔关于购买力平价的分析思路是这样的：首先，考虑一国为什么需要外国货币。他认为这是因为需要外币在外国市场购买外国人生产的商品与劳务。对货币的需要既然与购买商品相联系，所以货币的价格取决于它的商品购买力，因此，两国货币的兑换比率由两国货币各自具有的购买力的比率来决定。而购买力比率就是购买力平价。一国汇率变动的原因在于购买力的变动，而购买力变动的原因在于物价变动，这样汇率的变动归根结底是由两国物价水平比率的变动所决定。

那么，用来定义购买力平价的价格水平究竟是指什么价格水平？卡塞尔指出，只有一个国家在市场上出售的全部商品的总价格水平，才能代表购买的商品与劳务的价格水平。而哪一种价格水平最能符合计算购买力平价的需要呢？由于在卡塞尔时代，国民经济核算中还没有出现 GDP 这一概念。所以卡塞尔的表述是：在总价格水平的计算中，应排除进口品，但应包括出口品，即本国生产的商品和劳务。他的想法已接近 GDP 的概念。

购买力平价理论分为绝对购买力平价理论和相对购买力平价理论。关于购买力平价理论的表述，令 p_i 和 p_i^* 分别代表第 i 种产品在本国和外国，分别以本币和外币计价的价格。令 E 代表汇率，即 1 单位外汇的本币价格。令 P 和 P^* 代表分别用本币和外币计价的本国和外国的一般价格水平。

（二）绝对购买力平价（The Absolute Version of PPP）

绝对购买力平价基于一体化的、竞争性市场上的“一价定律”。在不考虑所有摩擦的情况下，任意一个产品在不同国家以同一种货币计价的价格应该是相同的，即 $p_i = E p_i^*$。假设两个国家的代表性商品篮子的构成和权重相同（即 $f(\cdot) = g(\cdot)$），且国内外价格指数分别为 $P = g(p_1, \cdots, p_i, \cdots, p_n)$ 和 $P^* = f(p_1^*, \cdots, p_i^*, \cdots, p_n^*)$。则此时的绝对购买力平价可以写作：

$$E = \frac{P}{P^*} = \frac{\text{一个代表性产品篮子的本币价格}}{\text{一个相同产品篮子的外币价格}} \qquad (11-21)$$

作为一种理论陈述，式（11－21）没有异议。但是将式（11－21）作为一种经验主张，异议就出现了。现实中，一个产品在不同国家以同一种货币计价的价格可以不相同。运输成本、贸易壁垒、信息成本、不完全竞争都会限制绝对购买力平价（Lucio Sarno，2018）。

（三）相对购买力平价（The Relative Version of PPP）

$E=\theta\frac{P}{P^*}$，其中，θ 是一个反映贸易障碍的常数。保持 θ 不变，当本国价格水平相对于外国价格水平上升时，意味着本币对外币成比例地贬值。

相对购买力平价以两国相对价格水平和汇率的变化率的方式重新表述了该理论。

$$\widehat{E}=\widehat{P}-\widehat{P^*} \tag{11-22}$$

其中，上面三个变量分别代表汇率、本国价格和外国价格的变化率。

式（11－22）是卡塞尔（1918）分析第一次世界大战期间汇率变动所使用的PPP表述方式。较之于绝对购买力平价［式（11－21）］，相对购买力平价［式（11－22）］不仅规避了贸易障碍问题，还克服了反映各国一般价格水平的产品篮子不完全相同的问题。纯货币扰动（即货币的意外、非经常性增长）假设下实际变量的稳定性，将确保长期时汇率、任意单个产品价格和一篮子产品的价格将同比例变动，而不改变任意两种产品之间的交换比率，从而式（11－21），即相对购买力平价适用于这种情形。在这种情况下，式（11－22）甚至可以用非贸易商品价格指数来表示（Lucio Sarno，2018）。

三、汇率决定的流量方法

汇率决定的流量方法（The Flow Approach of Exchange－rate Determination）强调进行对外经常收支的出口商和进口商对外汇市场的利用。该方法认为，均衡汇率是使外汇市场供给等于需求的汇率（Jacob A. Frenkel 和 Richard M. Levich，2018）。戈申（George Joachim）在其《外汇理论》（*Theory of the Foreign Exchange*，1861）一书中指出，一国汇率是由其短期负债、货币存量规模和价格水平决定的。维克多·阿吉（Victor Argy，1981）研究了实现国际收支平衡的汇率水平的决定因素。

由于国际收支平衡表采取复式记账法，所以经常账户余额（CA）加上资本和金融账户余额（KA）恒等于0。

$$CA+KA=0 \tag{11-23}$$

经常项目收支为商品和劳务的进出口差额，其中出口额（EX）是外国国民收入（Y^*）、实际汇率 q（一个单位外国商品篮子可以兑换本国商品篮子的数量，$q=EP^*/P$）决定的，其中 P 为本国价格水平，P^* 为外国价格水平，E 为名义汇率。用公式表示：

$$EX=f(Y^*,q)=f(Y^*,P,P^*,E) \tag{11-24}$$

进口额（IM）是由本国国民收入（Y）和实际汇率 q 决定的，即

$$IM=f(Y,q)=f(Y,P,P^*,E) \tag{11-25}$$

经常账户余额等于（其中，进口额 IM 的单位是外国商品篮子，因此在计算经常账户余额时，需要转变为以本国商品篮子表示的进口额）：

$$CA = EX - q \cdot IM = CA(Y, Y^*, P, P^*, E) \qquad (11-26)$$

资本和金融账户收支，主要取决于本国货币市场利率（i）、外国货币市场利率（i^*）和外国货币预期的升值率（$\frac{E^e - E}{E}$），其中E^e是对下一期汇率的预期，用公式表示：

$$KA = KA\left(i, i^*, \frac{E^e - E}{E}\right) \qquad (11-27)$$

当 $CA(Y, Y^*, P, P^*, E) + KA\left(i, i^*, \frac{E^e - E}{E}\right) = 0$ 时，外汇市场上的供给等于需求，此时的汇率水平就是均衡汇率。由此，均衡汇率可表示为

$$E = h(Y, Y^*, P, P^*, i, i^*, E^e) \qquad (11-28)$$

式（11－28）表明，影响均衡汇率变动的因素包括本国和外国的国民收入、价格水平、利率和汇率的预期。

当本国国民收入增加时，进口会随之增加，国际收支会出现逆差，从而导致外汇市场外汇需求大于供给，外币升值。当外国国民收入增加时，本国出口增加，国际收支会出现顺差，外汇市场上的外汇供给大于需求，外币贬值。当本国物价上升或外国物价下降时，本国出口减少、进口增加，国际收支出现逆差，外汇的需求大于供给，本币贬值，反之则相反。当本国利率上升或外国利率下降时，国外资本流入增加，从而导致外汇的供给大于需求，外币贬值，反之则相反。如果预期外汇升值，人们就会买入外汇，外汇就要升值。

国际收支说基于外汇市场的流量分析，将影响国际收支的各种因素纳入均衡汇率的分析，至今这一理论仍为人们广泛运用。

四、汇率决定的资产（存量）方法

汇率决定的资产（存量）方法［The Asset（Stock）Approach of Exchange－rate Determination］在20世纪70年代中期发展起来，体现了当时及此后国际资本流动快速发展的背景。与流量方法的局部均衡分析不同，资产（存量）方法采取了包含产品市场和资产市场（货币、外汇和证券）的一般均衡分析。考虑到一国不同市场的调整速度问题以及国内外同类市场的替代程度问题，经济学家构建了多种理论模型。

汇率决定的资产（存量）方法，强调资产持有者对外汇市场的利用。该方法认为均衡汇率是一个价格，汇率可以发挥价格机制，使资产持有者获得由不同货币计价的资产、负债形成的理想的投资组合。在汇率决定模型中，世界经济中的各种资产通常被分为两个主要类型：货币和证券。资产方法的观点体现在很多模型中，这些模型强调不同资产在决定汇率中的作用。在这些模型中，汇率决定的货币方法强调各国货币市场均衡条件作为均衡汇率的近似决定因素，而忽视了其他资产的作用。一国货币市场失衡后，国内商品市场和资产市场受到冲击。在国内外市场紧密联系的情况下，国际商品套购机制和套利机制就会发生作用。在商品套购和套利过程中，汇率就会发生变化，这种变化反映了货币市场恢复均衡的影响。另一种模型——资产组合平衡模型——则关注不同资产的相对数量作为均衡汇率的主要决定因

素。资产组合平衡模型的基本假设是，其他资产的有限的可替代性（即不是完全可替代的）。

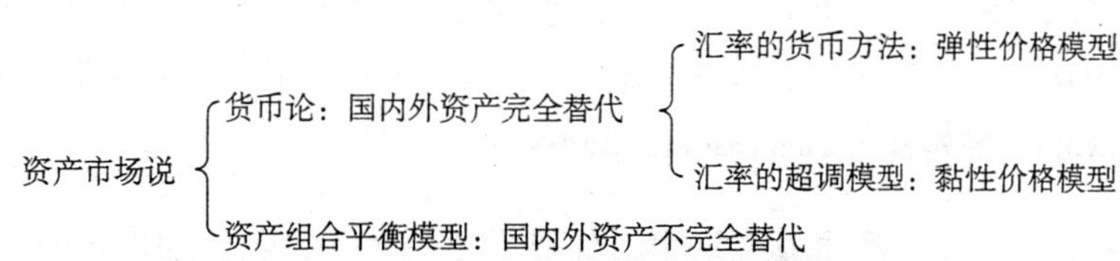

这一理论强调货币市场对汇率变动的影响。

（一）汇率的货币方法（Monetary Approach to the Exchange Rate）

伴随着20世纪70年代的汇率制度变成浮动汇率制，购买力平价（PPP）取得了新的发展。当时流行的由罗伯特·蒙代尔（1968，1971）、哈里·约翰逊和他们的学生们开发的"国际收支的货币方法"很快被改造成为一个基于购买力平价的汇率的货币方法（A PPP - based Monetary Approach to the Exchange Rate）（参见弗兰克尔和约翰逊，1975，1978；穆萨，1979）。在绝对购买力平价条件下，汇率可以被视为一种货币的现象。将绝对购买力平价和货币市场均衡条件结合在一起，可以得到由两国相对的名义货币供应量、实际货币需求（由名义利率和实际产出）决定汇率的公式。

由于各国商品具有完全的替代性，商品套购过程中一价定律成立，各种商品的价格用同一种货币表示处于相等，可以得到绝对购买力平价：

$$E = P/P^* \tag{11-29}$$

其中，P 为本国价格水平，P^* 为外国价格水平，E 为名义汇率。

在（长期中）价格水平具有充分弹性的情况下，货币市场的均衡立即反映到商品市场上，两国的价格水平（在长期中）由名义货币供给（M^s）和实际货币需求(L) 决定，即

$$P = M^s/L(i,Y) \tag{11-30}$$

$$P^* = M^{s*}/L^*(i^*,Y^*) \tag{11-31}$$

最终得到由两国相对的名义货币供应量、实际货币需求（由名义利率和实际产出）决定汇率的新的等式。

$$E = \frac{P}{P^*} = \frac{M^s/L(i,Y)}{M^{s*}/L^*(i^*,Y^*)} = \frac{M^s L^*(i^*,Y^*)}{M^{s*}L(i,Y)} \tag{11-32}$$

如果两国的实际货币需求函数为

$$L = kY^{\alpha} i^{-\beta} \tag{11-33}$$

$$L^* = k^* Y^{*\alpha} i^{*-\beta} \tag{11-34}$$

则汇率的货币方法的表达式可以写为

$$E = \frac{P}{P^*} = \frac{M^s L^*(i^*,Y^*)}{M^{s*}L(i,Y)} = \frac{M^s k^* Y^{*\alpha} i^{*-\beta}}{M^{s*} k Y^{\alpha} i^{-\beta}} \tag{11-35}$$

式（11－35）表明，在其他因素不变的情况下，本国货币供应量上升，或本国利率上升，或本国产出下降，会引发本币贬值，即汇率 E 上升（Krugman et al.，2011）。

除了利用货币市场长期均衡条件，还可以把绝对购买力平价理论与每个国家的货币数量论（$MV = PY$ 和 $M^* V^* = P^* Y^*$）结合在一起，得到由相对的货币供应量、货币流通速度和实际收入决定汇率的关键等式（Lucio Sarno，2018）。

$$E = \frac{P}{P^*} = (M/M^*)(V/V^*)(Y^*/Y) \tag{11-36}$$

值得注意的是，考虑到汇率的货币方法与货币数量论的密切联系，如果大的货币扰动（如恶性通货膨胀）引发货币流通速度发生显著变化时，货币供应量与价格水平之间 1 对 1 变动的联系将被破坏。经济在经历了一次大的货币扰动之后，再次恢复稳定时，货币供应量、价格水平和汇率的累积变化将趋于接近。但是，在扰动的短期调整过程中，情况显然并非如此。

在长期中，当实际收入的变化或金融创新引起了货币流通速度的趋势性变化，将打破货币供应量与价格水平之间的 1 对 1 的关系。此外，国家之间的生产率增长的差异，也将导致实际汇率的趋势性变化（Lucio Sarno，2018）。

（二）汇率的超调模型（Exchange Rate Overshooting Model）

20 世纪 70 年代初期，布雷顿森林体系及固定汇率崩溃后，汇率较之于经济基本面波动剧烈，在此背景下，多恩布什（Dornbusch，1976）的汇率超调模型引发大量关注。尽管此后的实证研究削弱了模型最初解释浮动汇率的大胆主张（Meese 和 Rogoff，1983），但人们仍然认为该模型在货币政策发生重大变化时具有解释力（Kenneth Rogoff，2018）。

图 11－2 反映了美国货币供应量永久性的增加之后，美国主要经济变量的时间路径。在图 11－2（a）中，美国在 t_0 永久性地增加了货币供应量，图 11－2（b）、（c）、（d）分别反映了利率、价格水平、汇率在 t_0 向长期变化的路径。图 11－2（d）中，汇率（1 单位欧元的美元价格）在 t_0 由 E^1 瞬间跳跃到 E^2，然后逐步回落到汇率的长期均衡水平 E^3。

多恩布什认为初始的货币冲击将引发本币汇率在短期比在长期贬值得更多。汇率“超调”（Overshooting）了。因此，多恩布什的模型为汇率相对于经济基本面的剧烈波动提供了一个合理的解释。

在一个抽象水平上，“超调”是保罗·萨缪尔森（Paul Samuelson）的“勒·夏特列原理”定理（“Le Chatelier’s principle” theorem）的一个应用，当一些市场的价格在短期是缺乏弹性的，而另一些市场的价格可能在短期反应过度。总之，超调模型对一个极为重要的现实现象进行了具体而连贯的分析（Kenneth Rogoff，2018）。

非抵补的利率平价（UIP）将本国名义利率、外生的外国名义利率和预期的本币汇率贬值率联系在一起。

$$i_t = i_t^* + E(e_{t+1} - e_t) \tag{11-37}$$

其中，i_t 和 i_t^* 是本国和外国名义利率的对数，e_t 是汇率的对数（汇率为 1 单位外汇的本币

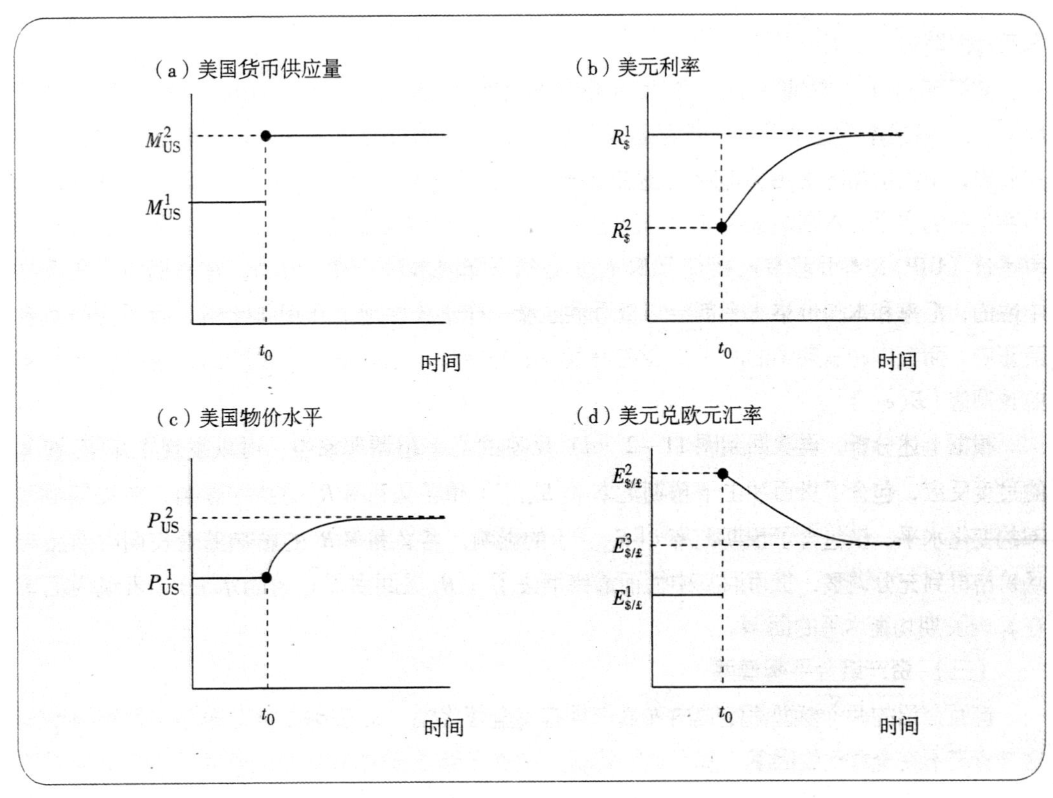

资料来源：保罗·R. 克鲁格曼，等．国际经济学：理论与政策（第 8 版）［M］．北京：清华大学出版社，2011.

图 11－2　美国货币供应量永久性的增加之后，美国主要经济变量的时间路径

价格），因此，$E(e_{t+1}-e_t)$ 是预期的本币贬值率。

第二个主要的关系是货币需求函数将实际货币余额与名义利率联系在一起。

$$m_t - p_t = -\lambda i_t + \eta y_t \tag{11-38}$$

其中，y 代表产出的对数，m 代表名义货币供应量的对数，p 代表价格水平的对数。

多恩布什提出了这样一个问题：如果货币供应量（m_t）出现一次性的永久性增长，将会发生什么？如果价格水平（p_t）是完全弹性的，价格和汇率都将与货币供应量一样永久性地上升相同比例，此时上述两个等式中的均衡可能继续维持。在这种情况下，货币是中性的，没有实际影响。由于在经济理论中，通常认为长期中（Long Run）货币才是中性的（价格水平、汇率随着货币供应量成比例上升），因此上述观点等价于此前的汇率的货币方法。

但是在现实中，尽管资产市场（包括外汇市场中的汇率）调整非常迅速，但产品市场受暂时价格黏性的影响调整得更加缓慢。由于产品市场出清缓慢，货币冲击会如何影响汇率和利率呢？假设产出是固定的。当本国价格（在短期）是固定的（或黏性的），且增加货币供应量时，货币实际余额（m_t-p_t）上升。这意味着本国名义利率必须下降，对应的实际货币需求上升。然后，根据非抵补的利率平价［式（11－37）］，e_t 相对于 $E(e_{t+1})$ 必须上升，或者说本币立即贬值。

在汇率对（未预期到的）货币冲击作出初始反应后，本币汇率 e_t 将在随后相对于 $E(e_{t+1})$ 下降或本币逐步升值，而驱动本币汇率逐步回调的动力在于，从短期到长期的转变过程中，本国价格水平由固定变为逐步上升，导致货币实际余额（m_t-p_t）逐步恢复到货币冲击前的水平，本国名义利率也随之上升（利率最终恢复到初始水平）。根据非抵补的利率平价（UIP），本币汇率 e_t 相对于 $E(e_{t+1})$ 必须下降或本币升值。但是，在长期中，货币是中性的，汇率和本国价格水平都会与货币供应量一样永久性地上升相同比例，而不会产生实际影响。而汇率在长期中的水平，会在货币冲击初始时，立刻被人们预期到，进而改变汇率的预期值［$E(e_{t+1})$］。

根据上述分析，再次回到图 11－2（d）反映的汇率超调现象中，可以发现汇率 E_t 在 t_0 的过度反应，包含了货币冲击下预期汇率（$[E_{t+1}]^e$）和名义利率 R_t 的共同影响。在长期中汇率的变化水平，仅包含了预期汇率（$[E_{t+1}]^e$）的影响，名义利率 R_t 的影响随着长期中商品市场价格得到充分调整，货币回归中性而最终消失了（R_t 又回到了 t_0 前的水平），表现为汇率在 t_0 向长期均衡水平的回调。

（三）资产组合平衡模型

前面介绍的两个模型假定国内外资产具有完全替代性。但在现实中，却存在种种导致国内外资产不完全替代的因素。基于这一认识，在资产组合论的基础上，产生了资产组合平衡模型。它是由威廉·H. 布兰森在20世纪70年代中期提出。该理论假设本国和外国居民都不持有对方国家的货币，即不存在“货币替代”。投资者根据对收益率和风险性的考察，将财富分配于各种可供选择的资产，确定自己的资产组合。一旦资产组合达到稳定状态，汇率也就相应被决定。

资产组合平衡模型将居民持有的财富（W）划分为三种形式：本国货币（M）、本国证券（B）和外国证券（F）。

$$W = M + B + F \tag{11-39}$$

对于财富总额，私人部门是如何在本国货币、本国证券与外国证券之间进行分配的呢？这取决于各类资产的预期收益率的高低。私人部门资产组合中各种资产的比例分配将随国内外各种资产的预期收益率的变动而发生调整。在进行国内外资产之间的调整过程中，本国资产和外国资产之间的替换会引起外汇供求变化，从而带来汇率变化。（一个资产组合模型的具体例子，可以参见附录 11.3）

第一，当其他因素不变时，如果本国货币当局通过公开市场操作买入本国证券，本国货币存量增加，本国证券价格上升，本国利率下降。随着本国利率下降，两国居民减少本国证券需求，增加外国证券需求，导致外币升值。

第二，当其他因素不变时，如果本国货币当局通过非冲销的外汇干预买入外国证券，本国货币存量增加，本国利率下降。随着本国利率下降，两国居民增加外国证券需求，减少本国证券需求，导致外币升值。

第三，当其他因素不变时，如果外币证券存量增加（如经常项目出现大量顺差时），本国居民持有的外国证券增加，这使得外国证券在本国居民总财富中的比例过大。在重新平衡其资产组合时，本国居民会将持有的超额的外国证券交换本国货币和本国证券，导致外币贬值。

第四，当其他因素不变时，政府增加本国证券发行时，本国证券存量增加，本国居民净财富增加（考虑到政府发行证券后融资后，又通过政府购买将货币注入市场，所以货币存量不变），本国居民对外国证券的需求增大，使本币贬值。但是，本国证券存量增加时，本国证券价格下降，本国利率上升，两国居民对本国证券的需求上升，对外国证券的需求下降，使本币升值。因此对本币汇率的影响具有不确定性。

五、汇率制度选择理论

从汇率制度上看，西方汇率理论基本上可以分为三个类别：固定汇率理论、浮动汇率理论和两极汇率理论。

（一）固定汇率理论

支持固定汇率的代表人物是蒙代尔、特里芬、金德尔伯格、拉弗等。

1. 固定汇率使各国经济趋于协调。蒙代尔认为，在浮动汇率制下，大多数国家的货币由于币值经常变动而影响了它们在世界范围内执行支付功能，因而当某国遇到经济困难时，它不能以向外国发行货币的方式，吸引外国资本和吸收商品劳务资源来调节本国经济。但如果在固定汇率下，上述问题就可以解决。这是因为在固定汇率下，该国可以利用储备来购买价格相对便宜的外国产品，来弥补本国由于产出下降而产生的超额需求，从而可以抑制国内物价的上涨。相反，当一国实际产出增加，供过于求导致物价下跌时，可以通过增加出口来缓和。因此固定汇率能够保证损失由各国共同承担，而额外利益则由各国共同分享。

2. 固定汇率保持经济的均衡状态。拉弗认为，在浮动汇率制下，私人部门不能改变名义货币存量，而在固定汇率制下，本国货币价格是不变的，名义货币存量将随国际收支的变化而变化。由于这个区别，国内货币存量的变化，在浮动汇率制下会引起经济衰退和失业的增加，而在固定汇率制下则保持经济的均衡状态。

具体的传导过程是这样的，如果政府在经济处于均衡状态下减少名义货币存量，利率会上升、投资下降，进而引起产量和就业的减少，对进口需求减少。如果一国实行的是浮动汇率制，进口减少会导致本币升值，而本币升值又会使出口减少，产量和就业会进一步下降。如果一国实行固定汇率制，货币存量的减少会导致利率上升和物价下降，由于汇率固定，本国物价下降会导致出口商品价格下降，出口数量增加，从而外汇收入增加，于是中央银行会把外汇转变为本国货币，引起国内名义货币量的增加。因此，在固定汇率制下，名义货币存量的减少可以通过国际收支效应得到补偿，经济重新恢复到均衡状态。

（二）浮动汇率理论

浮动汇率理论的代表人物是弗里德曼和米德。

1. 浮动汇率制有利于国际收支的调整。弗里德曼指出，用汇率浮动调整国际收支有以下优点：

（1）浮动汇率能持续地对任何时候出现的国际收支变动进行及时的调整，不会产生国际收支累积性困难。

（2）浮动汇率制下，可以通过改变货币的相对价格，对国际收支进行长期的结构调整。

（3）汇率的频繁变动会吸引私人投资者对国际收支逆差的国家给予短期的资助。

（4）浮动汇率只涉及货币价格的变动，因而简单易行。

2. 防止通货膨胀的国际传递。根据货币主义理论，在浮动汇率条件下，一国货币量增加后，该国国内市场的均衡以及该国内部经济与外部经济的均衡可以通过汇率的自由变动进行调整。但在固定汇率条件下，情况则不同，通货膨胀可以通过价格调整和国际收支差额效应，从一国“传递”到另一国。

3. 浮动汇率有利于经济的稳定。这是因为浮动汇率可使国际收支始终处于均衡状态，因而政府可以把宏观经济政策的调整直接放在使国内经济稳定的目标上。此外，浮动汇率可以使本国经济免受外国经济扩张和收缩的影响。当外国经济扩张或收缩时，本国的物价水平会随之上升或下降，从而使本国贸易项目出现逆差或顺差。在这种情况下，本国货币也会随之贬值或升值，以此补偿外国经济扩张或收缩对相对价格水平的影响，恢复贸易项目的平衡。结果，外国经济的扩张和收缩对本国经济不产生任何影响。

（三）两极汇率理论

近些年来关于汇率制度选择的争论异常激烈，争论的焦点是原有的钉住汇率制是否应该放弃。20 世纪 90 年代以后出现的两极汇率理论就是在这场争论中出现的一种新的理论。

1. 两极汇率制度的含义。两极汇率制度（Bipolar Regime）的两极是指：一极是使用另一国货币作为法币，或采用货币联盟、货币局；另一极是完全的独立浮动。在这两极之间被称为中间的汇率制度，包括传统的固定钉住制、钉住平行汇率带、爬行钉住等，也被称为软钉住（Soft Peg）。两极汇率制度最初由艾森格林（Eichengreen，1994）、奥布斯特菲尔德（Obstfeld）和 Roff（1995）提出。该观点也被称为中间汇率制度消失假说（The Hypothesis of Vanishing Intermediate Regime）以及两角解式（Corner Solution）。该假说最初讨论的是欧洲汇率机制。在 1992—1993 年的欧洲汇率危机中，意大利和英国被迫将其货币贬值并最终退出汇率机制，而后来欧盟又把汇率的浮动范围大幅度地扩大。这场危机显示以前设计的方案——渐进的欧洲货币经济和货币联盟——不是最佳方式。奥布斯特菲尔德和 Rogoff（1995）总结道，在浮动汇率和采用单一货币之间没有什么舒服的中间地带。1997 年亚洲金融危机后，消失的中间汇率制度假说开始被用于新兴市场。

2. 采用两极汇率制度的原因

（1）中间汇率制易于导致货币冲击和货币危机的发生。在自由浮动汇率制度下，政府不存在维护汇率稳定的义务。因此，这一汇率制度安排不会发生货币危机。就固定汇率制而言，由于美元化制度与货币联盟不存在本国法定货币，所以在这两种货币制度安排下，同样不存在发生货币危机的可能性。货币局制度尽管拥有本国法定货币，但法律赋予了政府维持汇率稳定的义务，因此这一制度具有较高的可信度。

（2）开放经济条件下的三元悖论。三元悖论也被称为不可能三角，即一个经济体在汇率稳定、独立的货币政策和国际资本流动上，最多可以同时实现其中的两个目标（至少要牺牲其中的一个目标）。这一基本经济原理使得每个经济体只能在下述三种汇率体制中选择一种：第一，浮动汇率制。它容许资本自由流动，并且不要求决策者采取诸如提高利率的措施去捍卫汇率，从而使政府能够运用货币政策去实现经济目标。然而它不可避免地要在币值波动方面付出代价。第二，固定汇率制。它在维持币值稳定和资本自由流动的同时牺牲了货币政策的独立性，因为这种利率必须成为稳定汇率的主要工具。第三，中间汇率制。它相对调和了汇率稳定与货币政策独立性的矛盾，但是却不得不在资本自由流动方面有所放弃，并且承担由此而带来的其他一切代价。

（3）中间汇率制度使企业忽视汇率风险的防范。当一国政府建立了某种汇率目标后，国内银行和企业低估了未来该国货币贬值的可能性，债务人认为没有必要使用远期或期货来保值，因而大量引入未保值的外币债务。当货币贬值发生时，国内资本收入不能偿还外债，破产相继发生，这又给经济带来恶劣影响。

第三节　资本流动理论

20 世纪 70 年代以来，国际资本流动显著提升。资金在国际间的生产成本套利和金融套利活动，在实现利润分享和风险分担的同时，也引发资本外逃、货币危机、债务危机等现象。为此，全球主要经济体促进资本自由流动，并且保留必要的资本管制，以此实现国际资本流动过程中效率和稳定的权衡。本节介绍了国际资本流动、资本管制、主权债务、资本外逃、货币危机模型。

一、国际资本流动[①]

自 20 世纪 70 年代中期以来，全球范围的跨境资本流动显著提升。1980 年至 2004 年，国际资本流动（International Capital Flows）规模的年均增速为 6.6%，超过世界 GDP 的年均增速 1.7% 和世界出口规模的年均增速 3.1%。发达国家成为国际资本流动的主要来源地（占全球的 92%，2004 年）和流入地（占全球的 91%，2004 年），新兴市场经济体获得了发达国家之外的最大一份（占剩余部分的 70%，2004 年）（Shang－jin Wei，2018）。

卢卡斯（Lucas，1990）回答了为何更多资本没有从发达国家流向发展中国家。卢卡斯构建了一个单个部门的模型，假设 $y = f(L,K)$ 为固定规模报酬的生产函数。其中，y 是使用劳动 L 和资本 K 生产的产出。令 p 为产品价格，w 和 r 分别为劳动和资本的回报。企业利润

① 本部分引自 Shang－jin Wei（2018）。

最大化时：

$$r = p\frac{\partial\ f(L,K)}{\partial\ K} = p\frac{\partial\ f(1,L/K)}{\partial\ K} \tag{11-40}$$

如果自由贸易下不同国家的产品价格相等，边际产出递减规律将使资本—劳动比率较低的国家拥有较高的利率 r。卢卡斯随后计算了基于美国和印度的要素禀赋，印度的资本回报率应该是美国的58倍。在两国资本回报率的差距如此高的情况下，应该可以观察到规模巨大的、更多的资本从发达国家流向发展中国家。但是现实数据中观察到的发达国家和发展中国家间的资本流动规模太小了。这就是所谓的“卢卡斯悖论”（Lucas Paradox）（Shang - jin Wei，2018）。

卢卡斯讨论了出现“卢卡斯悖论”的三种解释。第一，发达国家的工人的劳动生产率高于发展中国家工人的劳动生产率；第二，发达国家的人力资本可能很高；第三，发展中国家的风险溢价很高。莱因哈特（Reinhart）和罗格夫（Rogoff，2004）基于一些国家外部融资经常违约说明了最后一点（Shang - jin Wei，2018）。

卢卡斯的逻辑可以在一个多部门模型中被完全改变。在一个标准的赫·克歇尔—俄林—萨缪尔森模型中，包括 2 种产品、2 种生产要素、2 个国家，企业获得 0 利润。所以可以获得：

$$p_1 = c_1(w,r), p_2 = c_2(w,r) \tag{11-41}$$

其中，$c(\cdot)$ 代表单位生产成本，下角标1、2 代表2 个部门。这意味着要素价格是由产品价格唯一决定的，而与要素禀赋无关。由于产品的自由贸易使不同国家的产品价格相同，因此，即使不存在跨境资本和劳动流动，要素回报也是相同的。这就是萨缪尔森（1948）的要素价格均等化定理（Factor Price Equalization Theorem）。拥有不同劳动—资本比率的两个国家可以生产不同的产品组合，但是实物资本的边际回报率在任何国家都是相同的。换言之，无论是否存在有效劳动力、人力资本或风险溢价方面的国别差异，在均衡时，两国之间不需要存在国际资本流动。按照这个逻辑，现实中的国际资本流动又显得过多了（Shang - jin Wei，2018）。

奥布斯特菲尔德（Obstfeld）和罗格夫（2001）认为贸易成本的存在，可以解释规模小但为正的国际资本流动。还有一些经济学家利用全要素生产率（TFP）的国际差异解释“卢卡斯悖论”（Shang - jin Wei，2018）。

Ju，J. 和 Shang - jin Wei（2006）将金融合同和异质化企业引入一个新的标准模型中，该模型具有 2 个部门、2 种要素。该模型的一个关键含义是实物资本回报和金融投资回报的分离。印度基于相对较低的资本—劳动比率，可以拥有较高的实物资本回报率，但是由于相对低效的金融体系，该国的金融投资回报较低。此外，异质性的企业导致该部门（或行业）层面上的边际产出递减，尽管每个企业都拥有固定规模报酬的生产函数。结果，在这个模型中，在要素流动之前，要素价格均等化是不成立的。在均衡时，金融资本可能离开印度流向美国，对于实物资本流向相反，导致了两国之间适量的净流动。在该模型中，在资本流动之前，印度的资本回报还是比美国高的（因为印度的资本—劳动比率低），但较之于卢卡斯的单个部门模型，两国资本回报率的差异是小的。因此，新的模型部分保留了卢卡斯模型的结论（资本的回报部分地受到要素禀赋的决定），但又不会产生“卢卡斯悖论”（Shang - jin Wei，2018）。

二、资本管制

资本管制（Capital Control）是指资本流入或流出一个国家时的任何限制。资本管制可以采取多种形式。例如，资本管制可以是基于数量的或基于价格的，或者只适用于资本流入、资本流出或所有类型的资本流动。资本管制也可以针对不同类型的资本流动（如银行贷款、外国直接投资或证券投资）或不同类型的主体（如公司、银行、政府或个人）（Kristin J. Forbes，2018）。

（一）资本管制讨论的历史

在整个20世纪，经济学家们经常对国际资本流动表示关切。例如，在20世纪40年代，罗格纳·纳克斯（Ragnar Nurkse）担忧“不稳定的资本流动”；在20世纪70年代，查尔斯·金德尔伯格（Charles Kindleberger）描述了资本在引发“疯狂、恐慌和崩溃”方面的作用（纳克斯，1944；金德尔伯格，1978）。1944年，在布雷顿森林（Bretton Woods）召开的国际会议，制定了治理国际金融体系的规则。在此次会议上，约翰·梅纳德·凯恩斯与其他代表们讨论了资本管制的作用，讨论形成的折中方案要求IMF的成员国，允许资本在经常账户交易中可自由兑换，但同时允许成员国对金融账户交易实施资本管制。当时大多数国家都实施了资本管制。

然而，在接下来的几年中，许多发达国家逐渐取消了资本管制，因此到20世纪80年代，大多数发达国家几乎不再实施资本管制。20世纪90年代初和90年代中期，许多新兴市场和发展中国家也开始放松资本管制。最初的影响似乎是积极的、有利的。然而，1997年年中，一系列金融危机引发了对新兴市场和发展中经济体资本管制可取性的重新评估。在一个急剧变化的环境中，许多政策制定者和经济学家开始支持在某些情况下对新兴市场实施资本管制，尤其是对资本流入征税。这种支持基于一种信念，即对资本流入的管制可以降低一个国家在金融危机中的脆弱性。从2002年到2005年，几个新兴市场（如哥伦比亚、俄罗斯和委内瑞拉）也对资本流入实施了新的管理，主要是为了抑制本币升值。然而，在同一时期，几个大型新兴市场（如印度等）取消了许多现有的管制（Kristin J. Forbes，2018）。

（二）资本管制的代价和好处

一个国家的产出（GDP）等于该国的劳动者数量乘以单个劳动者的产出（即生产率）。单个劳动者要想增加生产率，要依赖更勤奋的工作（Work Harder），或者更聪明的工作（Work Smarter）。在全球经济中，更具竞争力的生产者具有以下特点，一方面，他们在本国和外国销售的更多；另一方面，他们在更具成本效率优势的国家安排生产。与之相似，投资者也遵循这些机会。因此，国际间的生产成本套利（The Cost of Production Arbitrage）成为经济增长的一个大的（实际上是最大的）推动力（Ray Dalio，2015）。

资本的跨境自由流动可以带来广泛的好处。资本流入可以为高回报投资提供融资，从而提高增长率。资本流入——特别是以直接投资的形式——往往带来改进的技术、管理和进入国际网络的机会，所有这些都进一步提高生产力和增长。资本外流可以让国内公民和企业获得更高的回报，更好地分散风险，从而降低消费和收入的波动性。资本流入和流出可以加强市场纪律，从而导致更有效的资源配置和更高的生产率增长。实施资本管制会降低一个国家实现上述多方面利益的能力。

另外，国际资本自由流动也是有成本的。例如，依赖外国融资的国家将更容易受到资本流入“突然停止”（Sudden Stops）的影响，这可能导致金融危机和/或货币大幅贬值。大量资本流入可能导致货币升值，削弱出口竞争力，从而引发所谓的“荷兰病”现象。资本的自由流动会弱化一个国家实施独立货币政策的能力，尤其是在与固定汇率相结合的情况下。由于一些市场扭曲，资本流入可能用于无效率地投资，从而导致过度投资和经济泡沫。资本管制可能会降低资本自由流动带来的这些成本（Kristin J. Forbes，2018）。

值得注意的是，资本自由流动与资本项目可兑换是有区别的。在很多情况下，货币是可自由兑换的，但资本的流入和流出仍然要受到一定的管制。美国“9・11”事件以来出现了三个变化：第一是对反恐融资的监管全面加强，第二是反洗钱监管明显强化，第三是管理避税天堂。与之相随的一个变化是，IMF 开始认为新兴市场国家在需要时可以实施临时性资本管制（Ostry，Jonathan D. 等，2010；Ostry，Jonathan D.，2015）。无论是发达国家还是新兴经济体，实行资本项目可兑换都不是一概不管，不是必须允许跨境资本可以百分之百地自由流动，而是可以有一定程度的管理（周小川，2018）。

（三）资本管制的经验证据

由于资本管制有成本和好处［（艾森格林（Eichengreen），2003）］，因此，评估资本管制的意愿和总体影响在很大程度上成为一个实证问题。有大量文献试图度量和评估资本管制的影响。福布斯（Forbes，2007）研究了智利的资本管制，研究发现 1990 年智利经济的强劲表现是宏观经济和金融政策的结果，而不是资本管制的结果，资本管制有代价也有好处。还有一大类文献主要讨论减少资本管制的影响（如资本账户自由化）。这些研究中的大部分使用宏观经济数据，通常集中使用跨国增长回归分析资本账户自由化如何来促进经济增长。Prasad et al.（2003）综述了此类文献，发现仅有较弱的证据表明减少资本管制对经济增长有促进作用。艾森格林（2003），福布斯（2006），Magud and Reinhart（2006），Prasad et al.（2003）详细介绍了关于衡量资本管制经济影响的挑战（Kristin J. Forbes，2018）。

三、主权债务

主权债务（Sovereign Debt）的一个简单定义是主权国家发行的债务。主权在国家的地理边界内代表最高的法律权力，基于立法、行政和司法行为，赋予国家当局管理本国经济活动的自治权。

主权债务对国际资本市场的重要性可以从历史上主权债务危机和违约的频率来证明。在 20 世纪，债务危机与新兴市场经济体各国政府的国际债务违约有关，但在 16 世纪至 19 世纪之间，欧洲大陆的主权违约同样频繁（Reinhart 等，2003 年调查了主权债务违约的历史）。周小川（2012）认为有必要对公共（及私人）对外债务实行宏观审慎管理，防止出现大的货币错配。不管是公共债务还是私人债务，如以外币借债，大多要转为本币在国内使用。一旦经济受到冲击导致汇率发生大的波动，或者评级下调导致后续债务融资困难，就可能出现偿付问题，进而引发危机。

（一） 还款激励

有关主权债务的分析文献首先关注的是，是什么促使借款人还款。当债务合同的条款不能由法院直接执行，只有当主权债务人面临违约的不利后果时，才能指望它清偿债务。文献集中讨论了债务拒付或违约情况下实施国际制裁的可能性，包括外国政府或私人市场参与者中止开展国际贸易。例如，拒付的债务国可能面临贸易禁运、暂停贸易优惠或丧失进入国际资本市场的机会。每一种情况都将减少国际贸易机会，无论国际贸易发生在同时还是以后时期。

从主权债务违约的历史经验中，我们可以对制裁的可信度有所了解。尽管在 20 世纪 30 年代以前，一些主权违约国曾受到贸易制裁，但债权国似乎不愿干预违约国的国际贸易（艾森格林和 Portes，1989）。Ozler（1993）、Lindert 和 Morton（1989）等人发现：从历史上看，违约对主权债务国的贷款条件影响有限，这表明信贷市场制裁力度可能较弱。然而，在对现有债务进行重新谈判和解决时，短期惩罚或不允许借款与可信的惩罚是一致的。Esteves（2005）研究了 1870 年至 1913 年间的债务再谈判，发现资本市场准入在再谈判过程中受到干扰，但在达成解决方案后得到恢复。最近的许多金融危机和债务重组都符合这种模式（Kenneth M. Kletzer，2018）。

（二） 债务重组和当前问题

债务再谈判和债务重组是在有限的金融工具下，实现国际风险分担收益的关键。解决主权债务违约和债务重组的漫长而代价高昂的过程，仍然是政策关注和讨论的主题［参见艾森格林（2003）的综述］。一个多世纪以来，主权债务重组协议很难获得大量债权人通过的情况已经被反复证明。

随着时间的推移，主权债务重新谈判（以及由此向主权国家提供贷款）的集体行动问题已通过各种方式得到解决。主要的方法包括成立债券持有人委员会、由银行代表债权人，以及官方干预。近年来，有 2 种方法受到关注。一种方法是合同创新。这个方法的一个例子是，单个债权人能够根据美国企业借款所需的一致同意条款，阻止债务互换。在经过积极推动后，美国的大多数主权债务问题中加入了集体行动条款，允许在未获得一致同意的情况下进行债务重组。艾森格林等（2004）分析了这些条款。Buchheit and Gulati（2000）讨论了在一致行动条款下，取消拒不让步者的利益的可能性。另一种方法是法律创新，这可能会挑战债务人的主权。虽然这些建议多年来一直在提出，但建立国际债务重组机制的前景却很渺茫。目前主要支持追求市场化的创新（Kenneth M. Kletzer，2018）。

四、资本外逃

资本外逃（Capital Flight）描述的是资金为寻求更大的安全而跨越国界逃离的现象。引发资本外逃的动力包括实际（或预期）的货币不稳定、没收性税收、战争或政治动荡。在过去的几个世纪中，资本外逃的例子很多。起初，低水平的流动性和高昂的国际通信成本限制了资本外逃的潜在规模和范围。最早的"现代"例子是普法战争期间，资金从法国向伦敦的大规模转移。到了20世纪，资本外逃的频率和重要性达到了前所未有的程度（Brendan Brown，2018）。

总的来说，二战后工业化国家并没有受到像1914年至1940年间那样，由政治担忧引发的资本外逃浪潮的冲击。20世纪70年代中后期是大规模资本外逃的一个时期，但这主要是由通货膨胀推动的。1976年从法国、意大利和英国流入瑞士的资金，在很大程度上反映了这些国家的高通货膨胀及其税收结构（特别是关于资本税收）的非指数化。在1978年，对美国高的且持续攀升的通货膨胀的担忧，导致国际资金逃离美国。就在1979年10月美国货币政策开始转向、通胀担忧开始缓和之际，美国政府冻结伊朗资产的举措，重新加剧了美国的资本外流。许多发展中国家，尤其是欧佩克（OPEC）的投资者们担心，他们的美元资产在某些特殊情形下可能是不安全的。一般而言，当一国实施外汇兑换限制的情况下，国内居民受到的损失要比外国人少。外国人可能无法使用冻结的账户余额购买任何东西（或许，旅游服务除外），而本国居民能够在正常范围内自由使用资金——尽管可能受到进口管制的限制（Brendan Brown，2018）。

由于担忧未来而引发的资本外逃具有一个普遍特征，即资本外逃是一波接一波发生的，而不是连续不断的。资本外逃的波浪状运动反映了"世界的坏状态"成为现实的概率不是连续变化的。新闻（News）——改变概率评估的一个常见原因——本质上是突然出现的。令人担忧的新信息导致投资者上调他们投资组合中对冲资产（通常是外国资产）的份额。在投资组合调整期间，资本外逃的一波浪潮开始显现。一旦调整完成，波浪就会平息。在浮动汇率制度下，资本外逃的波浪状运动导致货币价值的急剧波动。当币值下跌至某一个较低水平，即投资者认为持有这些"问题"货币的边际回报是够高的时候，他们将推迟调整投资组合。随着贸易流动对汇率变化作出反应，投资组合调整开始了。

资本外逃可能会导致国家破产（这意味着外国信贷被冻结，外汇兑换限制被引入）。例如，官方外汇储备可能已经耗尽；不可能获得外国贷款；加息（原则上可能阻止资本外流）是不可行的，因为加息将加剧通缩，增加国内银行倒闭的风险；货币贬值对巩固资本账户无效，因为它会导致工资—价格的螺旋上升，或招致其他国家对"货币战争"及贸易"不公平"竞争的报复。面对上述种种挑战，政府有时会通过与外国债权人达成一项"自愿"的债务重组计划，并对国内资本输出实施一系列控制。这些措施代价高昂。未来较长一段时期，这个国家的信用评级会受到负面影响。此外，资本外逃程度降低意味着更多的资本留在本国，或本国利率可以稳定在一个较低的水平，这有助于提高国内的投资、就业和实际工资，因此在宏观经济紧缩时，政府也有动机限制资本外逃（Brendan Brown，2018）。

通常来看，限制资本外逃的措施可能会被以下活动弱化：例如，纸币的跨境流通时一个明显的漏洞，尤其是对那些拥有很长的陆地边界或旅游中心的地方。其他的漏洞包括虚假的贸易发票和赔偿支付。这些与政府限制资本外逃政策相抵触的交易活动往往隐藏在国际收支平衡表的错误和遗漏项目（Errors and Omissions Items）中。容易受到资本外逃影响的国家，往往拥有大额、负的错误遗漏项目，收到了资本外逃的国家，往往拥有大额、正的错误遗漏项目。在国际收支平衡表中，正的错误遗漏项目可能反映出外国对于本国货币的囤积需求（瑞士国外对于瑞士法郎钞票的囤积），或者由于担心流入资金被冻结，进而隐藏在本国名字背后的外逃资本流入（1939—1940 年，流入美国的外逃资本被掩盖在美国名字之下，并催生了当时美国国际收支平衡表里大的、正的错误遗漏项目）（Brendan Brown，2018）。

五、货币危机模型

第二次世界大战之后，全球发生了多次货币危机。有大量文献讨论了实行固定汇率或严格管理汇率的国家出现货币危机的原因和影响。这些货币危机模型（Currency Crises Models）通常分为第一代、第二代和第三代模型。

（一）第一代货币危机模型

货币危机是指汇率在短时间内大幅贬值的事件。

第一代的货币危机模型认为固定汇率制度崩溃的原因是不可持续的财政政策。克鲁格曼（Krugman，1979）、弗拉德（Flood）和加勃（Garber）（1984）构建的模型是经典的第一代模型。第一代的模型与 Henderson 和 Salant（1978）关于黄金市场投机攻击的前期研究相关。弗拉德和 Marion（1999）提供了第一代货币危机模型的详细综述。

在固定汇率制度下，政府必须根据固定汇率确定货币供应量。这个要求严重限制了政府提高铸币税收入的能力。第一代模型的一个特点是政府长期存在基本赤字。这种赤字意味着，政府要么消耗外汇储备等资产，要么借入资金填补赤字。政府不可能无限期地消耗外汇储备或借入资金。因此，在缺乏财政改革的情况下，政府最终必须通过印钞来增加铸币税收入进而填补财政赤字。由于印钞与保持汇率稳定是不一致的。因此，第一代模型预测固定汇率制度一定会崩溃。而固定汇率制度崩溃的准确时间取决于模型的细节。但是第一代货币危机模型的一个缺点是投机攻击的时间是确定的，并且在投机攻击时汇率没有贬值（Craig Burnside，Martin Eichenbaum 和 Sergio Rebelo，2018）。

（二）第二代货币危机模型

如果说在第一代模型中，政府遵循一个外生规则来决定何时放弃固定汇率制度，那么在第二代模型中，政府将最大化一个明确的目标函数（奥布斯特菲尔德，1994，1996），这个最大化问题决定了政府是否以及何时放弃固定汇率制度。第二代模型通常表现出多重均衡，因此投机攻击可以由于自我实现的预期而发生。

在奥布斯特菲尔德（1994，1996）的模型中，中央银行最小化一个二次损失函数，该函数依赖于通货膨胀，以及产出与其自然率的偏差（Barro 和 Gordon，1983，讨论了这类损失函数）。产出水平是由引入预期的菲利普斯曲线决定的。政府决定是否保持固定汇率。假设市场主体预期货币将进行法定贬值（Devaluation），而且通货膨胀随之而来。如果政府不实行法定贬值，通货膨胀将意料之外地维持在较低水平。作为一个结果，产出将低于其自然率。因此，政府为了捍卫本币币值，以损失产出的方式付出了高昂的代价。如果政府实施本币法定贬值的成本（如政府声誉损失、通胀波动损失）足够低，政府将使市场主体的预期合理化。相反，当市场主体预期汇率保持固定，且如果意料之外的法定贬值带来的产出收益不大，政府的最优选择是证实市场主体的预期。正因为第二代货币危机模型，取决于政府行为的成本和收益，以及市场主体的预期，因此模型可以存在多重均衡。Jeanne（2000）提供了第二代货币危机模型的详细综述（Craig Burnside，Martin Eichenbaum 和 Sergio Rebelo，2018）。

（三）第三代货币危机模型

许多货币危机与金融部门的危机同时发生（Diaz - Alejandro，1985；Kaminsky 和 Reinhart，1999）。这种观察促使一类文献强调金融部门在引发货币危机，并扩散危机影响方面的作用。这些第三类货币危机模型强调与法定贬值有关的资产负债表效应。基本观点是，新兴市场国家的银行和企业的资产负债表上存在明显的货币错配，因为它们借入的是外币，贷出的是本币。

由于银行和公司的收入与非贸易商品的生产有关，而非贸易商品（以外币计算）的价格将在本币贬值后下降，因此银行和公司面临信用风险。银行和企业也暴露在流动性风险之下，因为它们用短期借款为长期项目融资（Caballero 和 Krishnamurthy，2001）。Chang 和 Velasco（2001）认为流动性风险可能引发 Diamond and Dybvig（1983）类型的银行挤兑。艾森格林和 Hausmann（1999）、McKinnon 和 Pill（1996）以及 Burnside et al.（2001）研究了新兴市场经济体的货币错配问题。

一个重要的政策问题是：在货币危机期间和危机之后，最优的利率政策是怎样的？Christiano 等人（2006）在这个方向上迈出了重要的第一步。他们认为，在货币危机期间提高利率，并在危机发生后立即降低利率是最优的做法（Craig Burnside，Martin Eichenbaum 和 Sergio Rebelo，2018）。

本章小结

1. 国际收支理论是国际金融理论的重要组成部分，起源于16世纪至18世纪晚期的重商主义时期，进入20世纪以来，又先后出现了国际收支的弹性方法、吸收方法和货币方法等理论。国际收支理论涉及重商主义、价格—铸币流动机制、国际收支的弹性方法、国际收支的吸收方法、国际收支的货币方法等内容。

2. 在国际金融理论和政策中，汇率占有重要的地位。汇率与外部平衡、贸易收支、资本流动相互影响，联系密切。汇率决定理论回答了不同假设条件下汇率的决定机制和影响因素。汇率理论涉及利率平价、购买力平价、汇率决定的流量和存量方法、汇率制度选择等内容。

3. 自20世纪70年代以来，国际资本流动显著提升。资金在国家和地区间的生产成本套利活动，在实现利润分享和风险分担的同时，也引发资本外逃、货币危机、债务危机等挑战。为此，全球主要经济体促进资本自由流动，并且保留必要的资本管制，以此实现国际资本流动过程中效率和稳定的权衡。资本流动理论涉及国际资本流动、资本管制、主权债务、资本外逃、货币危机模型等内容。

本章主要概念

重商主义	价格—铸币流动机制	马歇尔—勒纳条件	J曲线
利率平价	购买力平价	汇率的货币方法	汇率超调
汇率制度	资本流动	资本管制	货币危机

本章复习参考书

[1] 王爱俭.20世纪国际金融理论研究：进展与述评（修订版）[M]．北京：中国金融出版社，2013.

[2] 保罗·R. 克鲁格曼，茅瑞斯·奥伯斯法尔德，马克·J. 梅里兹．国际金融（第十版）[M]．北京：中国人民大学出版社，2016.

[3] Steven N. Durlauf, Lawrence E. Blume. The New Palgrave Dictionary of Economics, Second edition [M]. Palgrave Macmillan, 2008.

[4] 蒙代尔．蒙代尔经济学文集（第五卷）：汇率与最优货币区 [M]．北京：中国金融出版社，2003.

本章复习思考题

一、填空题

1. 重商主义政策工具包括________、价格和商业活动管制，特别是禁令、关税、补贴和与国际贸易有关的其他规定。

2. “价格—铸币流动机制”是由________提出的。

3. 只要两国进口需求弹性（绝对值）之和超过1，货币贬值就可以改善国际收支，这个条件被称为________。

4. 国际收支的________方法表明只有一个国家商品和服务产出的增加超过该国“吸收”的增加时，这个国家的贸易收支才会得到改善。

5. 国际收支的________方法是一种强调货币供给和需求的相互作用决定一国国际收支余额的分析方法。

6. ________是指资本流入或流出一个国家时的任何限制。

7. 购买力平价分为________和________。

8. ________条件表明，当利用远期外汇市场对冲汇率风险，外汇市场参与者的活动应使任意两国资产以同一种货币计价的利率（或到期收益率）相等。

9. 多恩布什（1976）认为初始的货币冲击将引发本币汇率在短期比在长期贬值得更多，这种现象被称为汇率________。

10. ________是指汇率在短时间内大幅贬值的事件。

二、判断题

1. “价格—铸币流动机制”是国际收支差额自动调节的一个分析表述。（　）

2. 在不考虑所有摩擦的情况下，任意一个产品在不同国家以同一种货币计价的价格应该是相同的。（　）

3. 将本币贬值后对该国贸易差额的积极的短期影响和随后消极的长期影响结合起来被称为J曲线。（　）

4. 引发资本外逃的动力包括货币不稳定、没收性税收、战争或政治动荡等。（　）

5. 主权债务是主权国家内的私人企业发行的债务。（　）

三、简答题

1. 简述重商主义的经济思想和政策特征。

2. 简述马歇尔—勒纳条件和J曲线。

3. 简述利率平价理论。

4. 什么是国际收支的货币方法？

5. 什么是资本外逃？

四、论述题

1. 试述汇率超调模型。

2. 试述购买力平价理论。

3. 论述资本管制的成本和收益。

附　录

附录11.1　比克迪克（Bickerdike）的国际收支模型和马歇尔—勒纳条件

国际收支的弹性方法是一个清晰而独特的理论，它回答了是什么决定一个国家的国际收支对汇率变化的反应。该理论可以追溯到查尔斯·比克迪克（Charles Bickerdike，1920）发表的一篇论文（Murray C. Kemp，2018）。

假设在一个世界中仅包含 2 个国家（本国和外国），生产和交易 2 种商品。令 R 表示 1 单位外币的本币价格（汇率的直接标价法），令 p_i 表示本币计价的第 i 种商品的本国价格。（所以，当套利均衡时，$p_i^* = p_i/R$，其中 p_i^* 表示用外币计价的第 i 种商品的外国价格）。令 B 表示以外币计价的本国的贸易差额。然后，令 $z_i(p_i)$ 和 $z_i^*(p_i^*)$ 分别表示本国和外国对第 i 种商品的超额需求。比克迪克的国际收支模型简化为由 3 个方程组成的方程组（Murray C. Kemp，2018）。

$$
\begin{gathered}
z_1(p_1) + z_1^*(p_1/R) = 0 \\
z_2(p_2) + z_2^*(p_2/R) = 0 \\
B = -(1/R)[p_1 z_1(p_1) + p_2 z_2(p_2)]
\end{gathered}
\tag{11-42}
$$

在这个方程组中，汇率 R 被视为参数，p_1、p_2 和 B 作为被决定的变量。将式（1－42）对 R 求微分，求解 $\mathrm{d}B$ 和 $\mathrm{d}p_i$，并转化为弹性，可以得到：

$$
\mathrm{d}B = \left\{\left[(p_1^* z_1^*)\frac{\eta_1^*(1+\eta_1)}{\eta_1^* - \eta_1} + (p_2^* z_2^*)\frac{\eta_2^*(1+\eta_2)}{\eta_2^* - \eta_2}\right] - B\right\}\frac{\mathrm{d}R}{R} \tag{11-43}
$$

$$
\frac{\mathrm{d}p_i}{p_i} = \frac{\eta_i^*}{\eta_i^* - \eta_i}\frac{\mathrm{d}R}{R}, i = 1,2 \tag{11-44}
$$

其中，$\eta_i \equiv (\mathrm{d}z_i/\mathrm{d}p_i)(p_i/z_i)$，$\eta_i^* \equiv (\mathrm{d}z_i^*/\mathrm{d}p_i^*)(p_i^*/z_i^*)$。在一个特殊情形下，$B$ 的初始值为 0（即 $p_1^* z_1^* + p_2^* z_2^* = 0$），式（11－43）简化为

$$
\mathrm{d}B = -p_2^* z_2^*\left[\frac{\eta_1^*(1+\eta_1)}{\eta_1^* - \eta_1} - \frac{\eta_2^*(1+\eta_2)}{\eta_2^* - \eta_2}\right]\frac{\mathrm{d}R}{R} \tag{11-45}
$$

式（11－43）通常被称为比克迪克—罗宾逊—梅齐勒（Bickerdike－Robinson－Metzler）公式，然而，罗宾逊（1947）和梅齐勒（1949）仅仅对该公式作出说明。

假设具体来说，本国出口第 1 种商品，进口第 2 种商品，因此，η_1 和 η_2^* 是出口供给弹性，η_2 和 η_1^* 是进口需求弹性。进一步假设所有的边际购买倾向是正的，所以，η_1 和 η_2^* 是正的，η_2 和 η_1^* 是负的。然后，只要两种（即两国的）进口需求弹性（绝对值）之和超过 1，货币贬值就可以改善国际收支。即满足马歇尔—勒纳条件（Marshall－Lerner Condition）。因此，式（11－45）可以被重写为

$$
\mathrm{d}B = -p_2^* z_2^*\left[\frac{\eta_1\eta_2^*(1+\eta_1^*+\eta_2) - \eta_1^*\eta_2(1+\eta_1+\eta_2^*)}{(\eta_1^* - \eta_1)(\eta_2^* - \eta_2)}\right]\frac{\mathrm{d}R}{R} \tag{11-46}
$$

在式（11－46）中，除了 $(1+\eta_1^*+\eta_2)$ 以外，其他项的符号都是已知的（其中，外国出口第 2 种商品，因此，外国对第 2 种商品的超额需求 $z_2^* < 0$）。只要两种进口需求弹性（绝对值）之和超过 1（即 $1+\eta_1^*+\eta_2 < 0$），货币贬值就可以改善国际收支（即 $\mathrm{d}R$ 大于 0 时，$\mathrm{d}B$ 大于 0）（Murray C. Kemp，2018）。

比克迪克理论是特殊化的，因此，在该理论中，每种商品的超额需求仅取决于这种商品的货币价格，其隐含含义是，所有的交叉价格弹性被设定为 0。对于更为一般化的理论，尤

其是更一般化版的式（11－45），可以查阅 Negishi（1968）、Kemp（1970）、Dornbusch（1975）和 Kyle（1978）的文献（Murray C. Kemp，2018）。

附录 11.2 国际收支的吸收方法下的政策工具及组合（Policy Mix）

令 Y，C，I，G，X，M 分别代表产出、消费、投资、政府支出、出口和进口。然后，凯恩斯主义的收入—支出恒等式表明：

$$Y = G + I + G + X - M \tag{11-47}$$

公式可变为

$$X - M = Y - (C + I + G) \tag{11-48}$$

式（11－48）表明，如果产出 Y 增加的比吸收（$C + I + G$）多时，贸易收支将会改善。接下来，亚历山大（Alexander）分析了货币贬值（甚至经济中出现其他的变化）时产出和吸收如何变化。

这些作家将凯恩斯乘数植入国际收支的弹性法，用于分析贬值的影响。假设价格弹性效应可以通过将支出转向本国产品改来善贸易差额（X－M）。

然后支出转换（Expenditure－switching）效应通过在凯恩斯乘数过程中提供刺激，提高产出（Y）和吸收（$C+I+G$）。令 x 为本币贬值 1 个单位时，支出转换效应对贸易差额的影响。令 y 为贬值对贸易差额的总体影响。令 c 为消费倾向，t 为税率，m 为进口倾向，所以凯恩斯乘数为 $k = 1/[1 - c(1 - t) + m]$。贬值引发的产出增加为 kx，贬值引发的吸收增加为 $c(1 - t)kx$。所以，贬值对贸易差额的总体影响 y 为

$$y = kx - c(1 - t)kx = [1 - c(1 - t)]kx \tag{11-49}$$

如果消费倾向 c 小于 1 且税率 t 为正，则贬值后贸易差额改善。

支出调整（Expenditure－changing）政策可以改变产出和吸收。例如，当政府支出增加 1 个单位时，引发产出增加 k，吸收增加等于政府支出增加额和引致消费增加额之和：$[1 + (1 - t)ck]$。

贸易差额恶化的数量 z 为

$$\begin{aligned} z &= k - [1 + (1 - t)ck] = k - \left[\frac{1}{k} + c(1 - t)\right]k \\ &= k - [1 - c(1 - t) + m + c(1 - t)]k = - mk \end{aligned} \tag{11-50}$$

将弹性方法和凯恩斯乘数理论结合在一起，可以建立开放条件下的经济政策理论。该理论涉及努力实现充分就业和贸易平衡的政策目标（Mead，1951；Swan，1956）。例如，在充分就业下的贸易差额改善要求保持产出不变，降低吸收。这就需要支出转换政策和支出调整政策配合，因为两种政策都会影响产出和吸收。约翰逊（Johnson，1956）巧妙地表达了这一点。

令合意的贸易差额增加值为 w，产出保持不变，本币贬值 α，政府支出改变 β。根据式（11－49）和式（11－50）。

$$w = [1 - c(1 - t)]kx\alpha - mk\beta \tag{11-51}$$

$$0 = kx\alpha + k\beta \tag{11-52}$$

求解可得：$\alpha = w/x$；$\beta = -w$。

这个结果表明，本币贬值 w/x 个单位，本国政府支出变化 $-w$，就可以达到在产出不变，改善贸易差额 w 的政策目标。

附录 11.3　资产组合平衡模型的数学表达式

在一个资产组合平衡模型（The Portfolio - balance Model），本国和外国居民持有三种资产：货币、本国（本币）证券和外国（外币）证券。（本部分基于威廉·H. 布兰森、戴尔·W. 亨德森，2011）假设本国和外国居民都不持有对方国家的货币，即不存在"货币替代"。本国净资产和外国净资产都以本币计价，可以分别得到以下等式：

$$W = M + B + EF,\ EW^* = EN^* + B^* + EF^* \tag{11-53}$$

其中，M、B、F 代表本国居民持有的本币、本国证券和外国证券净额。N^*、B^*、F^* 代表外国居民净持有的外币、本国证券和外国证券净额。E 是汇率，为 1 单位外汇的本币价格。

本国和外国的净财富分配在 3 种金融资产之上：

$$W \equiv m(\cdot) + b(\cdot) + f(\cdot),\ EW^* \equiv n^*(\cdot) + b^*(\cdot) + f^*(\cdot) \tag{11-54}$$

其中，m、b、f 代表本国居民对本币、本国证券和外国证券的需求；n^*、b^*、f^* 代表外国居民对外币、本国证券和外国证券的需求，以上各种需求都以本币计价。

假设可供居民部门持有的本币存量、外币存量、本国证券存量和外国证券存量的本币价值都是正的：

$$\widehat{M} = M > 0,\ \widehat{N} = N^* > 0,\ \widehat{B} = B + B^* > 0,\ E\widehat{F} = E(F + F^*) > 0。 \tag{11-55}$$

本币、外币、本国证券、外国证券 4 个市场的均衡条件为

$$m = \widehat{M},\ n^* = E\widehat{N},\ b + b^* = \widehat{B},\ f + f^* = E\widehat{F}。 \tag{11-56}$$

在上述均衡条件中，加入简化的假设条件：第一，各国居民的货币需求都与以对方国家货币计价的证券名义回报率不相关。第二，各国居民因名义收入（PY）的变动导致的货币需求变化与其以本国证券需求的反向变化相匹配。第三，各国居民的货币需求与净资产不相关。第四，各国居民的货币需求对其名义收入的弹性为 1，即单位弹性。

基于上述假设，等式组（11－56）可以写为

$$m(i_{(-)}, PY_{(+)}) = \widehat{M} \tag{11-57}$$

$$n^*(i^*_{(-)}, EP^*Y^*_{(+)}) = E\widehat{N} \tag{11-58}$$

$$b\{i_{(+)}, [i^* + \varepsilon]_{(-)}, PY_{(-)}, W_{(+)}\} + b^*\{[i - \varepsilon]_{(+)}, i^*_{(-)}, EW^*_{(+)}\} = \widehat{B} \tag{11-59}$$

$$f\{i_{(-)}, [i^* + \varepsilon]_{(+)}, W_{(+)}\} + f^*\{[i - \varepsilon]_{(-)}, i^*_{(+)}, EP^*Y^*_{(-)}, EW^*_{(+)}\} = E\widehat{F} \tag{11-60}$$

其中，$\varepsilon = (E^e - E)/E$，即预期的本币贬值率。在等式组［（11－57）～（11－60）］中，自变量右下角（＋）或（－），表示该自变量对函数的正的或负的影响。

第一，当其他因素不变时，如果本国货币当局通过公开市场操作买入本国证券（减少 $\widehat{B}$），本国货币存量（$\widehat{M}$）增加，本国证券价格上升，本国利率下降。随着本国利率下降，两国居民减少本国证券需求，增加外国证券需求，导致本币贬值。

第二，当其他因素不变时，如果本国货币当局通过非冲销的外汇市场干预卖出外国证券（增加 $E\widehat{F}$），本国货币存量（$\widehat{M}$）减少，本国利率上升。随着本国利率上升，两国居民增加本国证券需求，减少外国证券需求，导致本币升值。

第三，当其他因素不变时，政府增加本国证券发行时，本国证券存量（$\widehat{B}$）增加，本国居民净财富（W）增加，本国居民对外国证券的需求增大，使本币贬值。但是，本国证券存量（$\widehat{B}$）增加时，本国证券价格下降，本国利率上升，两国居民对本国证券的需求上升，对外国证券的需求下降，使本币升值。因此对本币汇率的影响具有不确定性。

资料来源：视频来自央视的纪录片贸易战争（5集），截取了其中的一些片段。

资料来源：视频来自央视的纪录片贸易战争（5集），截取了其中的一些片段。

资料来源：视频来自央视的纪录片贸易战争（5集），截取了其中的一些片段。

参考文献

[1] 陈建忠．国际金融（第三版）［M］．北京：电子工业出版社，2012.
[2] 陈雨露．国际金融（第五版）［M］．北京：中国人民大学出版社，2015.
[3] 陈湛匀．国际融资学：理论、实务、案例［M］．上海：立信会计出版社，2006.
[4] 崔萌．国际融资实务［M］．北京：中国金融出版社，2006.
[5] 杜佳．国际金融学（第二版）［M］．北京：清华大学出版社，2013.
[6] 高建侠．国际金融（第二版）［M］．北京：中国人民大学出版社，2014.
[7] 侯高岚．国际金融（第三版）［M］．北京：清华大学出版社，2013.
[8] 胡智．国际金融理论与应用［M］．北京：中国金融出版社，2008.
[9] 基斯·比尔宾著，王忠晶译．国际金融［M］．北京：中国税务出版社，2006.
[10] 姜波克．国际金融新编（第六版）［M］．上海：复旦大学出版社，2018.
[11] 蒋先玲．国际贸易结算实务与案例［M］．北京：对外经济贸易出版社，2005.
[12] 刘秀玲．国际金融［M］．北京：机械工业出版社，2007.
[13] 马晓青．国际金融实用教程［M］．上海：复旦大学出版社，2007.
[14] 王爱俭．20 世纪国际金融理论研究：进展与评述（修订版）［M］．北京：中国金融出版社，2013.
[15] 王丹．国际金融理论与实务（第二版）［M］．北京：电子工业出版社，2014.
[16] 史恩义，彭焘．国际结算与外贸单证［M］．北京：中国传媒大学出版社，2011.
[17] 张炳达，罗素梅．国际金融实务［M］．上海：上海财经大学出版社，2007.

复习思考题参考答案

第一章　开放经济下的外汇与汇率

一、填空题

1. 中间汇率

2. 自由外汇　记账外汇

3. 买入汇率　卖出汇率　中间汇率　现钞汇率

4. 外汇是以外币计值或表示的用于对外支付的金融资产　充分的可兑换性　具有可靠的物质偿付保证

5. 升值

6. 外国货币　本国货币

7. 买入汇率

8. 自由铸造　自由兑换黄金

9. 外汇平准基金

10. 铸币平价

二、判断题

1. ×　2. ✓　3. ×　4. ×　5. ×　6. ✓　7. ✓　8. ✓　9. ✓　10. ×

三、单项选择题

1. D　2. A　3. C　4. B　5. B　6. A　7. D　8. B　9. C　10. A

四、多项选择题

1. ADE　2. ABC　3. ABCD　4. ACDE　5. ABD

五、简答题

1. 静态的外汇是指一种以外币表示的支付手段，用于国际之间的结算，国际货币基金组织曾对“外汇”作过明确的说明：“外汇是货币行政当局（中央银行、货币管理机构、外汇平准基金组织及财政部）以银行存款、国库券、长短期政府债券等形式所保有的在国际收支逆差时可以使用的债权。”外汇的特征包括：是以外币计值或表示的用于对外支付的金融资产；具有充分的可兑换性；具有可靠的物质偿付保证。

2. 一种是直接标价法。直接标价法（Direct Quotation）是以一定单位的外国货币作为标准，折算成一定数量的本国货币，直接标价法又被称为应付标价法。另一种是间接标价法。间接标价法（Indirect Quotation）是以一定单位的本国货币作为标准，折算成一定数量的外国货币。例如，2015 年 2 月 3 日，100 美元 = 625.45 元人民币，在我国来看，就是直接标价法，而在美国来看就是间接标价法。

3. 一国货币汇率变动，总是要间接地影响到一国货币的对内价值，影响到一国的通货膨胀程度。在货币发行量一定的情况下，本币价值上升会引起国内物价水平下降。因为本币升值，就会使以本币表示的进口商品在国内售价相对便宜，刺激进口增加，并带动用进口原料生产的本国产品价格下降。另外，由于本币升值，以外币表示的出口商品在国外市场价格升高，降低了出口商品的竞争力，促使一部分出口商品转内销，增加了国内市场供给量，也会引起国内物价水平的下降。当然，由于经济运行的复杂性，汇率变动对国内物价的影响及程度有时不是那么直接和明显，还要视商品的生产等许多条件而定。但是，汇率的变动总会引起国内物价的变动，而一国国内物价发生变化必然会程度不同地对国民经济各部门产生影响，发生作用。

4. 汇率稳定，有利于进出口贸易的成本及利润的计算，有利于进出口贸易的安排，汇率变动频繁，会增加对外贸易的风险，影响对外贸易的正常进行。如果本币贬值，外汇汇率上升，而国内物价尚未变动或变动不大，则外币对本国商品、劳务的购买力增强，一般会增加对本国商品的需求，从而可以扩大本国商品的出口规模。在这种情况下，本国出口商收入的外币折合成本币的数额会增加，出口商有可能降低价格出售，以加强竞争，扩大销路。所以，一般来说，本币对外贬值具有扩大本国商品出口的作用；同时，本币汇率下降，以本币表示的进口商品的价格将会提高，就会影响进口商品在本国的销售，从而起到抑制进口的作用。相反，本币汇率上涨，会起到抑制出口，刺激进口的作用。

5. 以一国货币贬值为例，一般情况下，贬值会鼓励长期资本流入。因为一国货币贬值，使得同样的国外投资可购得比以前更多的生产资料和劳务，从而有利于吸引外商到该国进行投资和追加投资。不过，在既定利润率的条件下，币值下跌也使得外商汇回母国的利润减少，因而也可能出现不愿追加投资或抽回资本的情况。因此，一国货币贬值能否真正达到吸引外资的目的，还取决于外商在币值下跌前后获利大小的比较，以及贬值后是否造成经济状况恶化、货币发生危机的可能性等因素的影响。

六、论述题

1. 金本位货币制度下，决定汇率的基础是铸币平价。在金本位制下，进行国际支付或结算总有两种手段——外汇和黄金可供选择，加之黄金的价值是相对比较稳定的，因此，受供求关系影响的实际汇率就不会偏离铸币平价太远，总是在一定的界限或范围之内围绕铸币平价上下波动。而这个界限或范围是由黄金输送点（Gold Transport Point）决定或左右的。

2. 综合分析影响一国汇率变动的经济因素，集中到一点，就是一国的经济实力或综合国力。其中，国际收支、通货膨胀和资本流动情况成为重点因素。其他条件不变的情况下，一国国际收支持续顺差，外汇收入相应增多，国际储备随之增长，就会引起对该国货币需求增长，在其他条件不变时，该国货币币值就会上升，外汇汇率就会下降。在一国发生通货膨胀时，该国国内物价总水平趋于上涨，货币所代表的价值量减少，实际购买力降低，直接影响一国商品及劳务在世界市场上的竞争能力，从而引起出口的减少和进口的增加，使外汇供求关系发生变化导致汇率变动，使本国货币汇率下跌和外汇汇率上涨。资本的大量流入，会增加对流入国货币的需求，使流入国的外汇供应增加，外汇供应的相对充足和对流入国本币需求的增长，会使本币币值上升，外汇汇率下降。

3. 汇率变动对国内价格的影响：一国货币汇率下跌会使出口商品增加和进口商品减少，从而使国内市场的商品供应相对减少；同时会使资本流入增加，从而使本币供应相应增加，这两种情况都会导致国内通货膨胀压力加大。在其他条件不变时，本币贬值，有利于出口而不利于进口，从而有利于本国第一产业、第二产业和第三产业的发展，促进国内就业岗位增多和国民收入增加；反之，由于本国货币升值，不利于出口而有利于进口，限制了本国经济的发展，必然减少国内就业量和国民收入。

汇率变动对一国对外经济的影响：第一，影响一国对外贸易，本币贬值有利于出口，抑制进口；第二，影响一国资本流动，本币贬值有利于吸引外国资本流入；第三，由于汇率变动对国内价格、进出口贸易和资本输出入的影响而改变一国国际收支。从国际角度来看，汇率的变动是双向的，本国货币贬值，就意味着他国货币升值，因而会导致他国国际收支的恶化，经济增长缓慢，从而招致其他国家的不满、抵制甚至报复，掀起货币竞相贬值的风潮或加强贸易保护主义，其结果将会导致国际经贸关系的恶化。

4. 影响汇率变动的政策因素，是指一国政府为稳定本国经济及汇率而采取的一些经济政策，包括利率政策、汇率政策和外汇干预政策等。一些国家为使汇率朝着有利于本国经济发展的方向变动，往往利用政策加以调节，提高利率，在国内可以紧缩信贷、抑制通货膨胀，在国际上可以增强对外资的吸引力，改善国际收支，从而有利于汇率稳定与经济健康发展。汇率政策是指一国政府通过公开宣布本国货币贬值或升值的办法，即通过明文规定来宣布提高或降低本国货币对外国货币的兑换比率来使汇率发生变动，又称法定汇率变动。外汇干预政策指一国政府或货币当局通过运用外汇平准基金介入外汇市场，直接进行外汇买卖来调节外汇供求，从而使汇率朝着有利于本国经济发展的方向变动。

第二章　开放经济下的国际收支账户

一、填空题

1. 交易者的经济利益中心所在地
2. 货物和服务　初次收入　二次收入
3. 复式记账法
4. 价格—铸币流动机制

二、简答题（要点）

1. 国际收支平衡表是根据复式记账原理编制的，一笔国际经济交易将会产生金额相同的一笔借方记录和一笔贷方记录，因此，借方总额与贷方总额最终必然相等。但就每一个具体项目而言，借方和贷方经常是不相等的，双方会存在一定的差额。从分析的角度来看，考察国际收支状况要特别注意四个差额：

（1）贸易收支差额；（2）经常项目差额；（3）资本和金融账户差额；（4）综合差额。

2. 一国的国际收支是否平衡，关键是看自主性交易所产生的借贷金额是否相等。在国际收支平衡表下观察自主性交易项下的借贷双方，不难发现不是借方大于贷方就是贷方大于借方，二者相等的情况很少见。为弥补自主性交易的差额，政府或货币当局进行了补偿性交易，如果补偿性交易项下出现借方余额，意味着自主性交易存在贷方余额，就可以说国际收支处于盈余，如果补偿性交易项下出现贷方余额，意味着自主性交易存在借方余额，就可认为国际收支出现赤字，而无论盈余还是赤字，都是国际收支失衡的表现。

3. 一国的国际收支失衡的原因可能有很多，概括起来主要有以下几种：

（1）周期性失衡（Cyclical Disequilibrium）。周期性失衡是指由于一国经济周期波动引起该国国民收入、价格水平、生产和就业发生变化而导致的国际收支失衡。

（2）货币性失衡（Monetary Disequilibrium）。货币性失衡是指在一定汇率下国内货币成本与一般物价变化而引起进出口货物价格变化，从而导致的国际收支失衡。

（3）结构性失衡（Structural Disequilibrium）。结构性失衡是指国内经济、产业结构不能适应世界市场的变化而发生的国际收支失衡。结构性失衡通常反映在贸易项目或经常项目上。

（4）收入性失衡（Income Disequilibrium）。收入性失衡是指由于各种经济条件的变化引起国民收入的较大变动而导致的国际收支不平衡。

（5）临时性失衡（Accidental Disequilibrium）。临时性失衡是指短期的、由非确定或偶然因素引起的国际收支失衡。

4.（1）财政政策调节。财政政策的调节手段主要有支出政策与税收政策两种。当一国发生国际收支逆差时，政府可以采取紧缩性的财政政策，具体表现为政府减少公共开支，提高税收，使得投资与消费减少，减少社会总需求，从而改善贸易收支与国际收支。当一国发生国际收支顺差时，政府可以采取扩张性的财政政策，即增加公共开支，减少税收，以刺激消费与投资的增加，增加社会总需求，以改善贸易收支与国际收支。

（2）货币政策。货币政策的调节手段主要有以下几种：贴现政策；存款准备金比率政策；建立外汇平准基金；汇率政策。

（3）信用政策。当一国国际收支出现顺差或逆差时，利用国际信贷方式加以调节也是各国常常采用的一项措施。例如当逆差发生时，一国政府可以向国际金融市场借款，虽然利率较高，但由于这种方式限制较少，使用方便，目前已成为逆差国家弥补逆差的常用措施。如果发生顺差现象，则可以向国际金融市场贷放资金，以缩减顺差额，使国际收支得到调节。

（4）外贸政策。为改善国际收支状况，许多国家都采用一些保护性的外贸政策，例如“进口许可证制”“进口配额制”，来限制进口；为出口商提供直接补贴或间接补贴，来鼓励出口。

三、案例题

1. 第一步：分录步骤

	借	贷
（1）借：商品进口	50 万美元	
贷：在外国银行存款		50 万美元
（2）借：服务	1 万美元	
贷：在外国银行存款		1 万美元
（3）借：对外直接投资	500 万美元	
贷：商品出口		500 万美元
（4）借：经常转移	300 万美元	
贷：官方储备		200 万美元
商品出口		100 万美元

（5）借：商品进口　　50 万美元
官方储备　　50 万美元
对外长期投资　　100 万美元
贷：海外投资利润收入　　200 万美元

第二步：编制国际收支平衡表

B 国某年国际收支平衡表		
项目	借　方	贷　方
货物	50…（1）	500…（3）
	50…（5）	100…（4）
服务	1…（2）	
收入		200…（5）
经常转移	300…（4）	
经常项目合计	401	800
直接投资	500…（3）	
其他投资	100…（5）	50…（1）
		1…（2）
官方储备	50…（5）	200…（4）
资本与金融项目合计	650	251
总计	1 051	1 051

2.（1）我国该年第二季度国际收支平衡表中的经常项目是顺差，具体数额为 4 523 亿元人民币。

（2）我国该年第二季度储备资产增加，具体数额为 1 380 亿元人民币。

（3）我国该年第二季度国际收支平衡表中净误差与遗漏一项的数字说明了国际收支平衡表编制过程中的如下问题：

①编制国际收支平衡表的原始统计资料来自各个方面，在原始资料的形成过程中，不可避免地会出现某些当事人故意改变、伪造某些项目数字的做法，造成了原始资料的失实或不完全。

②统计数字的重复计算和漏算，原始统计资料来自于四面八方，有的来自海关统计，有的来自银行报表，还有的来自官方主管机构的统计报表，这就难免发生统计口径不一致而造成重复计算与漏算。

③有的统计数字本身就是估算的。

第三章　开放经济下的国际金融活动

一、填空题

1. 传统国际金融市场、新兴离岸金融市场；外汇市场、货币市场、资本市场、黄金市场
2. 国际债券市场、国际股票市场

3. 一体型、分离型、簿记型

4. 外汇银行、外汇经纪人、中央银行、客户

二、判断题

1. × 2. × 3. ✓ 4. ✓

三、不定项选择题

1. ABCD 2. ABCD 3. ABD 4. AB 5. AC

四、简答题（要点）

1. 广义的国际金融市场是由国际性的资金借贷、结算、汇兑以及有价证券、黄金和外汇的买卖活动所组成的市场，还包括新兴国际金融市场，即包括离岸金融市场在内的全球一体化国际金融业务交易市场。

2. 提供国际投融资渠道、调剂各国资金余缺、调节国际收支、促进世界经济发展、促进经济全球化发展、增大了金融风险。

3.（1）按其业务职能特点划分：

①一体型。伦敦和香港

②分离型。纽约和东京

③簿记型。开曼和巴哈马

（2）按其资金来源与运用覆盖范围划分：

①国际型。纽约、东京

②区域型。新加坡、香港

③岛国型。拿骚群岛、开曼群岛

4. 一般地，外汇交易可以分为三个层次，即外汇银行与顾客之间的交易，外汇银行之间的交易和外汇银行与中央银行之间的交易。

5. 辛迪加贷款具有很多优点，第一，每个银行个体只承担部分风险，有利于风险的分散，同时数家银行共同承担某一个项目，也减少了同业之间的竞争，共同获取利润的目的。第二，使贷款金额分割给不同的银行来承担，或者说不同的银行提供不同时期的贷款额度，大大便利了借款人的筹资。第三，借款者只需委托牵头银行即可得到大笔借款，在整个贷款期间也只需同代理银行打交道，十分便利。第四，辛迪加贷款可以承担贷款数额巨大、期限很长的项目，一般贷款期为5—10年，或10年以上，但要求贷款资金专款专用。

6. 离岸金融市场形成以后，对世界经济发展的影响是两方面的。

（1）离岸金融市场形成以后，对世界经济发展起到极大的推动作用

①解决国内生产建设资金短缺的难题，使经济得到迅速发展；

②为国际收支逆差国提供了资金融通的便利，缓和了世界性的国际收支危机；

③打破了各金融中心之间相互独立的状态，形成了国际金融市场全球一体化，降低国际间资金流动的成本，有利于国际贸易的发展。

（2）离岸金融市场的风险

①削弱各国货币政策的效力；

②影响国际金融市场的稳定；

③加大国际金融市场的信贷风险。

第四章 开放经济下的国际资本流动

一、填空题

1. 直接投资 证券投资 其他投资

2. 流入 流出

3. 非居民 尚未偿清的 契约性

4. 防流入、扩流出

5. 个体风险、个体行为之间的关系、不同金融市场之间的风险联结

二、判断题

1. × 2. × 3. ✓ 4. ✓ 5. × 6. ×

三、不定项选择题

1. B 2. ABC 3. ABC 4. ABC 5. ABC

四、简答题（要点）

1. （1）各国金融管制的放松；（2）巨额金融资产的积累；（3）国际资本市场存在的收益率差异；（4）国际资本规避风险的需要。

2. （1）筹资证券化导致国际资本流动的结构发生变化；（2）发展中国家已成为国际资本流动的重要场所；（3）机构投资者已成为国际资本流动的主力；（4）资本流动的规模巨大，相当一部分已经脱离实物经济基础。

3. 国际资本流动的积极影响：增加社会福利；分散风险；减少管制成本。

国际资本流动蕴藏的风险：对经济主权的冲击；对国内金融市场的冲击；汇率超调导致国际收支危机。

4. 四个要素：（1）外债是以居民和非居民为标准，是居民对非居民的债务。这里的居民和非居民都包括自然人和法人。（2）必须是具有契约性偿还义务的外债，通过具有法律效力的文书明确偿还责任、偿还条件、偿还期限等，而不包括由口头协议或意向性协议所形成的债务。（3）必须是到一个时点的外债余额。（4）所谓“全部债务”既可以是外币表示的债务，也可以是本币表示的债务，还可以是以实物形态构成的债务。

5. （1）充分了解同时灵活运用国际规则，扩展政策实施空间；（2）做好压力测试与预警方案，提升管理效率；（3）结合微观审慎管理，建立跨境资本负面清单管理模式。

第五章 外汇交易与衍生品交易实务

一、填空题

1. 加上升水数字 减去贴水数字

2. 两国同期利率高低的差异

3. 非抵补套利

二、判断题

1. × 2. × 3. × 4. √

三、单项选择题

1. D 2. C 3. C 4. C 5. D 6. C

四、简答题（要点）

1. 决定远期汇率的主要因素是两国同期利率高低的差异，利率高的货币远期贴水，利率低的货币远期升水。远期升贴水数字的计算公式为

升贴水数 = 即期汇率 × 两种货币的利差 × 月数/12

2. 抵补套利是指在现汇市场买进一国货币向外投资的同时，在期汇市场出售与投资期限相同、金额相当的该国货币的远期，借以规避风险的套利活动。

非抵补套利是指没有采取保值措施的套利交易。

3. 金融体系国际化、国际融资证券化、放松金融管制。

4. 金融远期合约、金融期货、期权、互换。

五、计算题

1. 加拿大元/日元 = 117.78/1.1234 = 104.84

2. 瑞士法郎/澳大利亚元 = 1/（0.9698 × 0.8670） = 1.1893

3. 7.7561/117.81 = 0.06583　　7.7572/117.70 = 0.0659　　日元/港元 = 0.06583/0.0659

7.7561 × 1.5653 = 12.1406　　7.7572 × 1.5656 = 12.1447　　英镑/港元 = 12.1406/12.1447

4. 1 美元 = 0.9696 + 0.0030/0.9700 + 0.0060 = 0.9726/0.9760 瑞士法郎

5. 1 美元 = 1.1229 − 0.0060/1.1239 − 0.0040 = 1.1169/1.1199 瑞士法郎

6. 纽约的美元比香港便宜，因此有套汇机会。套汇者选择在纽约买入美元，同时在香港市场卖出美元。

具体操作如下：在纽约市场套汇者买进 100 万美元，支付 775.86 万港元；同时在香港市场卖出 100 万美元，收进 778.05 万港元。做 100 万美元的套汇业务可以赚取 778.05 − 775.86 = 2.19（万港元）

7.（1）先求出三个市场的中间价格：

纽约：1 欧元 = 1.2340 美元

法兰克福：1 英镑 = 1.2630 欧元

伦敦：1 英镑 = 1.5670 美元

（2）将上述三个标价改成同一标价法且基准货币的单位为 1，然后相乘：

（1/1.2340） × （1/1.2630） × 1.5685 = 1.0064 > 1

（3）存在套汇机会，且套汇路径应为：纽约—法兰克福—伦敦。

（4）套汇者在纽约投入 100 美元换成欧元，再经过法兰克福市场将欧元换成英镑，最后在伦敦市场将英镑换回美元。

（5）套汇利润为 100 × （1/1.2350） × （1/1.2640） × 1.5680 − 100 = 0.45 美元。

8.（1）在纽约货币市场借入10万美元，借款期为3个月。到期应还本息：

100 000 ×［1+6% ×（3/12）］=101 500美元

（2）将10万美元按1英镑=1.5660美元兑换成63 857英镑，同时将投资本利和63 857 ×（1+9% ×（3/12））=65 294英镑按远期汇率1英镑=1.5655−0.0126=1.5529美元卖出。

（3）3个月以后，套利者的获利：

65 294 ×1.5529−101 500=−105.35（美元）

即套利亏损了105.35美元。

第六章　外汇风险与防范实务

一、填空题

1. 外币　时间

2. 交易风险　折算风险　经济风险

3. 硬币保值条款　一篮子货币保值条款

二、判断题

1. ×　2. ×　3. ×

三、单项选择题

1. D　2. D　3. C　4. A

四、简答题（要点）

1. 国际经济交易主体在从事外汇相关业务时，由于外汇汇率的变动而蒙受损失或丧失预期收益的可能性。交易风险、折算风险、经济风险。

2. 对国际贸易的影响；对非贸易收支的影响；对国际资本流动的影响；对国内物价的影响；对涉外企业的影响。

3.（1）贸易策略法：币种选择法、货币保值法、价格调整法、期限调整法、对销贸易法、国内转嫁法。（2）金融市场交易法：即期外汇交易法、远期外汇交易法、互换交易法、外汇期货法、外汇期权法、利用对外贸易短期信贷法、利用出口信贷法、投资法、货币互换法、投保汇率变动险法。（3）企业内部管理法：建立再结算中心、调整资产负债、实行多样化管理。

五、计算题

1. 9月1日，该公司在外汇期货市场以1欧元=1.3695美元的价格买入12月15日到期的欧元期货合约10份（共125万欧元）。到12月1日，应支付货款，由于外汇期货合约尚未到交割日，该公司应在现汇市场上购买125万欧元现汇，另外在外汇期货市场中卖出10份12月15日到期的欧元合约，以抵消原来买入的欧元合约。由于现汇和外汇期货市场上汇率同向变动，因此期货市场的盈利可以抵消现汇市场换回成本的提高。

2.（1）借入本币（日元）资金；（2）按照US $1=JP ¥85的汇率将日元换为美元；（3）将美元在国际货币市场上投资3个月。

3. JP¥5 亿 × 25% = JP¥1.25 亿

JP¥5 亿 × 25%/90 × 84 = JP¥1.167 亿

JP¥5 亿 × 25%/90 × 0.98/0.96 × 84 = JP¥1.191 亿

JP¥5 亿 × 25%/90/1.61 × 1.65 × 84 = JP¥1.196 亿

JP¥1.25 亿 + JP¥1.167 亿 + JP¥1.191 亿 + JP¥1.196 亿 = JP¥4.804 亿

第七章　国际结算实务

一、填空题

1. 提示要求承兑　提示要求付款

2. 预付货款　赊账

3. 海运提单

4. 单证相符

5. 保兑信用证

二、判断题

1. ×　2. ×　3. ×　4. ×　5. √

三、不定项选择题

1. C　2. A　3. B　4. BCD　5. ABCD

四、票据内容识别

出票人：Philypson Corp., London, Philips Robins

受票人：Anthony & Thomas Co., New York

收款人：Philypson Corp. or order

五、简答题（要点）

1.（1）外汇收付的操作程序及其相关的融资业务被称为国际结算。（2）汇票、本票、支票/发票、运输单据、保险单等。

2.（1）票据的流通性取决于票据上收款人的写法。根据英国《票据法》第 8 条，除非票据上写有“禁止转让”字样，或是表示不可流通之意，所有票据无论采用何种形式支付票款给持票人，该持票人有权将票据转让给他人。（2）票据开出时必须是无条件的，票据开出并转让后，就与原交易无关，正当持票人不受原交易当事人之间纠纷和抗辩的影响，票据法保护正当持票人的权利。（3）票据上的项目必须符合票据法的要求，否则不是合法票据。（4）应该在法律规定的时限内将票据提示给付款人。若超过期限，付款人的责任自动解除。

3.（1）汇票是卖方签发给买方的付款命令，本票是买方签发给卖方的付款承诺。（2）汇票上有三个当事人：出票人、受票人和收款人。本票上只有两个当事人：制票人和收款人。（3）远期汇票需要买方承兑，远期本票不需要承兑。远期汇票可以是见票或出票后 × × 天/月付款，远期本票只有出票后 × × 天/月付款。（4）远期汇票遭退票后必须做拒绝证书，而远期本票在拒付时不需要做拒绝证书。

4.（1）未划线的国外支票属于现金支票，在支票正面或反面画上两条平行线表示银行转账支票。（2）特殊划线是在两条平行线中写上银行的名字，表明票款必须转到此银行的账户上。

5.（1）银行汇款业务主要用在预付货款或赊账交易中。（2）在银行托收业务中，出口商将运输等其他单据交给银行，委托后者向进口商收取货款，只有在买方付款或承兑卖方签发的远期汇票后，买方才能获得物权单据。（3）在信用证业务中，当买卖双方首次接触，不了解对方商业信誉，或发达国家与发展中国家商人做生意，无法承担发展中国家的商业/国家风险时，常在进出口合同的付款条件中规定使用信用证付款方式。信用证是开证行根据申请人的要求及指示，向受益人开立的在一定期限内凭符合信用证条款单据即期或在一个可确定的将来日期兑付一定金额的书面承诺。这种承诺是有条件的，要求提交信用证规定的单据和单证必须相符。（4）银行保函和备用信用证是银行应客户要求，向交易的另一方担保该交易项下某种责任或义务的履行，以及在规定期限内承担支付一定金额责任或经济赔偿责任的书面付款承诺。其作用是保证申请人履行某种合约义务，并在违约时负责对受益人作出赔偿，或旨在保证受益人在其履行合同义务后得到其应得合同价款的权利。

6.（1）在普通商业信用证业务中，银行承担的是第一性付款责任，只要受益人向指定银行提交信用证规定的单据和满足信用证条款，开证行必须付款。只有受益人履约，才能得到信用证规定的单据和按时交单。信用证的申请人永远是买方，而受益人总是卖方。总之，普通商业信用证的使用目的是为了履约，而银行保函和备用信用证的使用目的通常是为了防止违约，只有在申请人违约的情况下，受益人才可以使用它，受益人提交的单据是证明违约的。开立备用信用证的银行通常承担第二性付款责任，其申请人可以是买方，也可以是卖方。（2）银行保函都是即期的，而备用信用证既可以是即期的，也可以是远期的。

第八章　外汇与汇率政策：汇率制度与外汇管制

一、填空题

1. 固定汇率制度　浮动汇率制度

2. 人　物　地区

3. 法令规章　外汇买卖　投资和外汇汇率

二、判断题

1. ✓　2. ✓　3. ×　4. ×

三、单项选择题

1. D　2. B　3. C　4. D　5. D

四、简答题（要点）

1. 这一固定汇率制度可概括为“双挂钩、一固定、上下限、政府干预”的体系。

2. 赞成固定汇率制的理由有：固定汇率制有利于促进贸易和投资；固定汇率制为一国宏观经济政策提供自律；固定汇率制有助于促进国际经济合作；浮动汇率制下的投机活动可能是非稳定的。

赞成浮动汇率制的理由有：浮动汇率制能确保国际收支的持续均衡；浮动汇率制能确保货币政策的自主性；浮动汇率制能隔离外来经济冲击的影响；浮动汇率制有助于促进经济稳定；浮动汇率制下

的私人投机是稳定的。

3. 将汇率制度划分为八大类：无独立法定货币的汇率安排、货币局、其他传统固定钉住、稳定化安排、爬行钉住、类似爬行安排、水平带钉住浮动、完全浮动汇率和其他有管理的安排。

4. 货币局制度是一种关于货币发行和兑换的制度安排，而不仅仅是一种汇率制度。首先，它是一种货币发行制度，它以法律的形式规定当局发行的货币必须要有外汇储备或硬通货的全额支持；其次，它才是一种汇率制度，保证本币和外币之间在需要时可按照事先确定的汇率进行无限制的兑换。

其主要特征包括：（1）100%的货币发行保证。典型的货币局制度要求本币的发行必须有100%的外汇储备或硬通货作为发行准备。（2）货币完全可兑换。在货币局制度下，不论是经常项目还是资本项目下的交易本币与锚货币的兑换完全不受限制。（3）汇率稳定。实行货币局制度的货币当局制定本币与锚货币的固定比率，并通过其外汇市场的调节机制以及其他一些制度安排以维持市场汇率的稳定。

5. 略。

第九章　国际储备政策

一、判断题

1. ×　2. ×　3. ×　4. ✓　5. ×　6. ×

二、单项选择题

1. D　2. C　3. B　4. A　5. A　6. A

三、多项选择题

1. ABCD　2. BCD　3. ABD　4. AB

四、简答题（要点）

1. （1）含义：国际储备是一国政府为平衡国际收支，维持汇率稳定以及用于其他意外支付而集中持有的一切国际流动资产。（2）作用：体现一国的金融实力，是调节国际收支的重要手段，是调整货币供求关系的工具，是一国的对外信用保证。

2. （1）构成：黄金、外汇、在国际货币基金组织的特别提款权以及储备头寸。（2）发展变化：主要是黄金和外汇的比例有所变化；黄金的比例下降，而外汇的比例有所上升。

3. 最低储备、保险储备、经济储备、最佳储备。应考虑的因素：一国宏观经济规模、年进口规模、国际收支状况、对外开放程度、汇率政策、金融市场的完善程度等。

4. 风险管理的手段：储备资产组合、时限安排、货币组合、投资组合、存放组合、金融技术与手段的运用。

5. （1）管理原则：安全性、流动性、盈利性。（2）发展目标：合理配置储备资产，达到优化组合；保证外汇储备管理原则的实现和外汇储备作用的最大限度发挥。

第十章　国际协调的制度安排：国际货币体系

一、填空题

1. 美元与黄金挂钩　其他货币与美元挂钩

2. 国际复兴开发银行　国际开发协会　国际金融公司　多边投资担保机构

3. 私人企业　股本投资

二、判断题

1. ×　2. ×　3. ×　4. ×　5. ✓

三、单项选择题

1. B　2. C　3. D

四、简答题（要点）

1. （1）使国际金融关系相对稳定，为第二次世界大战后 50～60 年代世界经济的稳定发展创造了良好的条件。

（2）解决了黄金供应不足所带来的国际储备短缺的问题。

（3）有利于国际商品流通和国际资本流动。

（4）有利于世界经济的稳定增长。

2. （1）贷款对象限于会员国政府。

（2）贷款用途为解决会员国国际收支困难而进行的经济结构调整与经济改革。

（3）贷款规模与会员国缴纳的份额成正比。

（4）贷款方式采用“购买”和“购回”的方式。

五、论述题（要点）

1. （1）一国货币充当世界货币，该国金融当局的一举一动都将波及整个世界金融领域，从而导致世界金融体系的不稳定。

（2）以一国货币作为主要的储备资产，必然给国际储备带来难以克服的矛盾。

（3）汇率缺乏弹性，导致国际收支调节机制失灵。

2. 从国际金融机构的贷款特点谈从国际金融机构融资。

第十一章　国际金融理论

一、填空题

1. 授予垄断特权

2. David Hume（大卫·休谟）

3. 马歇尔—勒纳条件

4. 吸收
5. 货币
6. 资本管制
7. 绝对购买力平价、相对购买力平价
8. 抵补的利率平价（或抛补的利率平价）
9. 超调
10. 货币危机

二、判断题

1. ✓　2. ✓　3. X　4. ✓　5. ×

三、简答题（要点）

1. 重商主义是经济的国家主义，它试图减少（或限制）本国生产者面临的竞争。重商主义政策工具包括授予垄断特权、价格和商业活动管制，特别是禁令、关税、补贴和与国际贸易有关的其他规定。重商主义的目标通常被认为是实现一个国家的富强发展，但是重商主义的主要受益者是这种政策下被保护和鼓励的本国商人和生产者。重商主义反映了16世纪至18世纪晚期主要西欧贸易国家从封建主义向现代资本主义过渡阶段的经济思想和政策的特征。

2. 国际收支的弹性方法是一个清晰而独特的理论，它回答了是什么决定一个国家的国际收支对汇率变化的反应。只要两国的进口需求弹性（绝对值）之和超过1，货币贬值就可以改善国际收支。即满足马歇尔—勒纳条件（Marshall – Lerner Condition）。本国货币贬值被认为有助于改善一国的贸易差额。但是，人们在现实中观察到的是，本币贬值后该国贸易差额快速恶化，只有在较长的时间后，（如果可以的话），贸易差额才能够改善。将本币贬值后对该国贸易差额的消极的短期影响和随后积极的长期影响结合起来被称为J曲线。

3. 利率平价理论包括抵补的利率平价和非抵补的利率平价。

（1）抵补的利率平价（CIP，又称抛补的利率平价）条件表明，当利用远期外汇市场对冲汇率风险，外汇市场参与者的活动应使任意两国资产以同一种货币计价的利率（或到期收益率）相等。

CIP条件可以写作：

$$(1 + i_{t,k}) = (1 + i_{t,k}^{*})\frac{F_{t,k}}{S_t} \tag{1}$$

在大多数情况下，（1）的对数近似值可以写作：

$$f_t^k - s_t = i_t - i_t^{*} \tag{2}$$

（2）非抵补的利率平价条件假设持有本币资产的回报率等于持有未套期保值的外币头寸的预期（E_t）收益率。

$$(1 + i_{t,k}) = E_t[(1 + i_{t,k}^{*})\frac{S_{t+k}}{S_t}] \tag{3}$$

$$(1 + i_{t,k}) = (1 + i_{t,k}^{*})\frac{E_t(S_{t+k})}{S_t} \tag{4}$$

$$i_{t,k} - i_{t,k}^{*} \approx \frac{E_t(S_{t+k}) - S_t}{S_t} \tag{5}$$

4. 国际收支的货币方法是一种强调货币供给和需求的相互作用决定一国国际收支余额的分析

方法。

$$M^s = mH \quad (1)$$

$$H = eR + D \quad (2)$$

$$M^d = Pf(Y,i) \quad (3)$$

货币市场均衡意味着 $M^s = M^d$。在这个简化模型的假设之下，维持货币市场均衡的机制可以通过改变国际储备来运作。

根据等式（1）、（2）和（3），内生决定的国际储备存量可以表示为

$$R = g(P,Y,i,m,D) \quad (4)$$

等式（4）代表了固定汇率制度下国际收支的货币方法所隐含的关键关系。根据 M^s 和 M^d 函数的假设，可以发现实际收入、（世界）价格水平的上升，将增加国际储备存量；而利率、货币乘数、本国货币当局持有的国内资产的上升，将减少国际储备存量。国际储备存量的变化，反映了国际收支顺差或逆差。在这个简单的模型中，由于货币当局公开市场买入（增加 D）增大的货币供给，将由 R 的相应降低加以抵消。

5. 资本外逃（Capital Flight）这个术语，描述的是资金为寻求更大的安全而跨越国界逃离的现象。引发资本外逃的动力包括实际（或预期）的货币不稳定、没收性税收、战争或政治动荡。

四、论述题（要点）

1. 多恩布什提出了这样一个问题：如果货币供应量（m）出现一次性的永久性增长，将会发生什么？如果价格水平（p）是完全弹性的，价格和汇率都将与货币供应量一样永久性的上升相同比例，此时上述两个等式中的均衡可能继续维持。在这种情况下，货币是中性的，没有实际影响。

但是在现实中，尽管资产市场（包括外汇市场中的汇率）调整非常迅速，但产品市场受暂时价格黏性的影响调整地更加缓慢。因此，在这种设定下，只有长期中（Long Run）货币才是中性的（价格水平、汇率随着货币供应量成比例上升）。由于产品市场出清缓慢，货币冲击会如何影响汇率和利率呢？

多恩布什认为初始的货币冲击将引发本币汇率在短期比在长期贬值的更多。汇率“超调”（Overshooting）了。因此，多恩布什的模型为汇率相对于经济基本面的剧烈波动提供了一个合理的解释。

图 1 反映了汇率超调模型中，主要经济变量从短期到长期变化过程的时间路径。其中，汇率 e_t 在短期中的瞬间过度反应，包含了货币冲击下预期汇率 $[E(e_{t+1})]$ 和本币名义利率 i_t 的共同影响，在长期中汇率的水平，仅包含了预期汇率 $[E(e_{t+1})]$ 的影响，利率的影响随着货币在长期中回归中性而最终消失了，表现为汇率在长期中的回调。

2. 购买力平价是一种汇率决定理论。该理论认为，在任何一段时间内，两种货币的汇率变化是由两国相对价格水平的变化决定的。由于该理论将价格水平的变化作为汇率变动的最重要的决定因素，因此该理论又被称为“汇率的通货膨胀理论”。

关于 PPP 理论的表述，令 p_i 和 p_i^* 分别代表第 i 种产品在本国和外国，分别以本币和外币计价的价格。令 e 代表汇率，即 1 单位外汇的本币价格。令 P 和 P^* 代表分别用本币和外币计价的本国和外国的一般价格水平。

（1）绝对购买力平价

绝对购买力平价（The Absolute Version of PPP）基于一体化的、竞争性市场上的“一价定律”。在

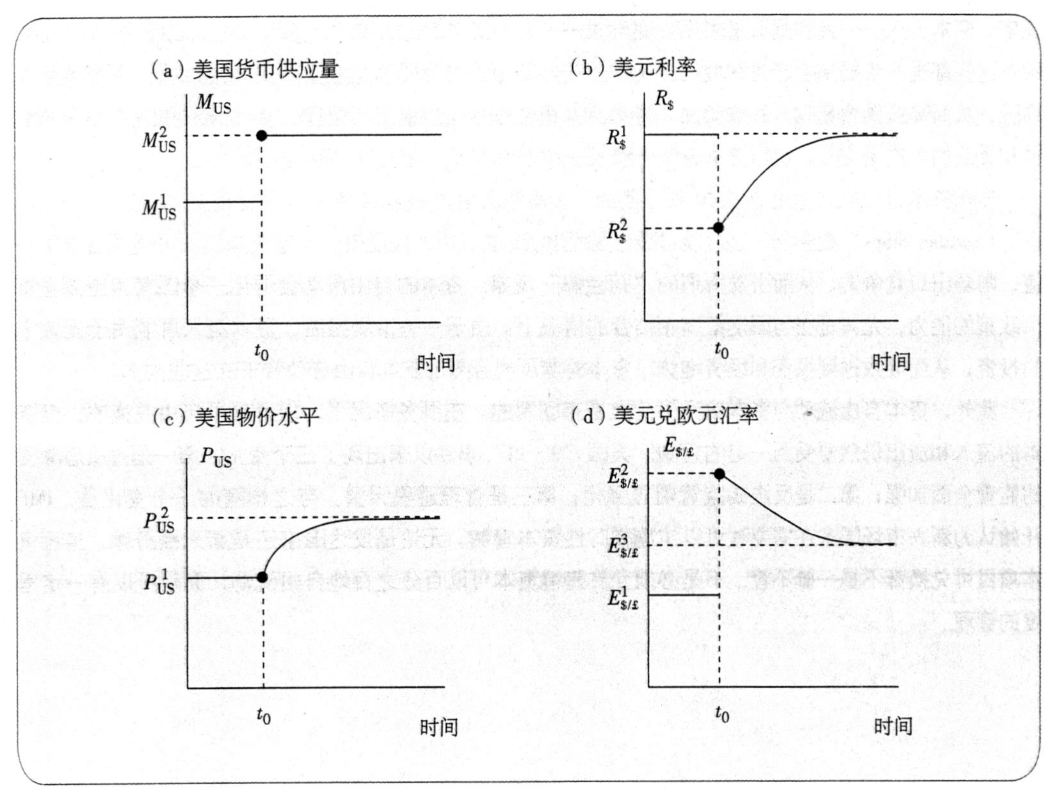

图 1　永久性增加美国货币供应量后美国主要经济变量的时间路径

不考虑所有摩擦的情况下，任意一个产品在不同国家以同一种货币计价的价格应该是相同的，即$p_i = e p_i^*$。假设两个国家的代表性商品篮子的构成和权重相同［即$f(\cdot) = g(\cdot)$］，且国内外价格指数分别为$P = g(p_1, \cdots, p_i, \cdots, p_n)$和$P^* = f(p_1^*, \cdots, p_i^*, \cdots, p_n^*)$。则此时的绝对购买力平价可以写做：

$$e = \frac{P}{P^*} = \frac{\text{一个代表性产品篮子的本币价格}}{\text{一个相同产品篮子的外币价格}} \tag{1}$$

作为一种理论陈述，等式（1）没有异议。但是将等式（1）作为一种经验主张，异议就出现了。现实中，一个产品在不同国家以同一种货币计价的价格可以不相同。运输成本、贸易壁垒、信息成本、不完全竞争都会限制绝对购买力平价。

（2）相对购买力平价

相对购买力平价（The Relative Version of PPP）以两国相对价格水平和汇率的变化率的方式重新表述了该理论。$e = \theta \frac{P}{P^*}$，其中，θ是一个反映贸易障碍的常数。保持θ不变，当本国价格水平相对于外国价格水平上升时，意味着本币对外币成比例地贬值。

$$\widehat{e} = \widehat{P} - \widehat{P^*} \tag{2}$$

其中，$\widehat{a}$代表变化率。

3. 资本的跨境自由流动可以带来广泛的好处。资本流入可以为高回报投资提供融资，从而提高增长率。资本流入——特别是以直接投资的形式——往往带来改进的技术、管理和进入国际网络的机会，所有这些都进一步提高生产力和增长。资本外流可以让国内公民和企业获得更高的回报，更好地分散风险，从而降低消费和收入的波动性。资本流入和流出可以加强市场纪律，从而导致更有效的资源配置和更高的生产率增长。实施资本管制会降低一个国家实现上述多方面利益的能力。

国际资本自由流动也是有成本的。例如，依赖外国融资的国家将更容易受到资本流入“突然停止”（Sudden Stops）的影响，这可能导致金融危机和/或货币大幅贬值。大量资本流入可能导致货币升值，削弱出口竞争力，从而引发所谓的“荷兰病”现象。资本的自由流动会弱化一个国家实施独立货币政策的能力，尤其是在与固定汇率相结合的情况下。由于一些市场扭曲，资本流入可能用于无效率的投资，从而导致过度投资和经济泡沫。资本管制可能会降低资本自由流动带来的这些成本。

此外，资本自由流动与资本项目可兑换是有区别的。在很多情况下，货币是可自由兑换的，但资本的流入和流出仍然要受到一定的管制。美国“9·11”事件以来出现了三个变化：第一是对反恐融资的监管全面加强；第二是反洗钱监管明显强化；第三是管理避税天堂。与之相随的一个变化是，IMF开始认为新兴市场国家在需要时可以实施临时性资本管制。无论是发达国家还是新兴经济体，实行资本项目可兑换都不是一概不管，不是必须允许跨境资本可以百分之百地自由流动，而是可以有一定程度的管理。